Cómo entender la
IGLESIA

Una de las siete partes de la *Teología Sistemática* de Grudem

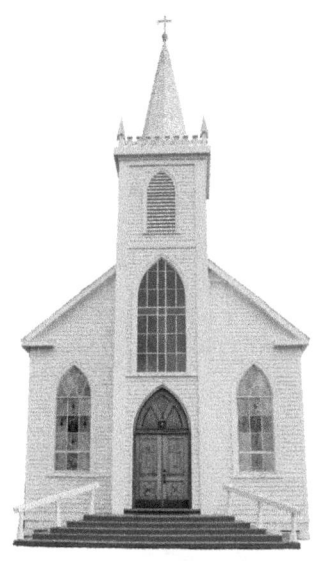

Cómo entender la
IGLESIA

Una de las siete partes de la *Teología Sistemática* de Grudem

Wayne Grudem

La misión de Editorial Vida es ser la compañía líder en satisfacer las necesidades de las personas con recursos cuyo contenido glorifique al Señor Jesucristo y promueva principios bíblicos.

CÓMO ENTENDER LA IGLESIA
Edición en español publicada por
Editorial Vida — 2013
Miami, Florida

Publicado previamente en el libro *Teología Sistemática*

© 2007, 2013 por Wayne Grudem

Originally published in the USA under the title:
Systematic Theology: an Introduction to Biblical Doctrine
Copyright © 1994 by Wayne Grudem
Published by permission of Zondervan, Grand Rapids, Michigan 49530 and Inter-Varsity Press, Gran Bretaña

Editora en jefe: *Graciela Lelli*
Diseño interior: *Rojas & Rojas Editores, Inc*
Adaptación de diseño interior y notas: *S.E. Telee*

RESERVADOS TODOS LOS DERECHOS. A MENOS QUE SE INDIQUE LO CONTRARIO, EL TEXTO BÍBLICO SE TOMÓ DE LA SANTA BIBLIA NUEVA VERSIÓN INTERNACIONAL. © 1999 POR BÍBLICA INTERNACIONAL.

Esta publicación no podrá ser reproducida, grabada o transmitida de manera completa o parcial, en ningún formato o a través de ninguna forma electrónica, fotocopia u otro medio, excepto como citas breves, sin el consentimiento previo del publicador.

ISBN: 978-0-8297-6496-3

CATEGORÍA: *Teología cristiana / General*

IMPRESO EN ESTADOS UNIDOS DE AMÉRICA
PRINTED IN THE UNITED STATES OF AMERICA

13 14 15 16 17 ❖ 6 5 4 3 2 1

CONTENIDO

PREFACIO	7
ABREVIATURAS	11
Capítulo 1 • Introducción a la teología sistemática	13
Capítulo 2 • La iglesia. Naturaleza, características y propósito	34
Capítulo 3 • La pureza y unidad de la iglesia	53
Capítulo 4 • El poder de la iglesia	66
Capítulo 5 • El gobierno de la iglesia	83
Capítulo 6 • Medios de gracia en la iglesia	129
Capítulo 7 • Bautismo	145
Capítulo 8 • La Cena del Señor	167
Capítulo 9 • Adoración	182
Capítulo 10 • Dones del Espiritu Santo (1)	195
Capítulo 11 • Dones del Espiritu Santo (2)	230

PREFACIO

No he escrito este libro para otros profesores de teología (aunque espero que muchos de ellos lo lean). Lo he escrito para estudiantes; y no solo para estudiantes, sino también para todo creyente que tenga hambre de conocer las doctrinas centrales de la Biblia con mayor profundidad.

He tratado de hacerlo comprensible incluso para creyentes que nunca antes han estudiado teología. He evitado usar términos técnicos sin primero explicarlos. La mayoría de los capítulos se pueden leer de manera independiente, de modo que cualquiera puede empezar en cualquier capítulo y comprenderlo sin tener que leer el material previo.

Los estudios introductorios no tienen que ser superficiales ni simplistas. Estoy convencido de que la mayoría de los creyentes pueden comprender las enseñanzas doctrinales de la Biblia con profundidad, siempre y cuando se las presenten en forma clara y sin usar lenguaje altamente técnico. Por consiguiente, no he vacilado en hablar con algún detalle de disputas teológicas en donde me ha parecido necesario.

Sin embargo, este libro es con todo una *introducción* a la teología sistemática. Se han escrito volúmenes enteros sobre los temas que se cubren en cada capítulo de este tomo, y se han escrito artículos enteros sobre muchos de los versículos que se citan en este libro. Por consiguiente, cada capítulo puede abrirse con el fin de obtener un estudio adicional con mayor amplitud y mayor profundidad para los que se interesen. Las bibliografías al final de cada capítulo darán alguna ayuda en esa dirección.

Los siguientes seis rasgos distintivos de este libro brotan de mis convicciones en cuanto a lo que es la teología sistemática y cómo se debe enseñar:

1. Una base bíblica clara para las doctrinas. Debido a que estoy convencido que la teología debe basarse explícitamente en las enseñanzas de la Biblia, en cada capítulo he intentado señalar cuándo la Biblia respalda las doctrinas que se están considerando. Es más, debido a que creo que las palabras de las Escrituras en sí mismas tienen mayor peso y autoridad que cualquier palabra humana, no menciono simplemente referencias bíblicas; frecuentemente he *citado* pasajes bíblicos extensos para que los lectores puedan examinar fácilmente por sí mismos la evidencia bíblica y de esa manera ser como los nobles bereanos, quienes «con toda avidez y todos los días examinaban las Escrituras para ver si era verdad lo que se les anunciaba» (Hch 17:11). Esta convicción en cuanto a la naturaleza singular de la Biblia como palabra de Dios también ha llevado a la inclusión de pasajes bíblicos para memorizar al final de cada capítulo.

2. Claridad en la explicación de las doctrinas. No creo que Dios quisiera que el estudio de la teología resultara en confusión y frustración. El estudiante que sale de un curso de teología lleno solo con incertidumbre doctrinal y mil preguntas sin contestación pienso que difícilmente «pueda exhortar a otros con la sana doctrina y refutar a los que se opongan» (Tit 1:9). Por consiguiente he tratado de indicar la posición doctrinal de este libro claramente y mostrar en qué lugar de la Biblia hallo evidencia convincente para estas posiciones. No espero que todo el que lea este libro concuerde conmigo en todo punto de doctrina; pero sí pienso que todo lector entenderá las posiciones que propongo y en qué lugar de la Biblia se puede hallar respaldo para esas posiciones.

Esto no quiere decir que paso por alto otros puntos de vista. En donde hay diferencias doctrinales dentro del cristianismo evangélico he tratado de presentar con justicia otras posiciones, explicar por qué discrepo de ellas, y dar referencias de las mejores defensas disponibles para las posiciones opuestas (Si no he logrado presentar acertadamente un punto de vista opuesto apreciaría una carta de cualquiera que sostenga ese punto de vista, e intentaré hacer correcciones si se publica una edición subsecuente de este libro).

3. Aplicación a la vida. No creo que Dios quisiera que el estudio de teología fuera tedioso y aburrido. ¡La teología es el estudio de Dios y todas sus obras! ¡La teología tiene el propósito de que uno la *viva* y la *eleve en oración* y la *cante!* Todos los grandes escritos doctrinales de la Biblia (como la epístola de Pablo a los Romanos) están llenos de alabanzas a Dios y aplicación personal a la vida. Por esta razón he incorporado notas de aplicación de tiempo en tiempo en el texto, y añadido «Preguntas para aplicación personal» al final de cada capítulo, todo relacionado con el tema del mismo. La verdadera teología es «doctrina que es conforme a la piedad» (1 Ti 6:3, RVR 1960), y la teología, cuando se estudia apropiadamente, conducirá a crecimiento en nuestras vidas cristianas y a la adoración.

4. Enfoque en el mundo evangélico. No pienso que un verdadero sistema de teología se pueda construir desde lo que podríamos llamar la tradición teológica «liberal», es decir, de personas que niegan la absoluta veracidad de la Biblia, o que piensan que las palabras de la Biblia no son exactamente palabras de Dios. Por esta razón, los otros escritores con quienes dialogo en este libro están en su mayoría dentro de lo que hoy se llama la tradición «evangélica conservadora» más amplia; desde los grandes reformadores Juan Calvino y Martín Lutero, hasta los escritos de los eruditos evangélicos de hoy. Escribo como evangélico y para evangélicos. Esto no quiere decir que los que siguen la tradición liberal no tengan nada valioso que decir; sino que las diferencias con ellos casi siempre se reducen a diferencias en cuanto a la naturaleza de la Biblia y su autoridad. La cantidad de acuerdo doctrinal que se puede lograr con personas que tienen bases ampliamente divergentes de autoridad es muy limitada. Claro, los profesores pueden siempre asignar lecturas adicionales de teólogos liberales de interés actual, y estoy agradecido por mis amigos evangélicos que escriben críticas extensas de la teología liberal. Pero no pienso que todos están llamados a hacer eso, ni que un análisis extenso de nociones liberales sea la manera más útil de edificar un sistema positivo de teología basado en la total veracidad de toda la Biblia. De hecho, de alguna manera como el niño del cuento de Hans Christian Andersen que gritaba:

PREFACIO

«¡El emperador no lleva ropa!», pienso que alguien necesita decir que es dudoso que los teólogos liberales nos hayan dado alguna noción significativa de las enseñanzas doctrinales de la Biblia que no se halle ya en los escritores evangélicos.

No siempre se aprecia que el mundo de la erudición evangélica conservadora es tan rico y diverso que permite una amplia oportunidad para la exploración de diferentes puntos de vista y nociones de la Biblia. Pienso que a la larga logramos mucho más profundidad de comprensión de la Biblia cuando podemos estudiarla en compañía de un gran número de eruditos que parten de la convicción de que esta es completamente veraz y absolutamente autoritativa.

5. Esperanza de progreso en la unidad doctrinal en la iglesia. Creo que todavía hay mucha esperanza de que la iglesia logre una comprensión doctrinal más honda y más pura, y que supere viejas barreras, incluso las que han persistido por siglos. Jesús está obrando en perfeccionar su iglesia «para presentársela a sí mismo como una iglesia radiante, sin mancha ni arruga ni ninguna otra imperfección, sino santa e intachable» (Ef 5:27), y ha dado dones para equipar a la iglesia, y «de este modo, todos llegaremos a la unidad de la fe y del conocimiento del Hijo de Dios» (Ef 4:13). Aunque la historia pasada de la iglesia puede desalentarnos, estos pasajes bíblicos siguen siendo ciertos, y no debemos abandonar la esperanza de un acuerdo mayor. Es más, en este siglo ya hemos visto una comprensión mucho mayor y algún acuerdo doctrinal mayor entre los teólogos del pacto y dispensacionalistas, y entre carismáticos y no carismáticos; todavía más, pienso que la comprensión de la iglesia respecto a la inerrancia bíblica y los dones del Espíritu también ha aumentado significativamente en las últimas décadas. Creo que el debate presente sobre los apropiados papeles del hombre y la mujer en el matrimonio y en la iglesia a la larga resultará igualmente en una comprensión mucho mayor de la enseñanza bíblica, por dolorosa que la controversia pueda ser al presente. Por consiguiente, en este libro no he vacilado en levantar de nuevo algunas de las viejas diferencias, en relación con determinados temas con la esperanza de que, por lo menos en algunos casos, un vistazo fresco a la Biblia pueda provocar un nuevo examen de estas doctrinas y tal vez pueda impulsar algún movimiento no solo hacia una mayor comprensión y tolerancia de otros puntos de vista, sino incluso a un consenso doctrinal mucho mayor en la iglesia.

6. Un sentido de la urgente necesidad de una mayor comprensión doctrinal en toda la iglesia. Estoy convencido de que hay una necesidad urgente en la iglesia cristiana hoy de una mayor comprensión de la doctrina cristiana, o teología sistemática. No solo los pastores y maestros necesitan entender la teología con mayor profundidad, sino que *la iglesia entera* lo necesita también. Un día, por la gracia de Dios, quizá podamos tener iglesias llenas de creyentes que pueden debatir, aplicar y *vivir* las enseñanzas doctrinales de la Biblia con tanta facilidad como hablan de los detalles de sus trabajos o pasatiempos o la suerte de su equipo favorito de deportes o programa de televisión. No es que los creyentes carezcan de *capacidad* para entender la doctrina; es simplemente que deben tener acceso a ella en una forma comprensible. Una vez que eso tenga lugar, pienso que muchos creyentes hallarán que comprender (y vivir) las doctrinas de la Biblia es una de sus mayores alegrías.

Den gracias al Señor, porque él es bueno; su gran amor perdura para siempre. (Sal 118:29)

La gloria, Señor, no es para nosotros; no es para nosotros sino para tu nombre. (Sal 115:1)

Wayne Grudem
Trinity Evangelical Divinity School
2065 Half Day Road
Deerfield, Illinois 60015

Abreviaturas

BAGD	*A Greek-English Lexicon of the New Testament and Other Early Christian Literature.* Ed. Walter Bauer. Rev. y trans. Wm. Arndt, F. W. Gingrich, y F. Danker. University of Chicago Press, Chicago, 1979.
Biblia	*Cómo entender la Biblia. Una de las siete partes de la Teología Sistemática de Grudem.* Wayne Grudem, ed. Vida, Miami, 2012.
cf.	compare
Cristo y Espíritu	*Cómo entender a Cristo y al Espíritu. Una de las siete partes de la Teología Sistemática de Grudem.* Wayne Grudem, ed. Vida, Miami, 2012.
EBC	Expositor's Bible Commentary, Frank E. Gaebelein, ed. Zondervan, Grand Rapids, 1976.
ed.	editor, edición
EDT	*Evangelical Dictionary of Theology.* Walter Elwell, ed. Baker, Grand Rapids, 1984.
et al.	y otros
Futuro	*Cómo entender el futuro. Una de las siete partes de la Teología Sistemática de Grudem.* Wayne Grudem, ed. Vida, Miami, 2012.
Hombre y pecado	*Cómo entender el concepto del hombre y del pecado: una de las siete partes de la Teología Sistemática de Grudem.* Wayne Grudem, ed. Vida, Miami, 2013.
IBD	*The Illustrated Bible Dictionary.* Ed. J. D. Douglas, et al. 3 tomos. Intervarsity Press, Leicester, y Tyndale House, 1980.
KJV	Versión King James (Versión inglesa autorizada)
LSJ	*A Greek-English Lexicon*, novena edición. Henry Liddell, Robert Scott, H. S. Jones, R. McKenzie. Clarendon Press, Oxford, 1940
LBLA	La Biblia de las Américas
LXX	Septuaginta
n.	nota
n.f.	no dice la fecha de publicación
n.l.	no dice el lugar de publicación
NASB	New American Standard Bible
NDT	*New Dictionary of Theology.* S. B. Ferguson, D. F. Wright, J. I. Packer, editores. Intervarsity Press, Downers Grove, Ill., 1988.
NIDCC	*New International Dictionary of the Christian Church.* Ed. J. D. Douglas et al. Zondervan, Grand Rapids, 1974.

NIDCC	*New International Dictionary of New Testament Theology*. 3 tomos. Colin Brown, gen. ed. Zondervan, Grand Rapids, 1975-78.
NVI	Nueva Versión Internacional
Quién es Dios	*Cómo entender quién es Dios: una de las siete partes de la Teología Sistemática de Grudem*. Wayne Grudem, ed. Vida, Miami, 2012.
rev.	revisada
RVR 1960	Versión Reina Valera, revisión de 1960
Salvación	*Cómo entender la salvación: una de las siete partes de la Teología Sistemática de Grudem*. Wayne Grudem, ed. Vida, Miami, 2013.
TOTC	Tyndale Old Testament Commentaries
trad.	traducido por
TrinJ	*Trinity Journal*
VP	Versión Popular (*Dios Habla Hoy*)
WTJ	*Westminster Theological Journal*

Capítulo 1

INTRODUCCIÓN A LA TEOLOGÍA SISTEMÁTICA

¿Qué es teología sistemática?
¿Por qué los creyentes deben estudiarla?
¿Cómo debemos estudiarla?

EXPLICACIÓN Y BASE BÍBLICA

A. Definición de teología sistemática

¿Qué es teología sistemática? Se han dado muchas definiciones diferentes, pero para los propósitos de este libro se usará la siguiente definición: *teología sistemática es cualquier estudio que responde a la pregunta «¿Qué nos enseña toda la Biblia hoy?» respecto a algún tema dado*.[1]

Esta definición indica que la teología sistemática incluye la recolección y comprensión de todos los pasajes relevantes de la Biblia sobre varios temas y luego un resumen claro de sus enseñanzas de modo que sepamos qué creer en cuanto a cada tema.

1. Relación con otras disciplinas. El énfasis de este libro no estará, por consiguiente, en la *teología histórica* (el estudio histórico de cómo los cristianos en diferentes períodos han entendido los varios temas teológicos) ni en la *teología filosófica* (el estudio de temas teológicos principalmente sin el uso de la Biblia, sino usando las herramientas y métodos del razonamiento filosófico y lo que se puede saber en cuanto a Dios al observar el universo) ni *apologética* (la provisión de una defensa de la veracidad de la fe cristiana con el propósito de convencer a los que no creen). Estos tres asuntos, aunque son temas dignos de que

---

[1] Esta definición de teología sistemática la tomo del profesor John Frame, ahora en el Westminster Seminary de Escondido, California, bajo quien tuve el privilegio de estudiar de 1971 a 1973 (en el Seminario Westminster, Filadelfia). Aunque es imposible reconocer mi deuda con él en todo punto, es apropiado expresar mi gratitud a él a este respecto, y decir que probablemente ha influido en mi pensamiento teológico más que cualquier otra persona, especialmente en los asuntos cruciales de la naturaleza de la teología sistemática y la doctrina de la palabra de Dios. Muchos de sus exalumnos reconocerán ecos de sus enseñanzas en las páginas que siguen, especialmente en esos dos asuntos.

los creyentes los estudien, a veces se incluyen en una definición más amplia del término *teología sistemática*. De hecho, algo de consideración de asuntos históricos, filosóficos y apologéticos se halla en algunos puntos en todo este libro. Esto se debe a que el estudio histórico nos informa de los conceptos adquiridos y las equivocaciones previamente cometidas por otros al entender la Biblia; el estudio filosófico nos ayuda a entender el bien y el mal mediante formas comunes en nuestra cultura y otras; y el estudio de la apologética nos ayuda a llegar al punto en que las enseñanzas de la Biblia afectan las objeciones que levantan los que no creen. Pero esos aspectos de estudio no son el enfoque de esta obra, que más bien interactúa directamente con el texto bíblico a fin de entender lo que la Biblia misma nos dice respecto a varios temas teológicos.

Si alguien prefiere usar el término *teología sistemática* en el sentido más amplio que acabo de mencionar en lugar del sentido estrecho que se ha definido arriba, no habrá mucha diferencia.[2] Los que usan una definición más estrecha concordarán en que estos otros aspectos de estudio definitivamente contribuyen de una manera positiva a nuestra comprensión de la teología sistemática, y los que usan una definición más amplia por cierto concordarán en que la teología histórica, la teología filosófica y la apologética se pueden distinguir del proceso de recoger y sintetizar todos los pasajes relevantes de la Biblia sobre varios temas. Además, aunque los estudios históricos y filosóficos en efecto contribuyen a nuestra comprensión de las cuestiones teológicas, solo la Biblia tiene la autoridad final para definir qué debemos creer,[3] y es, por consiguiente, apropiado dedicar algún tiempo a enfocar el proceso de analizar la enseñanza de la Biblia misma.

La teología sistemática, según la hemos definido, también difiere de la teología del Antiguo Testamento, la teología del Nuevo Testamento y la teología bíblica. Estas tres disciplinas organizan sus temas históricamente y en el orden en que los temas están presentados en la Biblia. Por consiguiente, en la teología del Antiguo Testamento uno pudiera preguntar: «¿Qué enseña Deuteronomio sobre la oración?» o «¿Qué enseña Salmos en cuanto a la oración?» o «¿Qué enseña Isaías en cuanto a la oración?» o incluso, «¿Qué enseña todo el Antiguo Testamento en cuanto a la oración, y cómo se desarrolla esa enseñanza en la historia del Antiguo Testamento?». En la teología del Nuevo Testamento uno pudiera preguntar: «¿Qué enseña el Evangelio de Juan sobre la oración?» o «¿Qué enseña Pablo en cuanto a la oración?» o incluso «¿Qué enseña el Nuevo Testamento en cuanto a la oración y cuál es el desarrollo histórico de esa enseñanza conforme progresa a través del Nuevo Testamento?».

«Teología bíblica» tiene un significado técnico en los estudios teológicos. Es la categoría más amplia que contiene la teología del Antiguo Testamento y la teología del Nuevo Testamento, según las hemos definido arriba. La teología bíblica da atención especial a las enseñanzas de *autores individuales y secciones* de la Biblia, y el lugar de cada enseñanza en el *desarrollo histórico* de la Biblia.[4] Así que uno pudiera preguntar: «¿Cuál es

---

[2]Gordon Lewis y Bruce Demarest han acuñado una nueva frase: «teología integradora», para referirse a la teología sistemática en ese más amplio sentido; véase su excelente obra en tres volúmenes, *Integrative Theology* (Zondervan, Grand Rapids, 1987-94). En cada doctrina ellos analizan alternativas históricas y pasajes bíblicos pertinentes, dan un sumario coherente de la doctrina, responden a objeciones filosóficas y dan aplicación práctica.

[3]Charles Hodge dice: «The Scriptures contain all the Facts of Theology [Las Escrituras contienen todos los datos de la teología]» (subtítulo de sección en *Systematic Theology*, 1:15). Arguye que las ideas que se adquieren por intuición, observación o experiencia son válidas en teología solo si cuentan con respaldo de la enseñanza de la Biblia.

[4]El término «teología bíblica» puede parecer natural y apropiado para el proceso que he llamado «teología sistemática». Pero su uso en estudios

el desarrollo histórico de la enseñanza en cuanto a la oración según se ve a través de la historia del Antiguo Testamento y después del Nuevo Testamento?». Por supuesto, esa pregunta es muy parecida a esta: «¿Qué nos enseña la Biblia hoy en cuanto a la oración?» (Lo que sería *teología sistemática* según nuestra definición). Se hace entonces evidente que las líneas limítrofes entre estas varias disciplinas a menudo se superponen en los bordes, y partes de un estudio se combinan con el siguiente. Sin embargo, hay con todo una diferencia, porque la teología bíblica rastrea el desarrollo histórico de una doctrina y la manera en que el lugar de uno en algún punto en ese desarrollo histórico afecta la comprensión y aplicación de uno en cuanto a esa doctrina en particular. La teología bíblica también enfoca la comprensión de cada doctrina que los autores bíblicos y sus oyentes o lectores originales tenían.

La teología sistemática, por otro lado, hace uso del material de la teología bíblica y a menudo edifica sobre los resultados de la teología bíblica. En algunos puntos, especialmente en donde se necesita gran cuidado y detalles en el desarrollo de una doctrina, la teología sistemática usará incluso un método teológico bíblico, analizando el desarrollo de cada doctrina mediante el desarrollo histórico de la Biblia. Pero el enfoque de la teología sistemática sigue siendo diferente: su enfoque es la recolección y luego un sumario de la enseñanza de todos los pasajes bíblicos, un pasaje sobre un tema en particular. La teología sistemática pregunta, por ejemplo: «¿Qué nos enseña hoy la Biblia entera en cuanto a la oración?». Procura resumir las enseñanzas de la Biblia en una declaración breve, comprensible y cuidadosamente formulada.

2. Aplicación a la vida. Además, la teología sistemática se concentra en hacer un resumen de cada doctrina como deberían entenderla los creyentes del día presente. Esto a veces incluirá el uso de términos e incluso conceptos que en sí mismos no fueron usados por ningún autor bíblico individual, pero que son el resultado apropiado de combinar las enseñanzas de dos o más autores bíblicos sobre un tema en particular. Los términos *Trinidad, encarnación* y *deidad de Cristo,* por ejemplo, no se hallan en la Biblia, pero constituyen un resumen útil de conceptos bíblicos.

Definir la teología sistemática para incluir «lo que toda la Biblia *nos enseña* hoy» implica que la aplicación a la vida es una parte necesaria del correcto empeño de la teología sistemática. Por tanto, una doctrina bajo consideración se ve en términos de su valor práctico para vivir la vida cristiana. En ninguna parte de la Biblia hallamos doctrinas que se estudian por estudiarlas o aisladas de la vida. Los escritores bíblicos siempre aplicaban a la vida sus enseñanzas. Por consiguiente, cualquier cristiano que lee este libro debe hallar su vida cristiana enriquecida y profundizada durante este estudio; ciertamente, si el crecimiento espiritual personal no ocurre, el autor no ha escrito apropiadamente este libro, o el lector no lo ha estudiado correctamente.

3. Teología sistemática y teología desorganizada. Si usamos esta definición de teología sistemática, se verá que la mayoría de los creyentes en realidad hacen teología sistemática

---

teológicos para referirse al desarrollo histórico de doctrinas en la Biblia está bien establecido, así que empezar a usar ahora el término *teología bíblica* para referirse a lo que yo he llamado *teología sistemática* resultaría en confusión.

(o por lo menos declaraciones teológicas sistemáticas) muchas veces por semana. Por ejemplo: «La Biblia dice que todo el que cree en Cristo será salvo». «La Biblia dice que Jesucristo es el único camino a Dios». «La Biblia dice que Jesús viene otra vez». Todos estos son resúmenes de lo que la Biblia dice y, como tales, son afirmaciones teológicas sistemáticas. Es más, cada vez que el creyente afirma algo en cuanto a lo que dice toda la Biblia, en un sentido está haciendo teología sistemática, conforme a nuestra definición, al pensar en varios temas y responder a la pregunta: «¿Qué nos enseña toda la Biblia hoy?».[5]

¿Cómo difiere entonces este libro de la «teología sistemática» que la mayoría de los cristianos hacen? Primero, trata los temas bíblicos *de una manera cuidadosamente organizada* para garantizar que todos los temas importantes reciben consideración cabal. Tal organización también provee cierta verificación contra un análisis inexacto de temas individuales, porque quiere decir que todas las otras doctrinas que se tratan pueden ser comparadas con cada tema por uniformidad en metodología y ausencia de contradicciones en las relaciones entre las doctrinas. Esto también ayuda a asegurar una consideración balanceada de doctrinas complementarias: la deidad de Cristo y su humanidad se estudian juntas, por ejemplo, así como también la soberanía de Dios y la responsabilidad del hombre, de modo que no se deriven conclusiones erradas de un énfasis desequilibrado en solo un aspecto de la presentación bíblica completa.

De hecho, el adjetivo *sistemática* en teología sistemática se debe entender como «organizada cuidadosamente por temas», en el sentido de que se verá que los temas estudiados encajan siempre, e incluyen todos los principales temas doctrinales de la Biblia. Así que «sistemática» se debe tener como lo opuesto de «arreglada al azar» o «desorganizada». En la teología sistemática los temas se tratan de una manera ordenada o «sistemática».

Una segunda diferencia entre este libro y la manera en que la mayoría de los cristianos hacen teología sistemática es que trata los temas *con mucho mayor detalle* que lo que lo hacen la mayoría de los creyentes. Por ejemplo, el creyente promedio como resultado de la lectura regular de la Biblia puede hacer la siguiente afirmación teológica: «La Biblia dice que todo el que cree en Jesucristo será salvo». Ese es un sumario perfectamente cierto de una doctrina bíblica principal. Sin embargo, se pudiera dedicar varias páginas para elaborar más precisamente lo que quiere decir «creer en Jesucristo», y se pudieran dedicar varios capítulos a explicar lo que quiere decir «ser salvo» en todas las muchas implicaciones de esa expresión.

Tercero, un estudio formal de la teología sistemática hará posible formular sumarios de las enseñanzas bíblicas con *mucha mayor exactitud* que la alcanzada por los creyentes que no han realizado este estudio. En la teología sistemática, los sumarios de enseñanzas bíblicas se deben redactar precisamente para evitar malos entendidos y excluir enseñanzas falsas.

Cuarto, un buen análisis teológico debe hallar y tratar equitativamente *todos los pasajes bíblicos pertinentes* a cada tema en particular, y no solo algunos o unos pocos de los

---

[5]Robert L. Reymond, «The Justification of Theology with a Special Application to Contemporary Christology», en Nigel M. Cameron, ed., *The Challenge of Evangelical Theology: Essays in Approach and Method* (Rutherford House, Edimburgo, 1987), pp. 82-104 cita varios ejemplos del Nuevo Testamento de esta clase de búsqueda por toda la Biblia para demostrar conclusiones doctrinales: Jesús en Lc 24:25-27 (y en otros lugares); Apolos en Hch 18:28; el concilio de Jerusalén en Hch 15; y Pablo en Hch 17:2-3; 20:27; y todo Romanos. A esta lista se pudiera añadir Heb 1 (sobre la condición de Hijo divino que tiene Cristo, Heb 11 (sobre la naturaleza de la verdadera fe), y muchos otros pasajes de las Epístolas.

pasajes pertinentes. Esto a menudo quiere decir que debemos depender de los resultados de una cuidadosa exégesis (o interpretación) de la Biblia con la que concuerden en general los intérpretes evangélicos o, en donde haya diferencias significativas de interpretación, la teología sistemática incluirá exégesis detalladas en ciertos puntos.

Debido al crecido número de temas que se abordan en un estudio de teología sistemática, y debido al gran detalle con que se analizan esos temas, es inevitable que alguien que estudie un texto de teología sistemática o esté tomando un curso de teología sistemática por primera vez vea muchas de sus creencias cuestionadas o modificadas, refinadas o enriquecidas. Es de extrema importancia, por consiguiente, que toda persona que empieza tal curso resuelva firmemente en su mente abandonar como falsa cualquier idea que se halle que la enseñanza de la Biblia claramente contradice. Pero también es muy importante que toda persona resuelva no creer ninguna doctrina individual solo porque este libro de texto o algún otro libro de texto o maestro dice que es verdad, a menos que este libro o el instructor de un curso pueda convencer al estudiante partiendo del texto de la Biblia misma. Es solo la Biblia, y no «la tradición evangélica conservadora» ni ninguna otra autoridad humana, la que debe funcionar como autoridad normativa para la definición de lo que debemos creer.

4. ¿Qué son doctrinas? En este libro la palabra *doctrina* se entenderá de la siguiente manera: *una doctrina es lo que la Biblia entera nos enseña hoy en cuanto a un tema en particular*. Esta definición se relaciona directamente con nuestra definición anterior de teología sistemática, puesto que muestra que una «doctrina» es simplemente el resultado del proceso de hacer teología sistemática con respecto a un tema en particular. Entendidas de esta manera, las doctrinas pueden ser muy amplias o muy reducidas. Podemos hablar de «la doctrina de Dios» como una categoría doctrinal principal, incluyendo un sumario de todo lo que la Biblia nos enseña hoy en cuanto a Dios. Tal doctrina sería excepcionalmente grande. Por otro lado, podemos hablar más limitadamente de la doctrina de la eternidad de Dios, o de la doctrina de la Trinidad, o de la doctrina de la justicia de Dios.[6]

Dentro de cada una de estas categorías doctrinales principales se han seleccionado muchas más enseñanzas específicas como apropiadas para incluirlas. Generalmente estas tienen por lo menos uno de los siguientes tres criterios: (1) son doctrinas que se enfatizan bastante en la Biblia; (2) son doctrinas que han sido las más significativas en toda la historia de la iglesia y han sido importantes para todos los cristianos de todos los tiempos; (3) son doctrinas que han llegado a ser importantes para los creyentes en la situación presente de la historia del cristianismo (aunque algunas de estas doctrinas tal vez no hayan sido de tan gran interés anteriormente en la historia de la iglesia). Algunos ejemplos de doctrinas en la tercera categoría son la doctrina de la inerrancia de la Biblia, la doctrina del bautismo en el Espíritu Santo, la doctrina de Satanás y los demonios con referencia particular a la guerra espiritual, la doctrina de los dones espirituales en la edad del Nuevo Testamento, y la doctrina de la creación del hombre como hombre y mujer en relación a la comprensión de las funciones apropiadas de hombres y mujeres hoy.

---

[6] La palabra *dogma* es un sinónimo aproximado para *doctrina*, pero no la he usado en este libro. *Dogma* es un término que usan más a menudo los teólogos católicos romanos y luteranos, y el término frecuentemente se refiere a doctrinas que tienen el respaldo oficial de la iglesia. *Teología dogmática* es lo mismo que *teología sistemática*.

Finalmente, ¿cuál es la diferencia entre teología sistemática y *ética cristiana*? Aunque hay inevitablemente algún traslapo inevitable entre el estudio de la teología y el estudio de la ética, he tratado de mantener una distinción en énfasis. El énfasis de la teología sistemática recae en lo que Dios quiere que *creamos* y *sepamos*, en tanto que el énfasis de la ética cristiana es lo que Dios quiere que *hagamos* y cuáles *actitudes* quiere que tengamos. Tal distinción se refleja en la siguiente definición: *la ética cristiana es cualquier estudio que responde a la pregunta: «¿Qué nos exige Dios que hagamos y qué actitudes exige él que tengamos hoy?» con respecto a alguna situación dada.* La teología, pues, se enfoca en ideas, en tanto que la ética enfoca las circunstancias de la vida. La teología nos dice cómo debemos pensar, en tanto que la ética nos dice cómo debemos vivir. Un texto de ética, por ejemplo, considerará temas tales como el matrimonio y el divorcio, mentir y decir la verdad, robar y tener algo en propiedad, el aborto, control de natalidad, homosexualidad, la función del gobierno civil, disciplina de los hijos, pena capital, guerra, cuidado de los pobres, discriminación racial, y temas por el estilo. Por supuesto que habrá alguna superposición: la teología debe aplicarse a la vida (por consiguiente, a menudo es ética hasta cierto punto); y la ética se debe basar en ideas apropiadas de Dios y su mundo (por consiguiente, es teológica hasta cierto punto).

Este libro hace énfasis en la teología sistemática, aunque no vacilará en aplicar la teología a la vida en donde tal aplicación vaya bien. Con todo, para un tratamiento exhaustivo de la ética cristiana, sería necesario otro texto similar a este en alcance.

B. Presuposiciones iniciales de este libro

Empezamos con dos presuposiciones o cosas que damos por sentado: (1) que la Biblia es verdad y que es, en efecto, nuestra sola norma absoluta de verdad; (2) que el Dios de que habla la Biblia existe, y que es quien la Biblia dice que es: el Creador del cielo y la tierra y todo lo que hay en ellos. Estas dos presuposiciones, por supuesto, siempre están abiertas para ajuste, modificación o confirmación más honda posteriormente, pero en este punto estas dos presuposiciones forman el punto desde el cual empezamos.

C. ¿Por qué deben los cristianos estudiar teología?

¿Por qué deben los cristianos estudiar teología sistemática? Es decir, ¿por qué debemos empeñarnos en el proceso de recoger y hacer un sumario de las enseñanzas de muchos pasajes individuales de la Biblia sobre temas en particular? ¿Por qué no es suficiente seguir leyendo la Biblia en forma regular todos los días de nuestras vidas?

1. La razón básica. Se han dado muchas respuestas a esta pregunta, pero demasiado a menudo se deja la impresión de que la teología sistemática de alguna manera puede «mejorar» lo que dice la Biblia al hacer un mejor trabajo en organizar sus enseñanzas y explicarlas más claramente de lo que la misma Biblia las explica. Así podemos empezar negando implícitamente la claridad de la Biblia.

Sin embargo, Jesús ordenó a sus discípulos y nos ordena ahora *enseñar* a los creyentes a que observen todo lo que él ordenó:

> Por tanto, vayan y hagan discípulos de todas las naciones, bautizándolos en el nombre del Padre y del Hijo y del Espíritu Santo, *enseñándoles* a obedecer todo

CAPÍTULO 1 · INTRODUCCIÓN A LA TEOLOGÍA SISTEMÁTICA

lo que les he mandado a ustedes. Y les aseguro que estaré con ustedes siempre, hasta el fin del mundo. (Mt 28:19-20)

Enseñar todo lo que Jesús ordenó, en un sentido limitado, es enseñar el contenido de la enseñanza oral de Jesús según se registra en las narrativas de los Evangelios. Sin embargo, en un sentido más amplio, «todo lo que Jesús ordenó» incluye la interpretación y aplicación de su vida y enseñanzas, porque el libro de Hechos contiene una narración de lo que Jesús *continuó* haciendo y enseñando por medio de los apóstoles después de su resurrección (nótese que 1:1 habla de «todo lo que Jesús *comenzó* a hacer y enseñar»). «Todo lo que Jesús ordenó» también puede incluir las Epístolas, puesto que fueron escritas bajo la supervisión del Espíritu Santo y también se consideraron como un «mandamiento del Señor» (1 Co 14:37; véase también Jn 14:26; 16:13; 1 Ts 4:15; 2 P 3:2; y Ap 1:1-3). Así que en un sentido más amplio, «todo lo que Jesús ordenó» incluye todo el Nuevo Testamento.

Todavía más, cuando consideramos que los escritos del Nuevo Testamento apoyaban la confianza absoluta que Jesús tenía en la autoridad y confiabilidad de las Escrituras del Antiguo Testamento como palabras de Dios, y cuando nos damos cuenta de que las Epístolas del Nuevo Testamento también respaldaban esta perspectiva del Antiguo Testamento como palabras absolutamente autoritativas de Dios, se hace evidente que no podemos enseñar «todo lo que Jesús ordenó» sin incluir por igual todo el Antiguo Testamento (entendido apropiadamente en las varias maneras en que se aplica a la edad del nuevo pacto en la historia de la redención).

La tarea de cumplir la gran comisión incluye, por lo tanto, no solo evangelización sino también *enseñanza*, y la tarea de enseñar todo lo que Jesús nos ordenó es, en un sentido amplio, la tarea de enseñar lo que la Biblia entera nos dice hoy. Para enseñarnos a nosotros mismos efectivamente, y enseñar a otros lo que la Biblia entera dice, es necesario *recoger* y *resumir* todos los pasajes bíblicos sobre un tema en particular.

Por ejemplo, si alguien me pregunta: «¿Qué enseña la Biblia en cuanto al retorno de Cristo?», yo podría decir: «Siga leyendo la Biblia y lo hallará». Pero si el que pregunta empieza a leer en Génesis 1:1, pasará largo tiempo antes de que halle la respuesta a su pregunta. Para entonces habrá muchas otras preguntas que necesitan respuesta, y su lista de preguntas sin respuestas empezará a verse realmente larga. ¿Qué enseña la Biblia en cuanto a la obra del Espíritu Santo? ¿Qué enseña la Biblia en cuanto a la oración? ¿Qué enseña la Biblia en cuanto al pecado? No hay tiempo en toda nuestra vida para leer la Biblia entera buscando una respuesta por nosotros mismos cada vez que surge un asunto doctrinal. Por consiguiente, para que aprendamos lo que la Biblia dice es muy útil tener el beneficio del trabajo de otros que han investigado todas las Escrituras y han hallado respuestas a estos varios temas.

Podemos enseñar más efectivamente a otros si podemos dirigirlos a los pasajes más pertinentes y sugerir un sumario apropiado de las enseñanzas de esos pasajes. Entonces el que nos pregunta puede inspeccionar esos pasajes rápidamente por sí mismo y aprender mucho más rápido cuál es la enseñanza bíblica sobre ese tema en particular. Así que la necesidad de la teología sistemática para enseñar lo que la Biblia dice surge primordialmente porque somos finitos en nuestra memoria y en la cantidad de tiempo que tenemos disponible.

La razón básica de estudiar la teología sistemática, entonces, es que nos enseña a nosotros mismos y a otros lo que toda la Biblia dice, cumpliendo así la segunda parte de la gran comisión.

2. Los beneficios para nuestra vida. Aunque la razón básica de estudiar la teología sistemática es que es un medio de obediencia al mandamiento de nuestro Señor, hay también algunos beneficios adicionales que surgen de tal estudio.

Primero, estudiar la teología nos ayuda a *superar nuestras ideas erradas*. Si no hubiera pecado en nosotros, podríamos leer la Biblia de tapa a tapa y, aunque no aprenderíamos de inmediato todo lo que dice la Biblia, con mucha probabilidad aprenderíamos solo cosas verdaderas en cuanto a Dios y su creación. Cada vez que la leyéramos aprenderíamos más cosas ciertas y no nos rebelaríamos ni rehusaríamos aceptar algo que esté escrito allí. Pero con el pecado en nuestros corazones retenemos algo de rebelión contra Dios. En varios puntos hay —para todos nosotros— enseñanzas bíblicas que por una razón u otra no queremos aceptar. El estudio de teología sistemática nos ayuda a superar esas rebeldes ideas.

Por ejemplo, supóngase que hay alguien que no quiere creer que Jesús regresará a la tierra. Podríamos mostrarle a esta persona un versículo o tal vez dos que hablan del retorno de Jesús a la tierra, pero la persona tal vez todavía halle una manera de evadir la fuerza de esos versículos o leer en ellos un significado diferente. Pero si recogemos veinticinco o treinta versículos que dicen que Jesús vuelve a la tierra personalmente, y los anotamos en un papel, nuestro amigo que vaciló en creer en el retorno de Cristo con mayor probabilidad se persuadirá ante la amplitud y diversidad de la evidencia bíblica para esta doctrina. Por supuesto, todos tenemos cuestiones como esa, temas en que nuestro entendimiento de la enseñanza de la Biblia es inadecuado. En estos temas es útil que se nos confronte con *el peso total de la enseñanza de la Biblia* sobre ese tema, para que seamos más fácilmente persuadidos incluso contra nuestras inclinaciones erradas iniciales.

Segundo, estudiar teología sistemática nos ayuda a *tomar mejores decisiones más adelante* sobre nuevas cuestiones de doctrina que puedan surgir. No podemos saber cuáles nuevas controversias doctrinales surgirán en las iglesias en las cuales viviremos y ministraremos de aquí a diez, veinte o treinta años, si el Señor no regresa antes. Estas nuevas controversias doctrinales a veces incluirán asuntos que nadie ha enfrentado con mucha atención antes. Los cristianos preguntarán: «¿Qué dice la Biblia entera en cuanto a este tema?». (La naturaleza precisa de la inerrancia bíblica y el entendimiento apropiado de la enseñanza bíblica sobre los dones del Espíritu Santo son dos ejemplos de asuntos que han surgido en nuestro siglo con mucha mayor fuerza que nunca antes en la historia de la iglesia).

Cualesquiera que sean las nuevas controversias doctrinales en años futuros, los que han aprendido bien la teología sistemática serán mucho más capaces de responder a las otras preguntas que surjan. Esto se debe a que todo lo que la Biblia dice se relaciona de alguna manera con el resto de lo que la Biblia dice (porque todo encaja de una manera congruente, por lo menos dentro de la propia comprensión de Dios de la realidad, y en la naturaleza de Dios y la creación tal como son). Así que las nuevas preguntas tendrán que ver con mucho de lo que ya se ha aprendido de la Biblia. Cuanto mejor se haya aprendido ese material anterior, más capaces seremos de lidiar con esas nuevas preguntas.

CAPÍTULO 1 · INTRODUCCIÓN A LA TEOLOGÍA SISTEMÁTICA

Este beneficio se extiende incluso más ampliamente. Enfrentamos problemas al aplicar la Biblia a la vida en muchos más contextos que debates doctrinales formales. ¿Qué enseña la Biblia en cuanto a las relaciones entre esposo y esposa? ¿Qué, en cuanto a la crianza de los hijos? ¿En cuanto a testificarle a algún compañero de trabajo? ¿Qué principios nos da la Biblia para estudiar psicología, economía o ciencias naturales? ¿Cómo nos guía en cuanto a gastar dinero, ahorrarlo o dar el diezmo? En todo asunto que busquemos influirán ciertos principios teológicos, y los que han aprendido bien las enseñanzas teológicas de la Biblia serán mucho más capaces de tomar decisiones que agradan a Dios.

Una analogía útil en este punto es la de un rompecabezas. Si el rompecabezas representa «lo que la Biblia entera nos enseña hoy acerca de todo», un curso de teología sistemática será como armar el borde y algunos sectores principales incluidos en el rompecabezas. Pero nunca podremos saber todo lo que la Biblia enseña acerca de todas las cosas, así que nuestro rompecabezas tendrá muchas brechas, muchas piezas que todavía faltan por colocar. Resolver un problema nuevo en la vida real es como completar otra sección del rompecabezas: cuantas más piezas tiene uno en su lugar correcto al empezar, más fácil es colocar nuevas piezas en su sitio, y menos posibilidades tiene uno de cometer equivocaciones. En este libro el objetivo es permitir que los creyentes pongan en su «rompecabezas teológico» tantas piezas con tanta precisión como sea posible, y animar a los creyentes a seguir poniendo más y más piezas correctas por el resto de su vida. Las doctrinas cristianas que se estudian aquí actuarán como pautas para ayudarle a llenar cualquier otro sector, aspectos que pertenecen a todos los aspectos de verdad en todos los aspectos de la vida.

Tercero, estudiar teología sistemática *nos ayudará a crecer como creyentes*. Cuanto más sabemos de Dios, de su Palabra, de sus relaciones con el mundo y la humanidad, más confiaremos en él, más plenamente le alabaremos, y con mayor presteza le obedeceremos. Estudiar apropiadamente la teología sistemática nos hace creyentes más maduros. Si no hacemos esto, no estamos estudiándola de la manera que Dios quiere.

Por cierto, la Biblia a menudo conecta la sana doctrina con la madurez en la vida cristiana: Pablo habla de *«la doctrina que se ciñe a la verdadera religión»* (1 Ti 6:3) y dice que su obra como apóstol es «para que, mediante la fe, los elegidos de Dios lleguen a conocer *la verdadera religión»* (Tit 1:1). En contraste, indica que toda clase de desobediencia e inmoralidad «está en contra de la sana doctrina» (1 Ti 1:10).

En conexión con esta idea es apropiado preguntar qué diferencia hay entre una «doctrina principal» y una «doctrina menor». Los cristianos a menudo dicen que quieren buscar acuerdo en la iglesia en cuanto a doctrinas principales pero dar campo para diferencias en doctrinas menores. He hallado útil la siguiente pauta:

> Una doctrina principal es la que tiene un impacto significativo en lo que pensamos de otras doctrinas, o que tiene un impacto significativo en cómo vivimos la vida cristiana. Una doctrina menor es la que tiene muy poco impacto en cómo pensamos en cuanto a otras doctrinas, y muy poco impacto en cómo vivimos la vida cristiana.

Según esta norma, doctrinas como la autoridad de la Biblia, la Trinidad, la deidad de Cristo, la justificación por la fe y muchas otras se considerarían apropiadamente doctrinas principales. Los que no están de acuerdo con la comprensión evangélica histórica de algunas de estas doctrinas tendrán amplios puntos de diferencias con los creyentes evangélicos que afirman estas doctrinas. Por otro lado, me parece que las diferencias en cuanto a las formas de gobierno de la iglesia o algunos detalles en cuanto a la cena del Señor o las fechas de la gran tribulación tienen que ver con doctrinas menores. Los creyentes que difieren sobre estas cosas pueden estar de acuerdo tal vez en cualquier otro punto de la doctrina, pueden vivir vidas cristianas que no difieren de manera importante, y pueden tener genuina comunión unos con otros.

Por supuesto, tal vez hallemos doctrinas que caen en algún punto entre «principales» y «menores» de acuerdo a esta norma. Por ejemplo, los cristianos pueden diferir sobre el grado de significación que se debe asignar a la doctrina del bautismo o el milenio o el alcance de la expiación. Eso es natural, porque muchas doctrinas tienen *alguna* influencia sobre otras doctrinas o sobre la vida, pero podemos diferir en cuanto a si pensamos que sea una influencia «significativa». Podemos incluso reconocer que habrá una gama de importancia aquí, y simplemente decir que cuanta más influencia tiene una doctrina sobre otras doctrinas y la vida, más «principal» llega a ser. Esta cantidad de influencia incluso puede variar de acuerdo a las circunstancias históricas y necesidades de la iglesia en un momento dado. En tales casos, los cristianos deben pedirle a Dios que les dé sabiduría madura y juicio sano al tratar de determinar hasta qué punto una doctrina se debe considerar «principal» en sus circunstancias particulares.

D. Una nota sobre dos objeciones al estudio de la teología sistemática

1. «Las conclusiones son "demasiado pulidas" para ser verdad». Algunos estudiosos miran con sospecha la teología sistemática cuando —o incluso porque— sus enseñanzas encajan unas con otras en una manera no contradictoria. Objetan que el resultado sea «demasiado pulido» y que los teólogos sistemáticos deben por consiguiente de estar embutiendo las enseñanzas de la Biblia en un molde artificial y distorsionando el significado verdadero de las Escrituras a fin de lograr un conjunto ordenado de creencias.

A esta objeción se pueden dar dos respuestas: (1) Debemos primero preguntar a los que hacen tal objeción qué puntos específicos de la Biblia han sido interpretados mal, y entonces debemos lidiar con la comprensión de esos pasajes. Tal vez se hayan cometido equivocaciones, y en ese caso debe haber correcciones.

Sin embargo, también es posible que el objetor no tenga pasajes específicos en mente, o ninguna interpretación claramente errónea que señalar en las obras de los teólogos evangélicos más responsables. Desde luego, se puede hallar exégesis incompetente en los escritos de eruditos menos competentes en *cualquier* campo de estudios bíblicos, no solo en la teología sistemática, pero esos «malos ejemplos» constituyen una objeción no contra la erudición como un todo, sino contra el erudito incompetente mismo.

Es muy importante que el objetor sea específico en este punto, porque esta objeción a veces la hacen quienes, tal vez inconscientemente, han adoptado de nuestra cultura un concepto escéptico de la posibilidad de hallar conclusiones universalmente verdaderas en cuanto a algo, incluso en cuanto a Dios y su Palabra. Esta clase de escepticismo respecto a la verdad teológica es especialmente común en el mundo universitario moderno en donde «teología sistemática», si es que se estudia, se estudia solo desde la perspectiva de

CAPÍTULO 1 · INTRODUCCIÓN A LA TEOLOGÍA SISTEMÁTICA

la teología filosófica y la teología histórica (incluyendo tal vez un estudio histórico de las varias ideas que creyeron los primeros cristianos que escribieron el Nuevo Testamento, y otros cristianos de ese tiempo y a través de la historia de la iglesia). En este tipo de clima intelectual, el estudio de «teología sistemática» según se define en este capítulo se consideraría imposible, porque se da por sentado que la Biblia es meramente la obra de muchos autores humanos que escribieron en diversas culturas y experiencias en el curso de más de mil años. Se pensaría que tratar de hallar «lo que toda la Biblia enseña» en cuanto a algún asunto sería tan inútil como tratar de hallar «lo que todos los filósofos enseñan» respecto a algún asunto, porque se pensaría que la respuesta en ambos casos no es una sino muchas nociones diversas y a menudo en conflicto. Este punto de vista escéptico lo deben rechazar los evangélicos que ven las Escrituras como producto de autoría humana y divina, y por consiguiente como una colección de escritos que enseñan verdades no contradictorias en cuanto a Dios y en cuanto al universo que él creó.

(2) Segundo, se debe contestar que, en la mente de Dios, y en la naturaleza de la realidad en sí misma, los hechos e ideas *verdaderos* son todos congruentes entre sí. Por consiguiente, si hemos entendido acertadamente las enseñanzas de Dios en la Biblia debemos esperar que nuestras conclusiones «encajen unas con otras» y sean congruentes entre sí. La congruencia interna, entonces, es un argumento a favor, y no en contra, de cualquier resultado individual de la teología sistemática.

2. «La selección de temas dicta las conclusiones». Otra objeción general a la teología sistemática tiene que ver con la selección y arreglo de los temas, e incluso el hecho de que se haga tal estudio de la Biblia arreglado por temas, usando categorías a veces diferentes de las que se hallan en la misma Biblia. ¿Por qué se tratan *estos* temas teológicos en lugar de simplemente los demás que recalcan los autores bíblicos, y por qué los temas *se arreglan de esta manera* y no de otra? Tal vez, diría esta objeción, nuestras tradiciones y nuestras culturas han determinado los temas que tratamos y el arreglo de los mismos, para que los resultados en este estudio teológico sistemático de la Biblia, aunque aceptable en nuestra propia tradición teológica, en realidad no sea fiel a la Biblia misma.

Una variante de esta objeción es la afirmación de que nuestro punto de partida a menudo determina nuestras conclusiones respecto a temas controversiales: si decidimos empezar con un énfasis en la autoría divina de la Biblia, por ejemplo, acabaremos creyendo en la inerrancia bíblica, pero si empezamos con un énfasis en la autoría humana de la Biblia, acabaremos creyendo que hay algunos errores en la Biblia. En forma similar, si empezamos con un énfasis en la soberanía de Dios, acabaremos siendo calvinistas, pero si empezamos con un énfasis en la capacidad del hombre para tomar decisiones libres, acabaremos siendo arminianos, y así por el estilo. Esta objeción hace que parezca que las preguntas teológicas más importantes probablemente se pudieran decidir echando una moneda al aire para decidir en dónde empezar, puesto que se puede llegar a conclusiones *diferentes* e *igualmente válidas* desde diferentes puntos de partida.

Los que hacen tal objeción a menudo sugieren que la mejor manera de evitar este problema es no estudiar ni enseñar teología sistemática, sino limitar nuestros estudios temáticos al campo de la teología bíblica, tratando solo los temas y asuntos que los autores bíblicos mismos recalcan y describir el desarrollo histórico de estos temas bíblicos a través de la Biblia.

En respuesta a esta objeción, una gran parte de la consideración en este capítulo en cuanto a la necesidad de enseñar la Biblia será pertinente. Nuestra selección de temas no tiene que estar restringida a los principales intereses de los autores bíblicos, porque nuestra meta es hallar lo que Dios requiere de nosotros en todos los aspectos de interés para nosotros hoy.

Por ejemplo, a ningún autor del Nuevo Testamento le interesó *sobremanera* explicar temas tales como el «bautismo en el Espíritu Santo», o las funciones de las mujeres en la iglesia, o la doctrina de la Trinidad, pero estos son asuntos válidos de interés para nosotros hoy, y debemos buscar todos los lugares en la Biblia que hacen referencia a esos temas (sea que esos términos específicos se mencionen o no, y sea que esos temas sean el foco primordial de cada pasaje que examinamos o no) para ser capaces de entender y explicar a otros «lo que toda la Biblia enseña» en cuanto a ellos.

La única alternativa —porque *en efecto* pensaremos *algo* sobre esos temas— es formar nuestras opiniones sin orden ni concierto partiendo de una impresión general de lo que pensamos que es la posición «bíblica» sobre cada tema, o tal vez apuntalar nuestras posiciones con análisis cuidadoso de uno o dos pasajes pertinentes, sin ninguna garantía de que esos pasajes presenten una noción balanceada de «todo el propósito de Dios» (Hch 20:27) sobre el tema que se considera. En verdad este enfoque, demasiado común en círculos evangélicos hoy, podría, me parece, llamarse «teología asistemática» o incluso ¡«teología al azar y desordenada»! Tal alternativa es demasiado subjetiva y demasiado sujeta a presiones culturales. Tiende a la fragmentación e incertidumbre doctrinal ampliamente extendida, y deja a la iglesia teológicamente inmadura, como «niños, zarandeados por las olas y llevados de aquí para allá por todo viento de enseñanza» (Ef 4:14).

Respecto a la objeción en cuanto a la selección y secuencia de los temas, nada hay que nos impida acudir a la Biblia para buscar respuestas a *cualquier* pregunta doctrinal, considerada en *cualquier secuencia*. La secuencia de temas en este libro es muy común y se ha adoptado porque es ordenada y se presta bien para el aprendizaje y la enseñanza. Pero los capítulos se pueden leer en cualquier secuencia que uno quiera, y las conclusiones no van a ser diferentes, ni tampoco lo persuasivo de los argumentos —si están derivados apropiadamente de la Biblia— se reducirá significativamente. He tratado de escribir los capítulos de modo que se puedan leer como unidades independientes.

E. ¿Cómo deben los cristianos estudiar teología sistemática?

¿Cómo, entonces, debemos estudiar la teología sistemática? La Biblia provee algunas pautas que responden a esta pregunta.

1. Debemos estudiar la teología sistemática en oración. Si estudiar teología sistemática es solo una manera de estudiar la Biblia, los pasajes de la Biblia que hablan de la manera en que debemos estudiar la Palabra de Dios nos orientan en esta tarea. Tal como el salmista ora en Salmo 119:18: «Ábreme los ojos, para que contemple las maravillas de tu ley», debemos orar y buscar la ayuda de Dios para entender su Palabra. Pablo nos dice en 1 Corintios 2:14 que «El que no tiene el Espíritu no acepta lo que procede del Espíritu de Dios, pues para él es locura. No puede entenderlo, porque hay que discernirlo espiritualmente». Estudiar teología es por consiguiente una actividad espiritual en la que necesitamos la ayuda del Espíritu Santo.

Por inteligente que sea, si el estudiante no persiste en orar para que Dios le dé una mente que comprenda, y un corazón creyente y humilde, y el estudiante no mantiene un andar personal con el Señor, las enseñanzas de la Biblia serán mal entendidas y no se creerá en ellas, resultará en error doctrinal, y la mente y el corazón del estudiante no cambiarán para bien sino para mal. Los estudiantes de teología sistemática deben resolver desde el principio mantenerse libres de toda desobediencia a Dios o de cualquier pecado conocido que interrumpiría su relación con él. Deben resolver mantener con gran regularidad su vida devocional. Deben orar continuamente pidiendo sabiduría y comprensión de las Escrituras.

Puesto que es el Espíritu Santo el que nos da la capacidad de entender apropiadamente la Biblia, necesitamos darnos cuenta de que lo que hay que hacer, particularmente cuando no podemos entender algún pasaje o alguna doctrina de la Biblia, es pedir la ayuda de Dios. A menudo lo que necesitamos no es más información sino más perspectiva en cuanto a la información que ya tenemos disponible. Esa perspectiva la da solamente el Espíritu Santo (cf. 1 Co 2:14; Ef 1:17-19).

2. Debemos estudiar teología sistemática con humildad. Pedro nos dice: «Dios se opone a los orgullosos, pero da gracia a los humildes» (1 P 5:5). Los que estudian teología sistemática aprenderán muchas cosas en cuanto a las enseñanzas de la Biblia que tal vez no saben o no conocen bien otros creyentes en sus iglesias o parientes que tienen más años en el Señor que ellos. También pueden comprender cosas en cuanto a la Biblia que algunos de los cargos de su iglesia no entienden, e incluso que su pastor tal vez haya olvidado o nunca aprendió bien.

En todas estas situaciones sería muy fácil adoptar una actitud de orgullo o superioridad hacia otros que no han hecho tal estudio. Pero qué horrible sería si alguien usara este conocimiento de la Palabra de Dios solo para ganar discusiones o para denigrar a otro creyente en la conversación, o para hacer que otro creyente se sienta insignificante en la obra del Señor. El consejo de Santiago es bueno para nosotros en este punto: «Todos deben estar listos para escuchar, y ser lentos para hablar y para enojarse; pues la ira humana no produce la vida justa que Dios quiere» (Stg 1:19-20). Nos dice que lo que uno comprende de la Biblia debe ser impartido en humildad y amor:

> ¿Quién es sabio y entendido entre ustedes? Que lo demuestre con su buena conducta, mediante obras hechas con la humildad que le da su sabiduría. [...] En cambio, la sabiduría que desciende del cielo es ante todo pura, y además pacífica, bondadosa, dócil, llena de compasión y de buenos frutos, imparcial y sincera. En fin, el fruto de la justicia se siembra en paz para los que hacen la paz. (Stg 3:13, 17-18)

La teología sistemática estudiada como es debido no conducirá a un conocimiento que «envanece» (1 Co 8:1), sino a humildad y amor por otros.

3. Debemos estudiar teología sistemática con razonamiento. Hallamos en el Nuevo Testamento que Jesús y los autores del Nuevo Testamento a menudo citan un versículo de la Biblia y luego derivan de él conclusiones lógicas. *Razonan* partiendo del pasaje bíblico. Por consiguiente, no es errado usar el entendimiento humano, la lógica y la razón humanas para derivar conclusiones de las afirmaciones de la Biblia. No obstante, cuando razonamos y derivamos de la Biblia lo que pensamos sean deducciones lógicas correctas, a veces cometemos errores. Las deducciones que derivamos de las afirmaciones de la Biblia no son iguales a las afirmaciones de la Biblia en sí mismas, en certeza o autoridad, porque nuestra capacidad para razonar y derivar conclusiones no es la suprema norma de verdad; pues solo la Biblia lo es.

¿Cuáles son, entonces, los límites en nuestro uso de nuestras capacidades de razonamiento para derivar deducciones de las afirmaciones de la Biblia? El hecho de que razonar y llegar a conclusiones que van más allá de las meras afirmaciones de la Biblia es apropiado e incluso necesario para estudiar la Biblia y el hecho de que la Biblia en sí misma es la suprema norma de verdad se combinan para indicarnos que *somos libres para usar nuestras capacidades de razonamiento para derivar deducciones de cualquier pasaje de la Biblia en tanto y en cuanto esas deducciones no contradigan la clara enseñanza de algún otro pasaje de la Biblia.*[7]

Este principio pone una salvaguarda en nuestro uso de lo que pensamos sean deducciones lógicas de la Biblia. Nuestras deducciones supuestamente lógicas pueden estar erradas, pero la Biblia en sí misma no puede estar errada. Por ejemplo, podemos leer la Biblia y hallar que a Dios Padre se le llama Dios (1 Co 1:3), que a Dios Hijo se le llama Dios (Jn 20:28; Tit 2:13) y que a Dios Espíritu Santo se le llama Dios (Hch 5:3-4). De esto podemos deducir que hay tres Dioses. Pero después hallamos que la Biblia explícitamente nos enseña que Dios es uno (Dt 6:4; Stg 2:19). Así que concluimos que lo que nosotros *pensamos* que era una deducción lógica válida en cuanto a tres Dioses estaba errada y que la Biblia enseña (a) que hay tres personas separadas (Padre, Hijo y Espíritu Santo), cada una de las cuales es plenamente Dios, y (b) que hay solo un Dios.

No podemos entender exactamente cómo estas dos afirmaciones pueden ser verdad a la vez, así que constituyen una *paradoja* («afirmación que aunque parece contradictoria puede ser verdad»).[8] Podemos tolerar una paradoja (tal como «Dios es tres personas y solo un Dios») porque tenemos la confianza de que en última instancia Dios sabe

---

[7] Esta pauta también la adopto del profesor John Frame, del Westminster Seminary (vea p. 13).

[8] El *American Heritage Dictionary of the English Language*, ed. William Morris (Houghton-Mifflin, Boston, 1980), p. 950 (primera definición). Esencialmente el mismo significado lo adopta el *Oxford English Dictionary* (ed. 1913, 7:450), el *Concise Oxford Dictionary* (ed. 1981, p. 742), el *Random House Collage Dictionary* (ed. 1979, p. 964), y el *Chambers Twentieth Century Dictionary* (p. 780), aunque todos señalan que *paradoja* también puede significar «contradicción» (aunque en forma menos común); compare la *Encyclopedia of Philosophy*, ed. Paul Edwards (Macmillan and the Free Press, New York, 1967), 5:45, y todo el artículo «Logical Paradoxes» («Paradojas lógicas») de John van Heijenoort en las pp. 45-51 del mismo volumen, que propone soluciones a muchas de las paradojas clásicas en la historia de la filosofía. (Si *paradoja* significa «contradicción», tales soluciones serían imposibles).

Cuando uso la palabra *paradoja* en el sentido primario que definen estos diccionarios hoy me doy cuenta de que difiero en alguna medida del artículo «*Paradox*» (Paradoja) de K. S. Kantzer en *EDT*, ed. Walter Elwell, pp. 826-27 (que toma *paradoja* para significar esencialmente «contradicción»). Sin embargo, uso *paradoja* en el sentido ordinario del inglés y que es conocido en la filosofía. Me parece que no hay disponible ninguna otra palabra mejor que *paradoja* para referirse a lo que parece ser una contradicción y no lo es en realidad.

Hay, sin embargo, alguna falta de uniformidad en el uso del término *paradoja* y un término relacionado: *antinomia*, en el debate evangélico contemporáneo. La palabra *antinomia* se ha usado a veces para aplicarla a lo que aquí llamo *paradoja*, es decir, «lo que parecen ser afirmaciones contradictorias y, sin embargo, son ambas verdaderas» (vea, por ejemplo, John Jefferson Davis, *Theology Primer* [Baker, Grand Rapids, 1981], p. 18). Tal sentido de *antinomia* ganó respaldo en un libro ampliamente leído, *Evangelism and the Sovereignty of God*, por J. I Packer (Intervarsity Press, Londres, 1961). En las

CAPÍTULO 1 · INTRODUCCIÓN A LA TEOLOGÍA SISTEMÁTICA

plenamente la verdad en cuanto a sí mismo y en cuanto a la naturaleza de la realidad, y que para él los diferentes elementos de una paradoja quedan plenamente reconciliados, aunque en este punto los pensamientos de Dios son más altos que los nuestros (Is 55:8-9). Pero una verdadera contradicción (como el que «Dios es tres personas y Dios no es tres personas») implicaría contradicción en la comprensión que Dios tiene de sí mismo y de la realidad, y esto no puede ser.

Cuando el salmista dice: «La suma de tus palabras es la verdad; tus rectos juicios permanecen para siempre» (Sal 119:160), implica que las palabras de Dios no solo son verdad individualmente sino también cuando se ven juntas como un todo. Vistas colectivamente, su «suma» es también «verdad». En última instancia, no hay contradicción interna ni en la Biblia ni en los pensamientos de Dios.

4. Debemos estudiar teología sistemática con la ayuda de otros. Debemos estar agradecidos de que Dios ha puesto maestros en la iglesia («En la iglesia Dios ha puesto, en primer lugar, apóstoles; en segundo lugar, profetas; en tercer lugar, *maestros*», 1 Co 12:28). Debemos permitir que los que tienen estos dones de enseñanza nos ayuden a entender las Escrituras. Esto significa que debemos usar teologías sistemáticas y otros libros que han escrito algunos de los maestros que Dios le ha dado a la iglesia en el curso de su historia. También significa que nuestro estudio de teología incluirá *hablar con otros cristianos* en cuanto a las cosas que estamos estudiando. Entre aquellos con quienes hablamos a menudo estarán algunos con dones de enseñanza que pueden explicar las enseñanzas bíblicas claramente y ayudarnos a entenderlas más fácilmente. De hecho, algunos de los aprendizajes más efectivos en los cursos de teología sistemática en universidades y seminarios a menudo ocurren fuera del salón de clases en conversaciones informales entre estudiantes que intentan entender por sí mismos las doctrinas bíblicas.

5. Debemos estudiar la teología sistemática recogiendo y comprendiendo todos los pasajes de la Biblia pertinentes a cualquier tema. Mencioné esto en nuestra definición de teología sistemática al principio de este capítulo, pero aquí hay que describir el proceso en sí. ¿Cómo realizar uno un sumario doctrinal de lo que todos los pasajes de la Biblia enseñan sobre cierto tema? Para los temas que se cubren en este libro, muchos pensarán que estudiar los capítulos de este libro y leer los versículos bíblicos anotados en los capítulos basta. Pero algunos querrán estudiar más la Biblia sobre algún tema particular o estudiar algún nuevo tema no cubierto aquí. ¿Cómo puede un estudiante usar la Biblia para investigar lo que enseña sobre algún tema nuevo, tal vez uno que no se ha discutido explícitamente en ninguno de sus textos de teología sistemática?

---

pp. 18-22 Packer define *antinomia* como «una apariencia de contradicción» (pero admite en la p. 18 que esta definición difiere del *Shorter Oxford Dictionary*). Mi problema en cuanto a usar *antinomia* en este sentido es que la palabra es tan poco conocida en el inglés ordinario que solo aumenta el caudal de términos técnicos que los cristianos tienen que aprender a fin de entender a los teólogos, y además tal sentido no lo respalda ninguno de los diccionarios citados arriba, todos los cuales definen *antinomia* en el sentido «contradicción» (por ej., *Oxford English Dictionary*, 1:371). El problema no es serio, pero ayudaría a la comunicación si los evangélicos pudieran convenir en un sentido uniforme para estos términos.

Es desde luego aceptable la paradoja en la teología sistemática, y las paradojas son hechos inevitables siempre que tengamos una comprensión definitiva de algún tema teológico. Sin embargo, es importante reconocer que la teología cristiana nunca debe afirmar una «contradicción» (un conjunto de dos afirmaciones, una de las cuales niega a la otra). Una contradicción sería: «Dios es tres personas y Dios no es tres personas» (donde el término *personas* tiene el mismo sentido en ambas mitades de la oración).

El proceso sería así: (1) Buscar todos los versículos relevantes. La mejor ayuda en este paso es una buena concordancia que le permita a uno buscar palabras clave y hallar los versículos en que se trata el tema. Por ejemplo, al estudiar lo que significa que el hombre fue creado a imagen y semejanza de Dios, uno necesita buscar todos los versículos en los cuales aparece «imagen», «semejanza» y «crear». (Las palabras «hombre» y «Dios» ocurren con demasiada frecuencia para que sean útiles para una búsqueda en la concordancia). Al estudiar la doctrina de la oración se podrían buscar muchas palabras (*oración, orar, interceder, petición, súplica, confesar, confesión, alabanza, dar gracias, acción de gracias,* et al).; y tal vez la lista de versículos sería demasiado larga para ser manejable, así que el estudiante tendría que revisar ligeramente la concordancia sin buscar los versículos, o la búsqueda se podría probablemente dividir en secciones, o limitarse de alguna otra manera. También se puede hallar versículos al pensar en la historia global de la Biblia y buscando las secciones donde pueda haber información sobre el tema a mano; por ejemplo, el que quiere estudiar sobre la oración tal vez querrá leer pasajes como la oración de Ana por un hijo (en 1 S 1), la oración de Salomón en la dedicación del templo (en 1 R 8), la oración de Jesús en el huerto del Getsemaní (en Mt 26 y paralelos), y así por el estilo. Luego, además del trabajo en la concordancia y de leer otros pasajes que uno pueda hallar sobre el tema, revisar las secciones relevantes en algunos libros de teología sistemática a menudo trae a la luz otros versículos que uno puede haber pasado por alto, a veces porque en estos versículos no se usa ninguna de las palabras que se usaron para la búsqueda en la concordancia[9].

(2) El segundo paso es leer, tomar notas y tratar de hacer un sumario de los puntos que hacen los versículos relevantes. A veces un tema se repetirá a menudo y el sumario de varios versículos será relativamente fácil de hacer. En otras ocasiones habrá versículos difíciles de entender, y el estudiante necesitará dedicar tiempo para estudiar un versículo a profundidad (solo leyendo el versículo en su contexto vez tras vez, o usando herramientas especializadas como comentarios y diccionarios) hasta que se logre una comprensión satisfactoria.

(3) Finalmente, las enseñanzas de los varios versículos se deben resumir en uno o más puntos que la Biblia afirma en cuanto a ese tema. El sumario no tiene que tener la forma exacta de la conclusión de otros sobre el tema, porque bien podemos ver en la Biblia cosas que otros no han visto, o tal vez organizamos el tema en forma diferente, o enfatizamos cosas diferentes.

Por otro lado, en este punto es también útil leer secciones relacionadas, si se puede hallar alguna, en varios libros de teología sistemática. Esto provee una verificación útil contra errores o detalles que se hayan pasado por alto, y a menudo hace que uno se percate de perspectivas y argumentos alternos que pueden hacernos modificar o fortificar nuestra posición. Si el estudiante halla que otros han argumentado a favor de conclusiones fuertemente divergentes, entonces hay que indicar correctamente esas otras perspectivas y luego contestarlas. A veces otros libros de teología nos alertarán acerca de

---

[9]He leído una cantidad de ensayos de estudiantes que dicen que el Evangelio de Juan no dice nada en cuanto a cómo los creyentes deben orar, por ejemplo, porque al examinar una concordancia hallaron que la palabra *oración* no aparece en Juan, y la palabra *orar* solo aparece cuatro veces en referencia a Jesús orando en Juan 14, 16:17. Pasaron por alto el hecho de que Juan contiene varios versículos importantes en donde se usa la palabra *pedir* en lugar de la palabra *orar* (Jn 14:13-14; 15:07, 16; et al).

CAPÍTULO 1 · INTRODUCCIÓN A LA TEOLOGÍA SISTEMÁTICA

consideraciones históricas o filosóficas que han surgido antes en la historia de la iglesia, y estas proveerán nociones adicionales o advertencias contra el error.

El proceso bosquejado arriba es posible para cualquier cristiano que puede leer su Biblia y puede buscar las palabras en una concordancia. Por supuesto, las personas serán cada vez más ágiles y más precisas en este proceso con el tiempo, la experiencia y la madurez cristiana, pero será una tremenda ayuda para la iglesia si los creyentes generalmente dedicaran mucho más tiempo a investigar los temas de la Biblia por sí mismos y derivar conclusiones según el proceso indicado arriba. El gozo de descubrir temas bíblicos será ricamente recompensador. Especialmente los pastores y los que dirigen estudios bíblicos hallarán frescor adicional en su comprensión de la Biblia y en su enseñanza.

6. Debemos estudiar teología sistemática con alegría y alabanza. El estudio de teología no es meramente un ejercicio teórico intelectual. Es un estudio del Dios viviente, y de las maravillas de sus obras en la creación y en la redención. ¡No podemos estudiar este tema desapasionadamente! Debemos amar todo lo que Dios es, todo lo que él dice, y todo lo que él hace. «Ama al Señor tu Dios con todo tu corazón» (Dt 6:5). Nuestra respuesta al estudio de la teología de la Biblia debe ser la del salmista que dijo: «¡Cuán preciosos, oh Dios, me son tus pensamientos!» (Sal 139:17). En el estudio de las enseñanzas de la Palabra de Dios no debe sorprendernos si a menudo hallamos nuestros corazones irrumpiendo espontáneamente en expresiones de alabanza y deleite como las del salmista:

> Los preceptos del Señor son rectos: traen alegría al corazón. (Sal 19:8)

> Me regocijo en el camino de tus estatutos más que en todas las riquezas. (Sal 119:14)

> ¡Cuán dulces son a mi paladar tus palabras! ¡Son más dulces que la miel a mi boca! (Sal 119:103)

> Tus estatutos son mi herencia permanente; son el regocijo de mi corazón. (Sal 119:111)

> Yo me regocijo en tu promesa como quien halla un gran botín. (Sal 119:162)

A menudo en el estudio de teología la respuesta del cristiano será similar a la de Pablo al reflexionar sobre el prolongado argumento teológico que acababa de completar al final de Romanos 11:32. Irrumpe en alabanza gozosa por las riquezas de la doctrina que Dios le ha permitido expresar:

> ¡Qué profundas son las riquezas de la sabiduría y del conocimiento de Dios!
> ¡Qué indescifrables sus juicios e impenetrables sus caminos!

> «¿Quién ha conocido la mente del Señor,
> o quién ha sido su consejero?».
> «¿Quién le ha dado primero a Dios,
> para que luego Dios le pague?».
>
> Porque todas las cosas proceden de él, y existen por él y para él. A él sea la gloria por siempre! Amén. (Ro 11:33-36)

PREGUNTAS DE APLICACIÓN PERSONAL

Estas preguntas al final de cada capítulo enfocan la aplicación a la vida. Debido a que pienso que la doctrina se debe sentir a nivel emocional tanto como entenderse a nivel intelectual, en muchos capítulos he incluido algunas preguntas en cuanto a cómo el lector *se siente* respecto a un punto de doctrina. Pienso que estas preguntas serán muy valiosas para los que dedican tiempo para reflexionar en ellas.

1. ¿De qué maneras (si acaso alguna) ha cambiado este capítulo su comprensión de lo que es teología sistemática? ¿Cuál era su actitud hacia el estudio de la teología sistemática antes de leer este capítulo? ¿Cuál es su actitud ahora?

2. ¿Qué es lo más probable que sucedería a una iglesia o denominación que abandonara el aprendizaje de teología sistemática por una generación o más? ¿Ha sido esto cierto en su iglesia?

3. ¿Hay alguna doctrina que se incluye en la tabla de contenido para la cual una comprensión más amplia le ayudaría a resolver una dificultad personal en su vida al momento presente? ¿Cuáles son los peligros espirituales y emocionales que usted personalmente debe tener presente al estudiar teología sistemática?

4. Ore pidiéndole a Dios que haga de este estudio de doctrinas cristianas básicas un tiempo de crecimiento espiritual y más íntima comunión con él, y un tiempo en el que usted entienda y aplique correctamente las enseñanzas de la Biblia.

TÉRMINOS ESPECIALES

- apologética
- contradicción
- doctrina
- doctrina menor
- doctrina principal
- ética cristiana
- paradoja
- presuposición
- teología bíblica
- teología del Nuevo Testamento
- teología del Antiguo Testamento
- teología dogmática
- teología histórica
- teología filosófica
- teología sistemática

BIBLIOGRAFÍA

Baker, D. L. «Biblical Theology». En *NDT* p. 671.

Berkhof, Louis. *Introduction to Systematic Theology*. Eerdmans, Grand Rapids, 1982, pp. 15–75 (publicado primero en 1932). En español, *Introducción a la teología sistematica*. Grand Rapids, Libros Desafío, 2002.

Bray, Gerald L., ed. *Contours of Christian Theology*. Intervarsity Press, Downers Grove, IL, 1993.

_____. «Systematic Theology, History of». En *NDT* pp. 671–72.

Cameron, Nigel M., ed. *The Challenge of Evangelical Theology: Essays in Approach and Method*. Rutherford House, Edinburgh, 1987.

Carson, D. A. «Unity and Diversity in the New Testament: The Possibility of Systematic Theology». En *Scripture and Truth*. Ed. por D. A. Carson y John Woodbridge. Zondervan, Grand Rapids, 1983, pp. 65–95.

Davis, John Jefferson. *Foundations of Evangelical Theology*. Baker, Grand Rapids, 1984.

_____. *The Necessity of Systematic Theology*. Baker, Grand Rapids, 1980.

_____. *Theology Primer: Resources for the Theological Student*. Baker, Grand Rapids, 1981.

Demarest, Bruce. "Systematic Theology." En *EDT* pp. 1064–66.

Erickson, Millard. *Concise Dictionary of Christian Theology*. Baker, Grand Rapids, 1986.

Frame, John. *Van Til the Theologian*. Pilgrim, Phillipsburg, NJ, 1976.

Geehan, E.R., ed. *Jerusalem and Athens*. Craig Press, Nutley, NJ, 1971.

Grenz, Stanley J. *Revisioning Evangelical Theology: A Fresh Agenda for the 21st Century*. InterVarsity Press, Downers Grove, IL, 1993.

House, H. Wayne. *Charts of Christian Theology and Doctrine*. Zondervan, Grand Rapids, 1992.

Kuyper, Abraham. *Principles of Sacred Theology*. Trad. por J. H. DeVries. Eerdmans, Grand Rapids, 1968 (reimpresión; primero publicada como *Encyclopedia of Sacred Theology* en 1898).

Machen, J. Gresham. *Christianity and Liberalism*. Eerdmans, Grand Rapids, 1923. (Este libro de 180 páginas es, en mi opinión, uno de los estudios teológicos más significativos jamás escritos. Da un claro vistazo general de las principales doctrinas bíblicas y en cada punto muestra las diferencias vitales con la teología protestante liberal, diferencias que todavía nos confrontan hoy. Es lectura que exijo en todas mis clases de introducción a la teología).

Morrow, T. W. «Systematic Theology». En *NDT* p. 671.

Poythress, Vern. *Symphonic Theology: The Validity of Multiple Perspectives in Theology*. Zondervan, Grand Rapids, 1987.

Preus, Robert D. *The Theology of Post-Reformation Lutheranism: A Study of Theological Prolegomena*. 2 vols. Concordia, St. Louis, 1970.

Van Til, Cornelius. *In Defense of the Faith vol. 5: An Introduction to Systematic Theology*. n. p. Presbyterian and Reformed, 1976, pp. 1–61, 253–62.

_____. *The Defense of the Faith*. Filadelfia: Presbyterian and Reformed, 1955.

Vos, Geerhardus. «The Idea of Biblical Theology as a Science and as a Theological Discipline». En *Redemptive History and Biblical Interpretation* pp. 3–24. Ed. por Richard Gaffin. Presbyterian and Reformed, Phillipsburg, NJ, 1980 (artículo publicado primero en 1894).

Warfield, B. B. «The Indispensableness of Systematic Theology to the Preacher». En *Selected Shorter Writings of Benjamin B. Warfield* 2:280–88. Ed. by John E. Meeter. Presbyterian and Reformed, Nutley, NJ, 1973 (publicado primero en 1897).

_____. «The Right of Systematic Theology». En *Selected Shorter Writings of Benjamin B. Warfield* 2:21–279. Ed. Por John E. Meeter. Presbyterian and Reformed, Nutley, NJ, 1973 (artículo publicado primero en 1896).

Wells, David. *No Place for Truth, or, Whatever Happened to Evangelical Theology?* Eerdmans, Grand Rapids, 1993.

Woodbridge, John D., and Thomas E. McComiskey, eds. *Doing Theology in Today's World: Essays in Honor of Kenneth S. Kantzer.* Zondervan, Grand Rapids, 1991.

PASAJE BÍBLICO PARA MEMORIZAR

Los estudiantes repetidamente han mencionado que una de las partes más valiosas de cualquiera de sus cursos en la universidad o seminario ha sido los pasajes bíblicos que se les exigió memorizar. «En mi corazón atesoro tus dichos para no pecar contra ti» (Sal 119:11). En cada capítulo, por consiguiente, he incluido un pasaje apropiado para memorizar de modo que los instructores puedan incorporar la memorización de la Biblia dentro de los requisitos del curso siempre que sea posible. (Los pasajes bíblicos para memorizar que se indican al final de cada capítulo se toman de la NVI).

Mateo 28:18-20: *Jesús se acercó entonces a ellos y les dijo: Se me ha dado toda autoridad en el cielo y en la tierra. Por tanto, vayan y hagan discípulos de todas las naciones, bautizándolos en el nombre del Padre y del Hijo y del Espíritu Santo, enseñándoles a obedecer todo lo que les he mandado a ustedes. Y les aseguro que estaré con ustedes siempre, hasta el fin del mundo.*

HIMNO

La buena teología sistemática nos lleva a alabar. Es correcto por tanto que al final de cada capítulo se incluya un himno relacionado con el tema del capítulo. En un aula, el himno debe cantarse al principio y al final de la clase. Por otro lado, el lector individual puede cantarlo en privado o simplemente meditar en silencio en las palabras. A menos que se señale lo contrario, las palabras de estos himnos son ya de dominio público y no están sujetas a restricciones de derechos de autor. Desde luego, se pueden escribir para proyectarlas o fotocopiarlas.

¿Por qué he usado tantos himnos? Aunque me gustan muchos de los más recientes cánticos de adoración y alabanza que tanto se cantan hoy, cuando comencé a seleccionar himnos que correspondieran a las grandes doctrinas de la fe cristiana, me di cuenta de que los grandes himnos de la iglesia de siempre tienen una riqueza y amplitud que todavía no tiene igual. No sé de muchos cánticos de adoración modernos que abarquen los temas de los capítulos de este libro de una manera amplia. Quizá lo que digo sirva de exhortación a los compositores modernos a estudiar estos capítulos y después escribir canciones que reflejen las enseñanzas de la Biblia en los respectivos temas.

Para este capítulo, sin embargo, no hallé himno antiguo ni moderno que diera gracias a Dios por el privilegio de estudiar teología sistemática a partir de las páginas de la Biblia. Por tanto, he seleccionado un himno de alabanza general, que es siempre apropiado.

HIMNO

«¡Oh, que tuviera lenguas mil!»

Este himno de Carlos Wesley (1707-88) empieza deseando tener «mil lenguas» para cantarle alabanzas a Dios. La segunda estrofa es una oración pidiendo que Dios le «ayude» a proclamar su alabanza por toda la tierra.

¡Oh, que tuviera lenguas mil
Del Redentor cantar
La gloria de mi Dios y Rey,
Los triunfos de su amor!

Bendito mi Señor y Dios,
Te quiero proclamar;
Decir al mundo en derredor
Tu nombre sin igual.

Dulce es tu nombre para mí,
Pues quita mi temor;
En él halla salud y paz
El pobre pecador.

Rompe cadenas del pecar;
Al preso librará;
Su sangre limpia al ser más vil,
¡Gloria a Dios, soy limpio ya!

AUTOR: CARLOS WESLEY, TRAD. ROBERTO H. DALKE
(TOMADO DE HIMNOS DE FE Y ALABANZA, #25).

Capítulo 2

LA IGLESIA:
SU NATURALEZA, SUS CARACTERÍSTICAS Y SUS PROPÓSITOS

¿Qué es necesario para que haya una iglesia? ¿Cómo podemos reconocer a una iglesia verdadera? Los propósitos de la iglesia.

EXPLICACIÓN Y BASE BÍBLICA

A. La naturaleza de la iglesia

1. Definición: la iglesia es la comunidad de todos los verdaderos creyentes de todos los tiempos. Esta definición entiende a la iglesia constituida por todos los que son verdaderamente salvados. Pablo dice: «Cristo amó a *la iglesia* y se entregó por ella» (Ef 5:25). Aquí el término «la iglesia» se usa para aplicarlo a todos aquellos por quienes Cristo murió para redimirlos, todos los que son salvados por la muerte de Cristo. Pero eso debe incluir a todos los creyentes de todos los tiempos, tanto de la edad del Nuevo Testamento como de la edad del Antiguo Testamento por igual.[1] Tan grande es el plan de Dios para la iglesia que ha exaltado a Cristo a una posición de la mayor autoridad por amor a la ella: «Dios sometió todas las cosas al dominio de Cristo, y lo dio como cabeza de todo *a la iglesia.* Ésta, que es su cuerpo, es la plenitud de aquel que lo llena todo por completo» (Ef 1:22-23).

Jesucristo mismo edifica a la iglesia llamando a las personas a sí mismo. El prometió: «edificaré mi iglesia» (Mt 16:18). Y Lucas con todo cuidado nos dice que el crecimiento de la iglesia no vino solo por esfuerzo humano, sino que «*el Señor* añadía al grupo los que iban siendo salvos» (Hch 2:27). Pero este proceso por el que Cristo edifica la iglesia es simplemente una continuación del patrón establecido por Dios en el Antiguo Testamento

---

[1] Ver la sección 5 abajo para una consideración de la noción dispensacionalista de que se deben tomar la iglesia e Israel como grupos distintos. En este libro he tomado una posición no dispensacionalista sobre este asunto, aunque se debe señalar que muchos evangélicos que concuerdan con gran parte del resto de este libro diferirán conmigo en este asunto en particular.

CAPÍTULO 2 · LA IGLESIA. NATURALEZA, CARACTERÍSTICAS Y PROPÓSITO

por el cual él llamó a las personas a sí mismo para que sean una asamblea que adora delante de él. Hay varias indicaciones *en el Antiguo Testamento* de que Dios pensaba de su pueblo como una «iglesia», un pueblo reunido con el propósito de adorar a Dios. Cuando Moisés le dice al pueblo que el Señor le dijo: «*Convoca al pueblo* para que se presente ante mí y oiga mis palabras, para que aprenda a temerme todo el tiempo que viva en la tierra ...» (Dt 4:10), la Septuaginta traduce la palabra para «convocar» (heb. *cajal*) con el término griego *ekklesiazo*, «reunir una asamblea», verbo que es cognado del sustantivo del Nuevo Testamento *ekklesia*, «iglesia».[2]

No es sorprendente, entonces, que los autores del Nuevo Testamento puedan hablar del pueblo de Israel en el Antiguo Testamento como una «iglesia» (*ekklesia*). Por ejemplo, Esteban habla del pueblo de Israel en el desierto como «la *iglesia* (*ekklesia*) en el desierto» (Hch 7:38, traducción del autor). Y el autor de Hebreos cita a Cristo diciendo que él cantará alabanzas a Dios en medio de gran asamblea del pueblo de Dios en el cielo: «En medio de la iglesia (*ekklesía*) te entonaré alabanzas» (Heb 2:12, traducción del autor, citando Salmos 22:22).

Por consiguiente, el autor de Hebreos entiende que los creyentes del presente día que constituyen la iglesia en la tierra están rodeados de una gran «nube de testigos» (Heb 12:1) que se remonta a las más tempranas eras del Antiguo Testamento e incluye a Abel, Enoc, Noé, Abraham, Sara, Gedeón, Barac, Sansón, Jefté, David, Samuel y los profetas (Heb 11:4-32). Todos estos «testigos» rodean al pueblo de Dios del día presente, y parece apropiado que se debe pensar que ellos, junto con el pueblo de Dios del Nuevo Testamento, son la gran «asamblea» espiritual o «iglesia» de Dios.[3] Es más, más adelante en el capítulo 12 el autor de Hebreos dice que, cuando los creyentes del Nuevo Testamento adoramos, venimos a la presencia de «la *asamblea* (lit. «iglesia», gr., *ekklesía*) de los primogénitos inscritos en el cielo». Este énfasis no es sorprendente a la luz del hecho de que los autores del Nuevo Testamento ven a los creyentes judíos y a los creyentes gentiles por igual unidos en la iglesia. Juntos han sido hechos «uno» (Ef 2:14), son «un nuevo hombre» (v. 15) y «conciudadanos» (v. 19), y «miembros de la familia de Dios» (v. 19). Por consiguiente, aunque hay ciertamente nuevos privilegios y nuevas bendiciones que se dan al pueblo de Dios en el Nuevo Testamento, tanto el uso del término «iglesia» en las Escrituras como el hecho de que en toda la Biblia Dios siempre ha llamado a su pueblo a

---

[2] De hecho, la palabra griega *ekklesia*, que es el término que se traduce «iglesia» en el Nuevo Testamento, es la palabra que la Septuaginta usa más frecuentemente para traducir el término del Antiguo Testamento *cajal*, palabra que se usa para hablar de la «congregación» o la «asamblea» del pueblo de Dios. *Ekklesia* traduce *cajal* unas 69 veces en la Septuaginta. La siguiente traducción más frecuente es *sunagogué*, «sinagoga» o «reunión, lugar de reunión» (37 veces). Chafer hace objeción a este análisis, porque dice que el uso de la Septuaginta de la palabra *ekklesia* no refleja el significado del Nuevo Testamento de la palabra «iglesia» sino que es un término común para «asamblea». Por consiguiente, no debemos llamar a la «asamblea» del teatro en Éfeso una iglesia (Hch 19:32) aun cuando la palabra *ekklesia* se usa aquí para referirse a ese grupo de gente. De modo similar, cuando Esteban se refiere a Israel en el desierto (Hch 7:38) como una *ekklesia* no implica que piensa de ese pueblo como una «iglesia» sino solo como una asamblea de gente. Chafer ve este uso del término como diferente de su significado distintivo del Nuevo Testamento para referirse a la iglesia (*Systematic Theology*, 4:39). Sin embargo, el extenso uso de la palabra *ekklesia* en la Septuaginta para referirse a las asambleas, no de chusmas paganas, sino específicamente del pueblo de Dios, ciertamente se debe tomar en cuenta para comprender el significado de la palabra cuando la usan los autores del Nuevo Testamento. La Septuaginta era la Biblia que ellos usaban más comúnmente, y ellos con toda certeza usan la palabra *ekklesia* teniendo presente su contenido del Antiguo Testamento. Esto explicaría por qué Lucas puede tan fácilmente anotar que Esteban se refiere a «la iglesia» en el desierto con Moisés y, sin embargo, muchas veces en los capítulos contiguos en Hechos, habla del crecimiento de la «iglesia» después de Pentecostés sin ninguna indicación de que se intente dar alguna diferencia en el significado. La iglesia del Nuevo Testamento es una asamblea del pueblo de Dios que simplemente continúa en el patrón de las asambleas del pueblo de Dios que se halla en todo el Antiguo Testamento.

[3] La palabra griega *ekklesía* que se traduce «iglesia» en el Nuevo Testamento, simplemente significa «asamblea».

reunirse para adorarle, indican que es apropiado pensar que la iglesia la constituyen todas las personas de Dios de todo tiempo, tanto creyentes del Antiguo Testamento como creyentes del Nuevo Testamento.[4]

2. La iglesia es invisible, y sin embargo visible. En su verdadera realidad espiritual como comunión de todos los creyentes genuinos, la iglesia es invisible. Esto se debe a que no podemos ver la condición espiritual del corazón de las personas. Podemos ver a los que asisten externamente al templo, y podemos ver evidencias externas de cambio espiritual interno, pero no podemos en realidad ver el corazón de las personas y su situación espiritual; solo Dios puede ver eso. Por eso Pablo dice: «*El Señor conoce a los suyos*» (2 Ti 2:19). Incluso en nuestras propias iglesias y nuestros barrios, solo Dios sabe con certeza y sin error quiénes son verdaderos creyentes. Hablando de la iglesia como invisible el autor de Hebreos menciona la «asamblea» (lit., «iglesia») de los primogénitos inscritos en el cielo» (Heb 12:23), y dice que los creyentes del día presente se unen con esa asamblea en la adoración.

Podemos dar la siguiente definición: *la iglesia invisible es la iglesia como Dios la ve.*

Tanto Martín Lutero como Juan Calvino rápidamente afirmaron este aspecto invisible de la iglesia en contra de la enseñanza católica romana de que la iglesia es la única organización visible que había descendido de los apóstoles en una línea de sucesión ininterrumpida (mediante los obispos de la iglesia). La Iglesia Católica Romana había argumentado que solo en la organización visible de la Iglesia Católica Romana se podía hallar a la sola iglesia verdadera, la única iglesia verdadera. Incluso hoy sostiene la Iglesia Católica Romana esa idea. En su «Pastoral Statement for Catholics on Biblical Fundamentalism» («Declaración pastoral para católicos sobre el fundamentalismo bíblico») emitido el 25 de marzo de 1987, la (United States) National Conference of Catholic Bishops Ad Hoc Committee on Biblical Fundamentalism (Comité ad-hoc de la Conferencia nacional [de los Estados Unidos] de obispos católicos sobre el fundamentalismo bíblico) criticó al cristianismo evangélico (al que llamó «fundamentalismo bíblico») primordialmente porque sacaba a la gente de la sola iglesia verdadera:

---

[4]Para una consideración de la cuestión de si subsiste una distinción entre «la iglesia» e «Israel» como dos pueblos de Dios separados, ver la sección 5 más abajo.

Millard Erickson, *Christian Theology*, p. 1048, arguye que la iglesia no empieza sino hasta Pentecostés, porque Lucas no usa la palabra «iglesia» (*ekklesía*) en su Evangelio, pero la usa veinticuatro veces en Hechos. Si la iglesia existió antes de Pentecostés, razona él, ¿por qué Lucas no habla de ella antes de ese tiempo? Sin embargo, la razón por la que Lucas no usa la palabra «iglesia» para hablar del pueblo de Dios durante el ministerio terrenal de Jesús es probablemente porque no había ningún grupo claramente definido o visible al que se pudiera referir durante el ministerio terrenal de Jesús. La iglesia verdadera en efecto existía en el sentido de que consistía de todos los verdaderos creyentes de Israel durante ese tiempo, pero este era un remanente tan pequeño de judíos fieles (tales como José y María, Zacarías y Elisabet, Simeón, Ana y otros como ellos) que no era un grupo externamente evidente o bien definido para nada. Grandes segmentos de la población judía se habían descarriado de Dios y lo habían sustituido por tendencias religiosas, tales como el legalismo (los fariseos), el «liberalismo» incrédulo (los saduceos), misticismo especulativo (los que escribieron o creían en la literatura apocalíptica y seguidores de las sectas, como la comunidad del Qumrán, un materialismo grotesco (los cobradores de impuestos y otros para quienes la riqueza era un dios falso), o el activismo político o militar (los zelotes y otros que procuraban la salvación mediante medios políticos o militares). Aunque sin duda había creyentes genuinos entre muchos o todos estos grupos, la nación como un todo no constituía una asamblea de pueblo que adoraba correctamente a Dios. Es más, la idea de un pueblo de Dios recientemente «llamado fuera» como asamblea para seguir a Cristo primero llegó a su fruición en el día de Pentecostés. Por consiguiente, aunque la «iglesia» en el sentido del grupo de todos los que verdaderamente creyeron en Dios en efecto existía antes del día de Pentecostés, llegó a una expresión visible mucho más clara en el día de Pentecostés, y es natural que Lucas debía empezar a usar el nombre «la iglesia» en ese punto. Antes de ese punto el nombre «iglesia» no podía haberse referido a ninguna entidad claramente establecida aparte de la nación de Israel como un todo; después de Pentecostés, sin embargo, fácilmente se podía usar para referirse a los que voluntaria y visiblemente se identificaron con este nuevo pueblo de Dios. También debemos notar que Jesús en efecto usó la palabra «iglesia» (*ekklesía*) dos veces en el Evangelio de Mateo (16:18 y 18:17).

CAPÍTULO 2 · LA IGLESIA. NATURALEZA, CARACTERÍSTICAS Y PROPÓSITO

> La característica básica del fundamentalismo bíblico es que elimina del cristianismo a la iglesia según el Señor Jesús la fundó [...] No hay mención de la iglesia histórica, autoritativa en continuidad con Pedro y los otros apóstoles [...] Un estudio del Nuevo Testamento [...] demuestra la importancia de pertenecer a la iglesia que empezó Jesucristo. Cristo escogió a Pedro y a los otros apóstoles como cimientos de su iglesia [...] A Pedro y a los demás apóstoles los han sucedido el obispo de Roma y los otros obispos, y [...] el rebaño de Cristo todavía tiene, bajo Cristo, un pastor universal.[5]

En respuesta a esa clase de enseñanza tanto Lutero como Calvino discrepan. Ellos dijeron que la Iglesia Católica Romana tiene la forma externa, la organización, pero es simplemente una concha. Calvino argumentó que así como Caifás (el sumo sacerdote en el tiempo de Cristo) era descendiente de Aarón pero no era un verdadero sacerdote, así los obispos católicos romanos habían «descendido» de los apóstoles en línea de sucesión pero no eran verdaderos obispos de la iglesia de Cristo. Debido a que se habían apartado de la verdadera predicación del evangelio, su organización visible no era la verdadera iglesia. Calvino dijo: «En consecuencia, el pretexto de la sucesión no se sostiene, a menos que conserven la verdad de Jesucristo al completo, como la recibieron de los padres. [...] ¡Éste es el valor de la herencia de los padres a los hijos cuando ya no está la continuidad y la armonía que ponen de manifiesto que los sucesores siguen la misma línea que sus predecesores!».[6]

Por otro lado, la verdadera iglesia de Cristo ciertamente tiene un aspecto visible por igual. Podemos usar la siguiente definición: *la iglesia visible es la iglesia según los creyentes la ven en la tierra*. En este sentido la iglesia visible incluye a todos los que profesan fe en Cristo y dan evidencia de fe en sus vidas.[7]

En esta definición no decimos que la iglesia visible es la iglesia como cualquier persona del mundo (tal como un no creyente o alguien que sostiene enseñanzas heréticas) pudiera verla, sino que queremos hablar de la iglesia como la perciben los que son genuinamente creyentes y tienen una comprensión de la diferencia entre creyentes y no creyentes.

Cuando Pablo escribe sus epístolas se dirige a la iglesia visible en cada comunidad: «A la *iglesia* de Dios que está en Corinto» (1 Co 1:2); «A la *iglesia* de los tesalonicenses» (1Ts 1:1); «a [...] Filemón [...] a la hermana Apia, a Arquipo [...] y a la *iglesia* que se reúne en tu casa» (Flm 1-2). Pablo ciertamente se daba cuenta de que había no creyentes en algunas de esas iglesias, algunos que habían hecho profesión de fe que no era genuina, que parecían ser creyentes pero que a la larga se apartarían. Sin embargo, ni Pablo ni ningún otro podía decir con certeza quiénes eran esas personas. Pablo simplemente escribió a la iglesia entera que se reunía en un lugar dado. En este sentido, podemos decir hoy que

---

[5] El texto completo de la declaración de los obispos se puede obtener en el National Catholic News Service, 1312 Massachusetts Avenue NW, Washington, D.C. 20005. El texto fue publicado en «Pastoral Statement for Catholics on Biblical Fundamentalism», en *Origins*, vol. 17:21 (5 de nov de 1987), pp. 376–77.

[6] Juan Calvino, *Institución*, 4.2.2–3, pp. 891, 893.

[7] Tanto Calvino como Lutero añadirían el tercer requisito de que los que son considerados parte de la iglesia visible deben participar de los sacramentos del bautismo y la Cena del Señor. Otros tal vez considerarían esto como una subcategoría del requisito de que las personas den evidencia de fe en su vida.

la iglesia visible es el grupo de personas que se reúnen cada semana para adorar como iglesia y profesan fe en Cristo.

La iglesia visible por todo el mundo siempre incluirá algunos no creyentes, y las congregaciones individuales por lo general incluirán algunos no creyentes, porque nosotros no podemos ver los corazones como Dios los ve. Pablo habla de «Himeneo y Fileto, que se han desviado de la verdad» y que «así trastornan la fe de algunos» (2 Ti 2:17-18). Pero él tiene la confianza de que «El Señor conoce a los suyos» (2 Ti 2:19). Pablo dice con tristeza: «Demas, por amor a este mundo, me ha abandonado y se ha ido a Tesalónica» (2 Ti 4:10).

De modo similar, Pablo advierte a los ancianos de Éfeso que después de su partida «entrarán en medio de ustedes lobos feroces que procurarán acabar con el rebaño. Aun *de entre ustedes mismos* se levantarán algunos que enseñarán falsedades para arrastrar a los discípulos que los sigan» (Hch 20:29-30). Jesús mismo advirtió: «Cuídense de los falsos profetas. *Vienen a ustedes disfrazados de ovejas*, pero por dentro son lobos feroces» (Mt 7:15-16). Dándose cuenta de esta distinción entre la iglesia invisible y la iglesia visible Agustín dijo de la iglesia visible: «Muchas ovejas están fuera y muchos lobos están dentro».[8]

Cuando reconocemos que hay no creyentes en la iglesia visible, hay el peligro de que podemos llegar a ser demasiado suspicaces. Podemos empezar dudando de la salvación de muchos verdaderos creyentes y por ello produciendo gran confusión en la iglesia. Calvino advirtió contra este peligro diciendo que debemos hacer un «juicio misericordioso» por el que reconocemos como miembros de la iglesia a todos los que «por confesión de fe, por ejemplo de la vida, y al participar en los sacramentos, profesan al mismo Dios y a Cristo con nosotros».[9] No debemos tratar de excluir de la comunión de la iglesia a la gente mientras el pecado público no acarree disciplina sobre sí mismos. Por otro lado, por supuesto, la iglesia no debe tolerar en su membresía «a los no creyentes públicos» que por profesión o vida claramente se proclaman estar fuera de la verdadera iglesia.

3. La iglesia es local y universal. En el Nuevo Testamento se puede aplicar la palabra «iglesia» a un grupo de creyentes en cualquier nivel, yendo de un grupo muy pequeño que se reúne en una casa privada hasta el grupo de todos los creyentes en la iglesia universal. Una «iglesia de hogar» se llama una «iglesia» en Romanos 16:5 («Saluden igualmente *a la iglesia que se reúne en la casa de ellos*»), 1 Corintios 16:19 («Aquila y Priscila los saludan cordialmente en el Señor, como también *la iglesia que se reúne en la casa de ellos*»). A la iglesia de toda una ciudad también se la llama «una iglesia» (1 Co 1:2; 2 Co 1:1; y 1Ts 1:1). A la iglesia de una región se la menciona como una «iglesia» en Hechos 9:31: *«La iglesia disfrutaba de paz a la vez que se consolidaba en toda Judea, Galilea y Samaria»*.[10] Finalmente, *a la iglesia* de todo el mundo se le puede mencionar como «la iglesia». Pablo dice: «Cristo amó a la iglesia y se entregó por ella» (Ef 5:25) y dice: «*En la iglesia* Dios ha puesto, en primer lugar, apóstoles; en segundo lugar, profetas; en tercer lugar, maestros» (1 Co 12:28).

---

[8] Citado en Juan Calvino, *Institución*, 4.1.8 (p. 872).
[9] Juan Calvino, *Institución*, 4.1.8 (pp. 872–73).
[10] Hay una variante textual entre los manuscritos griegos de Hechos 9:31, con algunos manuscritos que dicen «la iglesia» y otros «las iglesias». El singular «la iglesia» es de largo preferible a la variante que tiene el plural. A la lectura del singular se le da una probabilidad «B» (la más cerca al más alto grado de probabilidad) en el texto de las Sociedades Bíblicas Unidas. El singular es representado por muchos textos tempranos y diversos, en tanto que la lectura plural se halla en la tradición bizantina del texto pero no en textos antes del siglo V d.C. (A fin de que la gramática sea consistente, hay que cambiar seis palabras en el texto griego; por consiguiente, la variante es una alteración intencional en una dirección o la otra).

CAPÍTULO 2 · LA IGLESIA. NATURALEZA, CARACTERÍSTICAS Y PROPÓSITO

En este último versículo la mención de «apóstoles», que no fueron dados a alguna iglesia individual, garantiza que la referencia es a la iglesia universal.

Podemos concluir que a un grupo del pueblo de Dios considerado a cualquier nivel, desde local hasta universal, se le puede correctamente llamar «una iglesia». No debemos cometer el error de decir que solo una iglesia que se reúne en casas expresa la verdadera naturaleza de la iglesia, o que solo a una iglesia considerada a nivel de ciudad se le puede apropiadamente llamar una iglesia, o que solo a la iglesia universal se la puede llamar apropiadamente por el nombre «iglesia». Más bien, a la comunidad del pueblo de Dios considerada a cualquier nivel se le puede apropiadamente llamar una iglesia.

4. Metáforas para la iglesia.[11] Para ayudarnos a entender la naturaleza de la iglesia, la Biblia usa una amplia variedad de metáforas e ilustraciones para describirnos lo que es la iglesia.[12] Hay varias imágenes de *familia*; por ejemplo, Pablo ve a la iglesia como una familia cuando le dice a Timoteo que actúe como si todos los miembros de la iglesia fueran miembros de una familia más amplia: «No reprendas con dureza al anciano, sino aconséjalo como si fuera tu padre. Trata a los jóvenes como a hermanos; a las ancianas, como a madres; a las jóvenes, como a hermanas, con toda pureza» (1 Ti 5:1-2). Dios es nuestro Padre celestial (Ef 3:14), y nosotros somos sus hijos e hijas, porque Dios nos dice: «Yo seré un padre para ustedes, y ustedes serán mis hijos y mis hijas, dice el Señor Todopoderoso» (2 Co 6:18). Por consiguiente, somos hermanos y hermanas unos de otros en la familia de Dios (Mt 12:49-50; 1 Jn 3:14-18). Una metáfora de familia algo diferente se ve cuando Pablo se refiere a ella como la *esposa de Cristo*. Dice de la relación entre esposo y esposa: «yo me refiero a Cristo y a la iglesia» (Ef 5:32), y dice que él logró el compromiso entre Cristo y la iglesia de Corinto y que se parece a un compromiso entre una novia y su prometido: «los tengo prometidos a un solo esposo, que es Cristo, para presentárselos como una virgen pura» (2 Co 11:2); aquí Pablo está mirando hacia adelante al tiempo del retorno de Cristo como el tiempo cuando la iglesia será presentada a él como su esposa.

En otras metáforas la Biblia compara a la iglesia con *ramas de una vid* (Jn 15:5), *un olivo* (Ro 11:17-24), *un campo de cultivo* (1 Co 3:6-9), *un edificio* (1 Co 3:9) *y una cosecha* (Mt 13:1-30; Jn 4:35). A la iglesia también se la ve como *un nuevo templo* no construido con piedras literales, sino con creyentes que son «piedras vivas» (1P 2:5) edificados sobre la «piedra angular» que es Cristo Jesús (1P 2:4-8). Sin embargo, la iglesia no solo es un nuevo templo para adorar a Dios; también es *un nuevo grupo de sacerdotes*, un «sacerdocio santo» que puede «ofrecer sacrificios espirituales que Dios acepta» (1P 2:5). También se nos ve como *la casa de Dios*: «Y esa casa somos nosotros» (Heb 3:6), con Jesús mismo considerado como el «constructor» de la casa (Heb 3:3). A la iglesia también se la ve como *«columna y fundamento de la verdad»* (1 Ti 3:15).

Finalmente, otra metáfora familiar ve a la iglesia como *el cuerpo de Cristo* (1 Co 12:12-27). Debemos reconocer que Pablo de hecho usa dos diferentes metáforas del cuerpo humano cuando habla de la iglesia. En 1 Corintios 12 se toma *a todo el cuerpo* como metáfora

---

[11]Para más consideración de este tema ver Edmund P. Clowney, «Interpreting the Biblical Models of the Church», en *Biblical Interpretation and the Church*, ed. por D. A. Carson (Thomas Nelson, Nashville, 1985), pp. 64–109.

[12]La lista de metáforas que se da en esta sección no pretende ser exhaustiva.

para la iglesia, porque Pablo habla del «oído» y del «ojo» y del «sentido del olfato» (1 Co 12:16-17). En esta metáfora, no se ve a Cristo como la cabeza unida al cuerpo, porque los miembros individuales son ellos mismos partes individuales de la cabeza. Cristo en esta metáfora es el Señor que «está fuera» de ese cuerpo que representa la iglesia y es a quien ella sirve y adora.

Pero en Efesios 1:22-23; 4:15-16, y en Colosenses 2:19, Pablo usa una metáfora diferente del cuerpo para referirse a la iglesia. En estos pasajes Pablo dice que Cristo es la cabeza, y la iglesia es como *el resto del cuerpo, a distinción de la cabeza*: «Más bien, al vivir la verdad con amor, creceremos hasta ser en todo como aquel que es la cabeza, es decir, Cristo. Por su acción todo el cuerpo crece y se edifica en amor, sostenido y ajustado por todos los ligamentos, según la actividad propia de cada miembro» (Ef 4:15-16).[13] No debemos confundir estas dos metáforas de 1 Corintios 12 y Efesios 4, sino distinguirlas.

La amplia variedad de metáforas que se usa en el Nuevo Testamento para la iglesia debe recordarnos que no debemos concentrarnos exclusivamente en alguna de ellas. Por ejemplo, en tanto que es verdad que la iglesia es el cuerpo de Cristo, debemos recordar que esa es solo una metáfora entre muchas. Si nos concentramos exclusivamente en esta metáfora con toda probabilidad nos olvidaremos de que Cristo es nuestro Señor que reina en el cielo tanto como el que mora entre nosotros. Desde luego que no debemos concordar con la noción católica romana de que la iglesia es la «encarnación continuada» del Hijo de Dios en la tierra hoy. La iglesia no es el Hijo de Dios en la carne, porque Cristo resucitó en cuerpo humano, ascendió en su cuerpo humano al cielo, y ahora reina como el Cristo encarnado en el cielo, que claramente es distinto de la iglesia aquí en la tierra.

Cada una de las metáforas que se usan para la iglesia puede ayudarnos a apreciar más de las riquezas del privilegio que Dios nos ha dado al incorporarnos en la iglesia. El hecho de que la iglesia es como una familia debería aumentar nuestro amor y compañerismo unos con otros. El pensamiento de que la iglesia es como la esposa de Cristo debería estimularnos a procurar conseguir una mayor pureza y santidad, y también mayor amor por Cristo y sumisión a él. La imagen de la iglesia como ramas en una vid debe hacernos descansar en él más completamente. La idea de un campo de cultivo debería animarnos a continuar creciendo en la vida cristiana y obteniendo para nosotros y otros la nutrición espiritual apropiada para crecer. El cuadro de la iglesia como el nuevo templo de Dios debería aumentar nuestra consciencia de la misma presencia de Dios en medio nuestro cuando nos reunimos. El concepto de la iglesia como un sacerdocio debería ayudarnos a ver más claramente el deleite que Dios tiene en los sacrificios de alabanza y buenas obras que le ofrecemos (ver Heb 13:15-16). La metáfora de la iglesia como el cuerpo de Cristo debería aumentar nuestra interdependencia de unos a otros y nuestro aprecio de la diversidad de dones dentro del cuerpo. Muchas otras aplicaciones se pueden derivar de estas y otras metáforas para la iglesia que se mencionan en la Biblia.

5. La iglesia e Israel. Entre los protestantes evangélicos ha habido una diferencia de punto de vista sobre la cuestión de la relación entre Israel y la iglesia. La cuestión fue llevada

---

[13]Esta segunda metáfora no es ni siquiera una metáfora completa o «propia», porque las partes corporales no crecen en la cabeza, sino que Pablo está mezclando la idea de Cristo como la cabeza (o autoridad), la idea de la iglesia como un cuerpo, y la idea de que crecemos a la madurez en Cristo, y las combina en una afirmación compleja.

CAPÍTULO 2 · LA IGLESIA. NATURALEZA, CARACTERÍSTICAS Y PROPÓSITO

a prominencia por los que sostienen un sistema de teología «dispensacional». La teología sistemática más extensa escrita por un dispensacionalista, *Systematic Theology*,[14] por Lewis Sperry Chafer, destaca muchas distinciones entre *Israel* y la iglesia, e incluso entre el Israel creyente del Antiguo Testamento y la iglesia en el Nuevo Testamento.[15] Chafer argumenta que Dios tiene dos planes distintos para los dos grupos distintos de personas que él ha redimido: los propósitos y promesas de Dios para Israel son para *bendiciones terrenales* y todavía están por cumplirse en esta tierra en algún momento en el futuro. Por otro lado, los propósitos y promesas de Dios para *la iglesia* son para *bendiciones celestiales* y esas promesas se cumplirán en el cielo. La distinción entre los dos grupos diferentes que Dios salva se verá especialmente en el milenio, según Chafer, porque en ese tiempo Israel reinará en la tierra como pueblo de Dios y disfrutará del cumplimiento de las promesas del Antiguo Testamento, pero la iglesia ya habrá sido llevada al cielo en el tiempo del retorno secreto de Cristo por sus santos («el rapto»). Según esta noción, la iglesia no empezó sino hasta Pentecostés (Hch 2), y no es correcto decir que los creyentes del Antiguo Testamento junto con los creyentes del Nuevo Testamento constituyen una iglesia.

En tanto que la posición de Chafer continúa ejerciendo influencia en algunos círculos dispensacionalistas, y ciertamente es una predicación popular, algunos de los dirigentes entre los dispensacionalistas más recientes no han seguido a Chafer en muchos de estos puntos. Varios teólogos dispensacionalistas del presente, tales como Robert Saucy, Craig Blaising y Darrell Bock, se refieren a sí mismos como «dispensacionalistas progresivos»,[16] y han logrado muchos seguidores. Ellos *no verían a la iglesia como un paréntesis* en el plan de Dios sino como el primer paso hacia el establecimiento del reino de Dios. En la noción dispensacionalista progresiva *Dios no tiene dos propósitos separados para Israel y la iglesia* sino un solo propósito: el establecimiento del reino de Dios, en el cual participan Israel y la iglesia. Los dispensacionalistas progresivos *no verían distinción entre Israel y la iglesia en el estado futuro eterno* porque todos serán parte de un solo pueblo de Dios. Es más, sostendrían que la iglesia reinará con Cristo en *cuerpos glorificados en la tierra durante el milenio* (ver la explicación del milenio en el capítulo 3 de *Futuro*).

Sin embargo, hay con todo una diferencia entre los dispensacionalistas progresivos y el resto del evangelicalismo en un punto: ellos dirían que *las profecías del Antiguo Testamento respecto a Israel todavía se cumplirán en el milenio por el pueblo judío étnico* que creerá en Cristo y vivirá en la tierra de Israel como «una nación modelo» para que todas las naciones vean y aprendan. Por consiguiente, no dirían que la iglesia es el «nuevo Israel» o que las profecías del Antiguo Testamento en cuanto a Israel se cumplirán en la iglesia, porque estas profecías todavía van a cumplirse en el Israel étnico.

---

[14]Lewis Sperry Chafer, *Systematic Theology*. Aunque hay varias otras doctrinas distintivas que por lo general caracterizan a los dispensacionalistas, la distinción entre Israel y la iglesia como dos grupos en el plan global de Dios es probablemente la más importante. Otras doctrinas que sostienen los dispensacionalistas por lo general incluyen un rapto pretribulacionista de la iglesia al cielo (ver capítulo 2 de *Futuro*), un cumplimiento literal futuro de las profecías del Antiguo Testamento respecto a Israel, la división de la historia bíblica en siete períodos o «dispensaciones» de las maneras en que Dios se relaciona con su pueblo, y una comprensión de la era de la iglesia como un paréntesis en el plan de Dios para las edades, paréntesis instituido cuando los judíos en su mayor parte rechazaron a Jesús como su Mesías. Sin embargo, muchos dispensacionalistas de los días presentes calificarían o rechazarían varios de estos otros distintivos. En dispensacionalismo como un sistema empezó con los escritos de J. N. Darby (1800-1882) en Gran Bretaña, pero fue popularizado en los EE.UU. por la Biblia Scofield de Referencia.

[15]Chafer, *Systematic Theology*, 4:45-53.

[16]Ver Robert L. Saucy, *The Case for Progressive Dispensationalism* (Zondervan, Grand Rapids, 1993), y Darrell L. Bock y Craig A. Blaising, eds., *Progressive Dispensationalism* (Victor, Wheaton, 1993). Ver también John S. Feinberg, ed., *Continuity and Discontinuity: Perspectives on the Relationship*

La posición que se toma en este libro difiere en grado considerable de las nociones de Chafer respecto a este asunto, y también difiere en algo de los dispensacionalistas progresivos. Sin embargo, se debe decir aquí que las cuestiones en cuanto a la manera exacta en que las profecías bíblicas sobre el futuro se cumplirán son, en la naturaleza del caso, difíciles de decidir con certeza, y es sabio que nuestras conclusiones sean en cierto grado tentativas en estos asuntos. Con esto en mente, se puede decir lo siguiente.

Teólogos tanto protestantes como católicos romanos fuera de la posición dispensacional han dicho que la iglesia incluye tanto a creyentes del Antiguo Testamento como creyentes del Nuevo Testamento en una sola iglesia o un cuerpo de Cristo. Incluso en la noción no dispensacional, una persona puede sostener que habrá una conversión futura en gran escala de los judíos (Ro 11:12, 15, 23-24, 25-26, 28-31),[17] y sin embargo que esta conversión resultará solo en que los judíos llegarán a ser parte de la única verdadera iglesia de Dios; ellos serán «injertados en su propio olivo» (Ro 11:24, RVR 1960).

Respecto a este asunto debemos notar los muchos versículos del Nuevo Testamento que entienden a la iglesia como el «nuevo Israel» o el nuevo «pueblo de Dios». El hecho de que «Cristo amó a *la iglesia* y se entregó por ella» (Ef 5:25) sugeriría esto. Es más, esta presente edad de la iglesia, que ha llevado la salvación a muchos millones de creyentes en la iglesia, no es una interrupción o un paréntesis en el plan de Dios,[18] sino una continuación de su plan expresado en todo el Antiguo Testamento de llamar a sí mismo a un pueblo. Pablo dice: «Lo exterior no hace a nadie judío, ni consiste la circuncisión en una señal en el cuerpo. El verdadero judío lo es interiormente; y la circuncisión es la del corazón, la que realiza el Espíritu, no el mandamiento escrito» (Ro 2:28-29). Pablo reconoce que, aunque hay un sentido literal o natural en el que al pueblo que físicamente descendía de Abraham se les llama judíos, también hay un sentido más hondo y espiritual en el cual un «verdadero judío» es el que es internamente creyente y cuyo corazón ha sido limpiado por Dios.

Pablo dice que a Abraham no se le debe considerar el padre del pueblo judío solo en un sentido físico. También es en un sentido más hondo y mucho más verdadero *«padre de todos los creyentes* no circuncidados […] y padre de la circuncisión, para los que no solamente son de la circuncisión, sino que también siguen las pisadas de la fe que tuvo nuestro padre Abraham» (Ro 4:11-12, RVR 1960; cf. vv. 16, 18). Por consiguiente Pablo puede decir: «no todos los que descienden de Israel son Israel. Tampoco por ser descendientes de Abraham son todos hijos suyos […] los hijos de Dios no son los descendientes naturales; más bien, se considera descendencia de Abraham a los hijos de la promesa» (Ro 9:6-8). Pablo aquí implica que los verdaderos hijos de Abraham, los que son en el sentido más verdadero «Israel», no son la nación de Israel por descendencia física de Abraham sino los que han creído en Cristo. Los que verdaderamente creen en Cristo ahora son los que tienen el privilegio de que el Señor los llame «mi pueblo» (Ro 9:25, citando a Os 2:23); por consiguiente, la iglesia es ahora el pueblo escogido de Dios. Esto quiere decir

---

Between the Old and New Testaments (Crossway, Wheaton, 1988).

[17]Del capítulo 2 de *Futuro*, p. 47, en donde afirmo la convicción de que Ro 9–11 enseña una conversión futura en gran escala de los judíos, aunque no soy dispensacionalista en el sentido comúnmente entendido del término.

[18]El término que usa Chafer es «una intercalación», queriendo decir una inserción de un período de tiempo en un horario de sucesos o calendario previamente planeado (p. 41). Aquí Chafer dice: «La edad presente de la iglesia es una intercalación en el calendario revelado o programa de Dios según previeron ese programa los profetas de la antigüedad».

CAPÍTULO 2 · LA IGLESIA. NATURALEZA, CARACTERÍSTICAS Y PROPÓSITO

que cuando los judíos conforme a la carne serán salvados en grandes números en algún tiempo en el futuro, no constituirán un pueblo separado de Dios o serán como un olivo separado, sino que serán «injertados *en su propio olivo*» (Ro 11:24, RVR 1960). Otro pasaje que indica esto es Gálatas 3:29: «Y si ustedes pertenecen a Cristo, son la descendencia de Abraham y herederos según la promesa». De modo similar, Pablo dice que los creyentes son la «verdadera circuncisión» (Fil 3:3).

Lejos de pensar que la iglesia es como un grupo separado del pueblo judío, Pablo escribe a los creyentes gentiles de Éfeso diciéndoles que ellos estaban anteriormente «separados de Cristo, excluidos de la ciudadanía de Israel y ajenos a los pactos de la promesa» (Ef 2:12), pero que ahora «Dios los ha acercado mediante la sangre de Cristo» (Ef 2:13). Y cuando los gentiles fueron traídos a la iglesia, los judíos y los gentiles fueron unidos en un nuevo cuerpo. Pablo dice que Dios «*de los dos pueblos ha hecho uno solo*, derribando mediante su sacrificio el muro de enemistad que nos separaba [...] para crear en sí mismo de los dos pueblos una nueva humanidad al hacer la paz, *para reconciliar con Dios a ambos en un solo cuerpo* mediante la cruz» (Ef 2:14-16). Por consiguiente, Pablo puede decir que los gentiles son «*conciudadanos de los santos* y miembros de la familia de Dios, edificados sobre el fundamento de los apóstoles y los profetas, siendo Cristo Jesús mismo la piedra angular» (Ef 2:19-20). Con su amplio conocimiento del trasfondo del Antiguo Testamento para la iglesia del Nuevo Testamento, Pablo con todo puede decir que «los gentiles son, junto con Israel, beneficiarios de la misma herencia» (Ef 3:6). Todo el pasaje habla fuertemente de la unidad de creyentes judíos y gentiles en un cuerpo en Cristo y no da ninguna indicación de algún plan distintivo para que los judíos alguna vez sean salvados aparte de la inclusión en el cuerpo de Cristo, la iglesia. La iglesia incorpora en sí misma a todo el verdadero pueblo de Dios, y casi todos los títulos que se usan en el Antiguo Testamento para el pueblo de Dios en algún lugar u otro del Nuevo Testamento se aplican a la iglesia.

Hebreos 8 provee otro fuerte argumento para ver a la iglesia como la receptora, y el cumplimiento, de las promesas del Antiguo Testamento respecto a Israel. En el contexto de hablar sobre el nuevo pacto al que pertenecen los creyentes, el autor de Hebreos da una cita amplia de Jeremías 31:31-34, en la que dice: «Vienen días —dice el Señor—, *en que haré un nuevo pacto con la casa de Israel y con la casa de Judá* [...] Éste es el pacto que después de aquel tiempo haré con la casa de Israel —dice el Señor—: Pondré mis leyes en su mente y las escribiré en su corazón. Yo seré su Dios, y ellos serán mi pueblo» (Heb 8:8-10). Aquí el autor cita la promesa de Dios de que hará un nuevo pacto con la casa de Israel y *con la casa de Judá* y dice que este nuevo pacto ahora ha sido hecho *con la iglesia*. Ese nuevo pacto es el pacto del cual los creyentes de la iglesia ahora son miembros. Parece difícil evitar la conclusión de que el autor ve a la iglesia como el verdadero Israel de Dios en el cual las promesas del Antiguo Testamento a Israel hallan su cumplimiento.

De modo similar, Santiago puede escribir una carta general a muchas de las primeras iglesias cristianas y dice que les escribe «a las doce tribus que se hallan dispersas por el mundo» (Stg 1:1). Esto indica que evidentemente está considerando a los creyentes del Nuevo Testamento como sucesores y cumplimiento de las doce tribus de Israel.

Pedro también habla de la misma manera. Desde el primer versículo en el que llama a sus lectores «los expatriados de la dispersión» (1P 1:1, RVR 1960)[19] al penúltimo versículo en el que llama a la ciudad de Roma «Babilonia» (1P 5:13), Pedro frecuentemente habla de los creyentes del Nuevo Testamento en términos de las imágenes y promesas del Antiguo Testamento dadas a los judíos. Este tema adquiere prominencia en 1 Pedro 2:4-10, en donde[20] Pedro dice que Dios ha concedido a la iglesia casi toda las bendiciones prometidas a Israel en el Antiguo Testamento. El lugar de morada de Dios ya no es el templo de Jerusalén, porque los creyentes son el nuevo «templo» de Dios (v. 5). El sacerdocio capaz de ofrecer sacrificios aceptables a Dios ya no desciende de Aarón, porque los cristianos son el verdadero «sacerdocio real» con acceso al trono de Dios (vv. 4-5, 9). Ya no se dice que el pueblo escogido de Dios son los que descienden físicamente de Abraham, porque los creyentes son ahora el verdadero «linaje escogido» (v. 9). Ya no se dice que la nación bendecida por Dios es la nación de Israel, porque los cristianos son ahora la verdadera «nación santa» de Dios (v. 9). Ya no se dice que el pueblo de Israel es el pueblo de Dios, porque los creyentes, tantos judíos como gentiles, son ahora el «pueblo de Dios» y los que han «recibido misericordia» (v. 10). Todavía más, Pablo toma esta cita de contextos del Antiguo Testamento que repetidamente advierten que Dios rechazará a su pueblo que persiste en rebelión contra él y que rechaza la «piedra angular» preciosa (v. 6) que él ha establecido. ¿Qué otra declaración se podría necesitar a fin de que digamos con certeza que la iglesia ahora ha llegado a ser el verdadero Israel de Dios y recibirá todas las bendiciones prometidas a Israel en el Antiguo Testamento?[21]

6. La iglesia y el reino de Dios. ¿Cuál es la relación entre la iglesia y el reino de Dios? Las diferencias las ha resumido bien George Ladd:

> El Reino es primordialmente el reino dinámico o gobierno majestuoso de Dios, y, derivadamente, la esfera en la que se experimenta ese gobierno. En el lenguaje bíblico, al reino no se lo identifica con sus súbditos. Ellos son el pueblo del gobierno de Dios que entran en él, viven bajo él y son gobernados por él. La iglesia es la comunidad del reino pero nunca es el reino en sí mismo. Los discípulos de Jesús pertenecen al reino así como el reino les pertenece a ellos; pero ellos no son el reino. El reino es el gobierno de Dios; la iglesia es una sociedad de hombres.[22]

Ladd pasa a resumir cinco aspectos específicos de la relación entre el reino y la iglesia: (1) la iglesia no es el reino (porque Jesús y los creyentes iniciales predicaron que el reino de Dios se había acercado, no que la iglesia estaba cerca, y predicaron las buenas noticias del reino, no las buenas noticias de la iglesia: Hch 8:12; 19:8; 20:25; 28:23, 31). (2) El reino produce a la iglesia (porque conforme las personas entran al reino de Dios se unen a la comunión humana de la iglesia). (3) La iglesia testifica del reino (porque Jesús dijo: «este evangelio del reino se predicará en todo el mundo», Mt 24:14). (4) La iglesia

---

[19]La «dispersión» fue el término que se usó para referirse al pueblo judío esparcido de la tierra de Israel y que vivían por todo el mundo antiguo del Mediterráneo.

[20]El resto de este párrafo se toma en su mayor parte de Wayne Grudem, *The First Epistle of Peter*, p. 113.

[21]Un dispensacionalista puede admitir este punto de que la iglesia ha sido la receptora de muchas aplicaciones de las profecías del Antiguo Testamento respecto a Israel, pero que el verdadero cumplimiento de estas promesas todavía vendrá en el futuro al Israel étnico. Pero, con todos estos ejemplos evidentes del Nuevo Testamento de clara aplicación de estas promesas a la iglesia, parece no haber ninguna razón fuerte para negar que este realmente es el único cumplimiento que Dios va a dar a estas promesas.

[22]George Eldon Ladd, *A Theology of the New Testament*, p. 111.

CAPÍTULO 2 · LA IGLESIA. NATURALEZA, CARACTERÍSTICAS Y PROPÓSITO

es el instrumento del reino (porque el Espíritu Santo, manifestando el poder del reino, obra por medio de los discípulos para sanar los enfermos y echar fuera demonios, como lo hizo en el ministerio de Jesús; Mt 10:8; Lc 10:17). (5) La iglesia es el custodio del reino (porque a la iglesia se le ha dado las llaves del reino de los cielos; Mt 16:19).[23]

Por consiguiente, no debemos identificar al reino de Dios con la iglesia (como en la teología católica romana), ni tampoco el reino de Dios como enteramente futuro, algo distinto de la edad de la iglesia (como en la antigua teología dispensacional). Más bien, debemos reconocer que hay una conexión estrecha entre el reino de Dios y la iglesia. Conforme la iglesia proclama las buenas noticias del reino, la gente vendrá a la iglesia y empezará a experimentar las bendiciones del gobierno de Dios en sus vidas. El reino se manifiesta mediante la iglesia, y por ello el futuro del reino de Dios irrumpe en el presente («ya» está aquí: Mt 12:28; Ro 14:17; y «todavía no» está aquí completamente: Mt 25:24; 1 Co 6:9-10). Por consiguiente, los que creen en Cristo empezarán a experimentar algo de cómo será el reino final de Dios: conocerán alguna medida de victoria sobre el pecado (Ro 6:14; 14:17), sobre la oposición demónica (Lc 10:17), y sobre la enfermedad (Lc 10:9). Vivirán en el poder del Espíritu Santo (Mt 12:28; Ro 8:4-17; 14:17), que es el poder dinámico del reino venidero. Con el tiempo Jesús volverá y su reino se extenderá sobre toda la creación (1 Co 15:24-28).

B. Las «marcas» de la iglesia (características distintivas)

1. Hay iglesias verdaderas e iglesias falsas. ¿Que hace iglesia a una iglesia? ¿Qué es necesario para tener una iglesia? ¿Puede un grupo de personas que afirman ser creyentes llegar a ser tan distintos a lo que una iglesia debería ser que ya no se deberían llamar una iglesia?

En los primeros siglos de la iglesia cristiana hubo escasa controversia en cuanto a lo que era una verdadera iglesia. Había solo una iglesia en todo el mundo, la iglesia «visible» por todo el mundo, y esa era, por supuesto, la verdadera iglesia. Esta iglesia tenía obispos y ministros locales y templos que todos podían ver. A cualquier hereje que se hallaba estando en serio error doctrinal simplemente se le excluía de la iglesia.

Pero en la Reforma surgió una cuestión crucial: ¿cómo podemos reconocer a una iglesia verdadera? ¿Es la Iglesia Católica Romana una iglesia verdadera o no? A fin de responder a esa cuestión la gente tuvo que decidir lo que eran las «marcas» de una verdadera iglesia, las características distintivas que nos llevan a reconocerla como una verdadera iglesia. Desde luego, la Biblia habla de iglesias falsas. Pablo dice de los templos paganos en Corinto: «cuando ellos ofrecen sacrificios, lo hacen para los demonios, no para Dios» (1 Co 10:20). Les dice a los corintios que «cuando eran paganos se dejaban arrastrar hacia los ídolos mudos» (1 Co 12:2). Estos templos paganos eran por supuesto iglesias falsas o asambleas religiosas falsas. Es más, la Biblia habla de una asamblea religiosa que es realmente una «sinagoga de Satanás» (Ap 2:9; 3:9). Aquí el Señor Jesús resucitado parece referirse a asambleas de judíos que aducían ser judíos pero que no eran verdaderos judíos

---

[23]Estos cinco puntos son resumen de Ladd, *Theology*, pp. 111–19.

que tuvieran fe que salva. Su asamblea religiosa no era una asamblea del pueblo de Cristo sino de los que todavía pertenecían al reino de las tinieblas, el reino de Satanás. Esto podría ciertamente ser una falsa iglesia.

En gran medida hubo acuerdo entre Lutero y Calvino sobre la cuestión de lo que constituía una verdadera iglesia. La declaración luterana de fe, la Confesión de Ausburgo (1530), definió a la iglesia como «la congregación de los santos en los que se enseña correctamente el evangelio y se administra apropiadamente los sacramentos» (Artículo 7).[24] De modo similar, Juan Calvino dijo: «Donde veamos que la Palabra de Dios se predica con pureza y se escucha, y que los sacramentos se administran siguiendo la institución de Cristo, no hay que dudar de que allí hay una Iglesia».[25] Aunque Calvino habla de predicación pura de la palabra (en tanto que la confesión luterana habla de predicación correcta del evangelio) y aunque Calvino dijo que la palabra no solo debe ser predicaba sino también oída (en tanto que la Confesión de Ausburgo meramente menciona que tiene que ser enseñada correctamente), su entendimiento de las marcas distintivas de una verdadera iglesia son muy similares.[26] En contraste con el concepto que tenían Lutero y Calvino respecto a las marcas de una iglesia, la posición católica romana ha sido que *la iglesia visible* que descendió de Pedro y los apóstoles *es la verdadera iglesia*.

Parece apropiado tomar la noción de Lutero y Calvino sobre las marcas de una verdadera iglesia como correctas todavía hoy. Ciertamente, si no se predica la Palabra de Dios, sino simplemente falsas doctrinas o doctrinas de los hombres, entonces no hay una verdadera iglesia. En algunos casos podemos tener dificultad para determinar simplemente cuánta doctrina errada se puede tolerar antes de que a una iglesia ya no se la pueda considerar una verdadera iglesia, pero hay muchos casos claros en donde podemos decir que no hay una verdadera iglesia. Por ejemplo, la Iglesia de Jesucristo de los Santos de los Últimos Días (la iglesia mormona) no sostiene ninguna de las doctrinas principales respecto a la salvación o la persona de Dios, o la persona y obra de Cristo. Es claramente una iglesia falsa. De modo similar, los Testigos de Jehová enseñan salvación por obras, y no por confiar solo en Cristo. Esta es una desviación doctrinal fundamental porque si las personas creen en las enseñanzas de los Testigos de Jehová, simplemente no son salvados. Así que a los Testigos de Jehová también se les debe considerar una falsa iglesia. Cuando la predicación de una iglesia esconde de sus miembros el mensaje del evangelio de salvación por fe sola, de modo que el mensaje del evangelio no se proclama claramente, y no ha sido proclamado por algún tiempo, la reunión del grupo no es una iglesia.

La segunda marca de una iglesia, la correcta administración de los sacramentos (bautismo y la Cena del Señor) se indicó probablemente en oposición a la noción católica romana de que la gracia que salva viene mediante los sacramentos y por ello los sacramentos fueron hechos «obras» por las que ganamos méritos para la salvación. De esta manera, la Iglesia Católica Romana insistía en el pago antes que en enseñar la fe como medio de obtener la salvación.

Pero existe otra razón para incluir los sacramentos como marca de la iglesia. Una vez que una organización empieza a practicar el bautismo y la Cena del Señor, es una

---

[24] Calvino, *Institución*. 4.1.9 (p. 873).
[25] Cita de Philip Schaff, *The Creeds of Christendom*, pp. 11–12.
[26] Confesiones posteriores a veces añadieron una tercera marca de la iglesia (el ejercicio correcto de la disciplina eclesiástica), pero ni Lutero ni Calvino mismos mencionan esta marca.

CAPÍTULO 2 · LA IGLESIA. NATURALEZA, CARACTERÍSTICAS Y PROPÓSITO

organización que continúa y está *intentando funcionar como iglesia*. (En la sociedad estadounidense moderna, una organización que empieza a reunirse para adoración, oración y enseñanza bíblica los domingos por la mañana también claramente puede estar intentando funcionar como una iglesia).

El bautismo y la Cena del Señor también sirven como «controles de membresía» para la iglesia. El bautismo es el medio de admitir personas a la iglesia, y la Cena del Señor es el medio de permitir a las personas dar una señal de continuar en la membresía de la iglesia; la iglesia considera como salvados a los que reciben el bautismo y la Cena del Señor. Por consiguiente, estas actividades indican lo que una iglesia piensa en cuanto a la salvación, y apropiadamente se menciona como una marca de la iglesia hoy por igual. En contraste, los grupos que no administran el bautismo y la Cena del Señor indican que no están intentando funcionar como una iglesia. Alguien puede pararse en una esquina con un pequeño grupo y tener verdadera predicación y oír de la palabra, pero las personas allí no serían una iglesia. Incluso la reunión de estudio bíblico de barrio en un hogar puede tener verdadera enseñanza y oír de la palabra sin llegar a ser una iglesia. Pero si un grupo de estudio bíblico local empieza a bautizar a sus propios nuevos convertidos y regularmente participar en la Cena del Señor, estas cosas indicarían *una intención de funcionar como una iglesia* y sería difícil decir por qué no se la debería considerar una iglesia en sí mismo.[27]

2. Iglesias verdaderas y falsas hoy. En vista de la cuestión planteada durante la Reforma, ¿qué decir en cuanto a la Iglesia Católica Romana hoy? ¿Es una verdadera iglesia? Aquí parece que no podemos simplemente tomar una decisión respecto a la Iglesia Católica Romana como un todo, porque su diversidad es demasiado amplia. Preguntar si la Iglesia Católica Romana es una verdadera iglesia o una iglesia falsa hoy es de alguna manera similar a preguntar si las iglesias protestantes son verdaderas o falsas hoy; hay una gran variedad entre ellas. Algunas parroquias católicas romanas ciertamente carecen de ambas marcas: no hay predicación pura de la palabra de Dios y las personas de esa parroquia no saben ni han recibido el mensaje de salvación por la sola fe en Cristo. La participación en los sacramentos se ve como una «obra» que puede ganar mérito ante Dios. Tal grupo de personas no es una verdadera iglesia cristiana. Por otro lado, hay muchas parroquias católicas romanas en varias partes del mundo hoy en donde el párroco local tiene un conocimiento genuino de salvación en Cristo y una relación personal vital con Cristo en oración y estudio bíblico. Sus homilías y enseñanza privada de la Biblia ponen mucho énfasis en la fe personal y en la necesidad de la lectura bíblica individual y oración. Sus enseñanzas sobre los sacramentos recalcan sus aspectos simbólicos y conmemorativos mucho más que hablar de ellos como actos que ameritan alguna infusión de gracia que salva de parte de Dios. En tal caso, aunque diríamos que todavía hay profundas diferencias con la enseñanza católica romana en algunas doctrinas,[28] con todo, parecería que tal iglesia tendría una aproximación lo suficientemente cercana a las dos características de

---

[27] El Ejército de Salvación es un caso inusual porque no observa el bautismo o la Cena del Señor, sin embargo, en los demás sentidos parece ser una verdadera iglesia. En este caso la organización ha sustituido otros medios de indicar membresía y continua participación en la iglesia, y estos otros medios de indicar membresía proveen un sustituto para el bautismo y la Cena del Señor en términos de «controles de membresía».

la iglesia que sería difícil negar que sea en verdad una verdadera iglesia. Parecería ser una congregación genuina de creyentes en la cual se enseña el evangelio (aunque no puramente) y los sacramentos se administran más apropiada que erróneamente.

¿Hay iglesias falsas dentro del protestantismo? Si miramos de nuevo a las dos marcas distintivas de la iglesia, en el juicio de este escritor parece apropiado decir que muchas iglesias protestantes de teología liberal son hoy en efecto iglesias falsas.[29] ¿El evangelio de justicia y obras, junto con su incredulidad de la Biblia, que estas iglesias enseñan tiene mayor probabilidad de salvar a las personas que la enseñanza católica romana de tiempos de la Reforma? Y, ¿no es probable que su administración de los sacramentos sin enseñanza sólida a cualquiera que entra por sus puertas le dé tanta falsa seguridad a los pecadores no regenerados como el uso de los sacramentos por parte de la Iglesia Católica Romana en el tiempo de la Reforma? En donde haya una asamblea de personas que toman el nombre de «cristianos» pero siempre enseñan a las personas que no pueden creer lo que dice la Biblia —en verdad una iglesia cuyo pastor o congregación rara vez lee la Biblia, ni ora de alguna manera significativa, y no cree o tal vez incluso ni siquiera entiende el evangelio de salvación por la sola fe en Cristo—, ¿cómo podemos decir que es una iglesia verdadera?[30]

C. Los propósitos de la iglesia

Podemos entender los propósitos de la iglesia en términos de ministerio a Dios, ministerio a los creyentes, el ministerio al mundo.

1. Ministerio a Dios: adoración. Con respecto a Dios, el propósito de la iglesia es adorarle. Pablo dice a la iglesia de Colosas: «Canten salmos, himnos y canciones espirituales a Dios, con gratitud de corazón» (Col 3:16). Dios nos ha destinado y señalado en Cristo para que «seamos para alabanza de su gloria» (Ef 1:12). La adoración en la iglesia no es meramente una preparación para algo más: es en sí misma cumplir el propósito principal de la iglesia con referencia a su Señor. Por eso Pablo puede seguir una exhortación de que debemos «aprovecha[r] al máximo cada momento oportuno» con un mandamiento de ser llenos del Espíritu y entonces decir: «Canten y alaben al Señor con el corazón» (Ef 5:16-19).

2. Ministerio a los creyentes: nutrir. Según la Biblia, la iglesia tiene una obligación de nutrir a los que ya son creyentes y edificarlos a la madurez en la fe. Pablo dijo que su propia meta no era simplemente llevar a las personas a la fe inicial que salva, sino «presentar *perfecto en Cristo Jesús* a todo hombre» (Col 1:28, RVR 1960). Le dijo a la iglesia de Éfeso que Dios dio a la iglesia personas dotadas «a fin de capacitar al pueblo de Dios para la obra de servicio, *para edificar el cuerpo de Cristo*. De este modo, todos llegaremos a la unidad

---

[28]Las diferencias doctrinales significativas todavía incluirían asuntos tales como el sacrificio continuado de la misa, la autoridad del papa y los concilios de la iglesia, la veneración de la virgen María y su papel en la redención, la doctrina del purgatorio, y la extensión del canon bíblico.

[29]Una conclusión similar la expresó J. Gresham Machen ya en 1923: «La Iglesia de Roma puede representar una perversión de la religión cristiana; pero el liberalismo naturalista no es cristianismo para nada» (*Christianity and Liberalism* [Eerdmans, Grand Rapids, 1923], p. 52).

[30]En el próximo capítulo consideraremos la cuestión de la pureza de la iglesia. Aunque los creyentes no se deben asociar voluntariamente con una iglesia falsa, debemos reconocer que entre las verdaderas iglesias hay iglesias más puras y menos puras (ver consideración en el capítulo 3, más adelante). También es importante notar aquí que algunas denominaciones protestantes de teología liberal pueden tener muchas iglesias falsas dentro de la denominación (iglesias en donde no se predica ni se oye el evangelio) y todavía tener algunas congregaciones locales que predican el evangelio clara y fielmente y son verdaderas iglesias.

CAPÍTULO 2 · LA IGLESIA. NATURALEZA, CARACTERÍSTICAS Y PROPÓSITO

de la fe y del conocimiento del Hijo de Dios, a una humanidad perfecta que se conforme a la plena estatura de Cristo» (Ef 4:12-13). Es claramente contrario al patrón del Nuevo Testamento pensar que nuestra única meta con las personas es llevarlas a la fe inicial que salva. Nuestra meta como iglesia debe ser presentar a Dios a todo creyente «perfecto en Cristo» (Col 1:28).

3. Ministerio al mundo: evangelización y misericordia. Jesús les dijo a sus discípulos: «hagan discípulos de todas las naciones» (Mt 28:19). Esta obra evangelizadora de declarar el evangelio es el ministerio primario de la iglesia hacia el mundo.[31] Sin embargo, acompañando a la obra de evangelización también está un ministerio de misericordia; misericordia que incluye atender en el nombre del Señor a los pobres y necesitados. Aunque el énfasis del Nuevo Testamento es dar ayuda material a los que son parte de la iglesia (Hch 11:29; 2 Co 8:4; 1 Jn 3:17), con todo hay una afirmación de que es correcto ayudar a los no creyentes aunque ellos no respondan con gratitud o aceptación del mensaje del evangelio. Jesús nos dice:

> Ustedes, por el contrario, amen a sus enemigos, háganles bien y denles prestado sin esperar nada a cambio. Así tendrán una gran recompensa y serán hijos del Altísimo, porque *él es bondadoso con los ingratos y malvados. Sean compasivos, así como su Padre es compasivo.* (Lc 6:35-36)

El punto de la explicación de Jesús es que debemos imitar a Dios al ser bondadosos por igual con los que son ingratos y egoístas. Es más, tenemos el ejemplo de Jesús que no intentó sanar solo a los que lo aceptaron como Mesías. Más bien, cuando grandes multitudes vinieron a él, «él puso las manos *sobre cada uno de ellos* y los sanó» (Lc 4:40). Esto debería animarnos a realizar obras de bondad, y orar por sanidad y otras necesidades, en la vida de los que no son creyentes tanto como de los creyentes. Tales ministerios de misericordia al mundo también pueden incluir participación en actividades cívicas o intentar influir en las políticas del gobierno para hacerlas más consistentes con los principios morales bíblicos. En aspectos en que hay una injusticia sistemática manifestada en el tratamiento de los pobres o de minorías étnicas o religiosas, la iglesia también debería orar y, según se presente la oportunidad, hablar contra tal injusticia. Todos estos son maneras en las que la iglesia puede suplementar su ministerio evangelizador al mundo y en verdad adornar el evangelio que profesa. Pero tales ministerios de misericordia al mundo nunca deben llegar a ser sustituto de una evangelización genuina o de los otros aspectos de ministerio a Dios y a los creyentes mencionados arriba.

4. Cómo mantener en equilibrio estos propósitos. Una vez que hemos mencionado estos tres propósitos para la iglesia, alguien puede preguntar: ¿cuál es el más importante? O tal vez algún otro pudiera preguntar: ¿podríamos descuidar alguno de estos tres como menos importante que los otros?

---

[31] No es mi intención decir que la evangelización es más importante que la adoración o el ministerio al creyente, sino que es nuestro ministerio principal para con el mundo.

A eso debemos responder que el Señor ordena en la Biblia los tres propósitos de la iglesia; por consiguiente, los tres son importantes y no se puede descuidar ninguno. Es más, una iglesia fuerte tendrá ministerios efectivos en todos estos tres aspectos. Debemos evitar cualquier intento de reducir los propósitos de la iglesia a solo uno de estos tres y decir que debería ser nuestro enfoque primario. En verdad, tales intentos de hacer primario uno de estos propósitos siempre resultarán en algún descuido de los otros dos. Una iglesia que hace énfasis solo en la adoración acabará con enseñanza bíblica inadecuada de los creyentes y sus miembros permanecerán con superficialidad en su comprensión de las Escrituras e inmaduros en sus vidas cristianas. Si también empieza a descuidar la evangelización, la iglesia dejará de crecer en su influencia a otros, se volverá egocéntrica y a la larga empezará a marchitarse.

Una iglesia que pone la edificación de los creyentes como el propósito que toma preferencia sobre los otros dos tenderá a producir creyentes que saben mucha doctrina bíblica pero cuyas vidas espirituales son secas porque conocen muy poco del gozo de adorar a Dios o de hablar a otros en cuanto a Cristo.

Pero una iglesia que pone en la evangelización tal prioridad que hace que los otros dos propósitos queden en el descuido también terminará con creyentes inmaduros que hacen énfasis en el crecimiento en números pero que tienen menos y menos genuino amor a Dios expresado en su adoración, y menos y menos madurez doctrinal y santidad personal en sus vidas. Una iglesia saludable debe recalcar continuamente los tres propósitos.

Sin embargo, *los individuos* son diferentes de la iglesia al poner una prioridad relativa en uno u otro de los propósitos de la iglesia. Debido a que somos como un cuerpo con diversos dones espirituales o capacidades, es correcto que pongamos más de nuestro énfasis en el cumplimiento del propósito de la iglesia que está más estrechamente relacionado con los dones e intereses que Dios nos ha dado. Ciertamente no hay obligación de que todo creyente intente dar exactamente un tercio de su tiempo en la iglesia a la oración, otro tercio a cultivar otros creyentes, y un tercio a la evangelización y obras de misericordia. Alguien con el don de evangelización debería por supuesto pasar algún tiempo en adoración y cuidando a otros creyentes, pero puede acabar dedicando la mayoría de su tiempo en obra evangelizadora. Alguien que es un dirigente talentoso de adoración puede acabar dedicando el noventa por ciento de su tiempo en la iglesia a la preparación y dirección de la adoración. Es solamente apropiada respuesta a la diversidad de dones que Dios nos ha dado.

PREGUNTAS PARA APLICACIÓN PERSONAL

1. Al pensar en la iglesia como la comunión invisible de todos los verdaderos creyentes todo el tiempo, ¿cómo afecta eso la manera en que usted piensa de sí mismo como creyente individual? En la comunidad en que vive, ¿hay mucha unidad visible entre creyentes genuinos (es decir, ¿hay mucha evidencia visible de la verdadera naturaleza de la iglesia invisible?)? ¿Dice algo el Nuevo Testamento respecto al tamaño ideal de una iglesia individual?

CAPÍTULO 2 · LA IGLESIA. NATURALEZA, CARACTERÍSTICAS Y PROPÓSITO

2. ¿Consideraría usted a la iglesia en que está ahora como una iglesia verdadera? ¿Alguna vez ha sido miembro de una iglesia que usted pensaría que es una iglesia falsa? ¿Piensa usted que se hace algún daño cuando los creyentes evangélicos continúan dando la impresión de que piensan que las iglesias protestantes de teología liberal son verdaderas iglesias cristianas? Visto desde la perspectiva del juicio final, ¿qué bien o qué daño puede surgir si no decimos que pensamos que las iglesias no creyentes son iglesias falsas?

3. ¿Le da alguna de las metáforas de la iglesia un nuevo aprecio por la iglesia a la que asiste al presente?

4. ¿A qué propósito de la iglesia piensa usted que puede contribuir más eficazmente? ¿Respecto a qué propósito ha puesto Dios en su corazón un fuerte deseo de contribuir?

TÉRMINOS ESPECIALES

cuerpo de Cristo
ekklesía
iglesia

iglesia invisible
iglesia visible
marcas de la iglesia

BIBLIOGRAFÍA

Banks, Robert J. *Paul's Idea of Community: The Early House Churches in Their Historical Setting*. Eerdmans, Grand Rapids, 1980.

Bannerman, James. *The Church of Christ*. Mack Publishing, Cherry Hill, N.J., 1972. (First published in 1869.)

Berkouwer, G. C. *The Church*. Trad. por James E. Davidson. Eerdmans, Grand Rapids, 1976.

Bock, Darrell L., y Craig A. Blaising, eds. *Progressive Dispensationalism*. Victor, Wheaton, 1993.

Carson, D. A., ed. *Biblical Interpretation and the Church: Text and Context*. Paternoster, Exeter. 1984.

_____. *The Church in the Bible and the World*. Baker, Grand Rapids, y Paternoster, Exeter, 1987.

Clowney, Edmund. «Church». En *NDT*, pp. 140–43.

_____. *The Doctrine of the Church*. Presbyterian and Reformed, Philadelphia, 1969.

Feinberg, John S., ed. *Continuity and Discontinuity: Perspectives on the Relationship Between the Old and New Testaments*. Crossway, Wheaton, 1988.

Gaffin, Richard B. «Kingdom of God». En *NDT*, pp. 367–69.

Ladd, George Eldon. «The Kingdom and the Church». En *A Theology of the New Testament*. Eerdmans, Grand Rapids, 1974, pp. 105–19.

Martin, Ralph P. *The Family and the Fellowship: New Testament Images of the Church*. Eerdmans, Grand Rapids, 1979.

Omanson, R. L. «Church, The». En *EDT*, pp. 231–33.

Poythress, Vern. *Understanding Dispensationalists*. Zondervan, Grand Rapids, 1987.
Saucy, Robert. *The Case for Progressive Dispensationalism*. Zondervan, Grand Rapids, 1993.
_____. *The Church in God's Program*. Moody, Chicago, 1972.
Snyder, Howard A. *The Community of the King*. InterVarsity Press, Downers Grove, Ill., 1977.
VanGemeren, Willem. *The Progress of Redemption*. Zondervan, Grand Rapids, 1988.
Watson, David C. *I Believe in the Church*. Eerdmans, Grand Rapids, 1979.

PASAJE BÍBLICO PARA MEMORIZAR

Efesios 4:11-13: *Él mismo constituyó a unos, apóstoles; a otros, profetas; a otros, evangelistas; y a otros, pastores y maestros, a fin de capacitar al pueblo de Dios para la obra de servicio, para edificar el cuerpo de Cristo. De este modo, todos llegaremos a la unidad de la fe y del conocimiento del Hijo de Dios, a una humanidad perfecta que se conforme a la plena estatura de Cristo.*

HIMNO

«Es Cristo de su Iglesia»

1. Es Cristo de su iglesia el fundamento fiel,
Por agua y la Palabra hechura es ella de Él;
Su esposa para hacerla del cielo descendió,
Él la compró con sangre cuando en la cruz murió.

2. De todo pueblo electa, perfecta es en unión;
Ella una fe confiesa, Cristo es su salvación;
Bendice un solo nombre, la Biblia es su sostén,
Con paso firme avanza con gracia y todo bien.

3. En medio de su lucha y gran tribulación
La paz eterna espera con santa expectación;
Pues Cristo desde el cielo un día llamará,
su Iglesia invicta, entonces, con Él descansará.

4. Con Dios, aquí en la tierra, mantiene comunión,
Y con los ya en el cielo forma una sola unión;
Oh, Dios, haz que en sus pasos podamos caminar,
Que al fin contigo, oh Cristo, podamos habitar.

AUTOR: SAMUEL J. STONE, TRAD. J. PABLO SIMÓN
(TOMADO DE EL NUEVO HIMNARIO POPULAR, #306)

Capítulo 3

LA PUREZA Y UNIDAD DE LA IGLESIA

¿Qué hace a una iglesia más agradable a Dios o menos?
¿Con qué clase de iglesias debemos cooperar o unirnos?

EXPLICACIÓN Y BASE BÍBLICA

A. Iglesias más puras y menos puras

En el capítulo previo vimos que hay «iglesias verdaderas» e «iglesias falsas». En este capítulo debemos hacer una distinción adicional: hay iglesias *más puras* y *menos puras*.

Este hecho es evidente partiendo de una breve comparación de las epístolas de Pablo. Cuando miramos a Filipenses o 1 Tesalonicenses hallamos evidencia del gran gozo de Pablo en estas iglesias y la ausencia relativa de serios problemas doctrinales o morales (ver Fil 1:3–11; 4:10–16; 1Ts 1:2–10; 3:6–10; 2 Ts 1:3–4; 2:13; cf. 2 Co 8:1–5). Por otro lado, había toda clase de serios problemas doctrinales o morales en las iglesias de Galacia (Gá 1:6–9; 3:1–5) y Corinto (1 Co 3:1–4; 4:18–21; 5:1–2, 6; 6:1–8; 11:17–22; 14:20–23; 15:12; 2 Co 1:23–2:11; 11:3–5, 12–15; 12:20–13:10). Se podrían dar otros ejemplos, pero debe ser claro que entre las verdaderas iglesias hay iglesias *menos puras* y *más puras*. Esto se puede representar como la figura 3.1.

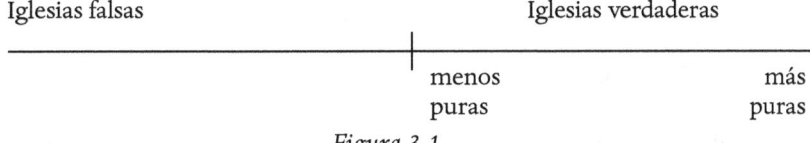

Figura 3.1

ENTRE LAS VERDADERAS IGLESIAS HAY IGLESIAS MENOS PURAS Y MÁS PURAS

B. Definiciones de pureza y unidad

Podemos definir la pureza de la iglesia como sigue: *la pureza de la iglesia es su grado de libertad de doctrina y conducta errónea, y su grado de conformidad con la voluntad revelada de Dios para la iglesia.*

Como veremos en la consideración que sigue, es correcto orar y trabajar por una mayor pureza en la iglesia. Pero la pureza no puede ser nuestra única preocupación, porque, de serlo, los creyentes tendrán una tendencia a separarse en grupos diminutos de creyentes muy «puros» y tenderán a excluir a todo el que muestre la más ligera desviación en doctrina o conducta de vida. Por consiguiente, el Nuevo Testamento también habla frecuentemente de la necesidad de esforzarse por la unidad de la iglesia visible. Esto se puede definir de la siguiente manera: *la unidad de la iglesia es su grado de libertad de divisiones entre verdaderos creyentes.*

La definición especifica «creyentes verdaderos» porque, como vimos en el capítulo previo, hay los que son cristianos solo de nombre, pero no tienen una genuina experiencia de regeneración por el Espíritu Santo. Con todo, muchos de estos toman el nombre de «cristianos» y muchas iglesias que están llenas con tales no creyentes todavía se llaman iglesias cristianas. No debemos esperar ni esforzarnos por la unidad organizacional o funcional que incluya a todas esas personas, y por consiguiente nunca habrá unidad con todas las iglesias que se llaman «cristianas». Pero, como veremos también en la consideración que sigue, el Nuevo Testamento nos anima a esforzarnos por la unidad de todos los creyentes verdaderos.

C. Señales de una iglesia más pura

Los factores que hacen «más pura» a una iglesia incluyen:
1. Doctrina bíblica (o predicación correcta de la palabra de Dios).
2. Uso apropiado de los sacramentos (u ordenanzas).
3. Uso apropiado de la disciplina eclesiástica.
4. Adoración genuina.
5. Oración eficaz.
6. Testimonio efectivo.
7. Comunión efectiva.
8. Gobierno bíblico de la iglesia.
9. Poder espiritual en el ministerio.
10. Santidad personal de vida entre los miembros.
11. Cuidado por los pobres.
12. Amor a Cristo.

Puede haber otras señales a más de estas, pero por lo menos estas se pueden mencionar como factores que aumentan la conformidad de una iglesia a los propósitos de Dios. Por supuesto, las iglesias pueden ser más puras en algunos aspectos y menos puras en otros; una iglesia puede tener excelente doctrina y predicación sólida, por ejemplo, y sin embargo ser un desalentador fracaso en el testimonio a otros o en adoración significativa.

CAPÍTULO 3 · LA PUREZA Y UNIDAD DE LA IGLESIA

Una iglesia puede tener un testimonio dinámico y tiempo de adoración que honra grandemente a Dios, pero ser débil en comprensión doctrinal y enseñanza bíblica.

La mayoría de las iglesias tenderán a pensar que los aspectos en los que son fuertes son los aspectos más importantes, y los aspectos en que son débiles son los menos importantes. Pero el Nuevo Testamento nos anima a esforzarnos por la pureza de la iglesia en todos estos aspectos. La meta de Cristo para la iglesia es «*hacerla santa*. Él la purificó, lavándola con agua mediante la palabra, *para presentársela a sí mismo como una iglesia* radiante, sin mancha ni arruga ni ninguna otra imperfección, sino santa e intachable» (Ef 5:26-27). El ministerio de Pablo era «aconsejando y enseñando con toda sabiduría a todos los seres humanos, para presentarlos a todos perfectos en él» (Col 1:28). Es más, Pablo le dice que los ancianos deben «exhortar a otros con la sana doctrina y refutar a los que se opongan» (Tit 1:9), y dijo que a los falsos maestros «hay que taparles la boca» (Tit 1:11). Judas insta a los creyentes a «que sigan luchando vigorosamente por la fe encomendada una vez por todas a los santos» (Jud 3). El uso apropiado de los sacramentos se ordena en 1 Corintios 11:17-34, y el uso apropiado de la disciplina eclesiástica para proteger la pureza de la iglesia se exige en 1 Corintios 5:6-7, 12-13.

El Nuevo Testamento también menciona una serie de otros factores: debemos esforzarnos por la adoración espiritual (Ef 5:18–20; Col 3:16–17), testimonio eficaz (Mt 28:19–20; Jn 13:34–35; Hch 2:44–47; 1 Jn 4:7), gobierno apropiado de la iglesia (1 Ti 3:1–13), poder espiritual en el ministerio (Hch 1:8; Ro 1:16; 1 Co 4:20; 2 Co 10:3–4; Gá 3:3–5; 2 Ti 3:5; Stg 5:16), santidad personal (1 Ts 4:3; Heb 12:14), cuidado de los pobres (Hch 4:32–35; Ro 15:26; Gá. 2:10), y amor a Cristo (1 P 1:8; Ap 2:4). Es más, todos los creyentes deben «procur[ar] que éstos abunden *para la edificación de la iglesia*» (1 Co 14:12), exhortación que se aplica no solo a un aumento en el número de miembros de la iglesia, sino también (y en verdad primordialmente) a la «edificación» o crecimiento de la iglesia hacia la madurez cristiana. La fuerza de todos esos pasajes es recordarnos que *debemos esforzarnos por la pureza de la iglesia visible.*

Por supuesto, a fin de trabajar por la pureza de la iglesia, especialmente de la iglesia local de la que somos parte, debemos reconocer que es un proceso, y que cualquier iglesia de la que seamos parte será de alguna manera impura en varios aspectos. No había iglesias perfectas en tiempos del Nuevo Testamento ni habrá iglesias perfectas hasta que Cristo vuelva.[1] Esto quiere decir que los creyentes no tienen obligación de buscar la *iglesia más pura* que puedan hallar y quedarse allí, y luego salir si aparece una iglesia más pura. Más bien, deben hallar una *iglesia verdadera* en la que puedan tener un ministerio eficaz y en la que encuentren también crecimiento cristiano, y deben quedarse allí y ministrar, continuamente esforzándose por la pureza de esa iglesia. Dios a menudo bendecirá sus oraciones y testimonio fiel y la iglesia gradualmente crecerá en muchos aspectos de pureza.

Pero debemos darnos cuenta de que no todas las iglesias responderán bien a las influencias que les llevarían a una pureza mayor. A veces, a pesar de unos pocos creyentes fieles dentro de una iglesia, su dirección dominante la fijarán otros que están

---

[1] Esto lo reconoce la Confesión de Fe de Westminster: «Las iglesias más puras bajo el cielo están sujetas a mezcla y error» (25.5).

determinados a llevarla en otra dirección. A menos que Dios en su gracia intervenga para dar reforma, algunas de estas iglesias se volverán sectas, y otras simplemente morirán y cerrarán sus puertas. Pero, más comúnmente, estas iglesias se descarriarán al protestantismo de teología liberal.

Es útil en este punto recordar que el protestantismo clásico de teología liberal es humanista, y sus enfoques son *primordialmente centrados en el hombre* antes que centrados en Dios.[2] Cuando una iglesia empieza a descarriarse de la fidelidad a Cristo, esto será evidente no solo en el cambio a doctrina impura (que a veces los miembros de la iglesia pueden ocultar mediante el uso del lenguaje evasivo) sino también en la vida diaria de la iglesia: sus actividades, su predicación, su asesoramiento, e incluso las conversaciones entre los miembros tenderán a ser más y más centradas en el hombre y menos y menos centradas en Dios. Esto tenderá a ser un énfasis repetido de las clases típicas de consejo de autoayuda que dan las revistas populares y los psicólogos seculares. Habrá una orientación horizontal en oposición a una orientación vertical o centrada en Dios; habrá menos y menos tiempos extendidos de oración, y menos y menos énfasis en la aplicación directa de la Biblia a situaciones diarias, pero más énfasis en simplemente ser una persona cariñosa y sensible, y en afirmar a otros y actuar con amor hacia ellos. La conversación y actividades de la iglesia tendrá muy poco contenido genuinamente espiritual; poco énfasis en la necesidad de oración diaria por preocupaciones individuales y por el perdón de los pecados, escaso énfasis en la lectura personal diaria de la Biblia, y escaso énfasis en una confianza en Cristo momento tras momento y en conocer la realidad de su presencia en nuestras vidas. En donde hay amonestaciones a reforma moral, estas a menudo se verán como deficiencias humanas que las personas pueden corregir por disciplina y esfuerzo propios, y tal vez el estímulo de otros, pero estos aspectos morales de la vida no se verán primordialmente como pecado contra un Dios santo, pecado que se puede vencer efectivamente solo por el poder del Espíritu Santo obrando desde adentro. Cuando tal énfasis humanista se vuelve dominante en una iglesia, se ha alejado hacia el extremo «menos puro» de la escala en muchos de los aspectos mencionados arriba, y se mueve en dirección a convertirse en una iglesia falsa.

D. La enseñanza del Nuevo Testamento sobre la unidad de la iglesia

Hay un fuerte énfasis en el Nuevo Testamento en la unidad de la iglesia. La meta de Jesús es que «habrá *un solo rebaño y un solo pastor*» (Jn 10:16), y él ora por todos los futuros creyentes «*que todos sean uno*» (Jn 17:21). Esta unidad será un testimonio a los no creyentes, porque Jesús ora: «Permite que alcancen *la perfección en la unidad, y así el mundo reconozca que tú me enviaste* y que los has amado a ellos tal como me has amado a mí» (Jn 17:23).

Pablo les recuerda a los corintios que son «llamados a ser su santo pueblo, *junto con todos los que en todas partes invocan el nombre de nuestro Señor Jesucristo*, Señor de ellos y de nosotros» (1 Co 1:2). Luego Pablo escribe a Corinto: «Les suplico, hermanos, en el

---

[2]Ver el impresionante y preciso análisis de J. Gresham Machen, *Christianity and Liberalism* (reimp. ed., Eerdmans, Grand Rapids, 1968; primero publicada en 1923), esp. pp. 64–68.

CAPÍTULO 3 · LA PUREZA Y UNIDAD DE LA IGLESIA

nombre de nuestro Señor Jesucristo, que *todos vivan en armonía* y que no haya divisiones entre ustedes, sino que se mantengan unidos en un mismo pensar y en un mismo propósito» (1 Co 1:10; cf. v. 13).

Anima a los Filipenses: «llénenme de alegría teniendo un mismo parecer, un mismo amor, *unidos en alma y pensamiento*» (Fil 2:2). Les dice a los efesios que los creyentes deben «mantener *la unidad* del Espíritu mediante el vínculo de la paz» (Ef 4:3), y que el Señor da dones a la iglesia «a fin de capacitar al pueblo de Dios para la obra de servicio, para edificar el cuerpo de Cristo. De este modo, *todos llegaremos a la unidad de la fe y del conocimiento del Hijo de Dios*, a una humanidad perfecta que se conforme a la plena estatura de Cristo» (Ef 4:12-13).

Pablo puede *ordenarle* a la iglesia vivir en unidad porque ya hay una unidad espiritual *real* en Cristo que existe entre creyentes genuinos. Dice: «Hay un solo cuerpo y un solo Espíritu, así como también fueron llamados a una sola esperanza; un solo Señor, una sola fe, un solo bautismo; un solo Dios y Padre de todos, que está sobre todos y por medio de todos y en todos» (Ef 4:4-6), y aunque el cuerpo de Cristo consiste de muchos miembros, todos esos miembros son «*un cuerpo*» (1 Co 10:17; 12:12-26).

Debido a que son celosos para proteger esta unidad de la iglesia, los escritores del Nuevo Testamento dan fuertes advertencias contra los que causan divisiones:

> Les ruego, hermanos, que se cuiden de los que causan divisiones y dificultades, y van en contra de lo que a ustedes se les ha enseñado. Apártense de ellos. Tales individuos no sirven a Cristo nuestro Señor, sino a sus propios deseos. Con palabras suaves y lisonjeras engañan a los ingenuos. (Ro 16:17-18)

Pablo se opuso a Pedro de frente porque él se separó de los creyentes gentiles y empezó a comer sólo con creyentes judíos (Gá 2:11-14). Los que promueven «discordia [...] disensiones, sectarismos [...] no heredarán el reino de Dios.» (Gá 5:20-21). Y Judas advierte que los que «causan divisiones [...] se dejan llevar por sus propios instintos, pues no tienen el Espíritu» (Jud 19).

Consistente con este énfasis del Nuevo Testamento en la unidad de los creyentes es el hecho de que los mandamientos directos de *separarse* de otros siempre son mandamientos a separarse *de los no creyentes* y no de los creyentes con quienes uno está en desacuerdo. Cuando Pablo dice: «Salgan de en medio de ellos y apártense» (2 Co 6:17), es en respaldo a su mandamiento inicial de esa sección: «No formen yunta con los incrédulos» (2 Co 6:14). Y Pablo le dice a Timoteo: «¡Con esa gente ni te metas!» (2 Ti 3:5), refiriéndose no a creyentes, sino a los no creyentes, los que son «más amigos del placer que de Dios. Aparentarán ser piadosos, pero su conducta desmentirá el poder de la piedad» (2 Ti 3:4-5). Dice que estas personas son «personas de mente depravada, reprobadas en la fe» (2 Ti 3:8). Por supuesto, hay una clase de disciplina eclesiástica que exige separación de un individuo que está causando problemas dentro de la iglesia (Mt 18:17; 1 Co 5:11-13), y puede haber otras razones para que los creyentes concluyan que es precisa la separación,[3] pero es importante notar aquí, al hablar de la unidad de la iglesia, que no hay ningún mandamiento directo en el Nuevo Testamento a separarse de los creyentes con quienes uno tiene diferencias doctrinales (a menos que esas diferencias incluyan herejías tan serias que se niegue la fe cristiana en sí misma).[4]

Estos pasajes sobre la unidad de la iglesia nos dicen que, además de esforzarnos por la pureza de la iglesia visible, *también debemos esforzarnos por la unidad de la iglesia visible*. Sin embargo, debemos darnos cuenta de que tal unidad no exige en realidad un solo gobierno mundial de la iglesia sobre todos los creyentes. Es más, la unidad de los creyentes a menudo se demuestra muy efectivamente mediante la cooperación voluntaria y afiliación entre grupos cristianos. Todavía más, diferentes tipos de ministerios y diferentes énfasis en el ministerio pueden resultar en organizaciones diferentes, todas bajo la cabeza universal de Cristo como Señor de la iglesia. Por consiguiente, la existencia de diferentes denominaciones, juntas misioneras, instituciones educativas cristianas, ministerios universitarios, y cosas por el estilo, no necesariamente son una marca de desunión en la iglesia (aunque en algunos casos pudieran serlo), porque puede haber una gran cantidad de cooperación y demostraciones frecuentes de unidad entre cuerpos tan diversos como estos. (Pienso que el término moderno *organización paraeclesiástica* es desdichado, porque implica que estas organizaciones de alguna manera están «al lado» y por consiguiente «fuera de» la iglesia, en tanto que en realidad son simplemente partes diferentes de una sola iglesia universal). Todavía más, muchos creyentes aducen que *no debería haber* un gobierno mundial de la iglesia, porque el patrón del Nuevo Testamento del gobierno de la iglesia nunca muestra a los ancianos teniendo autoridad sobre algo más que sus propias congregaciones locales (ver capítulo 5, más adelante). Es más, incluso en el Nuevo Testamento los apóstoles convinieron que Pablo debía recalcar la obra misionera a los gentiles en tanto que Pedro recalcaría la obra misionera a los judíos (Gá 2:7), y Pablo y Bernabé se fueron por caminos separados por un tiempo debido a un desacuerdo sobre si debían llevar a Marcos con ellos (Hch 15:39-40), aunque ciertamente tenían unidad en todo otro sentido.[5]

E. Breve historia de la separación organizacional en la iglesia

A veces hay razones por las que la unidad externa o visible de la iglesia no se puede mantener. Un breve estudio de la historia de la separación organizacional de la iglesia puede destacar algunas de estas razones,[6] y ayudar a explicar de dónde surgieron las divisiones denominacionales del día presente.

Durante los primeros mil años de la iglesia cristiana hubo en su mayoría unidad externa. Hubo algunas divisiones menores durante controversias con grupos como los montañistas (siglo segundo) y los donatistas (siglo cuarto), y hubo una separación menor de algunas iglesias monofisistas (siglos quinto y sexto), pero el sentimiento prevaleciente

---

[3] Ver la explicación de las razones de la separación en la sección F. más adelante, pp. 60-63.

[4] 2 Juan 10 prohíbe a los creyentes darle la bienvenida a los maestros heréticos itinerantes que no proclaman el evangelio verdadero; ver explicación abajo.

[5] La Biblia deja entrever que Pablo tenía razón y Bernabé no en esta controversia, puesto que nos dice que Pablo y Silas dejaron Antioquía «Después de que los hermanos lo encomendaron a la gracia del Señor» (Hch 15:40), en tanto que no se dice nada similar respecto a Bernabé. Este incidente simplemente se anota en Hechos, pero no es evidencia fuerte para la propiedad de la diversificación del ministerio, puesto que el informe de un «conflicto tan serio» (v. 39) entre Pablo y Bernabé indica que no debemos verlos como enteramente libres de falta.

[6] Desde aquí hasta el final del capítulo, gran parte del material se ha tomado del artículo «Separation, Ecclesiastical» por Wayne Grudem, preparado para *The Tyndale Encyclopedia of Christian Knowledge* (Tyndale House, Wheaton, Ill., copyright 1971, pero nunca publicado). Usado con permiso.

CAPÍTULO 3 · LA PUREZA Y UNIDAD DE LA IGLESIA

era de fuerte oposición a la división en el cuerpo de Cristo. Por ejemplo, Ireneo, obispo del segundo siglo, dijo de los que causan divisiones en la iglesia: «Ninguna reforma capaz de ser efectuada por ellos será de importancia suficiente para compensar el daño que surge de su cisma» (*Contra las herejías*, 4.33.7).

La primera división seria de la iglesia surgió en el año 1054 d.C. cuando la iglesia oriental (ahora ortodoxa) se separó de la iglesia occidental (católica romana). La razón fue que el papa había cambiado un credo de la iglesia simplemente por autoridad propia,[7] y la iglesia oriental protestó porque no tenía derecho de hacerlo.

La Reforma en el siglo XVI separó entonces a la iglesia occidental en las ramas católica romana y protestante. Sin embargo, a menudo hubo una fuerte renuencia a causar división formal. Martín Lutero quería reformar la iglesia sin dividirla, pero fue excomulgado en 1521. La Iglesia Anglicana (episcopal) no se separó de Roma, sino que fue excomulgada en 1570; así que ella puede decir: «Sufrimos cisma, no lo causamos». Por otro lado, hubo muchos protestantes, especialmente entre los anabaptistas, que querían formar iglesias de creyentes solamente, y empezaron tan temprano como en 1525 a formar iglesias separadas en Suiza y luego en otras partes de Europa.

En los siglos que siguieron a la Reforma, el protestantismo se dividió en cientos de grupos más pequeños. Algunos dirigentes de los nuevos grupos lamentaron tales divisiones: Juan Wesley, aunque fue el fundador del metodismo, afirmó que vivió y murió como miembro de la Iglesia Anglicana. A menudo eran cuestiones de conciencia o de libertad religiosa lo que llevó a las divisiones, como con los puritanos y muchos grupos pietistas. Por otro lado, a veces diferencias de lenguaje entre grupos de inmigrantes en los Estados Unidos condujo a la fundación de iglesias separadas.

¿Han sido siempre apropiadas las razones para la separación en diferentes organizaciones y denominaciones? Aunque casi siempre ha habido fuertes diferencias teológicas en las divisiones principales de la iglesia, me temo que demasiado a menudo, especialmente en la historia más reciente, los motivos reales para empezar o mantener separación han sido egoístas, y que Juan Calvino puede haber tenido razón al decir: «El orgullo y la autoglorificación son la causa y punto de arranque de todas las controversias, cuando cada persona, arrogándose más de lo que le corresponde por derecho, ansía sujetar a otros bajo su poder».[8] Todavía más, dice: «La ambición ha sido, y todavía lo es, la madre de todos errores, de todas las confusiones y de todas las sectas».[9]

A mediados del siglo veinte, el movimiento ecuménico procuró una mayor unidad organizacional entre las denominaciones, pero sin ningún éxito que valga la pena notar. No recibió absolutamente ninguna aprobación de corazón o respaldo de los evangélicos. Por otro lado, desde la década de los sesenta, el crecimiento del movimiento carismático a través de todas las líneas denominacionales, el surgimiento de grupos de barrio para estudio bíblico y oración, y una (lamentable) disminución de la consciencia doctrinal entre los laicos, ha producido un asombroso aumento en la unidad real de la comunión; aun entre protestantes y católicos romanos, a nivel local.

---

[7] Ver la consideración de la cláusula *filioqué* en *Quién es Dios*, pp. 136-37.
[8] Comentario sobre 1Co 4:6.
[9] Comentario sobre Nm 12:1.

CÓMO ENTENDER LA IGLESIA

Aunque los párrafos previos hablan de separación en el sentido de (1) la formación de *organizaciones separadas*, hay otras dos clases, más severas, de separación que se deben mencionar: (2) «*no cooperación*»: en este caso una iglesia u organización cristiana rehúsa cooperar en actividades conjuntas con otras iglesias (actividades tales como campañas de evangelización, o cultos conjuntos de adoración, o reconocimiento mutuo de la ordenación). (3) «*no compañerismo personal*»: esto incluye evitar estrictamente y al extremo todo compañerismo personal con los miembros de otra iglesia, y prohíbe toda oración conjunta o estudio bíblico, y a veces incluso el contacto social ordinario, con miembros de otro grupo de otra iglesia. Consideraremos las razones posibles para estas clases de separación en la sección que sigue.

F. Razones de la separación

Al examinar los motivos que la gente ha tenido para la separación de la iglesia en toda la historia, y al comparar esos motivos con las exhortaciones del Nuevo Testamento de que procuremos tanto la unidad como la pureza de la iglesia visible, podemos hallar *razones tanto correctas como erradas para la separación*. Las razones erradas incluirían cosas tales como la ambición personal y el orgullo, o diferencias sobre doctrinas o prácticas menores (patrones doctrinales o de conducta que no afectarían ninguna otra doctrina y que no habrían tenido algún efecto significativo en la manera en que uno vive la vida cristiana).[10]

Por otro lado, hay algunas razones para la separación que podríamos considerar como correctas (o posiblemente correctas, dependiendo de las circunstancias específicas). En la mayoría de los casos estas razones brotarán de la necesidad de esforzarse por la pureza de la iglesia tanto como por su unidad. Estas razones para la separación se pueden considerar en tres categorías: (1) razones doctrinales, (2) razones de conciencia, y (3) consideraciones prácticas. En la sección que sigue menciono algunas situaciones en donde me parece que los creyentes *se verían precisados* a dejar una iglesia. Luego menciono algunas otras situaciones que me parecen menos claras, en los que algunos creyentes pueden pensar que es *sabio* dejar la iglesia, y otras que yo pensaría que son *no sabias*. En estos casos menos claros generalmente no he derivado ninguna conclusión, sino que sencillamente menciono las clases de factores que los creyentes querrán considerar.

1. Razones doctrinales. La necesidad de separarse puede surgir cuando la posición doctrinal de una iglesia se desvía de una manera seria de las normas bíblicas. Esta desviación puede ser en declaraciones oficiales o en creencia y práctica real, hasta donde se pueda determinar. Pero ¿cuándo una desviación doctrinal se vuelve tan seria que requiera separarse de una iglesia o formar una iglesia separada? Como hemos notado arriba, no hay mandamientos en el Nuevo Testamento para separarse de ninguna iglesia verdadera, en tanto y en cuanto ella siga siendo parte del cuerpo de Cristo. La respuesta de Pablo incluso para las personas en iglesias en error (incluso en iglesias como la de Corinto, que

---

[10]Ver capítulo 1, pp. 29-30, sobre las diferencias entre doctrinas principales y doctrinas menores.

toleraba serio error doctrinal y moral, y por un tiempo toleró a algunos que rechazaban la autoridad apostólica de Pablo) no es decirles a los creyentes fieles que se separen de esas iglesias, sino que amonesta a las iglesias, aboga por su arrepentimiento y ora por ellas. Por supuesto que hay mandatos para disciplinar a los que causan problemas dentro de la iglesia, a veces excluyéndolos de la comunión (1 Co 5:11-13; 2 Ts 3:14-15; Tit 3:10-11), pero no hay instrucciones de salir de la iglesia y causar división si no se puede aplicar eso de inmediato (ver Ap 2:14-16, 20-25; cf. Lc 9:50; 11:23).

Segunda de Juan 10-11, que prohíbe recibir a los falsos maestros, realiza la declaración tal vez más fuerte de todo el Nuevo Testamento: «no lo reciban en casa ni le den la bienvenida, pues quien le da la bienvenida se hace cómplice de sus malas obras». Pero se debe notar que tal visitante está enseñando una herejía seria en cuanto a la persona de Cristo, que impide a las personas tener fe que salva. (Juan está hablando de cualquiera que «no permanece en la enseñanza de Cristo» y «no tiene a Dios» [v. 9]). Todavía más, este versículo se refiere a los maestros falsos, y no a todos los individuos que sostienen creencias falsas, porque habla de alguien que viene a uno y «no lleva esta enseñanza» (v. 10; cf. v. 7: «Es que han salido por el mundo muchos engañadores que no reconocen que Jesucristo ha venido en cuerpo humano. El que así actúa es el engañador y el *anticristo*»). Juan incluso usa la palabra anticristo para tales maestros. Finalmente, la bienvenida que Juan tiene en mente se refiere bien sea a una bienvenida oficial de la iglesia o una que daría la apariencia de adopción de esta doctrina, porque la prohibición habla de alguien que *los visita y no lleva esta enseñanza* (v. 10), lo que sugiere que la persona que se considera es un maestro viajero que no viene a un lugar individual, sino que se dirige a la iglesia en su totalidad.[11]

Basándose en el principio de separación de los no creyentes o de errores fundamentales que incluyen la negación de la fe cristiana, parece que a los creyentes *se les requiere* considerar la doctrina como base para separarse de una iglesia y unirse o formar una nueva organización solo cuando el error doctrinal es tan serio y tan extendido que la iglesia madre *se ha convertido en una iglesia falsa* que ya no es parte del cuerpo de Cristo. Esto sería una iglesia que ya no es una comunión de verdaderos creyentes, ya no es parte verdadera del cuerpo de Cristo, ya no es un lugar en donde los que creen sus enseñanzas hallarían la salvación.[12] En caso de dejar una falsa iglesia, los que se separan afirmarían que en verdad no han *dejado* la iglesia verdadera, sino que ellos *son* la iglesia verdadera, y que la organización madre se ha alejado debido a su error. De hecho, Lutero y Calvino al final dijeron que la Iglesia Católica Romana no era una iglesia verdadera.

Sin embargo, incluso cuando la separación o salida no es absolutamente requerida, muchos creyentes pueden hallar que es *sabio* o *conveniente* separarse antes de que la iglesia se haya convertido en una iglesia falsa, sino cuando ocurre seria desviación doctrinal. Por ejemplo, algunos aducirían que la desviación doctrinal se ha vuelto intolerable cuando algún dirigente de la iglesia puede promover nociones heréticas sobre doctrinas principales (tales como la Trinidad, la persona de Cristo, la expiación, la resurrección, etc.) sin que se lo sujete a disciplina eclesiástica o exclusión de la comunión de la iglesia. En otros

---

[11] Ver la consideración en John Stott, *The Epistles of John*, TNTC (Tyndale Press, Londres, 1964), pp. 212–15.

[12] Después de decir que «las iglesias puristas bajo el cielo están sujetas tanto a mezcla como error», la Confesión de Fe de Westminster añade: «y algunas se han degenerado tanto, como para llegar a ser no iglesias de Cristo, sino sinagogas de Satanás» (25.5).

casos muchos dirían que la separación debe ocurrir cuando la iglesia como un cuerpo públicamente aprueba algún error serio doctrinal o moral (tal como adoptar un error doctrinal en un credo de la iglesia o declaración de fe). Sin embargo, otros creyentes no pensarían que la separación es sabia o conveniente en tales casos, sino que abogarían por obrar y esforzarse por el avivamiento y reforma dentro de la iglesia, y dar declaraciones públicas claras de desacuerdo con cualquier error doctrinal que haya sido tolerado. En tales casos, los que deciden quedarse y los que deciden salir deben reconocer que Dios puede llamar a creyentes diferentes a diferentes papeles y ministerios, y por consiguiente a decisiones diferentes, y haríamos bien en dar considerable libertad a otros para que busquen la sabiduría de Dios en tal caso y la obedezcan en sus propias vidas de la mejor forma que la entiendan.

2. Cuestiones de conciencia. En el aspecto de la conciencia, si el creyente no tiene libertad para predicar o enseñar según le dicta su conciencia, informada por las Escrituras, se podría pensar que la separación fue necesaria o por lo menos sabia. Pero aquí se requiere precaución y gran humildad: el juicio individual puede ser distorsionado, especialmente si no lo informa el consenso de creyentes fieles en toda la historia, y el consejo de creyentes al presente.

Todavía más, el mandamiento de 2 Corintios 6:14 de no formar yunta con los no creyentes podría también requerir que la persona se separe si la iglesia madre llega a estar tan dominada por los que no dan evidencia de fe salvadora que tal «formar yunta» no se podría evitar. En este pasaje la prohibición en contra de «formar yunta» con no creyentes prohíbe, no la mera asociación o incluso aceptación de ayuda (cf. Lc 9:50, también 3 Jn 7), sino más bien *el severo control sobre las actividades de uno y la pérdida de libertad para actuar en obediencia a Dios* por estas restricciones. Eso es lo que se implica en la metáfora de «formar yunta». Algunos también podrían hallar necesario, o por lo menos sabio, dejar una iglesia por razón de la conciencia si quedarse implicaría aprobación de alguna doctrina o práctica no bíblicas dentro de la iglesia, y por ello animaría a otros a seguir esa doctrina o práctica errada. Pero otros pensarían que es correcto quedarse en la iglesia y expresar su desaprobación de la doctrina defectuosa.

En otros casos, algunos han aducido que es preciso dejar una denominación cuando una autoridad gobernante más alta de esa denominación, a la que uno ha prometido obedecer, ordena una acción que es claramente pecado (es decir, una acción que es claramente contraria a la Biblia). En tal caso algunos dirían que salir de la dominación es la única manera de evitar bien sea incurrir en el pecado que se ordena o en el acto de pecado de desobediencia a los que están en autoridad. Pero esto no parece ser un requisito necesario, porque se podrían citar muchos pasajes bíblicos que muestran que la desobediencia a una autoridad más alta no es un error cuando lo que se ordena es pecar (ver Hch 5:29; Dn 3:18; 6:10), y que uno puede desobedecer pero continuar en la iglesia madre hasta que lo obliguen a salir.

3. Consideraciones prácticas. Los creyentes pueden decidir separarse de una iglesia madre si, después de considerarlo en oración, les parece que quedarse en la iglesia madre probablemente resultará en más daño que bien. Esto podría ser debido a que la obra del Señor se frustraría y sería ineficaz debido a *la oposición* a ella desde dentro de la iglesia madre, o debido a que hallarían poca o ninguna comunión con otros en esa iglesia. Es más, algunos pueden llegar a la conclusión de que quedarse en la iglesia haría daño a la fe de otros creyentes o estorbaría que los no creyentes venir a la fe verdadera debido a su permanencia en la iglesia madre parecería implicar aprobación de la enseñanza falsa. De nuevo, los creyentes pueden hallarse en situaciones en las que han orado y se han esforzado por el cambio por algún tiempo, pero parece que no hay ninguna esperanza razonable de cambio en la iglesia madre, tal vez porque el grupo actual de liderazgo se resiste a la corrección de las Escrituras, está firmemente atrincherado, y se perpetúa a sí mismo. En todas estas situaciones se requerirá mucha oración y juicio maduro, porque retirarse de una iglesia, especialmente por parte de aquellos que han estado allí un largo tiempo o tienen funciones establecidas de liderazgo en la iglesia, es una acción seria.

4. ¿Hay ocasiones cuando se prohíbe la cooperación y comunión personal? Finalmente, ¿cuándo deben los creyentes dar pasos más fuertes que los mencionados arriba y participar en la clase de separación que anteriormente llamamos «no cooperación» o «no comunión personal»? Los pasajes bíblicos que hemos visto parecen exigir que los creyentes practiquen «no cooperación» en ciertas actividades con otro grupo solo cuando el otro grupo es no creyente, y entonces, parece, solo cuando el grupo no creyente participa del control de la actividad (esto se implica en la metáfora de estar «formando yunta» en 2 Co 6:14). Por supuesto, tal vez se halle que no es sabio o conveniente en otros terrenos decidir no cooperar en una función en particular, pero no parece que se requiere la no cooperación excepto cuando el otro grupo es no creyente. Por cierto, la oposición a actividades tales como campañas de evangelización de parte de otros creyentes verdaderos la verían los autores del Nuevo Testamento como disensión y falta de demostrar la unidad del cuerpo de Cristo.[13]

La tercera clase y más extrema de separación, el evitar toda comunión personal con los miembros de otro grupo entero, nunca se ordena en el Nuevo Testamento. Tal medida extrema de «no comunión» solo se implica en casos serios de disciplina eclesiástica de individuos, y no en caso de diferencias con iglesias enteras.

PREGUNTAS PARA APLICACIÓN PERSONAL

1. ¿En qué aspectos es su iglesia «más pura»? ¿En qué aspectos piensa usted que es «menos pura»?
2. En una escala de 1 a 10 (siendo 1 menos pura y 10 más pura), ¿en qué punto catalogaría usted a su iglesia en cada una de las categorías que marcan una iglesia más pura?

---

[13]Los autores del Nuevo Testamento probablemente también juzgarían trágico que la mayoría de divisiones entre protestantes han resultado o se han mantenido hoy debido a diferencias sobre las doctrinas que reciben el menor énfasis y que menos claramente enseña el Nuevo Testamento, tales como la forma de gobierno de la iglesia, la naturaleza exacta de la presencia de Cristo en la Cena del Señor, los detalles de los tiempos del fin. (Muchos querrán añadir a esta lista diferencias en cuanto a los candidatos apropiados para el bautismo).

3. ¿Qué piensa usted que debería estar haciendo a fin de procurar una mayor pureza en su propia iglesia? ¿Significa el hecho de que usted reconoce una necesidad específica en la iglesia que Dios lo está llamando a usted (en lugar de a algún otro) para atender esa necesidad?

4. ¿Conoce usted otras iglesias en su área que consideraría más puras que la suya? ¿Por qué razones pensaría usted que es correcto quedarse en su propia iglesia aunque tal vez no sea la más pura que conoce?

5. ¿Hay marcas de una iglesia más pura que los evangélicos en general de este siglo han dejado por negligencia de recalcar?

6. ¿Piensa usted que desde el primer siglo la iglesia cristiana continuamente ha aumentado en pureza con el tiempo? ¿Puede dar razones específicas en respaldo a su respuesta?

7. Durante su vida, ¿qué señales alentadoras ve de que la iglesia está aumentando en pureza? ¿Qué señales ve usted de que la iglesia está aumentando en unidad?

8. A su modo de pensar, ¿de qué maneras su propia iglesia local podría crecer en unidad entre sus miembros?

9. ¿De qué maneras podría su iglesia demostrar mayor unidad con otras verdaderas iglesias en la misma región geográfica? A su modo de pensar, ¿cuáles son las barreras a esa unidad (si hay alguna)? ¿De qué manera se podría expresar esa unidad? ¿Cuáles podrían ser los beneficios de tales expresiones de unidad?

10. ¿Está usted en una iglesia en donde se ha preguntado si Dios a lo mejor quiere que salga y se vaya a otra iglesia? Después de leer este capítulo, ¿piensa usted que debería quedarse en su iglesia presente o dejarla? ¿Ha habido algún cambio significativo de mejora en su iglesia en los últimos diez años? Si usted supiera que la iglesia va a seguir sustancialmente igual por los próximos diez años, ¿decidiría quedarse o dejarla ahora?

11. ¿Cuáles son algunas maneras en que la unidad mundial de los verdaderos creyentes ya se expresa y demuestra? ¿Cómo se vería la iglesia de todo el mundo si hubiera una mayor demostración de unidad de la iglesia? ¿Cuál sería el resultado en el mundo?

12. Si una comunidad ya tiene varias iglesias activas y efectivamente evangélicas, ¿hay alguna justificación para que otra denominación evangélica intente iniciar su propia iglesia en esa comunidad?

13. ¿Piensa usted que estorba la evangelización y el testimonio a la sociedad en general cuando la cultura popular piensa de iglesias no creyentes o falsas y de iglesias creyentes como igualmente «cristianas»? ¿Se puede hacer algo para cambiar esta impresión?

14. ¿Cuáles clases de unidad y cooperación se pueden apropiadamente demostrar con los creyentes dentro de la Iglesia Católica Romana hoy? ¿Cuáles son los límites para tal cooperación?

CAPÍTULO 3 · LA PUREZA Y UNIDAD DE LA IGLESIA

TÉRMINOS ESPECIALES

iglesia occidental
iglesia oriental
pureza de la iglesia
separación
unidad de la iglesia

BIBLIOGRAFÍA

Bromiley, G. W. «Unity». En *EDT*, pp. 1127–28.
Carson, Donald A. «Evangelicals, Ecumenism and the Church» en *Evangelical Affirmations*. Ed. por Kenneth S. Kantzer y Carl F. H. Henry. Zondervan, Grand Rapids, 1990, pp. 347–85.
Puritan and Reformed Studies Conference. *Approaches to Reformation of the Church*. Revista *The Evangelical*, Londres, 1965. Contiene ensayos de D. W. Marshall, D. P. *Kingdon*, J. I. Packer, G. S. R. Cox, S. M. Houghton, y D. M. Lloyd-Jones.

PASAJE BÍBLICO PARA MEMORIZAR

Efesios 4:14-16: *Así ya no seremos niños, zarandeados por las olas y llevados de aquí para allá por todo viento de enseñanza y por la astucia y los artificios de quienes emplean artimañas engañosas. Más bien, al vivir la verdad con amor, creceremos hasta ser en todo como aquel que es la cabeza, es decir, Cristo. Por su acción todo el cuerpo crece y se edifica en amor, sostenido y ajustado por todos los ligamentos, según la actividad propia de cada miembro.*

HIMNO

«Sagrado es el amor»

Este himno habla de la unidad que une los corazones de los creyentes en amor. Habla de la comunión que ese amor produce. También el himno habla en su última estrofa de nuestra esperanza que un día nos unirá por la eternidad en el cielo.

> 1. Sagrado es el amor que nos ha unido aquí,
> A los que creemos del Señor la voz que llama así.
>
> 2. A nuestro Padre, Dios, rogamos con fervor,
> Alúmbrenos la misma luz, nos una el mismo amor.
>
> 3. Nos vamos a ausentar, más nuestra firme unión
> Jamás podráse quebrantar por la separación.
>
> 4. Un día en la eternidad nos hemos de reunir;
> Que Dios nos lo conceda, hará el férvido pedir.

AUTOR: JOHN FAWCETT, ES TRAD.
(TOMADO DE HIMNOS DE FE Y ALABANZA #32)

Capítulo 4

EL PODER DE LA IGLESIA

¿Qué clase de autoridad tiene la iglesia?
¿Cómo debe funcionar la disciplina eclesiástica?

EXPLICACIÓN Y BASE BÍBLICA

Cuando miramos a los poderosos gobiernos del mundo y otras organizaciones de negocios o educativas que tienen gran influencia, y luego consideramos nuestras iglesias locales, o incluso nuestras sedes denominacionales, la iglesia puede parecernos débil e ineficaz. Es más, cuando reconocemos el rápido crecimiento del mal que se ve diariamente en nuestra sociedad, tal vez nos preguntemos si la iglesia tiene poder para hacer algún cambio.

Por otro lado, en algunos países la iglesia oficialmente reconocida tiene gran influencia en la conducción de asuntos nacionales. Esto fue ciertamente verdad de la influencia de la Iglesia Católica Romana en tiempos anteriores en algunos países del sur de Europa y de América Latina (y todavía lo es hasta cierto punto). Fue así en la iglesia de Inglaterra en siglos previos, y en la iglesia de Juan Calvino en Ginebra, Suiza, mientras él vivía, y en la iglesia fundada por los peregrinos en la colonia de la bahía de Massachusetts en 1620. Situaciones como estas en donde la iglesia parece tener gran influencia nos hacen preguntar si la Biblia pone alguna limitación al poder de la iglesia.

Podemos definir el poder de la iglesia como sigue: *el poder de la iglesia es la autoridad que Dios le ha dado para desempeñar guerra espiritual, proclamar el evangelio y ejercer disciplina eclesiástica.*

Aunque estos tres aspectos se superponen y se los podría considerar en cualquier orden, puesto que la categoría de «guerra espiritual» es la categoría más amplia se la tratará primero. Esta perspectiva del poder de la iglesia también nos recuerda que dicho poder, a diferencia de la influencia que ejercen ejércitos y gobiernos humanos, afecta directamente al ámbito espiritual.

CAPÍTULO 4 · EL PODER DE LA IGLESIA

A. Guerra espiritual

Pablo les recuerda a los corintios: «Pues aunque vivimos en el mundo, no libramos batallas como lo hace el mundo. *Las armas con que luchamos no son del mundo, sino que tienen el poder divino para derribar fortalezas*» (2 Co 10:3-4). Estas armas, usadas contra las fuerzas demoníacas que estorban el esparcimiento del evangelio y el progreso de la iglesia, incluyen cosas tales como la oración, la adoración, la autoridad de reprender a las fuerzas demónicas, las palabras de la Biblia, la fe y la conducta justa de parte de los miembros de la iglesia. (Pablo da en Ef 6:10-18 más detalles en cuanto a nuestro conflicto espiritual y la armadura que llevamos para el mismo).

Cuando consideramos este poder espiritual en un sentido amplio, ciertamente incluye el poder del evangelio para abrirse paso entre el pecado y la dura oposición, y despertar fe en los corazones de los no creyentes (ver Ro 10:17; Stg 1:18; 1 P 1:23). Pero este poder también incluye poder espiritual que dejará inefectiva la oposición demónica al evangelio. Vemos ejemplos de esto en Hch 13:8-11, en donde Pablo pronunció juicio sobre el mago Elimas, que se oponía a la predicación del evangelio, y en Hch 16:16-18, en donde Pablo reprendió a un espíritu demónico en la muchacha adivina que fastidiaba a Pablo mientras él predicaba el evangelio.[1] Tal poder espiritual para derrotar a la oposición del mal se veía con frecuencia en la iglesia primitiva, como cuando Pedro fue librado de la cárcel (Hch 12:1-17), y tal vez en el juicio subsiguiente del rey Herodes Agripa (Hch 12:20-24).[2]

Sin embargo, Pablo se da cuenta de que puede usar este poder espiritual no solo contra los que están fuera de la iglesia que se oponen al evangelio, sino también contra los que están dentro y se oponen activamente a su ministerio apostólico. Dice en cuanto a algunos arrogantes buscapleitos de la iglesia: «Lo cierto es que, si Dios quiere, iré a visitarlos muy pronto, y ya veremos no solo cómo hablan sino cuánto poder tienen esos presumidos. Porque el reino de Dios no es cuestión de palabras sino de poder» (1 Co 4:19-20). Tal poder no es cuestión de juego, porque fue el mismo poder del Espíritu Santo que dio muerte a Ananías y Safira (Hch 5:1-11) y dejó ciego a Elimas (Hch 13:8-11). Pablo no quería usar este poder en una capacidad de juicio, pero estaba preparado para hacerlo si fuera necesario. Más tarde escribió de nuevo a los corintios que sus acciones cuando estuviera presente serían tan poderosas como sus cartas cuando estaba ausente (2 Co 10:8-11), y advirtió a los que se oponían a su autoridad y habían pecado públicamente y no se arrepentían: «Cuando vuelva a verlos, no seré indulgente con los que antes pecaron ni con ningún otro, ya que están exigiendo una prueba de que Cristo habla por medio de mí [...] De igual manera, nosotros participamos de su debilidad, pero por el poder de Dios viviremos con Cristo para ustedes» (2 Co 13:2-4). Luego añade un recordatorio final de su renuencia a usar esta autoridad, diciéndoles que les escribe antes de ir «para que cuando

---

[1] Jesús a menudo reprendió a espíritus demónicos que creaban disturbios cuando él ministraba a las personas; ver Mr 1:23-26; 5:1-13; et al.

[2] El texto no especifica que la muerte de Herodes estuviera de alguna manera conectada con la «oración constante y ferviente» (Hch 12:5) que la iglesia elevó por Pedro, pero el hecho de que la narración en cuanto a la muerte de Herodes viene de inmediato después del relato de que él mató a espada a Santiago, el hermano de Juan, y de que puso a Pedro en la cárcel ciertamente es un indicio del hecho de que Dios quería esto como juicio sobre uno de los enemigos primordiales de la iglesia, mostrando que ninguna oposición puede levantarse en contra del progreso del evangelio. Este entendimiento lo respalda el hecho de que la afirmación que sigue de inmediato a la narración de la muerte de Herodes es: «Pero la palabra de Dios seguía extendiéndose y difundiéndose» (Hch 12:24).

vaya no tenga que ser severo en el uso de mi autoridad, la cual el Señor me ha dado para edificación y no para destrucción» (2 Co 13:10).

Ahora podemos preguntar si la iglesia hoy tiene el mismo grado de poder espiritual que tuvieron los apóstoles Pedro o Pablo. Ciertamente hay una distinción entre los apóstoles y otros creyentes iniciales incluso en el libro de Hechos (nótese que inmediatamente después de la muerte de Ananías y Safira «por medio de los apóstoles ocurrían muchas señales y prodigios entre el pueblo», pero «nadie entre el pueblo se atrevía a juntarse con ellos, aunque los elogiaban», Hch 5:12-13). Es más, Pablo no instruyó a ningún dirigente de la iglesia de Corinto, y ni siquiera a Timoteo o a Tito, a ejercer ese poder espiritual en Corinto contra sus opositores. Habló de tal poder que el Señor «*me* ha dado» (2 Co 13:10), no del poder que el Señor le había dado a la iglesia o a los creyentes en general.

Por otro lado, Pablo en efecto dirige a la iglesia de Corinto a ejercer disciplina eclesiástica en un caso de incesto, y a hacerlo «Cuando se reúnan en el nombre de nuestro Señor Jesús, y con su poder yo los acompañe en espíritu» (1 Co 5:4). Es más, las descripciones de la guerra espiritual en Efesios 6:10-18 y 2 Corintios 10:3-4 parecen aplicables a los creyentes en general, y pocos hoy negarían que la iglesia tiene autoridad para orar en contra y hablar con autoridad contra la oposición demónica a la obra del evangelio.[3] Así que parecería haber por lo menos algún grado significativo de poder espiritual contra la oposición del mal que Dios está dispuesto a conceder a la iglesia en toda edad (incluyendo la presente). Tal vez es imposible definir más específicamente el grado de poder espiritual que Dios le concederá a la iglesia en tiempos de conflictos contra el mal, pero no necesitamos saber los detalles de antemano; nuestro llamamiento es simplemente ser fieles a la Biblia en la oración y al ejercer la disciplina eclesiástica, y entonces dejar el resto en las manos de Dios, sabiendo que él concederá suficiente poder para realizar sus propósitos mediante la iglesia.

B. Las llaves del reino

La frase «las llaves del reino» aparece solo una vez en la Biblia, en Mateo 16:19, en donde Jesús le habla a Pedro: «Te daré las llaves del reino de los cielos; todo lo que ates en la tierra quedará atado en el cielo, y todo lo que desates en la tierra quedará desatado en el cielo». ¿Cuál es el significado de estas «llaves del reino de los cielos»?[4]

En otras partes del Nuevo Testamento una llave siempre implica *autoridad para abrir una puerta y dar entrada a un lugar o ámbito*. Jesús dice: «¡Ay de ustedes, expertos en la ley!, porque se han adueñado de la llave del conocimiento. Ustedes mismos no han entrado, y a los que querían entrar les han cerrado el paso» (Lc 11:52). Es más, Jesús dice en Apocalipsis 1:18: «Tengo las llaves de la muerte y del infierno», implicando que él tiene la autoridad para conceder entrada y salida de esos ámbitos (cf. también Ap 3:7; 9:1; 20:1; y también la predicción mesiánica en Is 22:22).

---

[3] Ver *Quién es Dios*, pp. 310-325, sobre el conflicto con las fuerzas demónicas en general, y p. 439 sobre el asunto de *guerra espiritual a nivel estratégico*.

[4] El resto de esta sección que considera las llaves del reino de los cielos es adaptado del artículo «Keys of the Kingdom», por Wayne Grudem, en *EDT*, pp. 604-5, y se usa aquí con permiso.

CAPÍTULO 4 · EL PODER DE LA IGLESIA

Las «llaves del reino de los cielos» por consiguiente representa por lo menos autoridad para predicar el evangelio de Cristo (cf. Mt 16:16) y así abrir la puerta del reino de los cielos y permitir que la gente entre.

Pedro usó primero esta autoridad al predicar el evangelio en Pentecostés (Hch 2:14-42). Pero a los otros apóstoles también se les dio esta autoridad en un sentido primario (escribieron el evangelio en forma permanente en el Nuevo Testamento). Y todos los creyentes tienen esta «llave» en un sentido secundario, porque todos pueden proclamar el evangelio a otros, y por ello abrir el reino de los cielos a los que entrarán.

Pero ¿hay otra autoridad, además de esta, que Jesús implica con la frase «las llaves del reino de los cielos»? Hay dos factores que sugieren que la autoridad de las llaves aquí también incluye *la autoridad de ejercer disciplina dentro de la iglesia*: (1) el plural «llaves» sugiere autoridad sobre más de una puerta. Así, se implica algo más que simplemente entrada al reino; también se sugiere alguna autoridad *dentro* del reino. (2) Jesús completa la promesa en cuanto a las llaves con la afirmación de «atar» y «desatar», que es un paralelo cercano a otro dicho suyo en Mateo 18, en el cual «atar» y «desatar» significa poner bajo disciplina eclesiástica y libertar de la disciplina eclesiástica:

> Si se niega a hacerles caso a ellos, díselo a la iglesia; y si incluso a la iglesia no le hace caso, trátalo como si fuera un incrédulo o un renegado. Les aseguro que todo lo que ustedes *aten* en la tierra quedará *atado* en el cielo, y todo lo que *desaten* en la tierra quedará *desatado* en el cielo. (Mt 18:17-18)

Pero si «atar» y «desatar» claramente se refiere a la disciplina eclesiástica en Mateo 18, entonces parece probable que también debe referirse a la disciplina eclesiástica en Mateo 16, en donde las palabras de Jesús son muy similares.[5] Este concepto de atar y desatar en términos de disciplina eclesiástica también encaja en el contexto de Mateo 16:19, porque, según esta forma de entenderlo, después de prometer edificar su iglesia (v. 18), Jesús promete dar no solo la autoridad de abrir la puerta de la entrada al reino, sino también alguna autoridad administrativa para regular la conducta de las personas una vez que estén dentro.[6] Por consiguiente, parece que «las llaves del reino de los cielos» que Jesús le prometió a Pedro en Mateo 16:19 incluyen (1) la capacidad de admitir personas al reino por la predicación del evangelio, y (2) autoridad para ejercer disciplina eclesiástica para los que en efecto entran.

En Mateo 16:16-19 Jesús no indica si la autoridad de las llaves será más adelante dada a otros además de Pedro. Pero ciertamente la autoridad de predicar el evangelio es dada a otros en un tiempo posterior, y en Mateo 18:18 Jesús no indica explícitamente que la

---

[5] La afirmación de Mt 16:19 usa pronombres en singular para «todo lo que» y «tú» (refiriéndose a Pedro), en tanto que Mt 18:18 usa plural (refiriéndose a los creyentes en general), pero las mismas palabras griegas se usan para «atar» (*deo*) y «desatar» (*luo*), y la construcción gramatical (futuro perfecto perifrástico) es la misma.

[6] Algunos han argumentado que *atar* y *desatar* no se refiere a acciones de disciplina eclesiástica, sino a una autoridad que hace varias reglas de conducta, porque en la literatura rabínica que viene de maestros judíos alrededor del tiempo de Jesús las palabras atar y desatar a veces se usan para prohibir y permitir varias clases de conducta. Pero esta interpretación no parece convincente, porque estas afirmaciones rabínicas son un paralelo mucho más distante que la declaración de Jesús mismo en Mt 18:18, en donde claramente se tiene en mente la disciplina eclesiástica. Todavía más, es difícil saber si alguno de los textos rabínicos es anterior al tiempo del Nuevo Testamento, o mostrar que tales palabras han funcionado como términos técnicos en el vocabulario ordinario de Jesús y sus oyentes; es más, Mt 18:18 muestra que no funcionaban como términos técnicos de esa manera, porque más bien se los usa para referirse a la disciplina eclesiástica en ese versículo.

autoridad de ejercer disciplina eclesiástica es dada a la iglesia en general cuando se reúne y corporativamente aplica tal disciplina («díselo a la iglesia», Mt 18:17). Así, ambos aspectos de la autoridad de las llaves, aunque primero se la da a Pedro, pronto se expandió para incluir la autoridad dada a la iglesia como un todo. Al predicar el evangelio y al ejercer la disciplina la iglesia ahora ejerce la autoridad de las llaves del reino.

¿Qué personas o acciones están sujetas a la clase de disciplina eclesiástica implicada por la autoridad de las llaves? Tanto en Mateo 16:19 como en 18:18 el término «todo lo que» es neutro en griego, y parece indicar que Jesús está hablando no específicamente a *personas* («todo el que», para lo que ordinariamente se esperaría un plural masculino), sino más bien a *situaciones* y *relaciones* que surgen dentro de la iglesia. Esto no excluiría la autoridad de ejercer disciplina sobre individuos, pero la frase es más amplia que eso, e incluye acciones específicas que están sujetas también a la disciplina.

Sin embargo, la autoridad de las llaves con respecto a la disciplina eclesiástica no es completamente ilimitada. Será efectiva solo contra el verdadero pecado (cf. Mt 18:15), pecado según lo define la palabra de Dios. La iglesia no tiene autoridad propia para legislar lo que es moralmente bueno o malo en un sentido absoluto, porque la autoridad para definir el bien y el mal le pertenece solo a Dios (ver Ro 1:32; 2:16; 3:4-8; 9:20; Sal 119:89, 142, 160; Mt 5:18). La iglesia puede solo declarar y enseñar lo que Dios ya ha ordenado en su palabra. Tampoco la autoridad de las llaves puede incluir autoridad para perdonar pecados en un sentido absoluto, porque la Biblia es clara en que eso solo puede hacerlo Dios mismo (Is 43:25; 55:7; Mr 2:7, 10; Sal 103:3; 1 Jn 1:9).[7] Por consiguiente, la autoridad para aplicar la disciplina en la iglesia es una autoridad que se debe desempeñar de acuerdo a las normas de las Escrituras.

¿Es posible ser más específico en cuanto a la clase de autoridad espiritual que va incluida en el uso de las llaves del reino de los cielos? Tanto Mateo 16:19 como 18:18 usan una construcción verbal griega inusual (un futuro perfecto perifrástico). Lo traduce mejor la RVR 1960: «Todo lo que atéis en la tierra, *será atado* en el cielo; y todo lo que desatéis en la tierra, *será desatado* en el cielo».[8] Varios otros ejemplos de esta construcción muestran que indica no simplemente una acción futura («será atado»), para lo cual tenía a su disposición un tiempo griego común (futuro pasivo), sino más bien *una acción que quedaría completa antes de algún punto en el futuro* con efectos que continuarían sintiéndose.[9] De este modo, Jesús está enseñando que la disciplina eclesiástica tendrá sanción celestial. Pero no es que la iglesia deba esperar a que Dios apoye sus acciones después de que la acción ha tenido lugar. Más bien, siempre que la iglesia *aplica la disciplina* puede tener la confianza de que Dios ya ha empezado el proceso espiritualmente. Siempre, cuando la iglesia *libra de la disciplina* y perdona pecado, y restaura las relaciones personales, puede tener la confianza de que Dios ya ha empezado la restauración espiritualmente (cf. Jn 20:23). De esta manera, Jesús promete que la relación espiritual entre Dios y la persona sujeta a la disciplina será afectada de inmediato de maneras consistentes con la dirección de la acción

---

[7]En Jn 20:23, el perdón de pecados por parte de los discípulos se entiende mejor como libertad de la disciplina eclesiástica y la restauración de relaciones personales en un sentido similar a «desatar» de Mt 16:19 y 18:18.

[8]Ver la explicación gramatical en el comentario de D. A. Carson sobre mateo en *The Expositors' Bible Commentary*, pp. 370–72.

[9]Ver ejemplos en Lc 12:52; Gn 43:9; 44:32; Éx 12:6; *Sirac* 7:25; Hermas, *Similitudes* 5.4.2; *Letter of Aristeas* 40.

CAPÍTULO 4 · EL PODER DE LA IGLESIA

disciplinaria de la iglesia. La disciplina eclesiástica legítima, por consiguiente, incluye la certeza asombrosa de que ya ha empezado una disciplina celestial correspondiente.

Todavía más, esta enseñanza del poder de las llaves tiene una aplicación significativa a los creyentes individuales que empiezan a estar sujetos a la disciplina de una verdadera iglesia: los creyentes deben someterse a esta disciplina y no huir de ella, porque Dios mismo también los ha puesto bajo disciplina por ese pecado.

C. El poder de la iglesia y el poder del estado

Las secciones previas han considerado el poder espiritual y la guerra espiritual que debe ejercer la iglesia. Pero, ¿debe la iglesia usar alguna vez fuerza física (armas y ejércitos, por ejemplo) para realizar su misión? La frase que comúnmente se usa para referirse a la idea de guerra física o del mundo es «tomar la espada».

Hay varias indicaciones en la Biblia de que la iglesia nunca debe tomar la espada para realizar sus propósitos en la era del nuevo pacto. Este fue un error horroroso que se cometió en las Cruzadas, cuando ejércitos patrocinados por la Iglesia marcharon por Europa y Asia intentando reclamar la tierra de Israel. En estos casos la iglesia estaba tratando de usar la fuerza física para lograr triunfos sobre territorios terrenales. Pero Jesús dijo: «*Mi reino no es de este mundo* [...] Si lo fuera, mis propios guardias pelearían» (Jn 18:36). La iglesia tiene el poder de las llaves, que es poder espiritual. Debe participar en las batallas espirituales usando armas espirituales, pero no debe usar el poder de la espada para realizar sus propósitos. «Las armas con que luchamos no son del mundo» (2 Co 10:4).

Dios en efecto le da *al gobierno civil* el derecho de llevar la espada, es decir, de usar la fuerza para castigar el mal en el mundo (Ro 13:1-7). Pero no hay indicación de que el poder del gobierno se deba usar para obligar a alguna persona a adherirse al cristianismo.[10] Es más, hay varias indicaciones de que Jesús rehusó usar el poder de la fuerza física para obligar a las personas a aceptar el evangelio. Por ejemplo, cuando la ciudad de los samaritanos no quiso recibir a Jesús, Jacobo y Juan le preguntaron: «Señor, ¿quieres que hagamos caer fuego del cielo para que los destruya?» (Lc 9:54). Pero Jesús «los reprendió» (v. 55) incluso por hacer tal sugerencia.

Jesús vino la primera vez para ofrecer el evangelio a todos los que lo recibirían, no para aplicar castigo a los que lo rechazaban. Por eso pudo decir: «Dios no envió a su Hijo al mundo para condenar al mundo, sino para salvarlo por medio de él» (Jn 3:17). Un día vendrá de nuevo en juicio, al fin de la edad de la iglesia, pero durante esta edad no es prerrogativa de la iglesia usar la fuerza física para aplicar castigo.

Jesús claramente hizo una distinción entre la autoridad concedida al gobierno y la autoridad que Dios ejerce en nuestra lealtad personal a él cuando dijo: «Entonces denle al césar lo que es del césar y a Dios lo que es de Dios» (Mt 22:21). Y aunque Jesús reconoció la autoridad del gobierno civil, rehusó usurpar para sí mismo esa autoridad, diciéndole a alguien: «Hombre [...] ¿quién me nombró a mí juez o árbitro entre ustedes?» con respecto a un asunto de una herencia familiar (Lc 12:13-14).

---

[10] Edmund Clowney correctamente observa: «No debemos suponer que Cristo les negó a los apóstoles el derecho de traer su reino con la espada, pero le concedió ese derecho a Pilato» («The Biblical Theology of the Church», en *The Church in the Bible and the World*, ed. por D. A. Carson [Paternoster, Exeter, y Baker, Grand Rapids, 1987], p. 33).

Otra razón por la que el gobierno no debe usar la fuerza para exigir adherencia al cristianismo es que en el nuevo pacto, la membresía en la iglesia y lealtad a Cristo deben ser voluntarias. No la puede obligar ni la familia ni el estado. Es más, la fe en Cristo, para que sea sostenida y practicada verdaderamente, no puede ser impuesta por la fuerza. Si es impuesta, cambiar su calidad esencial y ya no es un acto voluntario del individuo, y no puede ser fe verdadera.

De esto también se sigue que *el gobierno civil no debe imponer leyes que exijan o prohíban algún tipo de doctrina de la iglesia, o limitando la libertad de las personas para adorar como prefieran*. Por otro lado, la iglesia no gobierna ni debe gobernar sobre el estado, como si fuera algún tipo de autoridad más alta sobre el estado; porque no lo es. Más bien, la autoridad de la iglesia y la del estado pertenecen a esferas distintas (Mt 22:21; Jn 18:36; 2 Co 10:3-4), y cada uno debe respetar la autoridad que Dios le ha dado al otro en su propia esfera de operación.

Estas limitaciones de las actividades de la iglesia y del estado son diferentes de la práctica de la Iglesia Católica Romana durante gran parte de la Edad Media, en donde a menudo la iglesia tenía más poder que el gobierno civil. Estos principios también difieren de la práctica de la iglesia de Inglaterra, que está sujeta a la autoridad de la reina y del parlamento en el nombramiento de obispos y cualquier cambio en normas doctrinales. El no respetar los distintos papeles de la iglesia y del estado se ve en muchas naciones católicas romanas hoy, en donde la iglesia todavía tiene una fuerte influencia el gobierno, y en la membresía obligatoria en las iglesias protestantes auspiciadas por el estado en el norte de Europa después de la Reforma, situación que causó que muchos inmigrantes huyan a los Estados Unidos buscando libertad de religión.

Sin embargo, se debe decir que el grado de religión impuesta por el estado en países protestantes o católicos romanos es leve comparado con la religión auspiciada por el estado e impuesta por el mismo en las naciones musulmanas hoy, y en muchas naciones hindúes y budistas por igual. Es más, es difícil hallar genuina libertad de religión aparte de la fuerte influencia del cristianismo evangélico saludable en alguna nación alrededor del mundo (excepto en donde varias religiones son tan débiles o tan parejamente balanceadas que ninguna tiene poder político dominante). Siempre que los creyentes se involucran en el ámbito político, deben claramente afirmar la libertad de religión como póliza política que no es negociable, y deben estar dispuestos a defender por igual esa libertad para otras religiones aparte de la propia. La fe cristiana puede pararse en sus propios pies y competir muy bien en el intercambio de ideas en cualquier sociedad y en cualquier cultura, siempre y cuando tenga la libertad para hacerlo.

Finalmente, lo que se ha dicho arriba no se debe malentender como prohibición en contra de los creyentes que intentan dar influencia moral positiva en el gobierno o intentan persuadir a los gobiernos a dictar leyes consistentes con las normas bíblicas de moralidad. Está bien que los creyentes intenten persuadir a los gobiernos a que dicten leyes que protejan a las familias y la propiedad privada, y la vida de los seres humanos; leyes que a la vez prohíban y castiguen el homicidio, el adulterio, el robo y la ruptura de contratos (cosas que violan los Diez Mandamientos), así como también que prohíban la práctica homosexual, la borrachera, el abuso de drogas, aborto, y otras cosas que son incongruentes con las normas bíblicas de moralidad. Estas cosas son muy diferentes a exigir creencia en cierto tipo de doctrina de iglesia o convicción teológica, o de exigir que las personas asistan a cierto tipo de iglesias o cultos de adoración. Esto último es claramente actividades «religiosas» en el sentido estrecho en que pertenecen a nuestra relación con Dios y nuestras creencias en cuanto a él.[11] Los gobiernos también deben abstenerse de dictar leyes en cuanto a estas cosas.

D. Disciplina eclesiástica

Puesto que la disciplina eclesiástica es un aspecto del uso del poder de la iglesia, es apropiado aquí dar alguna consideración a los principios bíblicos pertinentes a la práctica de la disciplina eclesiástica.

1. Propósito de la disciplina eclesiástica.

a. *Restauración* y *reconciliación* del creyente que se ha descarriado: el pecado estorba la comunión entre creyentes y con Dios. A fin de que haya reconciliación, hay que lidiar con el pecado. Por consiguiente, el propósito primario de la disciplina eclesiástica es procurar el objetivo doble de *restauración* (del ofensor a la conducta apropiada) y *reconciliación* (entre creyentes, y con Dios).[12] Así como los padres sabios disciplinan a sus hijos (Pr 13:24: «amarlo [al hijo] es disciplinarlo»), y así como Dios nuestro Padre disciplina a los que ama (Heb 12:6; Ap 3:19), así la iglesia en su disciplina está actuando en amor para traer de regreso al hermano o hermana que se ha descarriado, restableciendo a la persona a la comunión correcta y rescatándola de los patrones destructivos de vida. En Mateo 18:15 la esperanza es que la disciplina se detendrá en el primer paso, cuando alguien va solo: «Si te hace caso, has ganado a tu hermano». La frase «has ganado a tu hermano» implica que los que aplican la disciplina deben tener siempre en mente la meta de reconciliación personal entre creyentes. Pablo nos recuerda que debemos «restaurar» al hermano o hermana que peca «con una actitud humilde» (Gá 6:1), y Santiago nos anima a «hace[r] volver a un pecador de su extravío» (Stg 5:20).

Es más, si los miembros de la iglesia participaran activamente en dar palabras privadas de amonestación gentil y en oración unos por otros cuando se ve la primera evidencia clara de conducta de pecado, muy poca disciplina eclesiástica formal habría que aplicar, porque el proceso empezaría y terminaría con una conversación entre dos personas y nunca llegaría a saberlo nadie más.

---

[11]El hecho de que los creyentes deben tratar de influir en el gobierno para dictar leyes coherentes con las normas bíblicas se indica en pasajes tales como Mt 6:10; 14:4; Hch 24:25; y 1Ti 2:1-4. Podemos esperar que las normas morales de la Biblia también con el tiempo ganarán consentimiento general de la mayoría de personas en una sociedad dada, puesto que esas normas morales también han sido inscritas en sus corazones y por consiguiente tienen un testimonio en sus conciencias de que son correctas (ver Ro 2:14-15). Esto también se aplica en el hecho de que Dios considera a todas las sociedades y culturas responsables en cuanto a obedecer sus normas morales, y a menudo en el Antiguo Testamento los profetas de Dios pronunciaron juicio no solo sobre el pueblo de Israel sino también contra las sociedades paganas y morales, aunque ellas no tuvieran escrita las leyes de Dios (ver Dt 9:5; Is 13–23; Ez 25–32; Dn 4:27; Am 1–2; Abdías [que escribe a Edom]; Jonás [que profetizó a Nínive]; Nahum [que profetizó a Nínive]; Hab 2; Sof 2). Es más, es Dios quien envía a los gobiernos civiles «para castigar a los que hacen el mal y reconocer a los que hacen el bien» (1P 2:14).

[12]En su excelente libro sobre disciplina eclesiástica, *Church Discipline That Heals* (InterVarsity Press, Downers Grove, Ill., 1985; originalmente publicado como *Healing the Wounded*), John White y Ken Blue señalan que el hecho de no mantener la reconciliación como el objetivo primario de la disciplina eclesiástica ha llevado a muchos abusos del proceso en la historia de la iglesia (ver esp. pp. 45–56). Pero ellos mismos dicen que «la verdadera reconciliación nunca tiene lugar sin cambio en las partes involucradas» (p. 46). Por consiguiente, he combinado la reconciliación con la restauración en esta primera sección.

Incluso cuando se toma el paso final de «excomunión» (es decir, sacar a alguien del compañerismo o «comunión» de la iglesia), todavía es con la esperanza de que resulte el arrepentimiento. Pablo entregó a Himeneo y a Alejandro a Satanás *para que aprendan a no blasfemar* (1 Ti 1:20), y el hombre que vivía en incesto en Corinto fue entregado a Satanás «a fin de que su espíritu sea salvo en el día del Señor» (1 Co 5:5).[13]

Si los creyentes que deben dar pasos de disciplina eclesiástica continúan recordando este primer propósito: la reconciliación unos con otros y con Dios de los creyentes que se han descarriado, y la restauración de los patrones correctos de vida, entonces será mucho más fácil para las partes involucradas continuar actuando con genuino amor, y los sentimientos de ira o deseos de venganza de parte de los que han sido ofendidos, que a menudo yacen cerca de la superficie, se evitarán mucho más fácilmente.

b. Impedir que el pecado se extienda a otros. Aunque el objetivo primario de la disciplina eclesiástica es la restauración y reconciliación para el creyente que yerra, en esta edad presente la reconciliación y la restauración no siempre tendrán lugar. Pero sea que la restauración surja o no, a la iglesia se le dice que aplique la disciplina porque sirve por igual a otros dos propósitos.

Otro propósito es impedir que el pecado se extienda a otros. El autor de Hebreos les dice a los creyentes que se cuiden «de que ninguna raíz amarga brote y cause dificultades y corrompa a muchos» (Heb 12:15). Esto quiere decir que si algún conflicto entre personas no se resuelve rápidamente, los efectos se pueden esparcir a otros; a veces eso tristemente parece ser cierto en muchos casos de división de la iglesia. Pablo también dice: «un poco de levadura hace fermentar toda la masa» y les dice a los corintios que saquen de la iglesia al hombre que vive en incesto (1 Co 5:2, 6-7), para que el pecado no afecte a toda la iglesia. Si no se disciplina a ese hombre, los efectos del pecado se esparcirían a muchos otros que tal vez sepan del asunto y que verían que la iglesia presta poca atención al mismo. Esto haría que piensen que tal vez el pecado no era tan malo como pensaban, y otros tal vez se verían tentados a cometer un pecado similar o parecido. Es más, si no se aplica la disciplina contra una ofensa específica, entonces será mucho más difícil que la iglesia aplique disciplina en un tipo similar de pecado que cometa algún otro en el futuro.

Pablo también le dijo a Timoteo que debían reprender en presencia de todos a los ancianos que persistían en pecado, *para que sirva de escarmiento* (1 Ti 5:20); es decir, para que otros también se den cuenta de que no se tolerará el pecado sino que recibirá disciplina tanto de la iglesia como de Dios mismo. De hecho, Pablo reprendió a Pedro públicamente, para que otros no sigan el mal ejemplo de Pedro de separarse y comer sólo con los creyentes judíos (Gá 2:11).

c. Proteger la pureza de la iglesia y el honor de Cristo. Un tercer propósito de la disciplina eclesiástica es proteger la pureza de la iglesia de modo que no se deshonre a Cristo. Por supuesto, ningún creyente de esta edad tiene un corazón completamente puro, y todos tenemos pecado que queda en nuestras vidas. Pero cuando un miembro de la iglesia continúa pecando de manera que es externamente evidente a otros, especialmente a los no creyentes,[14] esto claramente es deshonor para Cristo. Es similar a la situación de los judíos

---

[13]La frase inusual «entregar a Satanás» en estos versículos parece querer decir «sacar fuera de la iglesia» puesto que es claramente lo que Pablo les dice a los corintios que hagan en 1Co 5:2, 7, 13. Sacar a alguien de la iglesia pone a esa persona de nuevo en el reino de esta edad de pecado, que está gobernada por Satanás.

[14]Pero también a los ángeles (ver Ef 3:10; 1 Ti 5:21).

que desobedecieron la ley de Dios y llevaron a los no creyentes a mofarse y blasfemar el nombre de Dios (Ro 2:24: «Por causa de ustedes se blasfema el nombre de Dios entre los gentiles»).

Por eso Pablo se asombra de que los corintios no hayan disciplinado al hombre que continuaba en pecado voluntario que la iglesia conocía públicamente (1 Co 5:1-2: «¡Y de esto se sienten orgullosos! ¿No debieran, más bien, haber lamentado lo sucedido ...?»). También le preocupa grandemente saber que «un hermano demanda a otro, ¡y esto ante los incrédulos!» (1 Co 6:6). Antes que permitir tales faltas morales en el carácter de la iglesia, Pedro anima a los creyentes: «esfuércense para que Dios los halle sin mancha y sin defecto, y en paz con él» (2 P 3:14). Y nuestro Señor Jesús quiere presentarse a sí mismo una iglesia «radiante, sin mancha ni arruga ni ninguna otra imperfección, sino santa e intachable» (Ef 5:27), porque él es la cabeza de la iglesia, y el carácter de ella refleja la reputación de él. Incluso los ángeles y los demonios miran a la iglesia y contemplan la sabiduría de Dios expresada en ella (Ef 3:10); por consiguiente (Ef 4:1) Pablo anima a los creyentes a que se esfuercen «por mantener la unidad del Espíritu mediante el vínculo de la paz» (Ef 4:3).

Esto es asunto muy serio. Puesto que el Señor Jesús es celoso de su propio honor, si la iglesia no ejerce la disciplina apropiada, él lo hará por sí mismo, como lo hizo en Corinto, en donde la disciplina del Señor resultó en enfermedad y muerte (1 Co 11:27-34), y como advirtió que haría a Pérgamo (Ap 2:14-15) y a Tiatira (Ap 2:20). En estos dos últimos casos, el Señor estaba disgustado con toda la iglesia por tolerar desobediencia externa y no ejercer la disciplina: «Sin embargo, tengo en tu contra que *toleras a Jezabel, esa mujer* que dice ser profetisa. Con su enseñanza engaña a mis siervos, pues los induce a cometer inmoralidades sexuales y a comer alimentos sacrificados a los ídolos» (Ap 2:20; cf. vv 14-16).[15]

2. ¿Por cuáles pecados se debe ejercer disciplina eclesiástica?

Por un lado, la enseñanza de Jesús en Mateo 18:15-20 nos dice que si una situación que incluye pecado personal contra alguien más no puede ser resuelta en una reunión privada o grupo pequeño, entonces hay que llevar el asunto a la iglesia:

> Si tu hermano peca contra ti, ve a solas con él y hazle ver su falta. Si te hace caso, has ganado a tu hermano. Pero si no, lleva contigo a uno o dos más, para que «todo asunto se resuelva mediante el testimonio de dos o tres testigos». Si se niega a hacerles caso a ellos, díselo a la iglesia; y si incluso a la iglesia no le hace caso, trátalo como si fuera un incrédulo o un renegado. (Mt 18:15-17)

En este caso el asunto ha progresado de una situación privada e informal a un proceso público y mucho más formal de disciplina por parte de toda la iglesia.

---

[15]Los propósitos de la disciplina eclesiástica que se consideran arriba están resumidos bien en la Confesión de Fe de Westminster, capítulo 30, párrafo 3: «Las censuras de la iglesia son necesarias, para restaurar y recuperar a los hermanos que ofenden, para impedir que otros cometan ofensas similares, para purgar esa levadura que pudiera infectar a toda la masa, para vindicar el honor de Cristo, y la santa profesión del evangelio, y para prevenir la ira de Dios, que pudiera con justicia caer sobre la iglesia, si tolera que su pacto, y el sello del mismo, sea profanado por ofensores notorios y obstinados».

Por otro lado, no parece haber ninguna limitación explícita especificada para la clase de pecados que deben quedar sujetos a la disciplina eclesiástica. Los ejemplos de pecados sujetos a disciplina eclesiástica en el Nuevo Testamento son extremadamente diversos: disensiones (Ro 16:17; Tit 3:10), incesto (1 Co 5:1), holgazanería y rehusar trabajar (2 Ts 3:6-10), desobedecer lo que Pablo escribe (2 Ts 3:14-15), blasfemia (1 Ti 1:20), y enseñar doctrina herética (2 Jn 10-11).

No obstante, un principio definitivo parece estar en función: todos los pecados que fueron disciplinados explícitamente en el Nuevo Testamento eran conocidos públicamente o pecados externamente evidentes,[16] y muchos de ellos habían continuado por un período de tiempo. El hecho de que los pecados eran conocidos públicamente quiere decir que se había traído reproche a la iglesia, se había deshonrado a Cristo, y había una posibilidad real de que otros se vieran animados a seguir los patrones errados de vida que se estaban tolerando públicamente.

Sin embargo, siempre habrá la necesidad de juicio maduro para ejercer la disciplina eclesiástica, porque hay una falta de santificación completa en todas nuestras vidas. Es más, cuando nos percatamos de que alguien ya se ha dado cuenta del pecado y está luchando por vencerlo, una palabra de amonestación puede en efecto hacer más daño que bien. Debemos también recordar que donde hay asuntos de conducta en los cuales los creyentes legítimamente discrepan, Pablo anima a que haya un grado más amplio de tolerancia (Ro 14:1-23).

3. ¿Cómo se debe aplicar la disciplina eclesiástica?

a. Se debe mantener el conocimiento del pecado dentro de grupo más pequeño posible. Esto parece ser el propósito de Mateo 18:15-17 detrás del progreso gradual de una reunión privada, a una reunión con dos o tres, y luego decirlo a toda la iglesia. Mientras menos personas sepan de algún pecado, mejor, porque el arrepentimiento es más fácil, menos personas pueden descarriarse, y menos daño se hace a la reputación de la persona, a la reputación de la iglesia, y la reputación de Cristo.[17]

b. Las medidas disciplinarias deben aumentar en fuerza hasta que haya una solución. De nuevo en Mateo 18 Jesús nos enseña que no podemos detenernos simplemente con una conversación privada si eso no produce resultados satisfactorios. Él requiere que la persona ofendida vaya primero sola, y luego lleve a uno o dos más (Mt 18:15-16). Es más, si un creyente *piensa* que ha ofendido a algún otro individuo (o incluso si la otra persona piensa que ha sido ofendida), Jesús requiere que la persona que ha hecho la ofensa (o se piensa que ha hecho la ofensa) vaya a la que se considera la víctima de la ofensa (Mt 5:23). Esto quiere decir que sea que hayamos ofendido u otros piensen que han sido ofendidos, *siempre es nuestra responsabilidad* tomar la iniciativa e ir a la otra persona. Jesús no nos permite esperar que la otra persona venga a nosotros.

---

[16]Una excepción fue el pecado secreto de Ananías y Safira en Hch 5:1-11. En esta situación el Espíritu Santo (vv. 3, 8) estuvo tan poderosamente presente que trajo una intrusión de juicio final, cuando los secretos de todos los corazones serán revelados, a la edad de la iglesia, y «un gran temor se apoderó de toda la iglesia» (v. 11).

[17]Sin embargo, ver sección c abajo sobre los requisitos para la revelación pública de los pecados serios de un dirigente de la iglesia.

Después de una reunión privada y una reunión de un grupo pequeño, Jesús no especifica que hay que consultar luego con los ancianos u oficiales de la iglesia como grupo, pero ciertamente este paso intermedio parece apropiado, porque Jesús puede simplemente estar resumiendo el proceso sin necesariamente mencionar todo paso posible en él. De hecho, hay varios ejemplos de amonestación de grupos pequeños en el Nuevo Testamento que dieron los ancianos u otros oficiales de la iglesia (ver 1 Ts 5:12; 2 Ti 4:2; Tit 1:13; 2:15; 3:10; Stg 5:19-20). Todavía más, el principio de mantener el conocimiento de pecado al grupo más pequeño posible ciertamente estimularía este paso intermedio por igual.

Finalmente, si la situación no se puede resolver Jesús dice: «díselo a la iglesia» (Mt 18:17). En este caso, la iglesia se reuniría para oír los hechos del caso y llegar a una decisión. Puesto que Jesús permite la posibilidad de que la persona «incluso a la iglesia no le hace caso» (v. 17), la iglesia bien puede tener que reunirse una vez para decidir qué decirle al ofensor, y luego reunirse de nuevo para excluir a esa persona del compañerismo de la iglesia.[18]

Cuando Jesús da estas instrucciones en cuanto a la disciplina eclesiástica, le recuerda a la iglesia que su propia presencia y su propio poder están detrás de las decisiones que toma la iglesia: «Además les digo que si dos de ustedes en la tierra se ponen de acuerdo sobre cualquier cosa que pidan, les será concedida por mi Padre que está en el cielo. Porque donde dos o tres se reúnen en mi nombre, *allí estoy yo en medio de ellos*» (Mt 18:19-20). Jesús promete estar presente en las reuniones de la iglesia en general, pero específicamente aquí con respecto a la iglesia reunida para disciplinar a un miembro ofensor. Pablo de modo similar les dice a los corintios que disciplinen al miembro que ha errado «*cuando se reúnan en el nombre de nuestro Señor Jesús, y con su poder*» (1 Co 5:4). Esta no es una actividad que se deba tomar a la ligera, sino que se desempeña en presencia del Señor. En realidad, su componente espiritual lo realiza el mismo Señor.

Si esto se debe hacer alguna vez, toda iglesia entonces sabrá que a la persona que ha errado ya no se le considera miembro de la iglesia, y a esa persona no se le permitirá tomar la comunión, puesto que participar en la Cena del Señor es una señal de participar en la unidad de la iglesia (1 Co 10:17: «Hay un solo pan del cual todos participamos; por eso, aunque somos muchos, *formamos un solo cuerpo*»).

Hay otros pasajes en el Nuevo Testamento que hablan de evitar tener compañerismo con el excomulgado. Pablo les dice a los corintios: «Pero en esta carta quiero aclararles que *no deben relacionarse* con nadie que, llamándose hermano, sea inmoral o avaro, idólatra, calumniador, borracho o estafador. Con tal persona ni siquiera deben juntarse para comer» (1 Co 5:11). Les dice a los tesalonicenses: «Hermanos, en el nombre del Señor Jesucristo les ordenamos que se aparten de todo hermano que esté viviendo como un vago y no según las enseñanzas recibidas de nosotros» (2 Ts 3:6). Todavía más, dice: «Si alguno no obedece las instrucciones que les damos en esta carta, denúncienlo públicamente y no se relacionen con él, para que se avergüence. Sin embargo, no lo tengan por enemigo, sino amonéstenlo como a hermano» (2 Ts 3:14-15). Segunda de Juan 10-11

---

[18] 1 Co 5:4 también exige que la iglesia se reúna para este paso final en la disciplina eclesiástica.

también prohíbe darle la bienvenida en la casa al que promueve falsa enseñanza. Estas instrucciones evidentemente son para prevenir que la iglesia dé a otros la impresión de que aprueba la desobediencia de la persona que está errando.

c. Disciplina de los dirigentes de la iglesia. En un pasaje Pablo da directivas especiales respecto a la disciplina de los ancianos de la iglesia:

> No admitas ninguna acusación *contra un anciano*, a no ser que esté respaldada por dos o tres testigos. A los que pecan, *repréndelos en público para que sirva de escarmiento*. Te insto delante de Dios, de Cristo Jesús y de los santos ángeles, a que sigas estas instrucciones sin dejarte llevar de prejuicios ni favoritismos.
> (1 Ti 5:19-21)

Pablo aquí da una advertencia especial para proteger a los ancianos de ataques individuales; la acción respecto a alguna ofensa en este caso debe exigir evidencia de dos o tres testigos. «A los que persisten en pecar»[19] los debe reprender «*en público*». Esto se debe a que el mal ejemplo de la conducta equivocada de parte de los ancianos muy probablemente tendrá un efecto negativo ampliamente extendido en otros que ven sus vidas. Entonces Pablo le recuerda a Timoteo que «no haga nada con parcialidad» en esta situación; advertencia muy útil, puesto que Timoteo probablemente era amigo íntimo de muchos de los ancianos de la iglesia de Éfeso.

El mandamiento de Pablo de reprender públicamente a un anciano que peca quiere decir que se debe dar a la iglesia alguna declaración de la naturaleza de la ofensa («*repréndelos* en público», v. 20).[20] Por otro lado, no se debe revelar a la iglesia todo detalle del pecado. Una pauta útil es que a la iglesia se le debe decir lo suficiente de modo que (1) entiendan lo serio que fue la ofensa, (2) puedan comprender y respaldar el proceso de disciplina, y (3) que después no vayan a creer 145 que se le restó importancia o se tapó el pecado si más detalles se filtran más adelante.

Tal revelación pública de pecado de un dirigente será señal a la congregación de que los líderes de la iglesia no les esconderán tales asuntos en el futuro. Esto aumentará la confianza de la iglesia en la integridad de la junta directiva. También permitirá que el dirigente que peca empiece el proceso gradual de restablecer las relaciones y confianza con la congregación, porque no tendrá que lidiar con personas que tienen cien especulaciones diferentes en cuanto a lo que fue su pecado, sino con personas que saben cuál fue el pecado específico, y que pueden ver el genuino arrepentimiento y cambio respecto a ese aspecto de pecado en su vida.

¿Qué decir de los pecados serios de los que no son dirigentes de la iglesia? La Biblia no da ningún mandamiento de revelar públicamente los pecados de personas que son

---

[19] Este es evidentemente el sentido de *tous jarmartanontas* en 1Ti 5:20, puesto que el participio presente da el sentido de continuar en la acción por un período de tiempo.

[20] Cuando las iglesias tienen que disciplinar a un dirigente suyo, un error fácil de cometer es no tomar en serio el mandamiento de Pablo, y por consiguiente no dar adecuada información a la iglesia sobre la naturaleza del pecado en cuestión. Si eso sucede, la congregación solo oirá que se sacó de un cargo a algún dirigente debido a un pecado (o tal vez se menciona una categoría general de pecado). Pero esto no es realmente una represión pública efectiva. Debido a que es tan vaga, solamente resultará en confusión, especulación y chismes. Es más, pueden surgir divisiones serias en la iglesia debido a que en ausencia de información algunos pensarán que el proceso de disciplina fue demasiado riguroso y otros pensarán que fue demasiado lenitivo, y la iglesia no estará unida en respaldar el proceso.

miembros regulares pero no dirigentes reconocidos de la iglesia. Al dirigente, sin embargo, se le trata en forma diferente porque su vida debe «ser intachable» (1Ti 3:2), y debe ser ejemplo para que otros creyentes imiten (ver 1Ti 4:12).[21]

d. Otros aspectos de la disciplina eclesiástica. Una vez que haya tenido lugar la disciplina, tan pronto como haya arrepentimiento en cualquier etapa del proceso, los creyentes que han sabido de la disciplina deben recibir de nuevo al arrepentido en la comunión de la iglesia. Pablo dice: «Más bien *debieran perdonarlo y consolarlo* para que no sea consumido por la excesiva tristeza. Por eso les ruego que reafirmen su amor hacia él» (2 Co 2:7-8; cf. 7:8-11). De nuevo, nuestro propósito en la disciplina eclesiástica nunca debe ser castigar por un deseo de venganza, sino siempre para restaurar y sanar.

La actitud con que se aplica la disciplina en toda etapa también es muy importante. Debe hacerse con gentileza y humildad, y con genuino aprecio por nuestra propia debilidad y con temor de que nosotros pudiéramos caer en pecados similares. «Hermanos, si alguien es sorprendido en pecado, ustedes que son espirituales deben restaurarlo con *una actitud humilde. Pero cuídese cada uno, porque también puede ser tentado*» (Gá 6:1).

No es sabio fijar algún calendario de antemano, diciéndole a la gente cuánto se espera que dure el proceso de disciplina. Esto se debe a que es imposible para nosotros predecir cuánto tiempo pasará hasta que el Espíritu Santo produzca arrepentimiento profundo y genuino y un cambio en la condición del corazón de la persona que le llevó al pecado para empezar.

Finalmente, debemos notar que inmediatamente después del pasaje sobre la disciplina eclesiástica en Mateo 18:15-20, Jesús enseña fuertemente la necesidad de perdón personal de todos los que pecan contra nosotros (Mt 18:21-35). Debemos perdonar «setenta veces siete» a los que nos hacen daño (v. 22), y Jesús nos dice que nuestro Padre celestial nos castigará severamente si no *perdonamos de corazón a nuestro hermano* (v. 35). Debemos ver el pasaje sobre la disciplina en la iglesia y este pasaje como complementarios, y no contradictorios. Como individuos, siempre debemos perdonar de corazón y no guardar rencores. Sin embargo, podemos ciertamente perdonar a alguien de corazón y con todo procurar la disciplina eclesiástica para el bien de la persona que comete el pecado, por el bien de la iglesia, por el honor de Cristo, y porque la palabra de Dios lo ordena.

PREGUNTAS PARA APLICACIÓN PERSONAL

1. ¿Ha pensado usted previamente de la iglesia más bien como débil o más bien como fuerte en su influencia en los asuntos del mundo? ¿Cómo ha cambiado su pensamiento como resultado de este capítulo? ¿Piensa usted que hay esperanza para transformar la sociedad aparte de la influencia redentora fuerte de la iglesia?

---

[21]Entiendo «intachables» con el sentido de que sus vidas son tales que no se puede presentar legítimamente contra ellos ninguna acusación de ofensa seria.

2. ¿Ha pensado usted previamente de sí mismo como poseedor de alguna de las «llaves del reino de los cielos»? ¿Tiene en efecto usted alguna de esas llaves ahora? ¿Qué está haciendo con ellas?

3. ¿De qué maneras pudiera su iglesia ejercer más eficazmente su poder espiritual contra las fuerzas del enemigo? ¿De qué maneras pudiera usted mismo usar este poder más efectivamente?

4. ¿Cuál es el enemigo más fuerte de la proclamación efectiva del evangelio en su comunidad ahora? ¿Cómo se pudiera usar el poder de la iglesia contra ese enemigo?

5. Si usted acepta los principios de que la iglesia no debe gobernar al estado y el estado no debe gobernar sobre la iglesia o restringir su libertad, ¿se están poniendo en práctica estos principios efectivamente en su propia situación nacional o local? ¿Qué se pudiera hacer para aumentar la conformidad a estos principios? (¿Concuerda usted con estos principios?)

6. ¿Sabe usted de situaciones en donde una palabra gentil de amonestación ha resultado en un cambio positivo en su propia conducta o la conducta de otro creyente? ¿Sabe usted de situaciones en donde la disciplina eclesiástica ha ido un paso o dos más allá de esto y ha resultado en restauración de la persona que erró? Si usted sabe de situaciones en donde la práctica de la disciplina eclesiástica no ha dado buen resultado, ¿qué se pudiera haber hecho en forma diferente para que hubiera un mejor resultado?

7. Si una iglesia se niega totalmente por un número de años a aplicar la disciplina eclesiástica, aunque hay una necesidad evidente de ella, ¿cuáles pudieran ser los resultados dañinos en la iglesia? ¿Sabe usted de situaciones en donde han ocurrido esos resultados dañinos?

8. ¿Ha habido ocasiones en las que usted hubiera deseado que alguien se hubiera acercado a usted antes con una palabra de amonestación o consejo respecto a un aspecto de pecado del que usted no se daba cuenta o no tenía certeza? Si es así, ¿por qué no sucedió eso?

9. ¿Hay ahora alguna relación en su vida para la que Mateo 5:23 y 18:15 combinados le dicen que tiene una obligación de ir a la otra persona y procurar arreglar la situación?

TÉRMINOS ESPECIALES

«atar y desatar»
excomunión
«llaves del reino»

poder de la iglesia
tomar la espada

BIBLIOGRAFÍA

Adams, Jay E. *Handbook of Church Discipline*. Ministry Resources Library, Grand Rapids, 1986.
Bauckham, Richard. *The Bible in Politics: How to Read the Bible Politically*. Westminster/John Knox, Louisville, 1989.
DeKoster, L. «Church Discipline». En *EDT*, p. 238.
Eidsmoe, John. *God and Caesar: Christian Faith and Political Action*. Crossway, Westchester, Ill., 1984.
Grudem, W. A. «Keys of the Kingdom». En *EDT*, pp. 604–6.
Laney, J. Carl. *A Guide to Church Discipline*. Bethany, Minneapolis, 1985.
Linder, R. D. «Church and State». En *EDT*, pp. 233–38.
Robertson, O. Palmer. «Reflections on New Testament Testimony Concerning Civil Disobedience». *JETS*. Vol. 33, No. 3 (septiembre 1990), pp. 331–51.
Schaeffer, Francis. *A Christian Manifesto*. Crossway, Westchester, Ill., 1981.
Stott, John R. W. *Imágenes del predicador en el Nuevo Testamento*. Eerdmans, Grand Rapids, Mich., 1996.
White, John, y Ken Blue. *Church Discipline That Heals: Putting Costly Love into Action*. (Primero publicada como *Healing the Wounded*). InterVarsity Press, Downers Grove, Ill., 1985.

PASAJE BÍBLICO PARA MEMORIZAR

2 Corintios 10:3-4: *Pues aunque vivimos en el mundo, no libramos batallas como lo hace el mundo. Las armas con que luchamos no son del mundo, sino que tienen el poder divino para derribar fortalezas.*

HIMNO

«Firmes y Adelante»

Este himno no habla de una guerra terrenal con espadas y escudos, sino de la guerra espiritual con oración y alabanza, y los enemigos no son no creyentes terrenales sino Satanás y sus ejércitos de demonios: «Nuestra es la victoria, dad a Dios loor; y óigalo el averno lleno de pavor».

El himno pinta a la iglesia moviéndose como un ejército mundial de Dios contra la fuerza de Satanás, y proclama igualmente la unidad de la iglesia: «Somos solo un cuerpo, y uno es el Señor, una la esperanza, y uno nuestro amor». Es un canto triunfante y gozoso de guerra espiritual por parte de una iglesia no dividida y que no será derrotada.

CÓMO ENTENDER LA IGLESIA

1. Firmes y adelante huestes de la fe,
sin temor alguno que Jesús nos ve.
Jefe soberano, Cristo al frente va,
y la regia enseña tremolando está.
Firmes y adelante, huestes de la fe,
Sin temor alguno, que Jesús nos ve.

2. Al sagrado nombre de nuestro Adalid
tiembla el enemigo y huye de la lid.
Nuestra es la victoria, dad a Dios loor;
y óigalo el averno lleno de pavor.

3. Muévese potente la Iglesia de Dios;
de los ya gloriosos marchamos en pos.
Somos solo un cuerpo, y uno es el Señor,
una la esperanza, y uno nuestro amor.

4. Tronos y coronas pueden perecer;
de Jesús la Iglesia firme constante ha de ser.
Nada en contra suya prevalecerá,
porque la promesa nunca faltará.

AUTOR: SABINE BARING-GOULD, TRAD. JUAN B. CABRERA
(TOMADO DE CELEBREMOS SU GLORIA, # 539)

Capítulo 5

EL GOBIERNO DE LA IGLESIA

¿Cómo se debe gobernar una iglesia?
¿Cómo se debe escoger a los oficiales de una iglesia?
¿Deben las mujeres servir como pastoras?

EXPLICACIÓN Y BASE BÍBLICA

Las iglesias hoy tienen muchas formas diferentes de gobierno. La Iglesia Católica Romana tiene un gobierno mundial bajo la autoridad del papa. Las iglesias episcopales tienen obispos con autoridad regional, y arzobispos sobre ellos. Las iglesias presbiterianas conceden autoridad regional a presbiterios y autoridad nacional a asambleas generales. Por otro lado, las iglesias bautistas y muchas otras iglesias independientes no tienen ninguna autoridad formal gobernante más allá de la congregación local, y la afiliación con las denominaciones es voluntaria.

Dentro de las iglesias locales, los bautistas a veces tienen un solo pastor con una junta de diáconos, pero algunas tienen también juntas de ancianos. Los presbiterianos tienen una junta de ancianos y los episcopales tienen una Junta Parroquial. Otras iglesias simplemente tienen una junta de la iglesia.

¿Hay algún patrón del Nuevo Testamento para el gobierno de la iglesia? ¿Hay alguna forma de gobierno de la iglesia que se debe preferir sobre otra? Estas son las preguntas que se consideran en este capítulo.

Sin embargo, desde el comienzo se debe decir que la forma de gobierno de la iglesia no es una doctrina principal como la Trinidad, la deidad de Cristo, la expiación sustitucionaria, o la autoridad de la Biblia. Aunque pienso, después de examinar la evidencia del Nuevo Testamento, que una forma en particular de gobierno de la iglesia es preferible a las demás, con todo, cada forma tiene algunas debilidades tanto como puntos fuertes. La historia de la iglesia atestigua que varias formas diferentes de gobierno han funcionado bastante bien por varios siglos. Es más, en tanto que algunos aspectos de gobierno de la iglesia parecen ser razonablemente claros en el Nuevo Testamento, otros asuntos (tales como la manera en que se deben escoger los oficiales de la iglesia) son menos claros, principalmente debido a que la evidencia del Nuevo Testamento sobre ellos no es extensa, y por consiguiente nuestras inferencias de esta evidencia son menos certeras. Me parece, entonces, que debe haber campo para que los creyentes evangélicos difieran amigablemente sobre esta cuestión, con la esperanza de que en el futuro se pueda lograr mayor entendimiento. También parece que los creyentes individuales, en tanto que pueden tener una preferencia por un sistema u otro, y aunque puedan querer en momentos apropiados argumentar poderosamente por un sistema sobre otro, con todo deben estar dispuestos a vivir y ministrar dentro de cualquiera de los varios diferentes sistemas protestantes de gobierno de la iglesia en que puedan hallarse de tiempo en tiempo.

Pero no quiero decir que esto sea un asunto enteramente sin importancia. En este aspecto tanto como en otros, una iglesia puede ser más pura o menos pura. Si hay claros patrones del Nuevo Testamento respecto a algunos aspectos del gobierno de la iglesia, entonces habrá consecuencias negativas en nuestras iglesias si los descartamos, aunque no veamos todas las consecuencias al presente. Por consiguiente, los creyentes son ciertamente libres de hablar y escribir sobre el tema a fin de trabajar por una pureza creciente en la iglesia.

En este capítulo examinaremos primero la información del Nuevo Testamento respecto a los oficiales de la iglesia, especialmente *apóstol, anciano* y *diácono*. Luego preguntaremos cómo se deben escoger los oficiales de la iglesia. Después veremos dos asuntos controversiales: ¿cuál forma de gobierno de la iglesia, si acaso hay alguna, es la que más se acerca al patrón del Nuevo Testamento? Y ¿pueden las mujeres servir como oficiales en la iglesia?

A. Oficiales de la iglesia

Para propósitos de este capítulo usaremos la siguiente definición: *un oficial de la iglesia es alguien a quien le ha sido reconocido públicamente el derecho y responsabilidad de realizar ciertas funciones para beneficio de toda la iglesia.*

De acuerdo con esta definición, los ancianos y diáconos se considerarían oficiales de la iglesia, así como también el pastor (si ese es un oficio distinto). El tesorero y el moderador de la iglesia también serían oficiales (estos títulos pueden variar de iglesia a iglesia). A todas estas personas se las ha reconocido públicamente, por lo general en un culto en el cual se las «nombra» u «ordena» para ese cargo. Es más, *necesitan* reconocimiento público a fin de cumplir esas responsabilidades: por ejemplo, no sería apropiado que la gente se pregunte de semana a semana quién va a recibir la ofrenda y depositarla en el banco, o ¡que varias personas discutan que han sido dotados para asumir esa responsabilidad en una semana en particular! El funcionamiento ordenado de la iglesia exige que se reconozca que una persona tiene esa responsabilidad. De modo similar, al pastor que es responsable de dar la enseñanza bíblica cada domingo por la mañana se le debe reconocer el derecho y responsabilidad de hacer eso (por lo menos, en la mayoría de formas de gobierno de la iglesia). Si no fuera ese el caso, entonces muchos pudieran preparar sermones y todos pudieran decir que tienen el derecho de predicarlo, o en algún domingo

CAPÍTULO 5 · EL GOBIERNO DE LA IGLESIA

tal vez nadie lo prepare. De modo similar, a fin de que las personas sigan a los ancianos de la iglesia y miren a ellos esperando dirección, deben saber quiénes son los ancianos.

En contraste, muchos otros ejercen dones en la iglesia, pero no decimos que tienen un «oficio» debido a que no necesitan reconocimiento público para que funcionen sus dones. Los que tienen dones de «ayuda» (ver 1 Co 12:28), o poseen un don de fe especialmente fuerte, o un don de «discernir espíritus» (1 Co 12:10), o un don de exhortar o de ofrendar (Ro 12:8) no necesitan reconocimiento público a fin de funcionar efectivamente en la iglesia.

En el material que sigue veremos que el Nuevo Testamento habla de un cargo de la iglesia que se limitó al tiempo cuando la iglesia primitiva fue fundada (el oficio de apóstol), y otros dos cargos de la iglesia que continúan en toda la edad de la iglesia (los oficios de ancianos y diáconos).

1. Apóstol. Anteriormente en este libro vimos que los *apóstoles* del Nuevo Testamento tuvieron una clase única de autoridad en la iglesia primitiva: autoridad de hablar y escribir palabras que fueron «palabras de Dios» en un sentido absoluto. No creerlas o desobedecerlas era no creer o desobedecer a Dios. Los apóstoles, por consiguiente, tuvieron la autoridad para escribir palabras que llegaron a ser palabras de las Escrituras.[1] Este hecho en sí mismo debe sugerirnos que había algo singular en cuanto al oficio de apóstol, y que no deberíamos esperar que continúe hoy, porque nadie puede hoy añadir palabras a la Biblia y esperar que se las considere como las mismas palabras de Dios o como parte de las Escrituras.[2]

Además, la información del Nuevo Testamento sobre las calificaciones de un apóstol y la identidad de los apóstoles también nos lleva a concluir que el oficio fue único y limitado al primer siglo, y que no debemos esperar más apóstoles hoy.[3] Veremos esto al hacer las siguientes preguntas: ¿Cuáles fueron los requisitos para ser un apóstol? ¿Quiénes fueron los apóstoles? ¿Cuántos apóstoles hubo? ¿Hay apóstoles hoy?

Desde el principio se debe aclarar que las respuestas a estas preguntas dependen de lo que uno quiera decir por la palabra *apóstol*. Algunos usan hoy la palabra *apóstol* en un sentido muy amplio, para referirse a un iniciador eficaz de iglesias, o a un pionero misionero significativo («Guillermo Carey fue un apóstol a la India», por ejemplo). Si usamos la palabra *apóstol* en este sentido amplio, todos estarían de acuerdo en que todavía hay apóstoles hoy; porque ciertamente hay misioneros e iniciadores de la iglesia eficaces hoy.

El Nuevo Testamento mismo tiene tres versículos en que usa la palabra *apóstol* (gr. *apóstolos*) en un sentido amplio, no para referirse a ningún cargo específico en la iglesia, sino simplemente para querer decir «mensajero». En Filipenses 2:25 Pablo llama a Epafrodito «vuestro *mensajero (apóstolos)*, y ministrador de mis necesidades» (RVR 1960); en 2 Corintios 8:23 Pablo se refiere a los que le acompañaron para llevar la ofrenda a Jerusalén como «mensajeros [*apostoloi*] de las iglesias» (RVR 1960); y en Juan 13:16 Jesús dice: «ningún mensajero [*apóstolos*] es más que el que lo envió».

---

[1] Ver capítulo 3 de *Biblia*, pp. 46–49, y capítulo 4, pp. 61-62, para una consideración de la autoridad de los apóstoles.

[2] Ver *Biblia*, pp. 48–55, para una consideración del cierre del canon del Nuevo Testamento.

[3] El material desde este punto y hasta la p. 91 se ha tomado de Wayne Grudem, *The Gift of Prophecy in the New Testament and Today* (Kingsway, Eastbourne, U.K., y Crossway, Westchester, Ill., 1988), pp. 269–76, y se usa con permiso.

Pero hay otro sentido para la palabra *apóstol*. Mucho más frecuentemente en el Nuevo Testamento la palabra se refiere a un oficio especial: «apóstol de Jesucristo». En este sentido estrecho del término no hay más apóstoles hoy, ni debemos esperar más. Esto se debe a lo que el Nuevo Testamento dice en cuanto a los requisitos para ser un apóstol y en cuanto a quiénes fueron los apóstoles.

a. Requisitos de un apóstol: los dos requisitos para ser un apóstol fueron (1) haber visto a Jesús después de su resurrección con los propios ojos (así, ser un «testigo ocular de la resurrección»), y (2) haber sido específicamente comisionado por Cristo como su apóstol.[4]

El hecho de que un apóstol tenía que haber visto con sus propios ojos al Señor resucitado se indica en Hechos 1:22, en donde Pedro dijo que la persona para reemplazar a Judas «sea hecho testigo con nosotros, de su resurrección» (RVR 1960). Es más, fue «a los apóstoles que había escogido» a quienes «después de padecer la muerte, se les presentó dándoles muchas pruebas convincentes de que estaba vivo. Durante cuarenta días se les apareció» (Hch 1:2-3; cf. 4:33).

Pablo da gran importancia al hecho de que él reunió estos requisitos aunque de una manera inusual (Cristo se le apareció en una visión en el camino a Damasco y lo nombró apóstol: Hch 9:5-6; 26:15-18). Cuando defiende su apostolado dice: «¿*No soy apóstol? ¿No he visto a Jesús nuestro Señor?*» (1 Co 9:1). Y al mencionar a las personas a quienes Cristo se apareció después de su resurrección, Pablo dice: «Luego *se apareció a Jacobo,* más tarde *a todos los apóstoles,* y por último, como a uno nacido fuera de tiempo, *se me apareció también a mí.* Admito que yo soy el más insignificante de los apóstoles y que ni siquiera merezco ser llamado apóstol» (1 Co 15:7-9).

Estos versículos se combinan para indicar que a menos que alguien hubiera visto con sus propios ojos a Jesús después de la resurrección, no podía ser apóstol.

El segundo requisito, nombramiento específico por Cristo como apóstol, también es evidente en varios versículos. Primero, aunque el término apóstol no es común en los Evangelios, a los doce discípulos se les llama «apóstoles» específicamente en el contexto en que Jesús los comisiona, «enviándolos» a predicar en su nombre:

> Reunió a sus doce discípulos y les dio autoridad para expulsar a los espíritus malignos y sanar toda enfermedad y toda dolencia. Éstos son los nombres de los doce *apóstoles*: [...] Jesús *envió a estos doce* con las siguientes instrucciones: «Dondequiera que vayan, prediquen este mensaje: "El reino de los cielos está cerca"». (Mt 10:1-7)

De modo similar, Jesús comisiona a sus apóstoles en un sentido especial para que sean sus «testigos [...] hasta los confines de la tierra» (Hch 1:8). Y al escoger a otro apóstol para que reemplace a Judas, los once apóstoles no se arrogaron la responsabilidad, sino que oraron y pidieron que el Cristo ascendido hiciera el nombramiento:

---

[4]Estas dos calificaciones se consideran en detalle en el ensayo clásico de J. B. Lightfoot, «The Name and Office of an Apostle», en su comentario, *The Epistle of St. Paul to the Galatians* (primero publicado en 1865; reimp. Zondervan, Grand Rapids, 1957), pp. 92–101; ver también K. H. Rengstorf, «apóstolos», *TDNT*, 1:398–447.

CAPÍTULO 5 · EL GOBIERNO DE LA IGLESIA

«Señor, tú que conoces el corazón de todos, *muéstranos a cuál de estos dos has elegido* para que se haga cargo del servicio apostólico que Judas dejó...» Luego echaron suertes y la elección recayó en Matías; así que *él fue reconocido junto con los once apóstoles*. (Hch 1:24-26)

Pablo mismo insiste en que Cristo personalmente lo nombró como apóstol. Cuenta cómo, en el camino a Damasco, Jesús le dijo que lo estaba nombrando apóstol a los gentiles: «Me he aparecido a ti con el fin de designarte siervo y testigo [...] Te libraré de tu propio pueblo y de los gentiles. Te envío a éstos» (Hch 26:16-17). Más adelante afirma que fue específicamente nombrado por Cristo como apóstol (ver Ro 1:1; Gá 1:1; 1 Ti 1:12; 2:7; 2 Ti 1:11).

b. ¿Quiénes fueron apóstoles? El grupo inicial de apóstoles eran doce: los once discípulos originales que quedaron después de que Judas murió, más Matías, que reemplazó a Judas: «Luego echaron suertes y la elección recayó en Matías; así que él fue reconocido junto con los once apóstoles» (Hch 1:26). Tan importante fue este grupo original de los apóstoles, los «miembros originales» del oficio de apóstol, que leemos que sus nombres están inscritos en los cimientos de la ciudad celestial, la nueva Jerusalén: «La muralla de la ciudad tenía doce cimientos, en los que estaban *los nombres de los doce apóstoles del Cordero*» (Ap 21:14).

Podríamos al principio pensar que tal grupo nunca podría ampliarse, así que nadie podría ser añadido. Pero entonces Pablo claramente afirma que él también es un apóstol. Y Hechos 14:14 llama apóstoles tanto a Bernabé como a Pablo: «Al enterarse de esto *los apóstoles Bernabé y Pablo...*». Así que con Pablo y Bernabé hay catorce «apóstoles de Jesucristo».[5]

Luego a Jacobo, el hermano de Jesús (que no fue uno de los doce discípulos originales) parece que se le llama apóstol en Gálatas 1:19. Pablo relata que cuando fue a Jerusalén, no vio «a ningún otro de los apóstoles, sino a Jacobo el hermano del Señor» (RVR 1960).[6] Luego, en Gálatas 2:9 a Jacobo se le clasifica con Pedro y Juan como «columnas» de la iglesia de Jerusalén. Y en Hechos 15:13-21 Jacobo, junto con Pedro, ejerce una función significativa de liderazgo en el Concilio de Jerusalén, función que sería apropiada para el oficio de apóstol. Es más, cuando Pablo menciona la lista de las apariciones de Jesús resucitado una vez más de buen grado clasifica a Jacobo con los apóstoles:

---

[5] Si los escritos de los apóstoles fueron aceptados como Escrituras, alguien tal vez se pregunte por qué el documento extrabíblico llamado *La Epístola de Bernabé* no se incluye en las Escrituras. La respuesta es que la opinión académica casi unánime ha concluido que no fue escrita por Bernabé, sino por algún creyente desconocido que probablemente vivió en Alejandría entre el 70 y 100 d.C. La epístola afirma que buena parte del Antiguo Testamento, incluyendo los sacrificios de animales, mucho de la ley mosaica, y la construcción de un templo físico, fueron equivocaciones contrarias a la voluntad de Dios (ver ODCC, p. 134). (El texto y traducción [al inglés] se hallan en Kirsopp Lake, traductor, *The Apostolic Fathers* [Harvard University Press, Cambridge, Mass., y Heinemann, Londres, 1970], 1:335–409].

[6] No es absolutamente necesario traducir este versículo de esta manera, incluyendo Santiago entre los apóstoles. (La NVI dice: «No vi a ningún otro de los apóstoles; sólo vi a Jacobo, el hermano del Señor»). Sin embargo la traducción «excepto a Jacobo el hermano del Señor» parece claramente preferible, porque (1) la frase griega *ei me*, que ordinariamente significa «excepto» (BAGD, p. 22, 8a), y en la gran mayoría de usos en el Nuevo Testamento designa algo que es parte del grupo previo pero que es «excepto» de él; y (2) en el contexto de Gá 1:18 tendría mucho más sentido que Pablo diga que cuando fue a Jerusalén vio a Pedro, y a ningún otro excepto a Jacobo; o Pedro, y ninguno de los otros dirigentes de la iglesia excepto Jacobo, porque se quedó allí «quince días» (Gá 1:18). Así que debe querer decir que vio a Pedro, y a ningún otro apóstol excepto a Jacobo. Pero esto clasifica a Jacobo con los apóstoles. Ver la explicación en E. D. Burton, *The Epistle to the Galatians*, ICC (T.&T. Clark, Edinburgh, 1920), p. 60. (Burton dice, *«ei me»* aquí, como siempre delante de un sustantivo, «excepto» [ibíd.]).

Luego se apareció a *Jacobo*, más tarde *a todos los apóstoles*, y por último, como a uno nacido fuera de tiempo, se me apareció también a mí. Admito que yo soy el más insignificante de los apóstoles y que ni siquiera merezco ser llamado apóstol, porque perseguí a la iglesia de Dios (1 Co 15:7-9).

Finalmente, el hecho de que Jacobo, o Santiago, pudo escribir la epístola del Nuevo Testamento que lleva su nombre también sería enteramente consistente con el hecho de que tenía la autoridad que le pertenecía al oficio del apóstol, la autoridad de escribir palabras que fueron palabras de Dios. Todas estas consideraciones se combinan para indicar que Jacobo, el hermano del Señor, también fue comisionado por Cristo como apóstol. Esto elevaría el número a quince «apóstoles de Jesucristo» (los doce, más Pablo, Bernabé y Jacobo).

¿Hubo más de estos quince? Posiblemente puede haber habido unos pocos más, aunque sabemos poco, si acaso algo, de ellos, y no hay certeza de que hubo más. Otros, por supuesto, habían visto a Jesús después de su resurrección («Después se apareció a más de quinientos hermanos a la vez, la mayoría de los cuales vive todavía, aunque algunos han muerto», 1 Co 15:6). De este grupo grande es posible que Cristo nombrase a algunos otros como apóstoles; pero también es muy posible que no lo hiciera. La evidencia no es suficiente para decidir el asunto.

Romanos 16:7 dice: «Saluden a *Andrónico y a Junías*, mis parientes y compañeros de cárcel, *destacados entre los apóstoles* y convertidos a Cristo antes que yo». Debido a que hay varios problemas de traducción en este versículo, no se puede llegar a ninguna conclusión clara. «Destacados» también se puede traducir «hombres que (los apóstoles) destacaron». «Junias» (nombre de hombre) también se puede traducir «Junia» (nombre de mujer»).[7] «Apóstoles» aquí tal vez no quiera decir el oficio de «apóstol de Jesucristo», sino que puede significar simplemente «mensajeros» (el sentido más amplio que la palabra toma en Fil 2:25; 2 Co 8:23; Jn 13:16). El versículo tiene muy poca información clara para permitirnos derivar una conclusión.

Se ha sugerido a otros como apóstoles. Silas (Silvano), y a veces Timoteo, se mencionan debido a 1 Tesalonicenses 2:6: «Aunque *como apóstoles de Cristo hubiéramos* podido ser exigentes con ustedes». ¿Incluye Pablo a Silas y Timoteo aquí, puesto que la carta empieza: «Pablo, Silvano y Timoteo» (1 Ts 1:1)?

No es probable que Pablo incluya a Timoteo en esta afirmación, por dos razones. (1) Él dice apenas cuatro versículos antes: «Y saben también que, a pesar de las aflicciones e insultos que antes sufrimos en Filipos» (1 Ts 2:2), pero esto se refiere a los azotes y encarcelamiento que les sucedieron solo a Pablo y a Silas, no a Timoteo (Hch 16:19). Así que el «nosotros» del versículo 6 no parece incluir a todos los hombres (Pablo, Silvano,

---

[7]Para una consideración extensa de si traducir «Junias» o «Junia» aquí, ver John Piper y Wayne Grudem, eds., *Recovering Biblical Manhood and Womanhood* (Crossway, Wheaton, 1991), pp. 79–81, 214, 221–22. Algunos han aducido que Junia era un nombre común de mujer en la Grecia antigua, pero esto es incorrecto, por lo menos en la literatura griega escrita: una búsqueda por computadora de 2899 autores griegos antiguos en más de trece siglos (siglo noveno a.C. a siglo quinto d.C.) arrojó solo dos ejemplos de Junia como nombre de mujer, una en Plutarco (c. 50-100 d.C.) y una en el padre de la iglesia Crisóstomo (347-407 d.C.), que se refiere a Junia como una mujer en un sermón sobre Ro 16:7. Tampoco es común como nombre de hombre, puesto que la búsqueda arrojó solo un ejemplo de Junias como nombre de hombre, en Epifanio (315-403 d.C.), obispo de Salamina, en Chipre, que se refiere a Junias de Ro 16:7 y dice que llegó a ser obispo de Apameya en Siria (*Index discipulorum*, 125.19–20; esta cita es la más significativa, puesto que Epifanio sabe más información sobre Junias). El texto latino del padre de la iglesia Orígenes (m. 252 d.C.) también se refiere a Junias en Ro 16:76 como hombre (J. P. Migne, *Patrologia Graeca*, vol. 14, col. 1289). Por consiguiente, la información disponible da algún respaldo a la noción de que Junias era hombre, pero dicha información es demasiado esporádica como para ser concluyente.

CAPÍTULO 5 · EL GOBIERNO DE LA IGLESIA

Timoteo) mencionados en el primer versículo. La carta en general es de Pablo, Silas y Timoteo, pero Pablo sabe que sus lectores naturalmente entenderán los miembros apropiados de la afirmación «nosotros» cuando no quiere dar a entender que incluye a los tres en ciertas secciones de la carta. Él no especifica: «Es decir, Silas y yo, ya hemos sufrido y fuimos ultrajados vergonzosamente en Filipos, como ustedes saben», porque los tesalonicenses sabrían a quiénes se refiere con el «nosotros».

(2) Esto también se ve en 1 Tesalonicenses 3:1-2, cuando el «nosotros» ciertamente no puede incluir a Timoteo:

> Por tanto, cuando ya no pudimos soportarlo más, pensamos que era mejor quedarnos solos en Atenas. Así que *les enviamos* a Timoteo, hermano nuestro y colaborador de Dios en el evangelio de Cristo, con el fin de afianzarlos y animarlos en la fe. (1 Ts 3:1-2)

En este caso, el «nosotros» se refiere a Pablo y Silas, o solo a Pablo (ver Hch 17:14-15; 18:5). Al parecer Silas y Timoteo habían ido a reunirse con Pablo en Atenas «tan pronto como les fuera posible» (Hch 17:15); aunque Lucas no menciona su llegada a Atenas, y Pablo los había enviado de regreso a Tesalónica para ayudar a la iglesia allí. Luego él mismo fue a Corinto, y más tarde ellos se le reunieron allí (Hch 18:5).

Es más probable que *«pensamos* que era mejor quedarnos solos en Atenas» (1 Ts 3:1) se refiera solo a Pablo, porque él toma el argumento de nuevo en el versículo 5 con el singular «yo» («Por eso, cuando ya no pude soportarlo más, mandé a Timoteo», 1 Ts 3:5), y porque el punto respecto a la soledad extrema en Atenas no tendría razón si Silas se hubiera quedado con él.[8] Es más, en el párrafo previo Pablo quiere decir «yo», porque dice: «Sí, deseábamos visitarlos —yo mismo, Pablo, más de una vez intenté ir—, pero Satanás nos lo impidió» (1 Ts 2:18). Al parecer está usando el «nosotros» más frecuentemente en esta epístola como una manera cortés de incluir en la carta a esa iglesia a Silas y a Timoteo, que habían pasado tanto tiempo en la iglesia de Tesalónica. Pero los Tesalonicenses habrían tenido escasa duda de quién realmente estaba a cargo de esta gran misión a los gentiles, y en cuya autoridad apostólica dependía la carta primordialmente (o exclusivamente).

Así que es simplemente posible que Silas mismo fuera un apóstol, y que 1 Tesalonicenses 2:6 lo sugiera. Él fue un dirigente principal de la iglesia de Jerusalén (Hch 15:22), y bien pudo haber visto a Jesús después de su resurrección, y luego ser nombrado apóstol. Pero no podemos saberlo con certeza.

La situación con Timoteo es diferente, sin embargo. Así como él queda excluido del «nosotros» de 1 Tesalonicenses 2:2 (y 3: 1-2), parece que se le excluye del «nosotros» de 1 Tesalonicenses 2:6. Es más, como nativo de Listra (Hch 16:1-3) que había aprendido de Cristo de su abuela y madre (2 Ti 1:5), parece imposible que hubiera estado en Jerusalén antes de Pentecostés y hubiera allí visto al Señor resucitado y llegado a creer en él, y luego de repente ser nombrado apóstol. Además, *el patrón de Pablo de escribir en sus cartas*

---

[8] Ver la consideración en Leon Morris, *The First and Second Epistles to the Thessalonians*, NIC (Eerdmans, Grand Rapids, 1959), pp. 98–99. Morris dice: «La práctica en esta epístola difiere en algo de las epístolas paulinas en general. El plural se usa casi en todas partes, en tanto que en la mayoría de las cartas Pablo prefiere el singular» (p. 98; cf. pp. 46–47). Morris toma los plurales aquí como referidos solo a Pablo mismo.

siempre guarda celosamente el título «apóstol» para sí mismo, no permitiendo nunca que se aplique a Timoteo o a algún otro de sus compañeros de viaje (notar 2 Co 1:1; Col 1:1: «*Pablo, apóstol de Cristo Jesús* [...] y el hermano Timoteo»; y luego Fil 1:1: «*Pablo y Timoteo, siervos* de Cristo Jesús»). Así que a Timoteo, pese al papel importante que tuvo, no se le debe considerar correctamente como uno de los apóstoles.

Esto nos da un grupo limitado pero de alguna manera impreciso en número que tenía el oficio de «apóstoles de Jesucristo». Parece haber habido por lo menos quince, y tal vez dieciséis o incluso unos pocos más que no se mencionan en el Nuevo Testamento.

Sin embargo, parece cierto que ninguno fue nombrado después de Pablo. Cuando Pablo menciona las apariciones del Cristo resucitado, recalca la manera inusual en que Cristo se le apareció a él, y conecta esto con la declaración de que fue la «última» de las apariciones, y que él mismo es en verdad «el más insignificante de los apóstoles y que ni siquiera merezco ser llamado apóstol».

> Y que se apareció a Cefas, y luego a los doce. Después se apareció a más de quinientos hermanos a la vez, la mayoría de los cuales vive todavía, aunque algunos han muerto. Luego se apareció a Jacobo, más tarde a todos los apóstoles, y *por último, como a uno nacido fuera de tiempo, se me apareció también a mí*.
> Admito que yo soy el más insignificante de los apóstoles y que ni siquiera merezco ser llamado apóstol, porque perseguí a la iglesia de Dios. (1 Co 15:5-9)

c. Sumario. La palabra *apóstol* se puede usar en un sentido amplio o estrecho. En un sentido amplio, simplemente quiere decir «mensajero» o «misionero pionero». Pero en un sentido estrecho, el sentido más común en el Nuevo Testamento, se refiere a un oficio específico: «apóstol de Jesucristo». Estos apóstoles tuvieron autoridad única para fundar y gobernar la iglesia primitiva, y pudieron hablar y escribir palabras de Dios. Muchas de sus palabras escritas llegaron a ser las Escrituras del Nuevo Testamento.

A fin de reunir los requisitos como apóstol, el individuo (1) tenía que haber visto con sus propios ojos a Cristo después de que Jesús resucitó de los muertos, y (2) tenía que haber sido específicamente nombrado por Cristo como apóstol. Hubo un número limitado de apóstoles, tal vez quince o dieciséis, o tal vez unos pocos más; el Nuevo Testamento no es explícito en cuanto al número. A los doce apóstoles originales (los once más Matías) se les unieron Bernabé y Pablo, muy probablemente Jacobo, tal vez Silas, e incluso tal vez Andrónico y Junias, y unos pocos más que no se nombran. Parece que no hubo apóstoles nombrados después de Pablo, y ciertamente, puesto que nadie hoy puede reunir el requisito de haber visto con sus propios ojos a Cristo resucitado, no hay apóstoles hoy.[9] En lugar de apóstoles vivos presentes en la iglesia para enseñar y gobernarla, tenemos

---

[9]Alguien podría objetar que Cristo podría aparecerse a alguien hoy y nombrarlo apóstol. Pero la naturaleza fundamental del oficio de apóstol (Ef 2:20; Ap 21:14) y el hecho de que Pablo se ve a sí mismo como el último a quien Cristo se le apareció y lo nombró apóstol («y por último, como a uno nacido fuera de tiempo», 1Co 15:8), indica que esto no va a suceder. Es más, los propósitos de Dios en la historia de la redención parecen haber sido dados a los apóstoles solo al principio de la edad de la iglesia (ver Ef 2:20).

Otra objeción a la idea de que no hay apóstoles hoy, que surge especialmente de personas del movimiento carismático, es el argumento de que el «ministerio quíntuple» de Ef 4:11 debe continuar hoy, y que debemos tener (1) apóstoles, (2) profetas, (3) evangelistas, (4) pastores y (5) maestros, puesto que Pablo dice que Cristo «constituyó a unos, apóstoles; a otros, profetas; a otros, evangelistas; y a otros, pastores y maestros» (Ef 4:11).

Sin embargo, Ef 4:11 habla de un suceso de una vez por todas en el pasado (notar el aoristo *kai edoken*,«y él dio»), cuando Cristo ascendió al cielo (vv. 8-10) y luego en Pentecostés derramó los dones iniciales sobre la iglesia, dándole apóstoles, profetas, evangelistas, y pastores maestros (o pastores y maestros). Si Cristo más tarde dio o no dio más personas para cada uno

más bien los escritos de los apóstoles en los libros del Nuevo Testamento. Esas Escrituras del Nuevo Testamento cumplen para la iglesia hoy la enseñanza y funciones gobernantes absolutamente autoritativas que fueron cumplidas por los mismos apóstoles durante los años iniciales de la iglesia.

Aunque algunos pueden usar la palabra *apóstol* en los idiomas modernos para referirse a iniciadores de iglesias o evangelistas muy eficaces, parece inapropiado y nada provechoso hacerlo así, porque simplemente confunde a las personas que leen el Nuevo Testamento y ven la alta autoridad que se atribuye al oficio del «apóstol» allí. Vale la pena notar que ningún dirigente importante en la historia del cristianismo, ni Atanasio ni Agustín, ni Lutero ni Calvino, ni Wesley ni Whitefield, se aplicaron a sí mismos el título de «apóstol» o permitieron que se les llame apóstoles. Si alguien en tiempos modernos quiere tomar para sí mismo el título «apóstol», eso de inmediato levanta la suspicacia de que puede estar motivado por orgullo inapropiado y deseos de exaltación propia, junto con ambición excesiva y un deseo de tener mucha más autoridad en la iglesia de la que cualquier persona legítimamente debe tener.

2. Anciano (pastor, supervisor, obispo).

a. Pluralidad de ancianos: el patrón en todas las iglesias del Nuevo Testamento. El siguiente oficio de la iglesia que se considera es el de «anciano». Aunque algunos han argumentado que en el Nuevo Testamento son evidentes diferentes formas del gobierno de la iglesia,[10] un estudio de los textos relevantes muestra que es lo contrario: hay en las iglesias del Nuevo Testamento un patrón bastante consistente de una *pluralidad de ancianos* como el grupo principal gobernante. Por ejemplo, en Hechos 14:23 leemos: «En cada iglesia nombraron *ancianos*[11] y, con oración y ayuno, los encomendaron al Señor, en quien habían creído». Esto es en el primer viaje misionero de Pablo, cuando él regresa por las ciudades de Listra, Iconio y Antioquía. Indica que el procedimiento normal de Pablo desde el tiempo de su primer viaje misionero fue establecer un grupo de ancianos en cada iglesia poco después de que la iglesia empezó. Sabemos que Pablo también estableció ancianos en la iglesia de Éfeso, porque leemos: «Desde Mileto, Pablo mandó llamar a *los ancianos* de la iglesia de Éfeso» (Hch 20:17). Es más, a los ayudantes apostólicos de Pablo al parecer se les instruyó que realicen un proceso similar, porque Pablo le escribe a Tito: «Te dejé en Creta para que pusieras en orden lo que quedaba por hacer y en *cada pueblo nombraras ancianos* de la iglesia, de acuerdo con las instrucciones que te di» (Tit 1:5). Poco después de que se había establecido una iglesia, de nuevo vemos *ancianos* establecidos en oficio, en «todo pueblo» en el que había una iglesia. Y Pablo le recordó a Timoteo del tiempo «cuando los ancianos te impusieron las manos» (1 Ti 4:14).

---

de estos cargos *no se puede decidir partiendo de este versículo solo*, sino que se debe decidir basándose en otras enseñanzas del Nuevo Testamento sobre la naturaleza de estos oficios, y si se esperaba que continúen. De hecho, vemos que hubo muchos profetas, evangelistas, y pastores maestros establecidos por Cristo en todas las iglesias iniciales, pero que hubo solamente otro apóstol más dado después del tiempo inicial (Pablo, «el último de todos», en circunstancias inusuales en el camino a Damasco).

[10]Ver, por ejemplo, Millard Erickson, *Christian Theology*, p. 1084.

[11]La palabra que en el Nuevo Testamento se traduce «anciano» es la palabra griega *presbúteros*, que también se usa en otros contextos para indicar simplemente una persona de mayor edad.

Santiago escribe: «¿Está enfermo alguno de ustedes? Haga llamar a los *ancianos* de la iglesia para que oren por él y lo unjan con aceite en el nombre del Señor» (Stg 5:14). Esta es una afirmación significativa porque la Epístola de Santiago es una carta general escrita a muchas iglesias, a todos los creyentes esparcidos por todas partes, a quienes Santiago caracteriza como «las doce tribus que se hallan dispersas por el mundo» (Stg 1:1). Indica que Santiago esperaba que habría ancianos *en cada iglesia del Nuevo Testamento a la que llegara su epístola general*; es decir, a *todas las iglesias existentes en ese tiempo*.

Una conclusión similar se puede derivar de 1 Pedro. Pedro escribe: «A los *ancianos* que están entre ustedes [...] les ruego esto: cuiden como pastores el rebaño de Dios que está a su cargo» (1 P 5:1-2). Primera de Pedro también es una epístola general, escrita a docenas de iglesias esparcidas por cuatro provincias romanas en Asia Menor (ver 1 P 1:1; Bitinia y Ponto constituían una sola provincia romana). Lejos de esperar diferentes clases de gobierno de iglesia cuando escribe (alrededor del 62 d.C., más de 30 años después de Pentecostés) Pedro da por sentado que *todas* estas iglesias, sean fundadas por Pablo o por otros, sean predominantemente gentiles o predominantemente judías, o incluso divididas en su constitución, tendrían ancianos dirigiéndolas. Es más, había ancianos en la iglesia de Jerusalén (Hch 11:30; 15:2), y, aunque no se usa la palabra *ancianos*, había una pluralidad de líderes en la congregación a la que se dirige la epístola a los Hebreos, porque el autor dice: «Obedezcan a sus dirigentes y sométanse a ellos, pues cuidan de ustedes como quienes tienen que rendir cuentas» (Heb 13:17).

Dos conclusiones significativas se pueden derivar de este estudio de la evidencia dada por el Nuevo Testamento. Primera, ningún pasaje sugiere que alguna iglesia, por pequeña que sea, tuvo un solo anciano. El patrón consistente del Nuevo Testamento es una pluralidad de ancianos «en toda iglesia» (Hch 14:23) y «en todo pueblo» (Tit 1:5).[12] Segunda, no vemos una diversidad de formas de gobierno en la iglesia del Nuevo Testamento, sino un patrón unificado y consistente en el que toda iglesia tenía ancianos gobernándola y cuidando de ella (Hch 20:28; Heb 13:17; 1 P 5:2-3).

b. Otros nombres para los ancianos: pastores, supervisores, obispos. En el Nuevo Testamento a los ancianos también se le llama «pastores», «obispos» o «supervisores».

La palabra menos comúnmente usada (por lo menos en forma de sustantivo» es *pastor* (gr. *poimen*). Tal vez sea sorpresa para nosotros enterarnos de que esta palabra, que ha llegado a ser tan común en el inglés y español, solo ocurre una vez en el Nuevo Testamento cuando se habla de un oficial de la iglesia. En Efesios 4:11 Pablo escribe: «Él mismo constituyó a unos, apóstoles; a otros, profetas; a otros, evangelistas; y a otros, pastores y maestros». El versículo probablemente se traduciría mejor como «pastores maestros» (un grupo) antes que «pastores y maestros» (sugiriendo dos grupos) debido a la construcción del griego (aunque no todos los expertos del Nuevo Testamento concuerdan con esa

---

[12] Algunos han sugerido que tal vez había un anciano en toda «iglesia de hogar» en una ciudad, y que todos esos ancianos de las diferentes iglesias de hogar juntos constituían los ancianos que Tito debía nombrar en cada ciudad. Si esto fue cierto, tal vez se podría dar algún respaldo a la idea de un pastor («anciano») sobre cada iglesia. En respuesta a esta sugerencia debemos notar que esta es una teoría sin ninguna evidencia para respaldarla, porque ningún versículo del Nuevo Testamento sugiere la idea de que había solo un anciano en cada «iglesia de hogar». En términos de evidencia de respaldo, esta sugerencia está en la misma categoría de la afirmación: «Tal vez todos los ancianos de Creta eran ciegos del ojo izquierdo». Por supuesto, los eruditos pueden decir «tal vez a cualquier suceso para el que no hay evidencia, pero tales declaraciones no deben llevar peso en nuestros esfuerzos por determinar qué patrón de gobierno de la iglesia existía en realidad en el primer siglo.

traducción).¹³ La conexión con la enseñanza sugiere que estos pastores eran algunos (o tal vez todos) los ancianos que realizaban la tarea de enseñar, porque un requisito del anciano es que debe ser «capaz de enseñar» (1 Ti 3:2).

Aunque el sustantivo *pastor* (*poimen*) no se usa para referirse a los oficiales de la iglesia en ninguna otra parte del Nuevo Testamento,¹⁴ el verbo relativo que quiere decir «actuar como pastor» (gr. *poimano*) se aplica a los ancianos en el discurso de Pablo a los ancianos de Éfeso. Les dice: «para *pastorear* la iglesia de Dios» (Hch 20:28, literalmente traduciendo el verbo *poimaino*), y en la misma frase se refiere al pueblo de Dios como «todo el rebaño» usando otro sustantivo relacionado (gr. *poimnion*) que quiere decir «un *rebaño* de ovejas». Así que Pablo directamente encomienda a estos ancianos de Éfeso que actúen como «pastores».¹⁵

El mismo verbo se usa en 1 Pedro 5:2, en donde Pablo les dice a los ancianos que «*pastoreen* (*poimaino*) el rebaño de Dios que está a su cargo» (traducción del autor). Luego, dos versículos más adelante, a Jesús se le llama el pastor principal o «el Pastor supremo» (*arquipoimen*, 1 P 5:4), implicando muy claramente que Pedro también veía a los ancianos como pastores de la iglesia. Por consiguiente, aunque el sustantivo *pastor* se usa solo una vez para referirse a los ancianos, el verbo relativo se usa dos veces en pasajes que explícitamente identifican la tarea de pastorear con el oficio de anciano.

Otro término que se usa para los ancianos en el Nuevo Testamento es la palabra griega *episkopos* que se traduce como «supervisor» u «obispo», dependiendo del pasaje individual en la traducción en el inglés.¹⁶ Pero la palabra también parece muy claramente ser otro término para *ancianos* en el uso del Nuevo Testamento. Por ejemplo, cuando Pablo ha llamado a los ancianos de la iglesia de Éfeso (Hch 20:17), les dice: «Tengan cuidado de sí mismos y de todo el rebaño sobre el cual el Espíritu Santo los ha puesto como *obispos* (gr. *episkopos*)» (Hch 20:28). Pablo no tiene problema para referirse a estos ancianos de Éfeso como «obispos».

En 1 Timoteo 3:1-2 Pablo escribe: «Si alguno desea ser *obispo*, a noble función aspira. Así que el obispo debe ser intachable...». Debemos recordar que Pablo le está escribiendo a Timoteo, cuando este está en Éfeso (ver 1 Ti 1:3: «que permanecieras en Éfeso») y ya sabemos por Hechos 20 que hay *ancianos* en Éfeso (Hch 20:17-38). Todavía más, en 1 Timoteo 5:17 vemos que los ancianos gobernaban la iglesia de Éfeso cuando Timoteo estaba allí, porque dice: «*Los ancianos que dirigen bien* los asuntos de la iglesia son dignos de doble honor». Ahora bien, los «obispos» en 1 Timoteo 3:2 *también* deben gobernar sobre la iglesia de Éfeso, porque un requisito es que «Debe gobernar bien su casa [...] porque el que no sabe gobernar su propia familia, ¿cómo podrá cuidar de la iglesia de Dios?» (1 Ti 3:4-5). Así que aquí también parece que «obispo» es simplemente otro término para *anciano*, puesto que estos «obispos» cumplen muy claramente la misma función que los ancianos en otras partes en la epístola y en Hechos 20.

---

¹³La frase «a algunos pastores y maestros» tiene solo un artículo definido ante a los dos nombres unidos por *kai* («y»), construcción que en el griego siempre indica que el escritor ve los sustantivos como unificados de alguna manera. Esta construcción a menudo se usa donde los dos sustantivos se refieren a la misma persona o cosa, pero a veces se usa de dos diferentes personas o grupos vistos como una unidad. En cualquier caso, la frase liga a «pastores» y «maestros» más íntimamente que cualquier otro título.

¹⁴Sin embargo, se la usa varias veces para hablar del «pastor» que cuida sus ovejas.

¹⁵La palabra *pastor* del español deriva de un término latino que quiere decir «uno que cuida ovejas».

¹⁶La NIV, en inglés, usa regularmente «supervisor» en lugar de «obispo» para traducir *episkopos*.

En Tito 1:5 Pablo le dice a Tito que «en cada pueblo nombraras ancianos» y le menciona algunos requisitos (v. 6). Luego en la frase que sigue (v. 7), explica el porqué de esos requisitos, y empieza diciendo: «El *obispo* tiene a su cargo la obra de Dios, y por lo tanto debe ser intachable». Aquí de nuevo usa la palabra «obispo» para referirse a los ancianos que Tito debe nombrar, dando otra indicación de que los términos *anciano* y *obispo* eran intercambiables.

Finalmente, en Filipenses 1:1 Pablo escribe «a todos los santos en Cristo Jesús que están en Filipos, junto con los *obispos* y diáconos». Aquí parece apropiado pensar que «obispos» es otro término para «ancianos», porque ciertamente había ancianos en Filipos, puesto que era práctica de Pablo establecer ancianos en toda iglesia (ver Hch 14:23). Y si había ancianos gobernando en la iglesia de Filipos, es inconcebible que Pablo escribiera a la iglesia y destacara a los obispos y diáconos, pero no a los ancianos, si sus oficios fueran tan diferentes del de los ancianos. Por consiguiente, por «obispos y diáconos» Pablo debe haber querido decir lo mismo que con «ancianos y diáconos».[17] Aunque en algunas partes del cristianismo del segundo siglo d.C. y para adelante, la palabra *obispo* se ha usado para referirse a un solo individuo con autoridad sobre varias iglesias, este fue un desarrollo posterior del término y no se halla en el Nuevo Testamento.

c. Las funciones de los ancianos. Uno de los principales papeles de los ancianos en el Nuevo Testamento es gobernar a las iglesias que en él encontramos. En 1 Timoteo 5:17 leemos: «Los ancianos que *dirigen* bien los asuntos de la iglesia son dignos de doble honor». Anteriormente en la misma epístola Pablo dice que el obispo (o anciano) «Debe gobernar bien su casa y hacer que sus hijos le obedezcan con el debido respeto; porque el que no sabe gobernar su propia familia, ¿cómo podrá cuidar de la iglesia de Dios?» (1 Ti 3:4-5).

Pedro también indica una función de gobierno para los ancianos cuando les exhorta:

> Cuiden como pastores el rebaño de Dios que está a su cargo, no por obligación ni por ambición de dinero, sino con afán de servir, como Dios quiere. No sean tiranos con los que están a su cuidado, sino sean ejemplos para el rebaño. Así, cuando aparezca el Pastor supremo, ustedes recibirán la inmarcesible corona de gloria. Así mismo, jóvenes, sométanse a los ancianos. (1 P 5:2-5)

El hecho de que deben actuar como pastores de rebaño de Dios, y el hecho de que no deben ser dominantes (es decir, no deben gobernar rigurosa u opresivamente) fuertemente sugiere que los pastores tienen funciones de gobierno en las iglesias a las cuales Pedro escribe. Esto concuerda con su recomendación de que especialmente los que son jóvenes deben «someterse a los ancianos» (v. 5).[18]

---

[17] Incluso el erudito anglicano J. B. Lightfoot dice: «Es un hecho ahora generalmente reconocido por los teólogos de todos los matices de opinión, que en el lenguaje del Nuevo Testamento al mismo oficio de la iglesia se llama indistintamente «obispo» (*epískopos*) y «anciano» o «*presbítero*» (*presbuteros*)» (St. Paul's Epistle to the Philippians [Zondervan, Grand Rapids, 1953; primero publicada en 1868], p. 95; en pp. 95–99 Lightfoot considera la información que respalda esta conclusión).

[18] Para una defensa de la noción de que en 1 P 5:5 se hace referencia a los oficiales de la iglesia y no solo a personas de edad anciana, ver Wayne Grudem, *The First Epistle of Peter*, pp. 192–93.

CAPÍTULO 5 · EL GOBIERNO DE LA IGLESIA

Aunque Hebreos 13:17 no menciona a los ancianos, ciertamente hay algunos oficiales de la iglesia con autoridad para gobernar a la iglesia, porque el autor dice: «*Obedezcan a sus dirigentes y sométanse a ellos*, pues cuidan de ustedes como quienes tienen que rendir cuentas». Puesto que el Nuevo Testamento no da indicación de algún otro oficial en la iglesia con este tipo de autoridad, es razonable concluir que la congregación debe someterse y obedecer a sus ancianos. (Esta conclusión también es consistente con la descripción de las responsabilidades que Pablo da a los ancianos de Éfeso en Hechos 20:28).

Además de la responsabilidad de gobernar, los ancianos también parecen haber tenido algunas *responsabilidades de enseñanza* en las iglesias del Nuevo Testamento. En Efesios 4:11 a los ancianos se les menciona como «pastores maestros» (o, como traducción alterna, pastores a los que se considera muy íntimamente unidos a maestros). Y en 1 Timoteo 3:2, el obispo (anciano) debe ser «*capaz de enseñar*». Luego, en 1 Timoteo 5:17 Pablo dice: «Los ancianos que dirigen bien los asuntos de la iglesia son dignos de doble honor, especialmente los que dedican sus esfuerzos *a la predicación y a la enseñanza*». Aquí Pablo parece implicar que hay un grupo especial de ancianos que «dedican sus esfuerzos a la predicación y a la enseñanza». Esto quiere decir por lo menos que hay algunos entre los ancianos que dedican más tiempo a las actividades de predicar y enseñar, e inclusive puede tal vez querer decir que hay algunos que se «dedican» en el sentido de que se ganan la vida de esa predicación y enseñanza. Las mismas conclusiones se pueden derivar de Tito, en donde Pablo dice que el anciano «Debe apegarse a la palabra fiel, según la enseñanza que recibió, de modo que también *pueda exhortar* a otros con la sana doctrina y refutar a los que se opongan» (Tit 1:9).[19]

En las iglesias del Nuevo Testamento los ancianos, entonces, tienen la responsabilidad de gobernar y enseñar.

d. Requisitos de los ancianos. Cuando Pablo menciona los requisitos para los ancianos, es significativo que combina requisitos en cuanto a rasgos de carácter y actitudes del corazón con requisitos que no se pueden llenar en un tiempo breve sino que solo serán evidentes en un período de varios años de vida cristiana fiel:

> Así que el obispo debe ser intachable, esposo de una sola mujer, moderado, sensato, respetable, hospitalario, capaz de enseñar; no debe ser borracho ni pendenciero, ni amigo del dinero, sino amable y apacible. Debe gobernar bien su casa y hacer que sus hijos le obedezcan con el debido respeto; porque el que no sabe gobernar su propia familia, ¿cómo podrá cuidar de la iglesia de Dios? No debe ser un recién convertido, no sea que se vuelva presuntuoso y caiga en la misma condenación en que cayó el diablo. Se requiere además que hablen bien de él los que no pertenecen a la iglesia, para que no caiga en descrédito y en la trampa del diablo. (1 Ti 3:2-7)

---

[19]Pablo nunca dice que todos los ancianos deben ser capaces de enseñar en público o predicar sermones a la congregación, y sería razonable pensar que el que es «capaz de enseñar» pudiera ser alguien que puede explicar en privado la palabra de Dios. Así que tal vez no todos los ancianos son llamados a enseñar en público; tal vez no todos tienen dones para enseñar de esa manera específica. Lo que sí es claro aquí es que Pablo quiere garantizar que los ancianos tengan una comprensión madura y sólida de las Escrituras y puedan explicarla a otros.

De modo similar, pero expresando los requisitos con fraseología diferente, tenemos Tito 1:6-9, en donde Pablo dice que Tito debe nombrar ancianos en toda ciudad:

> El anciano debe ser intachable, esposo de una sola mujer; sus hijos deben ser creyentes, libres de sospecha de libertinaje o de desobediencia. El obispo tiene a su cargo la obra de Dios, y por lo tanto debe ser intachable: no arrogante, ni iracundo, ni borracho, ni violento, ni codicioso de ganancias mal habidas. Al contrario, debe ser hospitalario, amigo del bien, sensato, justo, santo y disciplinado. Debe apegarse a la palabra fiel, según la enseñanza que recibió, de modo que también pueda exhortar a otros con la sana doctrina y refutar a los que se opongan. (Tit 1:6-9)

Los que están escogiendo ancianos en las iglesias de hoy harían bien en examinar cuidadosamente a los candidatos a la luz de estos requisitos, y buscar estos rasgos de carácter y patrones de vida santa antes que logros en el mundo, fama o éxito. Especialmente en las iglesias de las sociedades industriales occidentales parece haber una tendencia a pensar que el éxito en el mundo de los negocios (o legal, médico o del gobierno) es una indicación de aptitud para el oficio de anciano, pero esta no es la enseñanza del Nuevo Testamento. Nos recuerda que los ancianos deben ser «ejemplos del rebaño» en sus vidas diarias, y eso ciertamente incluye su propia relación personal con Dios en la lectura bíblica, oración y adoración. Tal como Pablo pudo decir: «*Imítenme a mí*, como yo imito a Cristo» (1 Co 11:1; cf. 2 Ti 3:10-11), y tal como pudo ordenarle a Timoteo a que «*los creyentes vean en ti un ejemplo a seguir* en la manera de hablar, en la conducta, y en amor, fe y pureza» (1 Ti 4:12), y así como pudo decirle a Tito: «Con tus buenas obras, dales tú mismo ejemplo en todo. Cuando enseñes, hazlo con integridad y seriedad, y con un mensaje sano e intachable» (Tit 2:7-8), así el patrón se debe continuar en la vida de todos los dirigentes de la iglesia hoy. No es opcional que sus vidas sean ejemplos para que otros sigan; es un requisito.

e. ¿Qué quiere decir «esposo de una sola mujer»? El requisito de *«esposo de una sola mujer»* (1 Ti 3:2; Tit 1:6) se ha entendido de diferentes maneras. Algunos han pensado que excluyen del oficio de anciano a los hombres que se han divorciado y han estado casados con alguna otra mujer, puesto que en ese caso habrían sido esposos de dos esposas. Pero esto no parece ser una comprensión correcta de estos versículos. Una mejor interpretación es que Pablo está prohibiendo que un polígamo (un hombre que *al presente* tiene más de un esposa) sea anciano. Varias razones respaldan esta noción: (1) todos los demás requisitos mencionados por Pablo se refieren a la *situación presente* del hombre y no a toda su vida pasada. Por ejemplo, 1 Timoteo 3:1-7 no quiere decir «uno que *nunca ha sido* violento», sino «uno que *ahora no es* violento, sino amable». No quiere decir «uno que *nunca ha sido* amante del dinero», sino «uno que *ahora no es* amante del dinero». No quiere decir «uno que toda su vida ha sido intachable», sino «uno que ahora es intachable». Si hiciéramos que estos requisitos se apliquen a toda la vida pasada de uno, entonces excluiría del cargo casi a todo el que llega a ser creyente como adulto, porque es dudoso que algún no creyente pudiera reunir estos requisitos.

(2) Pablo pudo haber dicho «habiendo estado casados solo una vez» si hubiera querido decirlo, pero no lo dijo.[20] (3) No debemos impedir que los viudos que se han vuelto a casar sean ancianos, pero eso sería necesario si tomamos la frase con el sentido de «habiendo estado casados solo una vez». Los requisitos para el anciano se basan en el carácter moral y espiritual del hombre, y no hay nada en la Biblia que sugiera que el hombre que se ha vuelto a casar después de que su esposa ha muerto tenga requisitos morales o espirituales más bajos.[21] (4) La poligamia era posible en el primer siglo. Aunque no era común, se practicaba, especialmente entre los judíos. El historiador judío Josefo dice: «Porque es una costumbre ancestral de nosotros tener varias esposas al mismo tiempo».[22] La legislación rabínica también regula las costumbres de herencia y otros aspectos de la poligamia.[23]

Por consiguiente, es mejor entender «esposo de una sola mujer» como que prohíbe al polígamo ocupar el cargo de anciano. Estos versículos no dicen nada en cuanto al divorcio y nuevo matrimonio con respecto a los requisitos para un cargo en la iglesia.

f. La investidura pública de ancianos. En conexión con la consideración de ancianos, Pablo dice: «No te apresures a imponerle las manos a nadie» (1 Ti 5:22). Aunque el contexto no especifica un proceso de selección de ancianos, el contexto inmediatamente precedente (1 Ti 5:17-21) trata por entero de los ancianos, y la imposición de manos sería una ceremonia apropiada para apartar a alguien para el oficio de anciano (nótese la imposición de manos para ordenar o establecer personas en ciertos oficios o tareas en Hch 6:6; 13:3; 1 Ti 4:14). Por consiguiente, el apartar ancianos parece ser la posibilidad más probable de la acción que Pablo tiene en mente. En este caso él estaría diciendo: «No te apresures a ordenar a algunos como ancianos». Esto sería consistente con un proceso por el que los diáconos también «primero sean puestos a prueba, y después, si no hay nada que reprocharles, que sirvan como diáconos» (1 Ti 3:10). Aunque Pablo en efecto ordenó ancianos bastante temprano después del establecimiento de cada iglesia (Hch 14:23), aquí advierte que tal nombramiento no debe ser precipitado, para que no se cometa una equivocación. Y en todo el proceso la iglesia debe ser cuidadosa para no juzgar como el mundo juzga, porque «el hombre mira lo que está delante de sus ojos, pero Jehová mira el

---

[20]La expresión griega para «habiendo estado casado solo una vez» sería *jápax guegamemenos* usando la palabra «una sola vez» (*jápax*) más un participio perfecto, que expresa el sentido de: «habiendo estado casado una sola vez y continuando en ese estado resultante de ese matrimonio». (Tal construcción se halla, por ejemplo, en Heb 10:2, y una construcción similar se halla en Heb 9:26. Expresiones relativas con verbos en aoristo se hallan en Heb 6:4; 9:28, y Jud 3).

Otra manera en que Pablo pudo haber expresado la idea de haber estado casado solo una vez sería usando un participio perfecto de *ginomai* para decir: «habiendo sido esposo de una sola esposa» (*gegonus mias gunaikos aner*). Esto es, de hecho, la fuerza del requisito para las viudas en 1Ti 5:9: «que haya sido esposa de un solo marido» (RVR 1960; la fuerza del participio perfecto *gegonuia* (de *ginomai*) sigue de la frase previa, y todos los requisitos para inscribir a las viudas en 1Ti 5:9-10 hablan de la historia pasada en sus vidas). Pero en 1Ti 3:2 y Tit 1:6 el sentido es diferente, porque se usan formas del tiempo presente de *eimi* («ser»): (literalmente): «Es necesario que el obispo sea intachable, esposo de una esposa».

[21]Algunos intérpretes de la iglesia primitiva en efecto trataron de excluir de los cargos de la iglesia a viudos que se habían vuelto a casar (ver, por ejemplo *Constituciones apostólicas* 2.2; 6.17 [siglos III o IV d.C.], y *Cánones apostólicos* 17 [siglos IV o V d.C.], pero estas afirmaciones no reflejan una perspectiva bíblica sino un falso ascetismo que sostenía que el celibato en general era superior al matrimonio. (Estos textos se pueden hallar en la serie *Ante-Nicene Fathers*, 7:396, 457, y 501).

Sin embargo, Crisóstomo (m. 407 d.C.) entendió 1Ti 3:2 como prohibición de la poligamia, y no un segundo matrimonio después de la muerte o divorcio (ver sus *Homilías* sobre 1Ti 3:2).

[22]Josefo, *Antigüedades* 17.14; en 17.19 menciona a las nueve mujeres que estaban casadas con el rey Herodes al mismo tiempo.

[23]Ver Mishná, *Yebamoth* 4:11; *Ketuboth* 10:1, 4, 5; *Sanhedrin* 2:4; *Kerithoth* 3:7; *Kiddushin* 2:7; *Bechoroth* 8:4. Otra evidencia de la poligamia judía se halla en Justino Mártir, *Dialogo con Trifón*, capítulo 134. La evidencia para la poligamia entre no judíos no es extensa pero se indica en Herodoto (m. 420 a.C.) 1.135; 4.155; 2 Mac. 4:30 (alrededor del 170 a.C.); Tertuliano, *Apología* 46.

corazón» (1 S 16:7, RVR 1960; cf. 2 Co 5:16). Esta necesidad de evaluación de la condición espiritual también fue evidente cuando los apóstoles animaron a la iglesia de Jerusalén a seleccionar a «siete hombres de buena reputación, *llenos del Espíritu y de sabiduría*, para encargarles esta responsabilidad» (Hch 6:3). Entre los escogidos estuvo «Esteban, hombre lleno de fe y del Espíritu Santo» (Hch 6:5).

Debemos también notar que el nombramiento de ancianos en las primeras iglesias de Pablo fue acompañado por «oración y ayuno», tal vez en conexión con el proceso de selección de ancianos. (Nótese el ejemplo de Jesús que «se fue Jesús a la montaña a orar, y pasó toda la noche en oración a Dios» antes de escoger a sus doce discípulos [Lc 6:12-13]).[24]

3. Diácono. La palabra *diácono* es traducción de la palabra griega *diákonos* que se suele usar para «sirviente» cuando se emplea en el contexto que no tiene que ver con oficiales de la iglesia.

A los diáconos se les menciona claramente en Filipenses 1:1: «A todos los santos en Cristo Jesús que están en Filipos, junto con los obispos y *diáconos*». Pero no se especifica su función, aparte de indicar que son diferentes de los obispos (ancianos). A los diáconos también se les menciona en 1 Timoteo 3:8-13 en un pasaje más extenso:

> Los diáconos, igualmente, deben ser honorables, sinceros, no amigos del mucho vino ni codiciosos de las ganancias mal habidas. Deben guardar, con una conciencia limpia, las grandes verdades de la fe. Que primero sean puestos a prueba, y después, si no hay nada que reprocharles, que sirvan como diáconos.
>
> Asímismo, las esposas de los diáconos [o «mujeres»; el griego puede tomar cualquiera de estos significados] deben ser honorables, no calumniadoras sino moderadas y dignas de toda confianza.
>
> El diácono debe ser esposo de una sola mujer y gobernar bien a sus hijos y su propia casa. Los que ejercen bien el diaconado se ganan un lugar de honor y adquieren mayor confianza para hablar de su fe en Cristo Jesús (1 Ti 3:8-13).

Aquí no se describe la función de los diáconos, pero los requisitos para ellos sugieren algunas funciones. Por ejemplo, parece que tuvieron alguna responsabilidad en hacerse cargo de las finanzas de la iglesia, puesto que tenían que ser personas «no codiciosas de las ganancias mal habidas» (v. 8). Tal vez tenían algunas responsabilidades administrativas en otras actividades de la iglesia también, porque debían «gobernar bien a sus hijos y su propia casa» (v. 12). También tal vez ministraban a las necesidades físicas de los que necesitaban ayuda en la iglesia o en la comunidad (ver la explicación de Hechos 6 abajo). Todavía más, si en el versículo 11 se habla de sus esposas (según yo pienso que lo dice), entonces también sería probable que ellos participaran en la visitación de casa en casa y

---

[24] No hemos considerado el oficio que ocupó Timoteo y Tito bajo la categoría de apóstol ni bajo la categoría de anciano. Esto se debe a que Timoteo y Tito, junto con algunos de los otros colaboradores de Pablo, no son apóstoles, pero tampoco son ancianos o diáconos. Parecen caer en una categoría inusual que pudiéramos llamar «ayudantes apostólicos», porque tuvieron alguna autoridad delegada de los apóstoles para supervisar a las primeras iglesias mientras estaban siendo establecidas. Puesto que hoy no hay apóstoles vivos a los que personas como estas deberían rendir cuentas y de quienes derivarían su autoridad, no debemos esperar tener ningún ayudante apostólico como estos en la iglesia de hoy tampoco.

el asesoramiento, porque las esposas deben ser «no calumniadoras». No sería bueno para los diáconos si sus esposas (que sin duda también participaban en la oración y el asesoramiento junto con los diáconos) difundían asuntos confidenciales por toda la iglesia. Pero estas son solo sugerencias de posibles aspectos de responsabilidad que sugiere este pasaje.

El sustantivo *diácono* no se usa en Hechos 6:1-6, pero hay un verbo relacionado (gr. *diaconeo*, «servir») en el versículo 2: «No está bien que nosotros los apóstoles descuidemos el ministerio de la palabra de Dios para *servir* las mesas». Aquí los apóstoles que gobernaban la iglesia de Jerusalén hallaron necesario delegar a otros algunas responsabilidades administrativas. En este caso, las responsabilidades incluyeron la distribución de comida a las viudas necesitadas. Parece apropiado pensar que aquellos siete hombres eran «diáconos» (aunque el sustantivo *diácono* tal vez no había llegado a aplicarse a ellos cuando empezaron esta responsabilidad), porque parece que se les asignan tareas que encajan bien con las responsabilidades de los diáconos que se sugieren en 1 Timoteo 3:8-12.

Hay otros pasajes en los que es difícil saber si el Nuevo Testamento está hablando del diácono como un oficial especial de la iglesia o simplemente está usando la palabra para referirse a un «sirviente» en un sentido general. Esta es la dificultad en Romanos 16:1, en donde a Febe se la llama «sirvienta» o «diaconisa» o «diácono» (este tipo de sustantivo griego tiene la misma forma tanto en género masculino como femenino, así que simplemente es cuestión de cuál palabra en español es la más apropiada) de la iglesia en Cencrea. Debido al mismo requisito de Pablo de que el diácono debía ser «esposo de una mujer» (1 Ti 3:12), la traducción «sirviente» parece preferible en Romanos 16:1 (*diákonos* toma este sentido en Ro 13:4; 15:8; y 1 Co 3:5).[25] En general, los versículos sobre los diáconos muestran que ellos tenían cargos reconocidos para «servir» a la iglesia de varias maneras. Hechos 6:1-6 sugiere que tenían algunas responsabilidades administrativas, pero con todo estaban sujetos a la autoridad de los que tenían gobierno sobre toda la iglesia.

Es significativo que en ninguna parte del Nuevo Testamento los diáconos tienen autoridad de gobierno sobre la iglesia como los ancianos, ni tampoco se exige que los diáconos sean capaces de enseñar las Escrituras o doctrina sana.

4. ¿Otros oficios? En muchas iglesias de hoy hay otros cargos, tales como tesorero, moderador (el responsable por presidir en las reuniones de negocios de la iglesia), o fideicomisarios (en algunas formas de gobierno de la iglesia estas son personas que tienen responsabilidad legal de las propiedades de la iglesia). Todavía más, las iglesias que tienen más de un miembro de personal a sueldo pueden tener algunos miembros del personal

---

[25]Algunos han argumentado que 1Ti 3:11 se refiere a diaconisas: «Así mismo, las esposas de los diáconos deben ser honorables, no calumniadoras sino moderadas y dignas de toda confianza». Sin embargo, si Timoteo y la iglesia de Éfeso sabían que las mujeres podían ser diaconisas, sería muy extraño que Pablo tenga que añadir un versículo separado que hable específicamente en cuanto a las diaconisas, y luego no añadiese nada más específicamente acerca de ellas de lo que se habría requerido si el versículo no estuviera allí para nada. Todavía más, parece muy extraño que Pablo inserte solo un versículo acerca de la diaconisa en medio de cinco versículos (tres precediendo y dos siguiendo) en cuanto a hombres que son diáconos. Por otro lado, un versículo que se refiere a las esposas de los diáconos en medio de una lista de requisitos para los diáconos sería muy apropiado: Pablo en otras partes incluye la conducta de la familia como un aspecto de requisito para el oficio de la iglesia (1Ti 3:2, 4-5). Es cierto que Pablo simplemente dice «la esposa» en lugar de «sus esposas», pero el griego frecuentemente omite adjetivos posesivos cuando la persona mencionada (hermano, hermana, padre, madre, etc) tendría una relación obvia con la persona que se está considerando en el contexto inmediato.

Para las dos nociones de este versículo, y las dos perspectivas de si las mujeres deben ser diaconisas hoy, ver Thomas R. Schreiner, «The Valuable Ministries of Women in the Context of Male Leadership: A Survey of Old and New Testament Examples and Teaching», *Recovering Biblical Manhood and Womanhood*, ed. John Piper y Wayne Grudem (Crossway, Wheaton, Ill., 1991), pp. 213–14, 219–221, y p. 505, n. 13; y, en el mismo volumen, George W. Knight III, «The Family and the Church: How Should Biblical Manhood and Womanhood Work Out in Practice?», pp. 353–54.

(tal como el director de música, director de educación, obrero juvenil, etc.) a los que «públicamente se les reconoce el derecho y responsabilidad de realizar estas funciones en la iglesia», y que por esto encajan en nuestra definición de oficial de la iglesia, y que posiblemente incluso reciban paga para realizar esas funciones como ocupación a tiempo completo, pero que tal vez no sean ancianos o diáconos en la iglesia.

Parece no haber razón alguna para decir que estos no deberían ser también oficios en la iglesia, aunque todos ellos probablemente se podrían poner en la categoría bien sea de anciano o de diácono (la mayoría de los mencionados arriba bien podrían ser diáconos con responsabilidades específicas, o el moderador también podría ser un anciano que simplemente modera las reuniones de negocios de la iglesia). Con todo, si estos y otros cargos similares parecen útiles para el funcionamiento de la iglesia, parece no haber razón por la que no se deba establecerlos. Sin embargo, si se los establece, sería necesario ver que no resten la importancia a los oficios específicamente mencionados en las Escrituras, y que no tengan ninguna autoridad que no esté sujeta a la autoridad gobernante de esos oficiales que claramente se mencionan en las Escrituras. Si los que tienen oficios no mencionados en las Escrituras adquieren influencia o autoridad significativa, entonces es mucho menos probable que la gente de la congregación o los que ostentan los cargos miren a las Escrituras y hallen descripciones detalladas de cómo deben actuar y cómo se les debe escoger. Esto tendería a disminuir la autoridad efectiva de las Escrituras para establecer normativas en la iglesia en cuestiones de liderazgo.

B. ¿Cómo se debe escoger a los oficiales de la iglesia?

En la historia del cristianismo ha habido dos tipos principales de procesos para la selección de oficiales de la iglesia: elección por una autoridad más alta, o selección hecha por la congregación local. En la Iglesia Católica Romana los cargos son nombrados por una autoridad más alta: el papa nombra cardenales y obispos, y los obispos nombran párrocos. Esto es una «jerarquía» o sistema de gobierno por un sacerdocio[26] que es distinto a los laicos en la iglesia. Este sistema aduce una línea ininterrumpida de descendencia de Cristo y los apóstoles, y aduce que el presente sacerdocio son los representantes de Cristo en la iglesia. Aunque la Iglesia de Inglaterra (Iglesia Episcopal en Estados Unidos) no se somete al gobierno del papa ni tiene cardenales, tiene ciertas similitudes con el sistema jerárquico de la Iglesia Católica Romana, puesto que es gobernada por obispos y arzobispos, y al clero se lo ve como sacerdotes. También afirma la sucesión de los apóstoles, y los sacerdotes y obispos son nombrados por una autoridad más alta fuera de la parroquia local.[27]

A distinción de este sistema de nombramiento por una autoridad más alta, en la mayoría de las demás iglesias protestantes los oficiales son seleccionados por la iglesia local, o por un grupo dentro de la congregación local, aun cuando la forma de gobierno de la iglesia puede variar en otras maneras significativas (ver abajo). Puesto que este es un aspecto en el que no hay absolutamente ningún pasaje bíblico decisivo, debemos ser

---

[26]La palabra *jerarquía* significa «gobierno por sacerdotes», y se deriva de las palabras griegas para «sacerdote» (*jiereus*) y «gobierno» (*arqué*).

[27]La Iglesia Metodista en los Estados Unidos de América también tiene nombramientos de clero local por obispos, y tiene algunas similitudes con la Iglesia Episcopal, de la cual salió.

pacientes con algo de la diversidad entre evangélicos en este asunto. Sin embargo, hay varias razones por las que parece más apropiado que los oficiales de la iglesia (como anciano y diácono, y ciertamente el «pastor») deben ser escogidos o por lo menos afirmados o reconocidos de alguna manera por toda la congregación:

(1) En el Nuevo Testamento hay varios ejemplos en los que los oficiales de la iglesia evidentemente fueron escogidos por toda la congregación. En Hechos 6:3 los apóstoles no escogieron ellos mismos a los siete primeros diáconos (si los vemos como diáconos), sino que le dijeron a toda la iglesia: «*escojan de entre ustedes* a siete hombres de buena reputación, llenos del Espíritu y de sabiduría, para encargarles esta responsabilidad». La selección inicial de estos hombres fue hecha por toda la congregación. Cuando se escogió al reemplazo de Judas para que fuera contado entre los apóstoles, *toda la congregación de 120 personas* (ver Hch 1:15) hizo la selección inicial de dos, de los cuales el mismo Señor indicó cuál se debía nombrar: «Así que *propusieron* a dos: a José, llamado Barsabás, apodado el Justo, y a Matías» (Hch 1:23). Al fin del concilio de Jerusalén la iglesia entera tuvo parte con los apóstoles y ancianos para escoger los representantes que llevarían las decisiones a las demás iglesias, porque la selección y el envío fue hecho por «los apóstoles y los ancianos, de común acuerdo *con toda la iglesia*» (Hch 15:22; cf. «de común acuerdo», v. 25). Todavía más, cuando algunas de *las iglesias* enviaron una ofrenda con Pablo para la iglesia de Jerusalén, las iglesias también enviaron a un representante para que acompañara a Pablo, uno que, conforme a Pablo, «las iglesias lo escogieron para que nos acompañe cuando llevemos la ofrenda» (2 Co 8:19).[28]

Se podría objetar que Pablo y Bernabé «*nombraron*» ancianos en cada iglesia (Hch 14:23), y Pablo también le dijo a Tito que «*nombrara* ancianos en cada ciudad» (Tit 1:5). ¿No parece esto asemejarse más al sistema católico romano o anglicano que a un sistema de selección congregacional? Sin embargo, incluso esos versículos no necesitan implicar que los apóstoles solos hicieron la selección, ciertamente podrían incluir consulta congregacional e incluso consentimiento antes de un nombramiento oficial o investidura (como en el nombramiento en Hch 6:3, 6). La palabra *nombrar* también puede significar «investir».[29]

(2) Otra razón para la participación congregacional en la selección de los oficiales de la iglesia es que en el Nuevo Testamento en general la autoridad gobernante final parece descansar no en algún grupo fuera de la iglesia, o algún grupo dentro, sino en la iglesia como un todo. El paso final en la disciplina eclesiástica antes de la excomunión es «*díselo a la iglesia*» (Mt 18:17). La excomunión, o el acto de excluir a alguien de la comunión de la iglesia, se hace cuando la *congregación entera* está «reunida» (1 Co 5:4), y, por tanto, evidentemente la hace la congregación entera. Otra consideración que es sugestiva, pero no concluyente, es el hecho de que las epístolas que son escritas a iglesias no son enviadas a ancianos ni a algún otro grupo de dirigentes dentro de las iglesias, sino que todas son escritas a iglesias enteras, y a la congregación entera se le anima a leer y se espera que preste atención a estas epístolas (Ro 1:7; 1 Co 1:2; 2 Co 1:1; cf. 2 Co 1:13; Col 4:16; 1 Ti

---

[28]Por supuesto, este representante de las iglesias puede haber sido nombrado solo por los oficiales dentro de la iglesia, pero no hay declaración en este sentido: Pablo simplemente dice que «las iglesias lo escogieron», y ciertamente no menciona ninguna autoridad más alta fuera de las iglesias.

[29]Ver BAGD, p. 881.

4:13). Esto quiere decir que los apóstoles se relacionan directamente con las congregaciones, y no con las congregaciones por medio de los oficiales.

Hay también algunas razones prácticas que se pueden mencionar:

(3) Si la congregación entera selecciona a los oficiales de la iglesia, hay más responsabilidad ante la congregación. Pablo da por sentado algún nivel de responsabilidad cuando provee el hecho de que «dos o tres testigos» puedan presentar una acusación de error en contra de un anciano (1 Ti 5:19). Esta responsabilidad provee una salvaguarda adicional contra las tentaciones a pecar y la excesiva codicia por poder.[30]

(4) Históricamente, la doctrina falsa a menudo parece ser adoptada primero por los teólogos de la iglesia, luego por los pastores, y por último por los laicos informados que están leyendo la Biblia diariamente y andando con el Señor. Por consiguiente, si los dirigentes empiezan a descarriarse en la doctrina o en la vida, y no hay elección por parte de la congregación, entonces la iglesia como un todo no tiene un medio práctico de sujetar las riendas de la situación y revertirla. Pero si los oficiales son elegidos por la iglesia, entonces hay un sistema de «verificación y balance» por el que incluso la autoridad gobernante de la iglesia tiene alguna responsabilidad ante la iglesia como un todo.[31]

(5) El gobierno funciona mejor cuando tiene el consentimiento de los gobernados (cf. en el Antiguo Testamento: Éx 4:29–31; 1 S 7:5–6; 10:24; 2 S 2:4; 1 R 1:39–40; y nótese el error de Roboam en 1 R 12:1, 15).

Estos factores se combinan para indicar que, aunque las Escrituras no ordenan explícitamente un sistema específico para escoger oficiales de la iglesia, parecería más sabio tener un sistema por el que toda la iglesia tiene un papel significativo en la selección y reconocimiento de los cargos de la iglesia; tal vez mediante un voto congregacional, o mediante algún otro proceso por el que se requiere el reconocimiento congregacional antes de que los oficiales de la iglesia puedan tomar posesión de su cargo.[32]

¿Se puede decir algo en cuanto a los procesos para seleccionar a los oficiales? Algunas verificaciones congregacionales adicionales contra el uso excesivo de autoridad se podrían incluir en el proceso de selección. Aquí hay campo para amplia variación, pero provisiones tales como la elección a términos limitados de oficio, una exigencia de un año obligatorio de descanso (excepto por los miembros del personal pastoral a tiempo completo que son ancianos) cada pocos años, y un requisito de nueva afirmación periódica de elección, y una provisión en el proceso de nominación por el que los mismos miembros de la congregación pueden hacer las nominaciones (incluso si la mayoría de nominaciones vienen de los mismos ancianos), todo esto proveería medidas adicionales de responsabilidad ante la congregación sin abdicar ningún aspecto esencial de la autoridad gobernante sobre la congregación una vez que se eligen los ancianos.

---

[30]Sin embargo, esta situación tiene también un potencial para abuso si unos pocos miembros influyentes ejercen influencia para impedir que el pastor lidie con asuntos de pecados en las propias vidas de ellos.

[31]No estoy usando la frase «verificaciones y balances» para reflejar una preferencia por una forma estadounidense de gobierno civil en este punto, la intención de la frase es que se la entienda en un sentido amplio para significar salvaguardas que previenen que el poder se concentre excesivamente en las manos de algún individuo o grupo. (De hecho, el sistema de pluralidad de ancianos que veo representado en el Nuevo Testamento es muy diferente de la concentración de poder que se halla en el cargo del presidente de los Estados Unidos de América).

[32]Cuando menciono un voto congregacional no pretendo sugerir la idea de una elección competitiva tal como la que se halla en la política secular. Puede simplemente significar un requisito de que la congregación vote para ratificar a los candidatos que han sido nominados por un grupo maduro dentro de la iglesia (tales como los ancianos presentes), o, por otro lado, puede incluir una elección a nivel de iglesia, o algún otro proceso que se pueda usar. La Biblia guarda silencio respecto al proceso en sí; por consiguiente, Dios ha decidido dejar el asunto a la sabiduría de cada congregación en su propio ambiente.

Estos factores también proveerían algunos argumentos en contra de un grupo de ancianos que se perpetúe a sí mismo que no está sujeto a elección o reconfirmación periódica de parte de la congregación, pero también se debe decir que no hay directivas específicas mencionadas en las Escrituras y que hay campo para variación en este punto.

C. Formas de gobierno de la iglesia

Al considerar las formas de gobierno de la iglesia hay alguna superposición con la sección previa en cuanto al método de escoger a los cargos de la iglesia, porque la selección de los oficiales es un aspecto muy importante de autoridad en la iglesia. Diferentes filosofías de gobierno de la iglesia se reflejarán en diferentes métodos usados para seleccionar a los oficiales de la iglesia, como se explica arriba.

Esto es evidente en el hecho de que las formas de gobierno de la iglesia se pueden dividir en tres categorías amplias, que podemos denominar «episcopal», «presbiteriano», y «congregacional». Las formas *episcopales* tienen un gobierno por una categoría distinta de oficiales de la iglesia conocida como sacerdocio, y la autoridad final para la toma de decisiones se halla fuera de la iglesia local.[33] El sistema de la Iglesia Episcopal es el representativo primordial entre protestantes de esta forma de gobierno. Las formas *presbiterianas* tienen un gobierno por ancianos, algunos de los cuales tienen autoridad no solo sobre su congregación local, sino también, mediante el presbiterio y la asamblea general, sobre todas las iglesias en una región y luego en la denominación como un todo. En todas las formas congregacionales de gobierno de la iglesia la autoridad gobernante final descansa en la *congregación* local, aunque se conceden varios grados de gobierno propio mediante afiliación denominacional, y la forma real de gobierno de la iglesia local puede variar considerablemente. Examinaremos cada una de estas formas de gobierno en la consideración que sigue.

1. Episcopal. En el sistema episcopal, un arzobispo tiene autoridad sobre muchos obispos. Ellos a su vez tienen autoridad sobre una «diócesis», que simplemente quiere decir las iglesias bajo la jurisdicción de un obispo. El oficial a cargo de una parroquia local es un rector (o a veces llamado vicario, que es un «ayudante» o uno que sustituye al rector). Arzobispos, obispos y rectores son todos sacerdotes, puesto que todos han sido en algún momento ordenados al sacerdocio episcopal (pero en la práctica al rector más frecuentemente se le llama sacerdote).[34]

---

[33]La Iglesia Católica Romana también tiene un gobierno de sacerdocio, y es por consiguiente «episcopal» en su forma de gobierno. A veces a la forma episcopal de gobierno se le llama un gobierno «jerárquico», especialmente cuando se refiere a la Iglesia Católica Romana.

[34]Sin embargo, los episcopales entienden la palabra en inglés sacerdote como equivalente al término *presbítero* (término griego para «anciano»), en tanto que los católicos romanos entienden la palabra *sacerdote* de forma diferente, relacionándola con el sacerdocio del Antiguo Testamento en su deber de ofrecer sacrificios y representar al pueblo ante Dios y a Dios ante el pueblo.

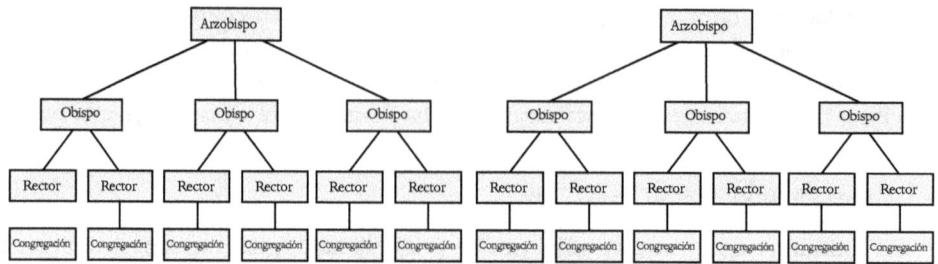

GOBIERNO EPISCOPAL
Figura 5.1

El argumento a favor del sistema episcopal no es que se halle en el Nuevo Testamento, sino que es un resultado natural del desarrollo de la iglesia que empezó en el Nuevo Testamento, y no está prohibido por él. E. A. Litton escribe: «Ningún orden de obispos diocesanos aparece en el Nuevo Testamento», pero de inmediato añade:

> La evidencia favorece la suposición de que el episcopado brotó de la misma iglesia, y por un proceso natural, que fue sancionado por San Juan, el último sobreviviente de los apóstoles. El presbiterio, cuando se reunía para consulta, naturalmente elegiría a un presidente para mantener el orden; primero temporalmente, pero con el tiempo con autoridad permanente [...] De este modo es probable que en un período temprano un episcopado informal hubiera brotado en cada iglesia. Conforme los apóstoles fueron desapareciendo [...] el oficio asumiría importancia creciente y llegaría a quedar investido con mayores poderes.[35]

Todavía más, puesto que el oficio de obispo y la estructura de gobierno correspondiente que se halla en la iglesia episcopal es tanto histórico como beneficioso, Litton argumenta que se debe preservar. Finalmente, el beneficio de descendencia directa de los apóstoles se considera como una razón fuerte en favor del sistema episcopal. Litton dice: «Los apóstoles son el primer eslabón en la cadena, y no hay razón por la que no deba proceder de edad en edad una sucesión, según se la considera como comisión externa, en que el cuerpo existente de ministros entrega la autoridad oficial a sus sucesores, y estos últimos a su vez a los suyos».[36]

Pero hay argumentos que se pueden dar en el otro lado de esta cuestión. (1) Es significativo que el oficio de «obispo» no es un oficio distinto en el Nuevo Testamento, sino simplemente un sinónimo para el sustantivo «anciano», como el mismo Litton concuerda.[37] No hay un *solo* obispo en el Nuevo Testamento, sino obispos (o supervisores) siempre plural en número. Esto no se debería ver meramente como un dato incidental, porque incluso entre los apóstoles Jesús no dejó a nadie con autoridad superior sobre los demás, sino que dejó a un grupo de doce que eran iguales en autoridad gobernante (y a

---

[35] Edward Arthur Litton, *Introduction to Dogmatic Theology*, ed. por Philip E. Hughes (James Clarke, Londres, 1960; primero publicado en 2 vols., 1882, 1892), p. 401.

[36] Ibíd., p. 390.

[37] Ibíd., p. 400.

quienes otros fueron añadidos más tarde, tales como Pablo). Aunque algunos apóstoles, tales como Pedro, Jacobo y Pablo, tuvieron prominencia entre el grupo, ellos no tuvieron ninguna autoridad mayor que los demás, e incluso Pedro recibió un regaño de parte de Pablo en Antioquía (Gá 2:11).[38] Esto puede bien reflejar la sabiduría de Cristo en guardar en contra del abuso del poder que inevitablemente viene cuando algún ser humano tiene demasiado poder sin suficiente verificación y balance de parte de otros. Tal como Jesús dejó una pluralidad de apóstoles que tengan la autoridad (humana) última en la iglesia primitiva, así los apóstoles siempre nombraron una pluralidad de ancianos en cada iglesia, nunca dejando solo a una persona con autoridad gobernante.

(2) La teoría de un grupo de obispos establecido para reemplazar a los apóstoles no se enseña en el Nuevo Testamento, ni hay una implicación de una necesidad de continuidad *física* de ordenación mediante la imposición de manos de parte de los que han sido ordenados en una cadena ininterrumpida de sucesión de los apóstoles. Por ejemplo, en Hechos 13:3 no fueron los apóstoles de Jerusalén los que ordenaron a Pablo y a Bernabé, sino las personas de la iglesia de Antioquía impusieron sus manos sobre ellos y los enviaron. De hecho, hay muy poca evidencia de que los apóstoles hayan tenido alguna preocupación por una línea de sucesión. Timoteo al parecer no solo fue ordenado por Pablo sino también por un «concilio de ancianos» (1 Ti 4:14), aunque este bien puede haber incluido a Pablo también (ver 2 Ti 1:6). Más importante todavía, el que ordena en última instancia es el mismo Señor (Hch 20:28; 1 Co 12:28; Ef 4:11), y no hay nada en la naturaleza de la «ordenación» (cuando se ve simplemente como reconocimiento público de un cargo) que exija que sea hecha *solo* por los previamente ordenados en descendencia *física*) de los apóstoles. Si Dios ha llamado a un anciano, hay que reconocerlo, y no se necesita levantar ninguna preocupación en cuanto a descendencia física. Además, si uno está convencido de que la iglesia local debe elegir ancianos (ver la explicación arriba), entonces parecería apropiado que la iglesia que eligió al anciano, y no algún obispo externo, debe ser el grupo que confiere el reconocimiento externo en la elección al investir a la persona en el cargo u ordenar al pastor.[39]

(3) En tanto que se puede argumentar que el desarrollo de un sistema episcopal como un solo obispo en autoridad sobre varias iglesias fue un desarrollo benéfico en la iglesia primitiva, uno también puede argumentar que fue una desviación de las normas del Nuevo Testamento y como resultado de la insatisfacción humana con el sistema de ancianos elegidos localmente que había sido establecido por los apóstoles y que al parecer funcionó muy bien desde el año 30 al 100 d.C. en toda la iglesia del Nuevo Testamento. Pero la evaluación de la información histórica por supuesto dependerá de la evaluación que uno haga de argumentos anteriores en pro y en contra de un sistema episcopal.

2. Presbiteriano. En este sistema cada iglesia local elige ancianos a una sesión (A en la figura 5.2 representa anciano, y las líneas punteadas indican que toda la congregación elige a los ancianos). El pastor de la iglesia será uno de los ancianos en la sesión, igual en

---

[38]Los católicos romanos arguyen que Pedro tuvo mayor autoridad que los demás apóstoles desde el principio, pero la evidencia del Nuevo Testamento no respalda esto. (Sobre el «poder de las llaves» en Mt 16:19, ver capítulo 4, pp. 68-69).

[39]Los episcopales, que favorecen el nombramiento de oficiales por un obispo, por supuesto no estarían de acuerdo con la premisa en esta última consideración.

autoridad a los demás ancianos. Esta sesión tiene autoridad gobernante sobre la iglesia local. Sin embargo, los miembros de la sesión (los ancianos) son también miembros de un presbiterio, que tiene autoridad sobre varias iglesias en una región. Este presbiterio consiste de algunos o todos los ancianos de las iglesias locales sobre las que tiene autoridad. Es más, algunos de los miembros del presbiterio son miembros de la «Asamblea General» que por lo general tiene autoridad sobre todas las iglesias presbiterianas en una nación o región.[40]

Los argumentos a favor del sistema presbiteriano son: (1) que los que tienen sabiduría y dones para servir como ancianos deben ser llamados para usar su sabiduría para gobernar más que simplemente a una iglesia local, y (2) un gobierno nacional (o incluso mundial) de la iglesia muestra la unidad del cuerpo de Cristo. Todavía más, (3) tal sistema puede prevenir que una congregación individual caiga en error doctrinal mucho más eficazmente que cualquier asociación voluntaria de iglesias.[41]

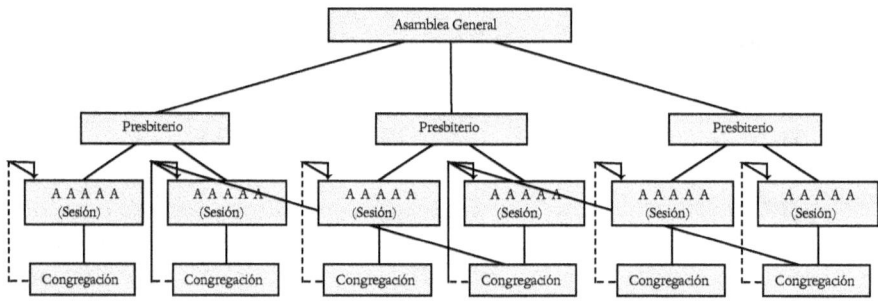

GOBIERNO PRESBITERIANO
Figura 5.2

El sistema presbiteriano bosquejado arriba tiene muchos adherentes entre los creyentes evangélicos hoy, y ciertamente funciona efectivamente en muchos casos. Sin embargo, se pueden presentar algunas objeciones en contra de este sistema: (1) En ninguna parte de las Escrituras los *ancianos* tienen autoridad establecida regularmente sobre más que su propia iglesia local. El patrón es más bien que los ancianos son nombrados en las iglesias locales y tienen autoridad sobre iglesias locales. Contra esta afirmación a menudo se menciona el concilio de Jerusalén de Hechos 15, pero se debe notar que este concilio se reunió en Jerusalén debido a la presencia de los apóstoles. Evidentemente los apóstoles y los ancianos de Jerusalén, con los representantes de Antioquía (Hch 15:2), juntos buscaron la sabiduría de Dios en el asunto. Y parece haber habido alguna consulta *con toda la iglesia* por igual, porque leemos, al final del debate: «Entonces los apóstoles y los ancianos, de común acuerdo con toda la iglesia, decidieron escoger a algunos de ellos y enviarlos a Antioquía con Pablo y Bernabé» (Hch 15:22). (Si esta narrativa da respaldo al gobierno

---

[40]En la Iglesia Cristiana Reformada, la forma de gobierno es similar al sistema presbiteriano, pero los nombres de los cuerpos gobernantes son diferentes: a los ancianos de la iglesia local se los llama un *consistorio* (en lugar de una sesión), al cuerpo gobernante regional se le llama una clase (en lugar de presbiterio), y a la asamblea gobernante nacional se llama un *sínodo* (en lugar de Asamblea General).

[41]Una defensa más completa del sistema presbiteriano de gobierno de la iglesia se halla en Louis Berkhof, *Systematic Theology*, pp. 581–92.

regional por los ancianos, por consiguiente ¡también da respaldo al gobierno regional de parte de congregaciones enteras!). Esta situación con los ancianos de Jerusalén no es un buen patrón para defender un sistema por el que los ancianos tienen autoridad sobre más que su iglesia local: la iglesia de Jerusalén no envió a todos los ancianos de Judea, Samaria y Galilea, ni llamó a una reunión del «presbiterio de Judea» o a una «asamblea general». Aunque los apóstoles de Jerusalén ciertamente tenían autoridad sobre todas las iglesias, no hay indicación de que los ancianos por sí mismos, incluso en la iglesia de Jerusalén, tuvieran tal autoridad. Y ciertamente no hay ningún patrón en el Nuevo Testamento de que los ancianos ejercieran autoridad sobre alguna otra que su propia iglesia local.[42] (2) Este sistema, en la práctica, resulta en mucho litigio formal, en donde las disputas doctrinales se entablan año tras año todo el recorrido hasta el nivel de asamblea general. Uno se pregunta si esto debería ser la característica de la iglesia de Cristo; tal vez sí, pero le parece a este autor que es un sistema que estimula tal litigio mucho más de lo necesario o de lo que sea edificante para el cuerpo de Cristo.

(3) El poder efectivo en el gobierno de la iglesia parece, en la práctica, estar demasiado alejado del control final de los laicos de la iglesia. Aunque Berkhof, que defiende este sistema de gobierno, afirma muy claramente que «el poder de la iglesia reside *principalmente* en el cuerpo gobernante de la iglesia local»,[43] también admite que «mientras más general sea la asamblea, más remota estará del pueblo».[44] Así, es muy difícil hacer que dé la vuelta el sistema si empieza a marchar erradamente puesto que los laicos que no son ancianos no tienen voto en la sesión, o presbiterio, o asamblea general, y la estructura gobernante de la iglesia está más alejada de ellos que en otras estructuras de gobierno de la iglesia.

(4) Aunque en algunos casos es cierto que una denominación doctrinalmente sólida con sistema presbiteriano de gobierno puede impedir que una iglesia local se descarríe en su doctrina, en la realidad, muy frecuentemente ha ocurrido lo opuesto: el liderazgo nacional de una denominación presbiteriana ha adoptado doctrina falsa y ha puesto gran presión sobre las iglesias locales para que se ajusten a ella.

(5) Aunque el sistema presbiteriano en efecto representa en cierta forma la unidad nacional o incluso mundial de la iglesia de Cristo, tal unidad puede ciertamente mostrarse de otras maneras y no mediante este sistema de gobierno. Las iglesias con formas de gobierno más puramente congregacional en efecto tienen asociaciones voluntarias que manifiestan esta unidad. De hecho, estas asociaciones incluyen *a todas* las personas de las iglesias, y no simplemente a los ancianos o el clero, como en un sistema presbiteriano. La reunión nacional de una denominación bautista, por ejemplo, en donde un número grande de ministros y laicos (que no son necesariamente ancianos o diáconos, sino simplemente delegados de sus iglesias) se unen en comunión se podría ver como una mejor

---

[42]Por otro lado, los que abogan por el sistema presbiteriano podrían responder que en ninguna parte del Nuevo Testamento hallamos un ejemplo de una iglesia independiente; toda iglesia en el Nuevo Testamento está sujeta a la autoridad gobernante mundial de los apóstoles. Por supuesto, el que defiende a las iglesias independientes pudiera responder que no tenemos apóstoles hoy para que ejerzan tal autoridad. Sin embargo, si estamos buscando un patrón en el Nuevo Testamento, se mantiene la realidad de que no se hallan en él iglesias independientes y cabe esperar que algo, en lugar de nada, reemplazaría al gobierno de los apóstoles. Esto me parece que indica que algún tipo de autoridad denominacional sobre las iglesias locales sigue siendo apropiado (aunque tomará formas diferentes en diferentes denominaciones).

[43]Berkhof, *Systematic Theology*, p. 584.

[44]Ibíd., p. 591.

demostración de la unidad del cuerpo de Cristo que una asamblea general presbiteriana en donde solo están presentes los ancianos.

3. Congregacional

a. Un solo anciano (o un solo pastor). Ahora podemos mirar a cinco variedades de gobierno congregacional de la iglesia. La primera, que al presente es la más común entre las iglesias bautistas de los Estados Unidos de América, es la forma de gobierno de «un solo anciano». En esta clase de gobierno al pastor se le ve como el único anciano de la iglesia, y hay una junta de diáconos elegida que sirve bajo su autoridad y le da respaldo (D en la figura 5.3 quiere decir diácono).

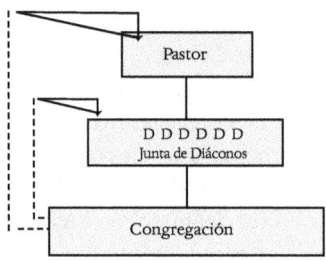

GOBIERNO DE UN SOLO ANCIANO (UN SOLO PASTOR)
Figura 5.3

En este sistema la congregación elige al pastor y también elige a los diáconos.

La cantidad de autoridad que el pastor tiene varía grandemente de iglesia a iglesia, y por lo general aumentará según el tiempo que el pastor permanezca en una iglesia. La autoridad de la junta de diáconos a menudo se ve como meramente autoridad de asesoría. En la manera en que este sistema funciona de ordinario, especialmente en iglesias pequeñas, muchas decisiones deben ser llevadas ante toda la congregación.

Los argumentos a favor de este sistema se presentan claramente en *Systematic Theology* de A. H. Strong, que es un texto usado ampliamente en círculos bautistas.[45] Strong da los siguientes argumentos:

(1) El Nuevo Testamento no exige una pluralidad de ancianos, pero el patrón de pluralidad de ancianos visto en el Nuevo Testamento se debió solo al tamaño de las iglesias en ese tiempo. Él dice:

> En ciertas iglesias del Nuevo Testamento parece haber habido una pluralidad de ancianos [...] No hay, sin embargo, evidencia de que el número de ancianos sea uniforme, o que la pluralidad que frecuentemente existió se debió a alguna otra causa que el tamaño de las iglesias que los ancianos atendían. El ejemplo del Nuevo Testamento, en tanto que permite la multiplicación de pastores ayudantes según la necesidad, no exige una pluralidad de ancianos en todo caso.[46]

---

[45] A. H. Strong, *Systematic Theology* (Judson Press, Valley Forge, Pa., 1907), pp. 914–17. Strong fue presidente del Rochester Theological Seminary de 1872 a 1912.

[46] Ibíd., pp. 915–16.

CAPÍTULO 5 · EL GOBIERNO DE LA IGLESIA

En esta cita Strong muestra que consideraría a los pastores adicionales empleados por una iglesia grande como ancianos por igual, así que este sistema se podría ampliar más allá de un solo pastor o anciano para incluir a dos o más ancianos o pastores. Pero la distinción crucial es que *la autoridad gobernante del oficio de anciano la posee solo el pastor o pastores profesionales de la iglesia* y no participa de ella ningún laico de la iglesia. Debemos darnos cuenta de que, en la práctica, la vasta mayoría de iglesias que siguen este patrón hoy son relativamente iglesias pequeñas con solo un pastor; por consiguiente, en la realidad, esto por lo general llega a ser una forma de gobierno de un solo pastor.[47] (2) Strong añade que «Jacobo fue el pastor o presidente de la iglesia de Jerusalén», y cita Hechos 12:17; 21:18; y Gálatas 2:12 para mostrar que este liderazgo de Jacobo fue un patrón que pudo entonces ser imitado por otras iglesias.

(3) Strong nota que algunos pasajes tienen «obispo» en singular pero «diáconos» en plural, sugiriendo algo similar a esta forma bautista común de gobierno. Una traducción literal del texto griego muestra un artículo definido singular que modifica a «obispo» en dos versículos: «*El obispo* por consiguiente debe ser irreprochable» (1 Ti 3:2, traducción literal) y que «*el obispo* debe ser intachable» (Tit 1:7, traducción literal), pero, en contraste, leemos: «los *diáconos* de igual manera deben ser serios...» (1 Ti 3:8).

(4) Finalmente, el «ángel de la iglesia» en Apocalipsis 2:1, 8, 12, 18; 3:1, 7, 14, según Strong, «se interpreta mejor como referencia al pastor de la iglesia; y, si esto es correcto, es claro que cada iglesia tenía, no muchos pastores, sino uno».[48] (5) Otro argumento, no dicho por Strong, se halla en literatura reciente sobre el crecimiento de la iglesia. El argumento es que las iglesias necesitan un solo pastor fuerte a fin de crecer rápidamente.[49] De nuevo, se debe decir que la forma de gobierno de un solo anciano ha funcionado muy exitosamente en muchas iglesias evangélicas. Sin embargo, puede haber objeciones al caso presentado por Strong y otros.

(1) Parece absurdo argumentar que el Nuevo Testamento se queda corto y no da un *mandato* claro de que todas las iglesias deben tener una pluralidad de ancianos cuando los pasajes sobre los requisitos de los ancianos en 1 Timoteo 3:1-7 y Tito 1:5-7 se usan como *requisitos* bíblicos para los oficios de la iglesia hoy. ¿Cómo pueden las iglesias decir que los *requisitos para ancianos* hallados en estos versículos son órdenes para nosotros hoy pero el *sistema de pluralidad de ancianos* hallado en los mismos versículos no es una orden, sino que fue exigencia solo en ese tiempo y esa sociedad? Aunque se pudiera objetar que estos son mandatos escritos solo a situaciones individuales en Éfeso y Creta, buena parte del Nuevo Testamento consiste de mandatos apostólicos escritos a iglesias individuales sobre cómo deben conducirse. Sin embargo, no decimos por consiguiente que somos libres de desobedecer esas instrucciones en otras partes de la epístola. Es más, 1 Timoteo y Tito

---

[47]Otro teólogo bautista, Millard Erickson, respalda la afirmación de Strong de que el Nuevo Testamento no exige pluralidad de ancianos en una iglesia. Dice que los ejemplos del Nuevo Testamento de ancianos son «pasajes descriptivos» que hablan de un orden de iglesia que ya existía, pero que «a las iglesias no se les ordena adoptar una forma en particular de orden en la iglesia» (*Christian Theology*, p. 1084). Todavía más, Erickson no ve un patrón de gobierno de la iglesia en el Nuevo Testamento, sino que dice: «Bien puede haber habido más bien amplias variedades de arreglos gubernamentales. Cada iglesia adoptó un patrón que encajó en su situación individual» (ibíd.).

[48]Strong, *Systematic Theology*, p. 916.

[49]Ver, por ejemplo, C. Peter Wagner, *Leading Your Church to Growth* (Regal, Ventura, Calif., 1984). Él dice: «El argumento principal de este libro es que para que las iglesias maximicen su potencial de crecimiento necesitan pastores que sean líderes fuertes [...] No se equivoque en cuanto a esto: es una regla» (p. 73). El libro está lleno de anécdotas y pronunciamientos de expertos de crecimiento de la iglesia diciéndole al lector que el liderazgo de un solo pastor fuerte es esencial para el crecimiento significativo de la iglesia.

nos dan abundante material sobre la conducta de la iglesia local, material que todas las iglesias creyentes procuran seguir.

Todavía más, no parece sabio ignorar un claro patrón del Nuevo Testamento que existió en toda las iglesias de las cuales tenemos evidencia en el tiempo en que fue escrito el Nuevo Testamento. Cuando el Nuevo Testamento nos muestra que a *ninguna* iglesia se menciona teniendo un solo anciano («En *cada* iglesia», Hch 14:23; «en todo pueblo», Tit 1:5; «Haga llamar a *los ancianos*», Stg 5:14; «A *los ancianos* que están entre ustedes, yo, que soy anciano como ellos»,1 P 5:1), no parece convincente decir que las iglesias pequeñas deberían tener solo un anciano. Aun cuando Pablo acababa de fundar iglesias en su primer viaje misionero, hubo *ancianos* nombrados «en cada iglesia» (Hch 14:23). Y «todo pueblo» en la isla de Creta debía tener ancianos, por grande o pequeña que sea la iglesia.

Además, hay incongruencia en el argumento de Strong cuando dice que las iglesias grandes eran las que tenían pluralidad de ancianos, porque entonces afirma que «el ángel de la iglesia de Éfeso» (Ap 2:1) era un solo pastor, conforme a este patrón bautista común. Sin embargo, la iglesia de Éfeso en ese tiempo era excepcionalmente grande: Pablo, al fundar esa iglesia, había pasado tres años allí (Hch 20:31), tiempo en el cual «*todos* los judíos y los griegos que vivían en la provincia de Asia *llegaron a escuchar la palabra del Señor*» (Hch 19:10). La población de Éfeso en ese tiempo era de más de 250.000.[50]

Podemos preguntarnos por qué deberíamos seguir a Strong y adoptar como norma un patrón de gobierno de la iglesia que no se halla *en ninguna parte* del Nuevo Testamento, y rechazar un patrón que se halla *en todas partes* del Nuevo Testamento.

(2) Jacobo bien puede haber actuado como moderador u oficial que preside en la iglesia de Jerusalén, porque todas las iglesias tendrían algún tipo de dirigente designado como este a fin de celebrar sus reuniones. Pero esto no implica que él fue el «pastor» de la iglesia de Jerusalén en un sentido de un «solo anciano». De hecho, Hechos 15:2 muestra que había *ancianos* (plural) en la iglesia de Jerusalén, y a Jacobo mismo probablemente se le contaba entre los apóstoles (ver Gá 1:19) antes que entre los ancianos.

(3) En 1 Timoteo 3:2 y Tito 1:7 el artículo griego definido que modifica a «obispo» simplemente muestra que Pablo está hablando de los requisitos generales según se aplican a cualquier ejemplo.[51] De hecho, en ambos casos que Strong cita sabemos que había *ancianos* (plural) en las iglesias mencionadas. 1 Timoteo 3:2 fue escrito a Timoteo en Éfeso, y Hechos 20:17 nos muestra que había «ancianos» en las iglesia de Éfeso. E incluso en 1 Timoteo Pablo escribe: «Los *ancianos* que dirigen bien los asuntos de la iglesia son dignos de doble honor, especialmente los que dedican sus esfuerzos a la predicación y a la enseñanza» (1 Ti 5:17). Respecto a Tito 1:7 solo necesitamos mirar el versículo 5, donde Pablo pide a Tito que en cada pueblo nombre *ancianos*.

(4) Los ángeles de las siete iglesias en Apocalipsis 2–3 son evidencia inusual y más bien débil de un solo anciano. «Escribe al ángel de la iglesia de Éfeso» (Ap 2:1) difícilmente puede querer decir que había solamente un anciano en esa iglesia, puesto que sabemos

---

[50]Robert H. Mounce, *The Book of Revelation*, NIC (Eerdmans, Grand Rapids, 1977), p. 85.

[51]En términos de gramática griega, el uso del artículo definido aquí se entiende mejor como un uso «genérico», que se define como uso del artículo «para seleccionar un individuo normal o representativo» (MHT 3, p. 180). El uso de Pablo del singular habría sido natural después de que hubiera dicho: «si *alguno* desea ser obispo» (1Ti 3:1), o «*El anciano* debe ser intachable» (Tit 1:6).

La RSV da una traducción más apropiada para los que hablan inglés, reflejando este uso genérico, en estos dos versículos: «*un* obispo».

que había «ancianos» allí en esta iglesia muy grande (Hch 20:17). La palabra «ángel» que se usa al dirigirse a las siete iglesias en Apocalipsis 2–3 puede simplemente designar un mensajero especial de cada iglesia, tal vez incluso un mensajero humano que llevaría a cada iglesia lo que Juan escribió,[52] o bien puede representar «el espíritu prevaleciente de la iglesia» antes que el oficial gobernante de la congregación,[53] o aun puede simplemente referirse a un ángel al que se le asignó cuidado especial sobre cada congregación. Incluso si representa un oficial que preside de algún tipo en cada congregación, a este «ángel» no se le presenta como alguien que tiene autoridad gobernante o alguna función equivalente al pastor de hoy, o ninguna función equivalente a la del «anciano» en las iglesias del Nuevo Testamento. Este pasaje no provee evidencia lo suficientemente fuerte como para desalojar la información clara en todo el Nuevo Testamento que muestra pluralidad de ancianos en toda iglesia, incluso en la iglesia de Éfeso.

Es interesante que todos los pasajes del Nuevo Testamento que cita Strong (Hch 15, Jerusalén; 1 Ti 3:2, Éfeso; Tit 1:7, Creta; Ap 2–3, las siete iglesias, incluyendo Éfeso) hablan de situaciones en las cuales el Nuevo Testamento mismo señala claramente una pluralidad de ancianos en autoridad en las iglesias mencionadas.

(5) El argumento de los estudios de crecimiento de la iglesia en realidad no demuestra que sea necesario el gobierno dirigido por un solo pastor. Hay por lo menos cuatro razones: (a) no debemos rechazar un patrón que respaldan las Escrituras y adoptar uno diferente simplemente porque la gente nos dice que un patrón diferente parece funcionar bien para producir iglesias grandes; nuestro papel aquí, como en todo en la vida, debe ser más bien obedecer las Escrituras lo más cercanamente que podamos y esperar que Dios dé las bendiciones apropiadas según desee. (b) Hay muchas iglesias grandes con gobiernos de pluralidad de ancianos (tanto iglesias presbiterianas como iglesias independientes), así que el argumento de consideraciones prácticas no es concluyente. (c) C. Peter Wagner admite que puede haber dirigentes fuertes en distintas formas de gobierno de la iglesia,[54] y debemos concordar en que un sistema de pluralidad de ancianos en el cual todos tienen igual autoridad no evita que un anciano (tal como el pastor) funcione en una especie de «primero entre iguales» y tenga un papel significativo de liderazgo entre esos ancianos.

(6) Un problema común en el sistema de un «solo anciano» es o una concentración excesiva de poder en un solo individuo o demandas excesivas que se le imponen. En cualquier caso, las tentaciones a pecar son muy grandes, y un grado reducido de responsabilidad hace más probable ceder a la tentación. Como se mencionó arriba, nunca fue el patrón en el Nuevo Testamento, incluso con los apóstoles, concentrar el poder gobernante en manos de una sola persona.

Aquí se debe notar que la noción de «un solo anciano» de gobierno de la iglesia en realidad no tiene más respaldo del Nuevo Testamento que la noción de «un solo obispo» (episcopal). Ambas parecen ser intentos de justificar lo que ya ha sucedido en la historia de la iglesia, y no conclusiones que han brotado de un examen inductivo del mismo Nuevo Testamento.

---

[52]La palabra *angelos* [«ángel»] en Ap 2:1 et al. puede significar no solamente «ángel» sino también simplemente «mensajero».

[53]Así Robert Mounce, *The Book of Revelation*, p. 85.

[54]Wagner dice en un punto que un pastor puede ser un dirigente fuerte dentro de una variedad de tipos de gobierno de la iglesia. (*Leading Your Church to Growth*, pp. 94–95). Por consiguiente, no es apropiado tomar su estudio como argumento que respalda por sí solo la forma de gobierno con un solo anciano.

(7) Finalmente se debe notar que en la práctica el sistema de «un solo anciano» puede cambiar y *funcionar* más como gobierno de una «pluralidad de ancianos», solo que a los que funcionan como ancianos más bien se les llama «diáconos». Esto sucedería si los diáconos participaran de la autoridad real gobernante con el pastor, y el pastor y los demás diáconos se ven a sí mismos como responsables a la junta diáconos como un todo. El sistema entonces empieza a parecerse a la figura 5.4.

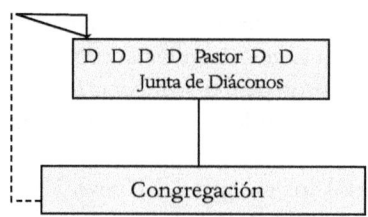

EL PASTOR Y LOS DIÁCONOS PUEDEN GOBERNAR JUNTOS Y ASÍ FUNCIONAR
COMO UN GOBIERNO DE PLURALIDAD DE ANCIANOS
Figura 5.4

El problema con esta disposición es que no usa terminología bíblica para aplicarla a las funciones que las personas están desempeñando, porque los «diáconos» en el Nuevo Testamento nunca tuvieron autoridad de gobernar o enseñar en la iglesia. El resultado en tal situación es que las personas de la iglesia (tanto los diáconos como los demás miembros) no leerán ni aplicarán pasajes bíblicos sobre los ancianos a los que *en realidad están funcionando como ancianos* en su congregación. Por consiguiente, estos pasajes pierden la pertinencia directa que deberían tener en la iglesia. En este caso, sin embargo, el problema se podría resolver cambiando el nombre de «diácono» a «anciano», y considerar al pastor como un anciano entre los demás.

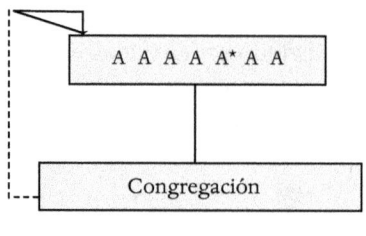

* Pastor

GOBIERNO DE PLURALIDAD LOCAL DE ANCIANOS
Figura 5.5

CAPÍTULO 5 · EL GOBIERNO DE LA IGLESIA

b. *Pluralidad local de ancianos.* ¿Hay algún tipo de gobierno de la iglesia que preserva el patrón de pluralidad de ancianos que se halla en el Nuevo Testamento y que evita la expansión de la autoridad de los ancianos más allá de la congregación local? Aunque tal sistema no es distintivo de ninguna denominación hoy, se halla en muchas congregaciones individuales. Usando las conclusiones a que se ha llegado hasta este punto sobre la información del Nuevo Testamento, sugiero la figura 5.5 como un patrón posible.

Dentro de tal sistema los ancianos gobiernan a la iglesia y tienen autoridad de gobernarla, autoridad que les ha conferido Cristo mismo, la cabeza de la iglesia, y el Espíritu Santo (Hch 20:28; Heb 13:17). En este sistema de gobierno siempre hay más de un anciano, hecho que distingue esta forma de gobierno del «sistema de un solo anciano» que se consideró arriba. En una congregación contemporánea, el «pastor» (o «pastor principal») será uno entre los ancianos en este sistema. No tiene autoridad sobre ellos, ni tampoco trabaja para ellos como empleado. Tiene un papel de alguna manera distinto en que él se dedica a tiempo completo al trabajo de «predicar y enseñar» (1 Ti 5:17), y obtiene parte o todos sus ingresos de ese trabajo (1 Ti 5:18). También puede frecuentemente asumir un papel de liderazgo (tal como presidente) entre los ancianos, lo que encajaría con su papel de liderazgo entre la congregación, pero tal papel de liderazgo *entre los ancianos* no sería necesario para el sistema. Además, el pastor de ordinario tendrá autoridad considerable para tomar decisiones y proveer liderazgo en muchos aspectos de responsabilidad que le ha delegado la junta de ancianos como un todo. Tal sistema permitiría al pastor ejercer fuerte liderazgo en la iglesia y seguir teniendo autoridad gobernante a la par de los demás ancianos.

El punto fuerte de este sistema de gobierno se ve en el hecho de que el pastor no tiene autoridad propia sobre la congregación, sino que esa autoridad le pertenece colectivamente a todo el grupo de ancianos (lo que se podría llamar la junta de ancianos). Todavía más, el mismo pastor, como cualquier otro anciano, está sujeto a la autoridad de la junta de ancianos como un todo. Esto puede ser un gran beneficio para evitar que el pastor cometa equivocaciones, y para respaldarlo en la adversidad y protegerle de los ataques y oposición.[55]

En tal sistema, ¿hay limitaciones que se deben imponer a la autoridad de los ancianos? En la sección arriba sobre la manera de escoger oficiales de la iglesia se dieron varias razones para tener algunas «verificaciones y balances» que pondrían restricciones a la autoridad de los oficiales de una iglesia.[56] Estos argumentos también son útiles aquí para

---

[55] Si la iglesia tiene más de un pastor que recibe paga por su trabajo, a estos otros pastores asociados o ayudantes se les puede ver, o tal vez no, como ancianos (dependiendo de los requisitos que reúna cada miembro del personal y las normas de operación de la iglesia), pero en cualquier caso, sería consistente por entero con esta forma de gobierno que los pastores asociados rindan cuentas al pastor principal solo en su trabajo cotidiano, y él responde ante a la junta de ancianos con respecto a su supervisión de la actividad de ellos.

[56] Los argumentos dados arriba (p. 968) para las restricciones sobre la autoridad de los oficiales de la iglesia se pueden resumir como sigue: (1) los oficiales de la iglesia en el Nuevo Testamento evidentemente fueron elegidos por toda la congregación. (2) La autoridad gobernante final en las iglesias del Nuevo Testamento parece que descansaba en toda la iglesia. (3) Rendir cuentas a la congregación provee una salvaguarda contra las tentaciones a pecar. (4) Algún grado de control por la congregación entera provee una salvaguarda para evitar que el liderazgo caiga en el error doctrinal. (5) El gobierno funciona mejor con el consentimiento de los gobernados. Además de estos, hay otra razón para restringir la autoridad de los oficiales de la iglesia: (6) la doctrina de la claridad de las Escrituras (ver capítulo 6 de *Biblia*), y la doctrina del sacerdocio de todos los creyentes (por la que el Nuevo Testamento afirma que todos los creyentes tienen acceso al trono de Dios en oración y todos participan como miembros en un «sacerdocio real» [1P 2:9; cf. Heb 10:19-25; 12:22-24]) se combinan para indicar que todos los creyentes tienen alguna capacidad para interpretar las Escrituras y alguna responsabilidad de buscar la sabiduría de Dios al aplicarla a las situaciones. Todos tienen acceso directamente a Dios a fin de procurar conocer su voluntad. El Nuevo Testamento no da lugar a ninguna clase especial de creyentes que tienen mayor acceso a Dios que otros. Por consiguiente, es correcto incluir

indicar que, aunque los ancianos tengan sustancial autoridad gobernante sobre la iglesia, no debe ser autoridad ilimitada. Se pueden sugerir ejemplos de tales limitaciones, como: (1) pueden ser elegidos en lugar de perpetuarse; (2) pueden tener términos específicos de servicio con un año obligatorio de descanso de la junta (excepto el pastor, cuyas responsabilidades de liderazgo continuo requieren continua participación como anciano); (3) algunas decisiones más serias pueden precisar que se las lleve ante toda la iglesia para aprobación. Respecto a este tercer punto, la aprobación congregacional ya es un requisito bíblico para la disciplina eclesiástica, en Mateo 18:17 y para la excomunión en 1 Corintios 5:4. El principio de elección congregacional de los ancianos implicaría que la decisión de llamar a cualquier pastor debe haber sido aprobada por la congregación como un todo. Las direcciones nuevas serias en el ministerio de cada iglesia, que exigirían respaldo congregacional en gran escala, se pueden también presentar a la iglesia como un todo para aprobación. Finalmente, parecería sabio exigir aprobación congregacional en decisiones financieras grandes tales como el presupuesto anual, la decisión de comprar propiedades, o la decisión de tomar prestado dinero para la iglesia (si acaso se debe hacer), simplemente porque a la iglesia como un todo se le pedirá que dé generosamente para pagar por todos estos compromisos.[57]

De hecho, las razones para poner algunas limitaciones a la autoridad de los oficiales de la iglesia pueden parecer tan fuertes que nos lleven a pensar que toda las decisiones y autoridad gobernante deben descansar en la congregación como un todo. (Algunas iglesias han adoptado un sistema de democracia casi pura para su gobierno, por el que todo se debe presentar a la congregación entera para aprobación). Sin embargo, esta conclusión ignora la abundante evidencia del Nuevo Testamento en cuanto a la clara autoridad de gobernar que se da a los ancianos en las iglesias del Nuevo Testamento. Por consiguiente, en tanto que es importante tener *algunas limitaciones reconocidas* sobre la autoridad de los ancianos, y que la autoridad gobernante última descansa sobre la congregación como un todo, es necesario, si vamos a ser fieles al patrón del Nuevo Testamento, investir a los mismos ancianos con un fuerte nivel de autoridad.[58]

He rotulado a este sistema como de «pluralidad *local* de ancianos» a fin de distinguirlo del sistema presbiteriano en donde los ancianos, cuando se reúnen a nivel de presbiterio o asamblea general, tienen autoridad sobre más que su propia congregación local.

---

a todos los creyentes en algunos de los procesos de toma de decisiones cruciales de la iglesia. «El éxito depende de los muchos consejeros» (Pr 11:14).

[57]Se debe notar que un sistema de gobierno de la iglesia como un grupo de ancianos que se perpetúa a sí mismo, en lugar de uno elegido por la congregación, sería muy similar en función a este sistema, pero no sería tan extensivo en las verificaciones y balances que se imponen sobre la autoridad de los ancianos. Tal iglesia todavía puede querer tener algún mecanismo por el que la congregación pueda sacar a los ancianos que se desvían de manera seria de la fidelidad a las Escrituras.

[58]Cuando este tipo de sistema funciona en una iglesia grande, es importante que una mayoría de la junta de ancianos sean personas *que no son pastores asociados en la iglesia*. Esto se debe a que los pastores asociados están sujetos al pastor principal en todo su trabajo en la iglesia (por lo general él los emplea y despide, y fija su paga, y ellos le rinden cuentas a él). Por consiguiente, si una mayoría de los ancianos la forman estos pastores asociados, las dinámicas interpersonales incluidas harán imposible que el pastor principal esté sujeto a la autoridad de los ancianos como un grupo, y el sistema funcionará de hecho como una forma (algo disfrazada) de gobierno de «un solo pastor», y no como un gobierno de pluralidad de ancianos. Alguien podría objetar que en una iglesia grande solo los miembros del personal pastoral a tiempo completo saben lo suficiente de la vida de la iglesia como para ser ancianos eficaces, pero esta no es una objeción convincente: el gobierno por juntas que no están estrechamente involucradas en las actividades cotidianas de aquellos a quienes gobiernan funciona bien en muchos ámbitos de la actividad humana, tales como juntas universitarias o de seminario, juntas escolares locales, junta de directores de corporaciones, e incluso gobiernos estatales o nacionales. Todos estos cuerpos gobernantes dirigen pólizas y dan dirección a administradores a tiempo completo, y *pueden* obtener información detallada en cuanto a situaciones específicas cuando surge la necesidad. (Me doy cuenta de que todos estos sistemas pueden funcionar calamitosamente, pero mi punto es simplemente que pueden funcionar muy bien cuando en posiciones de liderazgo se pone a las personas apropiadas).

Pero en tal sistema de ancianos locales elegidos, ¿puede haber alguna asociación más amplia con iglesias más allá de la congregación local? Sí, desde luego. Si bien las iglesias con este sistema pueden escoger permanecer independientes por entero, la mayoría entrará en asociaciones voluntarias con otras iglesias de convicciones similares a fin de facilitar comunión, combinación de recursos para actividad misionera (y tal vez para otras cosas tales como campamentos cristianos, publicaciones, educación teológica, etc.). Sin embargo, la única autoridad que estas asociaciones mayores tendrían sobre la congregación local sería la autoridad de excluir a una iglesia individual de esa asociación, y no la autoridad de gobernar los asuntos de cada congregación.

c. Junta corporativa. Las tres formas restantes de gobierno congregacional de la iglesia no se usan comúnmente, pero a veces se hallan en iglesias evangélicas. El primero sigue el patrón del ejemplo de una corporación moderna, en donde la junta de directores contrata a un oficial ejecutivo que tiene la autoridad de manejar los asuntos como mejor le parezca. A esta forma de gobierno también se le podría llamar la estructura de «tú trabajas para nosotros». Se muestra en la figura 5.6.

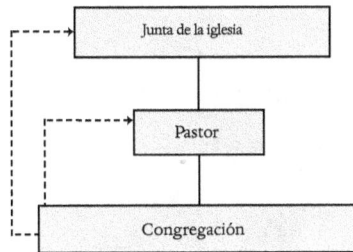

MODELO DE GOBIERNO DE LA IGLESIA DE JUNTA CORPORATIVA
Figura 5.6

A favor de esta estructura se pudiera argumentar que este sistema en efecto funciona bien en las empresas contemporáneas. Sin embargo, no hay ningún precedente ni respaldo del Nuevo Testamento para tal forma de gobierno de la iglesia. Es simplemente resultado de tratar de manejar la iglesia como una empresa moderna, y ve al pastor no como dirigente espiritual, sino meramente como un empleado pagado.

Otras objeciones a esta estructura son el hecho de que le priva al pastor de participar en la autoridad gobernante que debe tener a fin de desempeñar efectivamente sus responsabilidades como anciano. Todavía más, los miembros de la junta también son miembros de la congregación sobre quienes se supone que el pastor debe tener cierta autoridad, pero esa autoridad se ve seriamente comprometida si los dirigentes de la congregación son en realidad sus jefes.

d. Democracia pura. Esta noción, que lleva el gobierno congregacional de la iglesia a su extremo lógico, se puede representar como la figura 5.7.

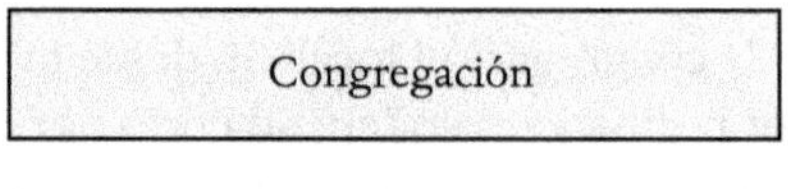

```
┌─────────────────┐
│  Congregación   │
└─────────────────┘
```

GOBIERNO POR PURA DEMOCRACIA
Figura 5.7

En este sistema *todo* debe presentarse en la reunión congregacional. El resultado es que las decisiones a menudo se debaten interminablemente, y, conforme la iglesia crece, la toma de decisiones llega al punto de casi paralizarse. En tanto que esta estructura intenta hacer justicia a algunos de los pasajes citados arriba respecto a la necesidad de que la autoridad gobernante final descanse en la congregación como un todo, no es fiel al patrón del Nuevo Testamento de ancianos reconocidos y designados que tienen autoridad real para gobernar a la iglesia en la mayoría de las situaciones.

e. «*No hay gobierno salvo el del Espíritu Santo*». Algunas iglesias, particularmente iglesias muy nuevas con tendencias más místicas o extremadamente pietistas, funcionan con un gobierno que parece algo como la figura 5.8

NO HAY GOBIERNO, SALVO
EL DEL ESPÍRITU SANTO
Figura 5.8

En este caso, la iglesia negaría que se necesite alguna forma de gobierno, dependería de que todos los miembros de la congregación sean sensibles a la dirección del Espíritu Santo en sus propias vidas, y las decisiones por lo general se tomarían por consenso. Esta forma de gobierno nunca dura mucho tiempo. No es solo que no es fiel al patrón del Nuevo Testamento de ancianos designados con autoridad para gobernar a la iglesia, sino que también está expuesta a mucho abuso, porque los sentimientos subjetivos, antes que la sabiduría y la razón, prevalecen en el proceso de toma de decisiones.

4. *Conclusiones*. Se debe aclarar, al concluir esta consideración del gobierno de la iglesia, que la forma de gobierno adoptada por una iglesia no es un punto principal de doctrina. Los creyentes han vivido confortablemente y han ministrado muy efectivamente con varias clases diferentes de sistemas, y hay muchos evangélicos dentro de cada uno de los sistemas mencionados. Es más, un número de tipos diferentes de sistemas de gobiernos de iglesia funcionan bastante bien. En donde hay puntos débiles que parecen ser inherentes

en la estructura de gobierno, individuos dentro del sistema generalmente reconocen esos puntos débiles e intentan compensarlos de cualquier manera que el sistema les permita.

No obstante, una iglesia puede ser *más pura* o *menos pura* en este punto, como en cualquier otro aspecto. Conforme las Escrituras nos persuaden respecto a varios aspectos del gobierno de la iglesia, debemos continuar orando y esforzándonos por una mayor pureza de la iglesia visible en este aspecto también.

D. ¿Deben las mujeres ser oficiales de la iglesia?

La mayoría de las teologías sistemáticas no ha incluido una sección sobre la cuestión de si las mujeres pueden ser oficiales de la iglesia, porque se ha dado por sentado en toda la historia del cristianismo, con muy pocas excepciones, que solo los hombres pueden ser pastores o funcionar como ancianos dentro de la iglesia.[59] Pero en años recientes ha surgido una controversia seria dentro del mundo evangélico: ¿pueden las mujeres servir como pastoras tanto como los hombres? ¿Pueden ellas tener parte en todos los cargos de la iglesia? He tratado esta cuestión mucho más extensivamente en otras obras[60], pero un breve resumen de la cuestión se puede dar en este punto.

Debemos afirmar desde el principio que el relato de la creación en *Génesis 1:27 ve a hombres y mujeres como creados igualmente a imagen de Dios*. Por consiguiente, hombres y mujeres tienen igual valor ante Dios, y debemos verlos como poseedores de absolutamente igual valor como personas, e igual valor para la iglesia. Es más, las Escrituras aseguran que hombres y mujeres tienen igual acceso a todas las bendiciones de la salvación (ver Hch 2:17-18; Gá 3:28).[61] Esto se afirma en forma impresionante en la alta dignidad y respeto que Jesús concedió en su ministerio terrenal a las mujeres.[62]

También debemos admitir que las iglesias evangélicas a menudo no han reconocido la plena igualdad de hombres y mujeres, y por consiguiente no han considerado a las mujeres iguales en valor a los hombres. El resultado ha sido que no se ha reconocido que Dios a menudo les da a las mujeres dones espirituales iguales o mayores que a los hombres, que no se ha animado a las mujeres a tener participación completa y libre en los varios ministerios de la iglesia, y que no se ha tomado plenamente en cuenta la sabiduría que Dios les ha dado a las mujeres respecto a importantes decisiones en la vida de la iglesia. Si la controversia presente sobre el papel de las mujeres en las iglesias puede resultar en la erradicación de algunos de estos abusos pasados, entonces la iglesia como un todo se beneficiará grandemente.

Sin embargo, la cuestión persiste: ¿deben las mujeres ser pastoras o ancianas en las iglesias? (O, ¿deben llenar funciones equivalentes a las de un anciano en las iglesias que tienen formas alternas de gobierno?) Mi propia conclusión sobre este asunto es que la

---

[59]Ver William Weinrich, «Women in the History of the Church: Learned and Holy, But Not Pastors,», en *Recovering Biblical Manhood and Womanhood: A Response to Evangelical Feminism*, ed. John Piper y Wayne Grudem (Crossway, Wheaton, Ill., 1991), pp. 263–79. Ver también Ruth A. Tucker y Walter L. Liefeld, *Daughters of the Church: Women and Ministry from New Testament Times to the Present* (Zondervan, Grand Rapids, 1987).

[60]Ver *Recovering Biblical Manhood and Womanhood*, ed. John Piper y Wayne Grudem. La posición que he tomado en los párrafos que siguen está de acuerdo con «Danvers Statement», emitida en 1988 por el Council on Biblical Manhood and Womanhood, 2825 Lexington Road, Box 926, Louisville, KY 40280, USA.

[61]Ver también Raymond C. Ortlund, Jr., «Male-Female Equality and Male Headship: Gen. 1–3», en *Recovering Biblical Manhood and Womanhood*, pp. 95–112.

[62]Ver James A. Borland, «Women in the Life and Teachings of Jesus», en *Recovering Biblical Manhood and Womanhood*, pp. 113–23.

Biblia no permite que las mujeres funcionen en el papel de pastoras o ancianas dentro de la iglesia. Esta ha sido también la conclusión de la vasta mayoría de iglesias en varias sociedades en toda la historia. Las razones que me parecen más persuasivas al responder a esta pregunta son las siguientes:

1. 1 Timoteo 2:11-14. El pasaje particular de la Biblia que trata más directamente de esta cuestión es 1 Timoteo 2:11-14:

> La mujer debe aprender con serenidad, con toda sumisión. *No permito que la mujer enseñe al hombre y ejerza autoridad sobre él*; debe mantenerse ecuánime. Porque primero fue formado Adán, y Eva después. Además, no fue Adán el engañado, sino la mujer; y ella, una vez engañada, incurrió en pecado.

Aquí Pablo está hablando de la iglesia cuando está reunida (ver vv. 8-9). En tal ambiente Pablo dice: «No permito que la mujer *enseñe al hombre y ejerza autoridad* sobre él» (v. 12). Estas son las funciones que realizan los ancianos de la iglesia, y especialmente los que conocemos como pastores en las situaciones de la iglesia contemporánea.[63] Son específicamente estas funciones particulares de los ancianos que Pablo prohíbe que las mujeres ejerzan en la iglesia.[64]

Varias objeciones se han presentado contra esta posición:[65]

(a) Se ha dicho que este pasaje se aplica solo a una situación específica que Pablo está considerando, posiblemente una en donde las mujeres estaban enseñando doctrina herética dentro de la iglesia de Éfeso. Pero esta objeción no es convincente, puesto que no hay ninguna declaración clara en 1 Timoteo que diga que las mujeres en realidad estaban *enseñando* doctrinas falsas. (1 Ti 5:13 habla de mujeres que son chismosas, pero no menciona doctrina falsa). Todavía más, Pablo no les dice simplemente a las mujeres que están enseñando doctrina falsa que guarden silencio, sino que dice: «No permito que *la mujer* enseñe al hombre y ejerza autoridad sobre él». Finalmente, la *razón* que Pablo da para esta prohibición no es la propuesta en esta objeción, sino una muy diferente: la situación de Adán y Eva antes de la caída, y antes de que hubiera ningún pecado en el mundo (ver v. 13), y cómo en el momento de la caída se produjo una inversión en los papeles de hombre y mujer (ver v. 14). Estas razones no están limitadas a una situación en la iglesia de Éfeso, sino que tienen aplicación en general a los hombres y mujeres.

(b) Otra objeción dice que Pablo da esta prohibición porque las mujeres no tenían mayor educación en el primer siglo, y por consiguiente no estaban cualificadas para papeles de enseñanza o de gobierno en la iglesia. Pero Pablo no menciona la falta de educación como razón para decir que la mujer no puede «enseñar o [...] tener autoridad sobre los hombres». Sino más bien señala en retrospectiva a la creación (vv. 13-14). Es precario basar un argumento en una razón que Pablo *no* da en lugar de la razón que *sí* da.

---

[63] Ver la explicación en las pp. 55–56 arriba respecto a las funciones de enseñar y gobernar que les corresponden a los ancianos en una iglesia.

[64] Para una consideración más extensa de este pasaje, ver Douglas Moo, «What Does It Mean Not to Teach or Have Authority Over Men?: 1 Tim. 2:11–15», en *Recovering Biblical Manhood and Womanhood*, pp. 179–93.

[65] Para afirmaciones más extensas de estas objeciones ver los libros marcados como «a favor de que haya mujeres pastoras» en la bibliografía al fin de este capítulo, especialmente los libros de Mickelsen, Spencer, y Bilezikian.

CAPÍTULO 5 · EL GOBIERNO DE LA IGLESIA

Además, esta objeción entiende mal los hechos reales de la iglesia antigua y del mundo antiguo. La educación formal en las Escrituras no era requisito para el liderazgo en la iglesia del Nuevo Testamento, porque varios de los apóstoles no tuvieron educación bíblica formal (ver Hch 4:13). Por otro lado, la destreza de alfabetización básica y por consiguiente la capacidad de leer y estudiar las Escrituras estaban disponibles por igual para hombres y mujeres (notar Hch 18:26; Ro 16:1; 1 Ti 2:11; Tit 2:3-4). Hubo muchas mujeres bien educadas en el mundo antiguo, y particularmente en un centro cultural como Éfeso.[66]

Finalmente, los que presentan tal argumento a veces son incoherentes al decir que en otros lugares se señala a mujeres que tuvieron cargos de liderazgo en la iglesia antigua, tales como Priscila. Este punto es especialmente relevante en 1 Timoteo 2, porque Pablo está escribiendo a Éfeso (1 Ti 1:3), que fue donde residían Priscila y Aquila (ver Hch 18:18-19, 21). Fue en esta misma iglesia de Éfeso donde Priscila conoció las Escrituras lo suficiente como para ayudar a instruir a Apolos en el año 51 d.C. (Hch 18:26). Luego ella probablemente había aprendido de Pablo mismo por otros tres años mientras él se quedó en Éfeso enseñando «todo el propósito de Dios» (Hch 20:27; cf. v. 31; también 1 Co 16:19). Sin duda, muchas otras mujeres de Éfeso habían seguido su ejemplo y también habían aprendido de Pablo. Aunque más tarde ellos fueron a Roma, hallamos a Aquila y Priscila de nuevo en Éfeso al fin de la vida de Pablo (2 Ti 4:19), alrededor del año 67 d.C. Por consiguiente, es probable que estuvieran en Éfeso en el año 65 d.C., alrededor del tiempo cuando Pablo escribió 1 Timoteo (alrededor de *catorce años después de que Priscila había ayudado a instruir a Apolos*). Sin embargo, Pablo no permite ni siquiera a la tan bien educada Priscila ni a cualquier otra mujer bien educada de Éfeso que enseñe a los hombres en la asamblea pública de la iglesia. La razón no fue falta de educación, sino el orden de la creación que Dios estableció entre hombres y mujeres.

2. *1 Corintios 14:33b-36.* En una enseñanza similar Pablo dice:

> Como es costumbre en las congregaciones de los creyentes, guarden las mujeres silencio en la iglesia, pues no les está permitido hablar. Que estén sumisas, como lo establece la ley. Si quieren saber algo, que se lo pregunten en casa a sus esposos; porque no está bien visto que una mujer hable en la iglesia. ¿Acaso la palabra de Dios procedió de ustedes? ¿O son ustedes los únicos que la han recibido? (1 Co 14:33b-36)

En esta sección, Pablo no puede estar prohibiendo toda habla pública de parte de las mujeres en la iglesia, porque en 1 Corintios 11:5 claramente les permite orar y profetizar en la iglesia. Por consiguiente, es mejor entender este pasaje como refiriéndose al discurso que está en la categoría que se considera en el contexto inmediato, es decir, la evaluación hablada y juzgar las profecías en la congregación (ver v. 29: «En cuanto a los profetas, que hablen dos o tres, y *que los demás examinen con cuidado lo dicho*»). En tanto que Pablo permite que las mujeres hablen y profeticen en la reunión de la iglesia, no les

---
[66]Ver Piper y Grudem, *Recovering Biblical Manhood and Womanhood*, p. 82.

permite hablar en voz alta y dar evaluación o análisis de las profecías que se han dado, porque esto sería una función de gobierno con respecto a toda la iglesia.[67] Esta forma de entender el pasaje depende de nuestra noción del don de profecía en la edad del Nuevo Testamento, es decir, que la profecía no incluye enseñanza bíblica autoritativa, ni decir palabras de Dios que son iguales a las Escrituras, sino más bien informar algo que Dios espontáneamente trae a la mente.[68] De esta manera, las enseñanzas de Pablo son muy consistentes en 1 Corintios 14 y 1 Timoteo 2: en ambos casos se preocupa por preservar el liderazgo de los varones para enseñar y gobernar en la iglesia.[69]

3. 1 Timoteo 3:1-7 y Tito 1:5-9. Tanto 1 Timoteo 3:1-7 como Tito 1:5-9 dan por sentado que los ancianos van a ser hombres. Un anciano (u obispo o presbítero) debe ser «esposo de una sola mujer» (1 Ti 3:2; también Tit 1:6), y «Debe gobernar bien su casa y hacer que sus hijos le obedezcan con el debido respeto» (1 Ti 3:4).

Algunos pueden objetar que estas fueron direcciones dadas solo para la situación cultural en el mundo antiguo, en donde las mujeres no tenían mucha educación, pero la misma respuesta que se dio arriba respecto a 1 Timoteo 2 se aplicaría en este caso por igual.

4. La relación entre la familia y la iglesia. El Nuevo Testamento hace conexiones frecuentes entre la vida de la familia y la vida de la iglesia. Pablo dice: «Porque el que no sabe gobernar su propia familia, ¿cómo podrá cuidar de la iglesia de Dios?» (1 Ti 3:5). Le dice a Timoteo: «No reprendas con dureza al anciano, sino aconséjalo como si fuera tu *padre*. Trata a los jóvenes como a *hermanos*; a las ancianas, como a *madres*; a las jóvenes, como a *hermanas*, con toda pureza» (1 Ti 5:1-2). Se podrían citar varios otros pasajes, pero la relación estrecha entre la familia y la iglesia debe ser clara.

Debido a esta conexión es inevitable que los patrones de liderazgo de la familia reflejarán los patrones de liderazgo en la iglesia, y viceversa. Es muy apropiado que, conforme los hombres santos cumplen sus responsabilidades de liderazgo de la familia, deben también cumplir responsabilidades de liderazgo en la iglesia. A la inversa, si en la iglesia se establecen patrones de liderazgo femenil, inevitablemente eso pondrá presión hacia un mayor liderazgo femenil, y hacia la abdicación de liderazgo masculino, dentro de la familia.[70]

---

[67]Para una consideración más completa de esta cuestión, ver D. A. Carson, «"Silent in the Churches": On the Role of Women in 1 Cor. 14:33b-36», en *Recovering Biblical Manhood and Womanhood*, pp. 140–153. Ver también Wayne Grudem, *The Gift of Prophecy in the New Testament and Today*, pp. 217–24; también Wayne Grudem, «—Yes, but Teaching—No: Paul's Consistent Advocacy of Women's Participation Without Governing Authority», *JETS* 30/1 (marzo 1987), pp. 11–23.

[68]Esta noción del don de profecía se explica más completamente en el capítulo 11, pp. 231–66.

[69]Una objeción evangélica reciente a esta conclusión sobre 1Co 13:33-36 simplemente dice que estos versículos no fueron escritos por Pablo y no pertenecen al texto de 1 Corintios, y por consiguiente no se los debe considerar como Escrituras autoritativas para nosotros hoy: ver Gordon Fee, *The First Epistle to the Corinthians*, pp. 699–708. El argumento básico de Fee es que es imposible reconciliar este pasaje con 1Co 11:5, en donde Pablo claramente permite que las mujeres hablen en la iglesia. (También da mucho peso al hecho de que los vv. 34-35 jayan sido movidos al final de 1 Co 14 en algunos manuscritos antiguos). Pero Fee no da a consideración adecuada a la noción representada aquí, es decir, que Pablo simplemente está prohibiendo a las mujeres la tarea autoritativa de juzgar las profecías en la iglesia reunida. La posición de Fee es sorprendente a la luz del hecho de que ningún manuscrito antiguo de 1 Corintios omite estos versículos. (Los pocos manuscritos que ponen esta sección al fin del capítulo 14 son manuscritos mucho menos confiables que tienen también variaciones frecuentes en otras partes en 1 Corintios).

[70]Para más consideración de este punto, ver Vern Poythress, «The Church as Family: Why Male Leadership in the Family Requires Male Leadership in the Church», en *Recovering Biblical Manhood and Womanhood*, pp. 233–47.

5. El ejemplo de los apóstoles. Si bien los apóstoles no son lo mismo que los ancianos en las iglesias locales, con todo es importante darnos cuenta de que Jesús estableció un patrón de liderazgo masculino en la iglesia cuando nombró a doce hombres como apóstoles. Simplemente no es verdad que las mujeres tienen igual acceso a todos los cargos en la iglesia, porque Jesús, la cabeza de la iglesia, es hombre. Los doce apóstoles que se sentarán en los doce tronos juzgando a las doce tribus de Israel (ver Mt 19:28), y cuyos nombres están inscritos para siempre en los cimientos de la ciudad celestial (Ap 21:14), son todos hombres. Por consiguiente, *no habrá modelaje eterno para papeles iguales para hombres y mujeres en todos los niveles de autoridad de la iglesia*. Más bien, hay un patrón de liderazgo masculino en los papeles más altos de gobierno de la iglesia, patrón que será evidente para todos los creyentes en toda la eternidad.

Una objeción que se presenta contra este argumento es la afirmación de que la cultura en ese tiempo no hubiera permitido que Jesús escogiera a seis hombres y a seis mujeres como apóstoles, o seis parejas de esposo y esposa como apóstoles, y por esto no lo hizo así. Pero tal objeción impugna la integridad y el valor de Jesús. Jesús no tuvo ningún temor de romper las costumbres sociales cuando estaba en juego un principio moral: criticó públicamente a los fariseos, sanó en el sabbat, limpió el templo, habló con una samaritana, comió con cobradores de impuestos y pecadores, y comió con manos sin lavarse.[71] Si Jesús hubiera querido establecer un principio de igual acceso al liderazgo de la iglesia tanto para hombres como para mujeres, ciertamente lo habría hecho así al nombrar sus apóstoles, y podría haberlo hecho, a pesar de la oposición cultural, si ese hubiera sido el patrón que quería establecer en su iglesia. Pero no lo hizo así.[72]

Otra objeción a este argumento dice que, si esto es verdad, entonces solo los judíos pueden ser dirigentes en nuestras iglesias, puesto que todos los apóstoles también fueron judíos. Pero esta objeción no es convincente porque no reconoce que la iglesia fue enteramente judía en sus principios. Esto se debe a que fue el plan de Dios traer salvación por medio de los judíos, y esto llevó a doce apóstoles judíos. Sin embargo, dentro de las páginas del Nuevo Testamento, vemos que la iglesia pronto se amplió para incluir a los gentiles (Mt 28:19; Ef 2:16) y los gentiles pronto llegaron a ser ancianos y dirigentes en la iglesia del Nuevo Testamento. Un gentil (Lucas) escribió dos libros del Nuevo Testamento (Lucas y Hechos), y varios gentiles, como Tito y Epafrodito, fueron ayudantes apostólicos de Pablo y sus colaboradores. Es más, Dios progresivamente ha revelado desde el tiempo de Abraham (Gn 12:3; 17:5) que fue su plan a la larga incluir incontables gentiles entre su pueblo.

Así que el hecho de que los primeros apóstoles fueron judíos no es lo mismo que el hecho de que fueron varones. La iglesia empezó como enteramente judía, pero pronto llegó a ser judía y gentil por igual. Pero no toda la iglesia empezó siendo de varones, y solo más tarde incluyó a las mujeres también. *Los seguidores de Cristo fueron varones y mujeres desde el principio* y tanto hombres como mujeres estuvieron presentes en los principios de la iglesia en Pentecostés. Así que esta objeción tampoco es convincente.

---

[71]Este argumento y el que sigue se toman de James Borland, «Women in the Life and Teachings of Jesus», en *Recovering Biblical Manhood and Womanhood*, pp. 120–22.

[72]Respecto a «Junia» o «Junias» en Ro 16:7, ver p. 88.

6. La historia de enseñanza y liderazgo de varones en toda la Biblia. A veces los que se oponen a la noción presentada han dicho que se basa solo en un pasaje: 1 Timoteo 2. Varios de los argumentos anteriores han demostrado que este no es el caso, pero hay otro argumento adicional que se puede presentar: en toda la historia de toda la Biblia, desde el Génesis hasta Apocalipsis, hay un patrón consistente de liderato varonil entre el pueblo de Dios. Aunque hay ejemplos ocasionales de mujeres ocupando cargos de liderazgo en el gobierno tales como el de reina (Atalía en efecto reinó como única monarca en 2 R 11:1-20, pero difícilmente sería un ejemplo a imitar) o juez (notar Débora en Jue 4–5), y aunque hubo ocasionalmente mujeres tales como Débora y Huldá que fueron profetisas (ver Jue 4–5; 2 R 22:14-20), debemos notar que estas son excepciones raras en circunstancias nada usuales. Ocurrieron en medio de un patrón abrumador de liderazgo varonil en la enseñanza y el gobierno, y, como tal, difícilmente podrían servir como patrón para el oficio de la iglesia en el Nuevo Testamento.[73] Es más, *no hay ningún ejemplo*. Y más aún, *en toda la Biblia de una mujer haciendo la clase de enseñanza bíblica congregacional que se espera del pastor o los ancianos en la iglesia del Nuevo Testamento*. En el Antiguo Testamento fueron los sacerdotes los que tenían responsabilidades de enseñanza para el pueblo, y el sacerdocio fue exclusivamente de varones; es más, incluso las profetisas Débora y Huldá profetizaron solo privadamente, y no públicamente a una congregación del pueblo.[74]

7. La historia de la iglesia cristiana. Como se mencionó arriba, el patrón abrumador en toda la historia de la iglesia cristiana ha sido que el oficio de pastor o anciano (o su equivalente) ha estado reservado para los hombres. Aunque esto no demuestra concluyentemente que tal posición es correcta, debe darnos razón para reflexionar muy seriamente en la cuestión antes de apresurarnos y declarar que casi la iglesia entera en toda su historia ha estado errada en este asunto.[75]

8. Objeciones. Numerosas objeciones se han presentado contra la posición bosquejada aquí, y solo unas pocas de ellas se pueden tratar en este punto.[76] Se objeta que *el ministerio deben determinarlo los dones, y no el género*. Pero en respuesta se debe decir que los dones espirituales tienen que usarse dentro de las pautas dadas en la Biblia. El Espíritu Santo que da poder a los dones espirituales también es el Espíritu Santo que inspiró a la Biblia, y él no quiere que usemos sus dones en desobediencia a sus palabras.

---

[73]Para mayor explicación de estos ejemplos narrativos, ver Thomas R. Schreiner, «The Valuable Ministries of Women in the Context of Male Leadership: A Survey of Old and New Testament Examples and Teaching», en *Recovering Biblical Manhood and Womanhood*. pp. 209–24. Con respecto a Débora en particular, debemos darnos cuenta de que los sucesos históricos narrados en todo el libro de Jueces requieren gran cuidado en la interpretación antes de que podamos dar por sentado que se deban tomar como modelos para imitar. Y Débora fue diferente de otros profetas (varones) en que ella no profetizó en público, sino solo en privado (Jue 4:5; Huldá hace lo mismo en 2 R 22:14-20); ella le entregó su liderazgo a un hombre (Jue 4:6-7); y, aunque Dios en efecto dio bendición por medio de ella, es interesante que no hay ninguna afirmación explícita del hecho de que el Señor la llamó; lo que la hace diferente de otros jueces principales, como Otoniel (3:9), Aod (3:15), Gedeón (6:14), Jefté (11:29) y Sansón (13:25; 14:6), de quienes explícitamente se afirma que Dios los llamó.

[74]Véase la nota anterior. En cuanto al hecho de que las mujeres podían profetizar en las congregaciones del Nuevo Testamento, véase la discusión bajo la sección 2 de este capítulo, p. 100.

[75]Ver nota al pie de *Biblia*, p. 45. Un número de libros recientes han destacado el descuido de las contribuciones que las mujeres han hecho a la iglesia en toda su historia: ver especialmente Ruth Tucker y Walter Liefeld, *Daughters of the Church*, libro que es un tesoro de información y provee extensa bibliografía adicional. Pero ninguno de estos estudios derriba la conclusión clara de que la gran mayoría de la iglesia en toda su historia no ha aceptado a mujeres como pastoras.

[76]Para consideración adicional ver *Recovering Biblical Manhood and Womanhood*. esp. pp. 60–92. Las afirmaciones de Fuller de las objeciones mencionadas aquí se pueden hallar en los libros marcados «a favor de que haya mujeres pastoras» en la bibliografía al final de este capítulo, esp. los volúmenes de Mickelsen, Spencer, y Bilezikian.

CAPÍTULO 5 · EL GOBIERNO DE LA IGLESIA

Otra objeción dice que *si Dios genuinamente ha llamado a una mujer a ser pastora, no se le debe impedir que actúe como tal*. La respuesta a esta objeción es similar a la dada arriba: el individuo que aduce haber recibido un llamado de Dios siempre debe ser probado sometiéndolo a las palabras de Dios en las Escrituras. Si la Biblia enseña que Dios quiere que solo los hombres lleven las responsabilidades primarias de enseñar y gobernar del pastorado, entonces por implicación la Biblia también enseña que Dios no llama a las mujeres a ser pastoras. Sin embargo, debemos añadir que a menudo lo que una mujer discierne como llamamiento divino al pastorado puede ser en verdad un llamado al ministerio cristiano a tiempo completo, pero no a ser pastora o anciana en una iglesia. De hecho, existen muchas oportunidades para el ministerio ocupacional a tiempo completo dentro de la iglesia local y en otras partes, aparte de ser una pastora que enseña o una anciana; por ejemplo, posiciones ministeriales en la iglesia en asesoría, ministerios femeniles, educación cristiana, y ministerios a niños, así como también ministerio de música y adoración, ministerios universitarios, ministerios de evangelización, ministerios a los pobres, y responsabilidades administrativas que no incluyen ejercer el papel de anciana sobre toda la iglesia.[77] Esta lista se pudiera ampliar, pero el punto es que no debemos imponer restricciones en donde la Biblia misma no impone restricciones, sino que debemos permitir y animar la plena y libre participación de mujeres tanto como de hombres en todos estos otros aspectos.

Algunos objetan que *el énfasis del Nuevo Testamento es en liderazgo servidor* y por consiguiente no debemos preocuparnos tanto por la autoridad, puesto que es una preocupación más pagana que cristiana. Pero esta objeción hace una distinción falsa entre actitud de servicio y autoridad. Ciertamente Jesús mismo es el modelo de un líder servidor, pero Jesús también tenía autoridad; ¡gran autoridad! Él es el Señor de nuestras vidas y Señor de la iglesia. Por analogía, los ancianos deben seguir el ejemplo de Jesús de liderazgo servidor (ver 1 P 5:1-5), pero eso no quiere decir que deban descuidar el gobernar con autoridad cuando la Biblia misma les da esa responsabilidad (ver 1 Ti 5:17; Heb 13:17; 1 P 5:5).[78]

A veces algunos objetan que *tal como la iglesia finalmente se dio cuenta de que la esclavitud era un mal, así hoy debe reconocer que el liderazgo de los varones está mal* y que es una tradición cultural obsoleta que se debe descartar. Pero esta objeción no ve la diferencia entre la institución cultural temporal de la esclavitud, que ciertamente Dios no estableció en la creación, y la existencia de una diferencia en los papeles del varón y la mujer en el matrimonio (y, por implicación, en las relaciones dentro de la iglesia) que Dios estableció en la creación. Las semillas de la destrucción de la esclavitud se sembraron en el Nuevo Testamento (ver Flm 16; Ef 6:9; Col 4:1; 1 Ti 6:1-2), pero en la Biblia no se siembra ninguna semilla para la destrucción del matrimonio, o para la destrucción de las diferencias entre hombres y mujeres según fueron creados. Es más, la objeción se puede invertir: es probable que un paralelo más estrecho a los defensores cristianos de la esclavitud en el siglo diecinueve se halle en los feministas evangélicos que hoy usan argumentos de la Biblia para justificar conformidad a algunas presiones extremadamente fuertes en la sociedad contemporánea (a favor de la esclavitud entonces, y en cuanto a mujeres pastoras hoy).

---

[77]Para consideración adicional, ver *Recovering Biblical Manhood and Womanhood*, pp. 54–59.

[78]Ver también la consideración de la autoridad de los ancianos en las pp. 94-95, arriba.

A veces se objeta que *Priscila y Aquila hablaron juntos con Apolos* y «le explicaron con mayor precisión el camino de Dios» (Hch 18:26). Esto es cierto, y es evidencia útil que muestra que el debate informal de las Escrituras por parte de hombres y mujeres juntos, en la cual hombres y mujeres juegan un papel significativo para ayudarse unos a otros a entender la Biblia, es aprobado por el Nuevo Testamento. De nuevo, un ejemplo como este nos advierte de no prohibir la utilización de actividades que la Biblia no prohíbe, sin embargo esto no invierte el principio de que el papel de gobernar y enseñar reconocido públicamente dentro de una iglesia está restringido a los hombres. Priscila no estaba haciendo nada contrario a esta restricción.

A veces se objeta que *es absurdo permitir que las mujeres voten en la iglesia que tienen gobierno congregacional, pero no que sirvan como ancianas*. Pero la autoridad de la iglesia como un todo no es lo mismo que la autoridad que se da a individuos específicos dentro de la iglesia. Cuando decimos que la congregación como un todo tiene autoridad, no quiere decir que cada hombre y cada mujer de la congregación tienen la autoridad de hablar o actuar por la congregación. Por consiguiente, el género, como parte de la persona de un individuo, no está significativamente a la vista en las decisiones corporativas de la congregación.

Otra manera de expresar esto es decir que la única pregunta que estamos haciendo en esta sección es si las mujeres pueden ser oficiales dentro de la iglesia, y específicamente si pueden ser ancianas dentro de la iglesia. En cualquier sistema congregacional en donde los ancianos son elegidos por la congregación, es evidente a todos en la iglesia que los ancianos tienen un tipo de autoridad delegada que los demás miembros de la congregación no tienen; aunque los otros miembros de la congregación hayan votado por estas personas para elegirlos. Es lo mismo en todos los sistemas de gobierno en donde los oficiales son elegidos: una vez que se elige al presidente de Estados Unidos o al alcalde de una ciudad, esa persona tiene autoridad delegada sobre las personas que lo eligieron y es una autoridad mayor que la de cualquier individuo que votó.[79]

En este punto también es apropiado reconocer que Dios ha dado tanta perspectiva y sabiduría a las mujeres como a los hombres, y que cualquier dirigente de la iglesia que descuida echar mano de la sabiduría que las mujeres tienen está actuando neciamente. Por consiguiente, cualquier grupo de ancianos u otros dirigentes varones que toman decisiones que afectan a toda la iglesia deben tener frecuentemente procedimientos dentro de la iglesia por el que se pueden echar mano en la toma de decisiones de la sabiduría y perspectiva de otros miembros de la iglesia, especialmente de la sabiduría y perspectiva de las mujeres tanto como de los hombres.

9. ¿Qué diremos en cuanto a otros oficios dentro de la iglesia? Toda la consideración arriba se ha concentrado en el asunto de si las mujeres deben ejercer como pastoras o ancianas dentro de la iglesia. Pero, ¿y los otros cargos?

La enseñanza bíblica respecto al oficio de *diácono* es mucho menos extensa que respecto al oficio de anciano,[80] y lo que involucra el oficio del diácono varía considerablemente

---

[79]Ver arriba, pp. 56-57, para ver argumentos a favor de la participación de toda la congregación en algo de la toma de decisiones en la iglesia, especialmente en la selección de oficiales de la iglesia.

[80]Ver arriba, pp. 97-98, sobre el oficio de diácono.

de iglesia a iglesia. Si los diáconos en realidad están funcionando como ancianos y tienen la más alta autoridad gobernante dentro de una iglesia local, entonces los argumentos presentados arriba en contra de que las mujeres sean ancianas se aplicarían directamente a esta situación, y se seguiría que las Escrituras no permiten que las mujeres sean diaconisas en este sentido. Por otro lado, si los diáconos simplemente tienen responsabilidad administrativa delegada para ciertos aspectos del ministerio de la iglesia, entonces parece no haber buena razón para impedir que las mujeres funcionen como diaconisas. Respecto a la cuestión de las mujeres como diaconisas en 1 Timoteo 3:8-13, a este autor no le parece que este pasaje permite que las mujeres sean diaconisas *de la manera que se entiende a los diáconos en esa situación,* pero hay una diferencia significativa en el punto de vista entre evangélicos en cuanto a entender este pasaje,[81] y para nosotros es mucho menos claro lo que los diáconos hacían exactamente en ese tiempo en comparación con la claridad con que se muestra lo que los ancianos hacían.[82]

Con respecto a los otros oficios, como el de tesorero por ejemplo, u otros cargos ministeriales, tales como ministro de jóvenes, director de asesoramiento o ministro de niños, y así por el estilo, la única pregunta que hay que hacer es si estos cargos incluyen las funciones de gobernar y enseñar que el Nuevo Testamento reserva para los ancianos. Si no, entonces *todos estos oficios deben estar abiertos para las mujeres tanto como para los hombres* porque debemos tener cuidado de no prohibir lo que el Nuevo Testamento no prohíbe.

PREGUNTAS PARA APLICACIÓN PERSONAL

1. Cualquiera que sea la estructura del tipo de gobierno de la iglesia en que se halle ahora, ¿hay maneras en que usted podría animar más y respaldar más a los dirigentes actuales en su iglesia?

2. Si al presente usted es un oficial en su iglesia, o si algún día le gustaría serlo, ¿es su patrón de vida tal que le gustaría que otros lo imiten en la iglesia? Si ha tenido parte en el proceso de seleccionar a los dirigentes de la iglesia, ¿ha tendido usted a hacer énfasis en los rasgos de carácter y requisitos espirituales que se mencionan en la Biblia, o ha hecho énfasis en otras calificaciones que el mundo buscaría al seleccionar sus dirigentes?

3. ¿Piensa usted que la estructura gobernante actual de su iglesia funciona bastante bien? ¿Cómo se podría mejorar, sin cambiar la filosofía básica del gobierno a la que la iglesia se ha comprometido? Sea que su iglesia tenga oficiales a los que se llama «ancianos», o no, ¿quiénes son los que desempeñan las funciones de ancianos en su iglesia? ¿Sabe usted si a su propio pastor le gustaría ver algunas modificaciones en el gobierno de su iglesia, de modo que le permita desempeñar más efectivamente su tarea?

4. Antes de leer este capítulo, ¿cuál era su idea sobre el asunto de las mujeres sirviendo como pastoras o ancianas que enseñan en una iglesia? ¿Cómo ha

---

[81] Ver información en nota al pie de página 17.
[82] Nótese que Hch 6:3 también requiere que se seleccione solo a hombres (gr. *aner*) como los primeros diáconos (si entendemos que ese pasaje está hablando del oficio de diácono).

cambiado este capítulo su noción, si ha cambiado? A su modo de pensar, ¿son las emociones de las personas a menudo muy fuertes respecto a este asunto? ¿Podría usted explicar cómo se siente (emocionalmente) en cuanto a la enseñanza presentada en este capítulo? ¿Le parece correcto, o no?

TÉRMINOS ESPECIALES

anciano	gobierno jerárquico
ancianos locales	oficial
apóstol	obispo
asamblea general	presbítero
clase	rector
consistorio	sacerdote
diácono	sesión
diócesis	sínodo
gobierno congregacional	supervisor
gobierno episcopal	vicario

BIBLIOGRAFÍA

Babbage, S. B. «Church Officers». En *EDT*, pp. 243–45. (Contiene una lista de varios títulos para oficiales de la iglesia que se usan en diferentes denominaciones hoy, con definiciones).

Bannerman, James. *The Church of Christ*. 2 vols. Banner of Truth, Londres, 1960. (Primero publicado en 1869.)

Baxter, Richard. *The Reformed Pastor. Banner of Truth*, Carlisle, Pa., 1979 [reimpr.].

Bilezikian, Gilbert. *Beyond Sex Roles*. 2ª ed. Baker, Grand Rapids, 1985. (A favor de que haya mujeres pastoras).

Burge, G. M. «Deacon, Deaconness». En *EDT*, pp. 295–96.

Carson, D. A. «Church, Authority in». En *EDT*, pp. 228–31.

Clark, Stephen B. *Man and Women in Christ*. Servant, Ann Arbor, Mich., 1980. (Opuesto a que haya mujeres pastoras).

Clowney, Edmund. *Called to the Ministry*. InterVarsity Press, Chicago, 1964.

_____. «Presbyterianism». En *EDT*, pp. 530–31.

Evans, Mary J. *Women in the Bible*. Paternoster, Exeter, e InterVarsity Press, Downers Grove, 1983. (A favor de que haya mujeres pastoras).

Foh, Susan. *Women and the Word of God: A Response to Biblical Feminism*. Presbyterian and Reformed, Philadelphia, 1980. (Opuesto a que haya mujeres pastoras).

Fung, Ronald Y. K. «Ministry in the New Testament». En *The Church in the Bible and the World*. Ed. Por D. A. Carson. Paternoster, Exeter, y Baker, Grand Rapids, 1987.

Gundry, Patricia. *Neither Slave nor Free: Helping Women Answer the Call to Church Leadership*. Harper and Row, San Francisco, 1987. (A favor de que haya mujeres pastoras).

CAPÍTULO 5 · EL GOBIERNO DE LA IGLESIA

_____. *Women Be Free! The Clear Message of Scripture*. Zondervan, Grand Rapids, 1988. (A favor de que haya mujeres pastoras).
Hodge, Charles. *Discussions in Church Polity*. Charles Scribner's Sons, New York, 1878.
Hort, F. J. A. *The Christian Ecclesia*. Macmillan, Londres, 1898.
House, H. Wayne. *The Role of Women in Ministry Today*. Thomas Nelson, Nashville, 1990. (Opuesto a que haya mujeres pastoras).
Hurley, James B. *Man and Woman in Biblical Perspective*. Inter-Varsity Press, Leicester, y Zondervan, Grand Rapids, 1981. (Opuesto a que haya mujeres pastoras).
Kirby, G. W. «Congregationalism». En *EDT*, pp. 159–61.
Knight, George W., III. *The Role Relationship of Men and Women*. Ed rev. Moody, Chicago, 1985. (Opuesto a que haya mujeres pastoras).
Kroeger, Richard y Catherine. *I Suffer Not a Woman*. Baker, Grand Rapids, 1992. (A favor de mujeres pastoras).
Macleod, D. «Church Government». En *EDT*, pp. 143–46.
Marshall, I. Howard. «Apostle». En *EDT*, p. 40.
Mickelsen, Alvera, ed. *Women, Authority, and the Bible*. InterVarsity Press, Downers Grove, Ill., 1986. (Colección de ensayos de varios autores, la mayoría de los cuales a favor de que haya mujeres pastoras).
Morris, L. «Church Government». En *EDT*, pp. 238–41.
_____. *Ministers of God*. Inter-Varsity Press, Londres, 1964.
Piper, John, y Wayne Grudem, eds. *Recovering Biblical Manhood and Womanhood: A Response to Evangelical Feminism*. Wheaton, Ill.: Crossway, 1991. (Colección de veintiocho ensayos por veintidós autores; opuestos a que haya mujeres pastoras).
Richards, Lawrence O. *A Theology of Church Leadership*. Zondervan, Grand Rapids, 1980.
Saucy, Robert L. «*Authority in the Church*». En Walvoord: A Tribute. Ed. por Donald K. Campbell. Moody, Chicago, 1982. pp. 219–37. (Extenso argumento a favor del gobierno congregacional).
_____. *The Church in God's Program*. Moody, Chicago, 1972.
Spencer, Aida Besancon. *Beyond the Curse: Women Called to Ministry*. Thomas Nelson, Nashville, 1985. (A favor de que haya mujeres pastoras).
Stott, John R. W. *The Preacher's Portrait*. Eerdmans, Grand Rapids, 1961.
Strauch, Alexander. *Biblical Eldership: An Urgent Call to Restore Biblical Church Leadership*. Lewis and Roth, Littleton, Col., 1986.
Tiller, J. «Ministry». En *EDT*, pp. 430–33.
Toon, Peter. «Bishop». En *EDT*, pp. 157–58.
Tucker, Ruth A., y Walter L. Liefeld. *Daughters of the Church: Women and Ministry from New Testament Times to the Present*. Zondervan, Grand Rapids, 1987. (A favor de que haya mujeres pastoras).
Wallace, R. S. «Elder». En *EDT*, pp. 347–48.

CÓMO ENTENDER LA IGLESIA

PASAJE BÍBLICO PARA MEMORIZAR

1 Pedro 5:1-4: *A los ancianos que están entre ustedes, yo, que soy anciano como ellos, testigo de los sufrimientos de Cristo y partícipe con ellos de la gloria que se ha de revelar, les ruego esto: cuiden como pastores el rebaño de Dios que está a su cargo, no por obligación ni por ambición de dinero, sino con afán de servir, como Dios quiere. No sean tiranos con los que están a su cuidado, sino sean ejemplos para el rebaño. Así, cuando aparezca el Pastor supremo, ustedes recibirán la inmarcesible corona de gloria.*

HIMNO

«Tu pueblo jubiloso»

No hay muchos himnos, si acaso alguno, escritos en cuanto al gobierno de la iglesia. He incluido aquí un himno que alaba al Señor por las bendiciones de ser miembro del pueblo de Dios en general. El himno entero se puede ver cómo de agradecimiento a Dios por las bendiciones de morar (espiritualmente) dentro de las paredes de la iglesia de hoy.

1. Tu pueblo jubiloso se acerca a ti, Señor,
Y con triunfantes voces hoy canta tu loor;
Por todas tus bondades que das en plenitud,
Tu pueblo humildemente te expresa gratitud.

2. Aunque el humano nunca te pueda aquí palpar,
Empero con los tuyos has prometido estar;
Los cielos que revelan, Rey nuestro y gran Creador,
Sentimos su presencia en nuestro ser, Señor.

3. Oh Cristo, te adoramos, te damos nuestro amor,
Oh, llena nuestras vidas de fuerza, fe y valor;
Impártenos tu gracia, Rey célico, inmortal,
Que siempre te rindamos adoración leal.

AUTOR DESCONOCIDO:
(TOMADO DE HIMNOS DE LA VIDA CRISTIANA #224)

Capítulo 6

MEDIOS DE GRACIA EN LA IGLESIA

¿Cuáles son las diferentes actividades dentro de la vida de la iglesia que Dios usa para darnos bendición?
¿Qué nos perdemos si descuidamos nuestra participación en una iglesia local?

EXPLICACIÓN Y BASE BÍBLICA

A. ¿Cuántos medios de gracia hay disponibles para nosotros?

Todas las bendiciones que experimentamos en esta vida son en última instancia inmerecidas; todas son de gracia. De hecho, para Pedro, toda la vida cristiana se vive por gracia (1 P 5:12).

Pero, ¿hay algunos *medios* especiales que Dios usa para darnos gracia adicional? Específicamente, *dentro de la comunión de la iglesia* ¿hay ciertos medios —es decir, ciertas actividades, ceremonias o funciones— que Dios usa para darnos más gracia? Otra manera de formular esa pregunta es preguntar si hay ciertos *medios* por los cuales el Espíritu Santo obra para dar bendición a la vida del creyente. Por supuesto, la oración personal, la adoración, el estudio bíblico y la fe personal, son todos medios por los que Dios obra para darnos gracia como creyentes individuales. Pero en este capítulo estamos tratando de la doctrina de la iglesia, y estamos preguntando específicamente *dentro del compañerismo de la iglesia* cuáles medios de gracia son los que Dios usa para darnos bendición.

Podemos definir los medios de gracia como sigue: *los medios de gracia son las actividades dentro de la comunión de la iglesia que Dios usa para dar más gracia a los creyentes*.

En la historia del debate de «medios de gracia dentro de la iglesia», algunos teólogos los han restringido a tres: la predicación de la Palabra de Dios y los dos sacramentos (bautismo y Cena del Señor).[1]

---

[1] Esta es la posición de Louis Berkhof, *Systematic Theology*, pp. 604–6. Él llama a estos tres medios «canales objetivos que Dios ha instituido en la iglesia» (pp. 604-5), pero el criterio significativo en el pensamiento de Berkhof parece ser el hecho de que estos tres son funciones especiales

CÓMO ENTENDER LA IGLESIA

Pero, ¿es sabio hacer una lista tan corta de «medios de gracia»? Si deseamos compilar una lista y hablar de todos los medios de recepción de la bendición del Espíritu Santo que viene a los creyentes específicamente mediante la comunión de la iglesia, entonces no parece ser sabio limitar los «medios de gracia» a las actividades cuya administración está restringida al clero ordenado u oficiales de la iglesia. Hay sabiduría, por ejemplo, en la noción de Charles Hodge de que la oración es un cuarto medio de gracia.[2]

Pero, ¿debemos limitar nuestra consideración de los medios de gracia solo a estas cuatro actividades? Parecería más útil hacer una lista de las *muchas actividades variadas* dentro de la iglesia que Dios ha dado como maneras especiales de recibir su «gracia» día tras día y semana tras semana. La lista llegaría a ser bastante larga, y, dependiendo de cómo se la organizara, pudiera incluir un variado número de elementos. La siguiente lista tal vez no sea exhaustiva, pero sí incluye la mayoría de los medios de gracia a los que los creyentes tienen acceso dentro de la comunión de la iglesia:

1. Enseñanza de la Palabra de Dios
2. Bautismo
3. Cena del Señor
4. Oración de unos por otros
5. Adoración
6. Disciplina eclesiástica
7. Ofrendar
8. Dones espirituales
9. Comunión o compañerismo
10. Evangelización
11. Ministerio personal a individuos

Todas estas cosas están disponibles a los creyentes *dentro* de la iglesia. El Espíritu Santo obra mediante todas ellas para dar varias clases de bendiciones a los individuos. Por consiguiente, apartándome de las listas mucho más cortas que por lo general se dan en las teologías sistemáticas, he decidido llamar a todos estos «medios de gracia» dentro de la iglesia.

La Iglesia Católica Romana tradicionalmente ha creído que la «gracia» de Dios viene a las personas solo mediante el ministerio oficial de la iglesia, particularmente por medio de los sacerdotes de la iglesia. Por consiguiente, cuando especifica los medios de gracia (que llama «sacramentos») que están disponibles a las personas dentro de la iglesia, tiene en vista actividades que son supervisadas o son realizadas solo por los sacerdotes de la iglesia. En la enseñanza católica romana hay siete «sacramentos» y son:

---

administradas por el clero ordenado: Berkhof llama a estos «los medios oficiales de la iglesia de Jesucristo» (p. 605), y más adelante dice: «Como medios oficiales de gracia colocados a disposición de la iglesia, tanto la palabra como los sacramentos pueden ser administrados solo por oficiales de la iglesia calificados legítima y apropiadamente» (p. 610). De esta manera, claramente restringe los «medios de gracia» a los administrados por el clero ordenado. Aunque los que siguen a Berkhof en este punto pudieran aducir que este procedimiento es sabio y sirve al interés de mantener buen orden en la iglesia, podemos preguntar si en verdad esta restricción lleva matices de «sacerdotalismo», la noción de la Iglesia Católica Romana (y, en menor grado, la Iglesia Anglicana) de que hay un «sacerdocio» especial de gente ordenada dentro de la iglesia que tiene una autoridad o capacidad especial para extender la gracia de Dios a las personas en la iglesia. (Ver capítulo 7, p. 145, para una explicación del uso de los términos *sacramentos y ordenanzas* para referirse al bautismo y a la Cena del Señor).

[2]Hodge, *Systematic Theology*, 3:692–709.

CAPÍTULO 6 · MEDIOS DE GRACIA EN LA IGLESIA

1. Bautismo
2. Confirmación
3. Eucaristía (la Cena del Señor según se la experimenta en la misa)
4. Penitencia
5. Extremaunción (popularmente conocida como los «últimos óleos», la unción con aceite que se administra a un moribundo)
6. Órdenes santas (ordenación al sacerdocio o diaconado)
7. Matrimonio

Hay no solo una diferencia en las listas dadas por católicos romanos y protestantes; también hay una diferencia en significado fundamental. Los católicos romanos ven estos como «medios de salvación» que hacen a las personas más aptas para recibir justificación de Dios.[3] Pero en la noción protestante, los medios de gracia simplemente son medios de bendiciones adicionales dentro de la vida cristiana, y no añaden a nuestra aptitud de recibir justificación de Dios.[4] Los católicos romanos enseñan que los medios de gracia imparten gracia sea que haya o no fe subjetiva de parte del ministro o del que los recibe,[5] en tanto que los protestantes sostienen que Dios imparte gracia solo en donde hay fe de parte de las personas que administran o reciben estos medios. En tanto que la Iglesia Católica Romana restringe firmemente al clero la administración de los sacramentos, nuestra lista de medios de gracia incluye muchas actividades que realizan otros creyentes.

B. Consideración de medios específicos

1. Enseñanza de la Palabra de Dios. Incluso antes de que las personas lleguen a ser creyentes, la Palabra de Dios al ser predicada y enseñada les provee la gracia de Dios en el sentido de que es el instrumento que Dios usa para impartirles vida espiritual y traerlos a la salvación. Pablo dice que el evangelio es «poder de Dios para la salvación» (Ro 1:16) y que la predicación de Cristo es «el poder de Dios y la sabiduría de Dios» (1 Co 1:24). Dios nos hace nacer de nuevo «mediante la palabra de verdad» (Stg 1:18), y Pedro dice: «Pues ustedes han nacido de nuevo, no de simiente perecedera, sino de simiente imperecedera, mediante la palabra de Dios que vive y permanece» (1 P 1:23). Es la Palabra de Dios escrita, la Biblia, las Escrituras que «pueden darte la sabiduría necesaria para la salvación mediante la fe en Cristo Jesús» (2 Ti 3:15).[6]

Todavía más, una vez que llegamos a ser creyentes, Pablo nos recuerda que es la Palabra de Dios la que «tiene poder para edificarlos» (Hch 20:32). Es necesaria para la nutrición espiritual y para mantener la vida espiritual, porque no vivimos solo de pan sino también de «toda palabra que sale de la boca de Dios» (Mt 4:4). Moisés habla de la necesidad absoluta de la palabra escrita de Dios cuando le dice al pueblo: «Porque no son palabras vanas para ustedes, sino que de ellas depende su vida; por ellas vivirán mucho tiempo en el territorio que van a poseer al otro lado del Jordán» (Dt 32:47).

---

[3]Ver *Salvación*, pp. 103-104, sobre la noción católica romana de la justificación.

[4]Sin embargo, la iglesia anglicana enseña que el bautismo es «generalmente necesario» para la salvación.

[5]Ver capítulo 7, p. 150, sobre la noción católica romana de que los sacramentos obran *ex opere operato*.

[6]Ver capítulo 4 de *Salvación* para una consideración más completa del llamado del evangelio.

Es la palabra de Dios la que nos convence de pecado y nos convierte a la justicia, porque es útil «para enseñar, para reprender, para corregir y para instruir en la justicia» (2 Ti 3:16). Da dirección y guía como «lámpara» a nuestros pies y «luz» en nuestro camino (Sal 119:105). En medio de una cultura impía, las Escrituras nos dan sabiduría y dirección como «una lámpara que brilla en un lugar oscuro» (2 P 1:19). Todavía más, es activa para dar sabiduría a todos, e incluso «da sabiduría al sencillo» (Sal 19:7). Da esperanza a los que les falta, porque Pablo dice que fue escrita «para enseñarnos, a fin de que, alentados por las Escrituras, perseveremos en mantener nuestra esperanza» (Ro 15:4).

La palabra de Dios no es débil ni impotente para lograr estos objetivos, porque nos habla con el poder de Dios y realiza los propósitos de Dios. El Señor dice:

> Así como la lluvia y la nieve descienden del cielo,
> y no vuelven allá sin regar antes la tierra
> y hacerla fecundar y germinar
> para que dé semilla al que siembra y pan al que come,
> así es también la palabra que sale de mi boca:
> No volverá a mí vacía,
> sino que hará lo que yo deseo
> y cumplirá con mis propósitos. (Is 55:10-11)

La palabra de Dios no es débil, sino que su poder divino la acompaña: «¿No es acaso mi palabra *como fuego*, y como martillo que pulveriza la roca? —afirma el SEÑOR—» (Jer 23:29). Es tan afilada y poderosa que se la llama «la espada del Espíritu» (Ef 6:17), y es tan eficaz al hablar a las necesidades de la gente que el autor de Hebreos dice: «Ciertamente, la palabra de Dios es viva y poderosa, y más cortante que cualquier espada de dos filos. Penetra hasta lo más profundo del alma y del espíritu, hasta la médula de los huesos, y juzga los pensamientos y las intenciones del corazón» (Heb 4:12).

Tan estrechamente está ligado el crecimiento y fortaleza de la iglesia al reinado de la palabra de Dios en las vidas de las personas que más de una vez el libro de los Hechos puede describir el crecimiento de la iglesia como el crecimiento de la palabra de Dios: «*Y la palabra de Dios se difundía*: el número de los discípulos aumentaba considerablemente en Jerusalén» (Hch 6:7); «Pero *la palabra de Dios seguía extendiéndose y difundiéndose*» (Hch 12:24); «*La palabra del Señor se difundía* por toda la región» (Hch 13:49).

Tan importante es la Biblia como medio primario de gracia que Dios da a su pueblo que Charles Hodge nos recuerda que a través de la historia, el cristianismo verdadero ha florecido «justo en proporción al grado en que se conoce la Biblia, y sus verdades se difunden entre el pueblo». Todavía más, él anota que no hay evidencia de salvación o santificación que se halle en donde no se conoce la Palabra de Dios. «Las naciones en donde la Biblia es desconocida están en tinieblas».[7]

Es apropiado que pongamos en la lista la enseñanza de la Palabra de Dios como el primero y más importante medio de gracia dentro de la iglesia. Pero debemos añadir que tal enseñanza incluye no solo la enseñanza reconocida oficialmente por parte del

---

[7] Hodge, *Systematic Theology*, 3:468–69.

clero ordenado en la iglesia, sino también toda la enseñanza que tiene lugar en estudios bíblicos, clases de Escuela Dominical, la lectura de libros cristianos bíblicos, e incluso el estudio bíblico personal.

2. Bautismo. Puesto que Jesús le ordenó a su iglesia que bautizara (Mt 28:19), cabe esperar que haya una medida de bendición conectada con el bautismo, porque toda obediencia a Dios de parte del creyente trae consigo el favor de Dios. Esta obediencia es específicamente un acto público de confesar a Jesús como Salvador, acto que en sí mismo trae gozo y bendición al creyente. Todavía más, es una señal de la muerte y resurrección del creyente con Cristo (ver Ro 6:2-5; Col 2:12), y parece apropiado que el Espíritu Santo obraría mediante tal señal para aumentar nuestra fe, para aumentar nuestra consciencia en la experiencia de la muerte al poder y amor al pecado en nuestras vidas, y aumentar nuestra experiencia del poder de la nueva vida de resurrección en Cristo que tenemos como creyentes. Puesto que el bautismo es un símbolo físico de la muerte y resurrección de Cristo y de nuestra participación en ellos, también debe dar seguridad adicional de unión con Cristo a todos los creyentes que están presentes. Finalmente, puesto que el bautismo en agua es un símbolo externo de un bautismo espiritual interno por el Espíritu Santo, podemos esperar que el Espíritu Santo ordinariamente obre junto con el bautismo, dándoles a los creyentes una consciencia aumentada de los beneficios del bautismo espiritual al que señala.

Cuando el bautismo acompaña muy de cerca a la profesión inicial de fe de alguien y es en verdad una forma externa que toma esa profesión de fe, hay ciertamente una conexión entre el bautismo y la recepción del don del Espíritu Santo, porque Pedro les dice a sus oyentes en Pentecostés: «Arrepiéntase y bautícese cada uno de ustedes en el nombre de Jesucristo para perdón de sus pecados [...] y recibirán el don del Espíritu Santo» (Hch 2:38). Es más, Pablo dice: «Ustedes la recibieron al ser sepultados con él en el bautismo. En él también fueron resucitados *mediante la fe* en el poder de Dios, quien lo resucitó de entre los muertos» (Col 2:12). La afirmación de que es «mediante la fe en el poder de Dios» como esto sucede nos recuerda que no hay propiedad mágica en el acto mismo del bautismo que haga que tenga lugar un resultado espiritual; sin embargo, el versículo también indica que cuando la fe acompaña al bautismo hay una obra espiritual genuina en la vida de la persona que es bautizada. Como podríamos esperar, a veces gran gozo espiritual sigue al bautismo; un gran gozo en el Señor y en la salvación que el bautismo tan vívidamente ilustra (ver Hch 8:39; 16:34).

Aunque debemos evitar la enseñanza católica romana de que se imparte gracia incluso *aparte de* la fe del bautizado, *no debemos reaccionar tan fuertemente a este error como para decir que no hay beneficio espiritual alguno como resultado del bautismo, que el Espíritu Santo no obra mediante él y que es *meramente simbólico*. Es mejor decir que donde hay fe genuina de parte del bautizado, y donde la fe de la iglesia que contempla el bautismo es estimulada y alentada por esta ceremonia, el Espíritu Santo ciertamente obra mediante el bautismo, y este llega a ser un «medio de gracia» por el que el Espíritu Santo da bendición al bautizado y también a toda la iglesia. (El bautismo se considerará más completamente en el próximo capítulo).

3. La Cena del Señor. Además del bautismo, la otra ordenanza o ceremonia que Jesús le ordenó a la iglesia que realizara es la participación en la Cena del Señor. Aunque este tema se considerará más completamente en el capítulo 8, es apropiado notar aquí que la participación en la Cena del Señor también es muy claramente un medio de gracia que el Espíritu Santo usa para dar bendición a la iglesia. La Cena del Señor no es simplemente una comida ordinaria entre seres humanos; es comunión con Cristo, en su presencia y en su mesa.

De nuevo, debemos evitar la idea de que la participación en la Cena del Señor produce algún beneficio automático o mágico, sea que la persona participe en fe o no.[8] Pero cuando la persona participa en fe, renovando y fortaleciendo su propia confianza en Cristo para la salvación, y creyendo que el Espíritu Santo da bendición espiritual mediante tal participación, entonces ciertamente se puede esperar bendición adicional. Debemos tener mucho cuidado aquí, como con el bautismo, para evitar el error de reaccionar en demasía a la enseñanza católica romana y mantener que la Cena del Señor es *meramente simbólica* y no un medio de gracia. Pablo dice: «Esa copa de bendición por la cual damos gracias, ¿no significa que entramos en *comunión* (gr. *kiononía*, «participación», «comunión») con la sangre de Cristo? Ese pan que partimos, ¿no significa *que entramos en comunión (koinonía)* con el cuerpo de Cristo?» (1 Co 10:16). Debido a que hay tal participación en el cuerpo y la sangre de Cristo (al parecer, implicando una participación en los beneficios del cuerpo y la sangre de Cristo entregados por nosotros), la unidad de los creyentes se exhibe hermosamente en el momento de la Cena del Señor: «Hay un solo pan del cual todos participamos; por eso, aunque somos muchos, formamos un solo cuerpo» (1 Co 10:17). Y puesto que somos participantes en «la mesa del Señor» (1 Co 10:21), Pablo les advierte a los corintios que no pueden participar de la mesa del Señor y también participar en la adoración a ídolos: «no pueden participar de la mesa del Señor y también de la mesa de los demonios» (1 Co 10:21). Hay una unión espiritual entre los creyentes y con el Señor que se fortalece y solidifica en la Cena del Señor, y esto no se debe tomar a la ligera.

Por eso los corintios estaban experimentando juicio por su abuso de la Cena del Señor (1 Co 11:29-30: «Porque el que come y bebe sin discernir el cuerpo, come y bebe su propia condena. Por eso hay entre ustedes muchos débiles y enfermos, e incluso varios han muerto»). Pero si Pablo dice que habrá juicio por la participación *incorrecta* en la Cena del Señor, entonces ciertamente deberíamos esperar *bendición* por la participación correcta en la Cena del Señor. Cuando obedecemos el mandamiento de Jesús: «Tomen, coman» (Mt 26:26), y realizamos la actividad física de comer y beber en la mesa del Señor, nuestra acción física *ilustra* una nutrición espiritual correspondiente, nutrición de nuestras almas que tendrá lugar cuando participamos en obediencia y fe. Jesús dice: «Porque mi carne es verdadera comida y mi sangre es verdadera bebida. El que come mi carne y bebe mi sangre, permanece en mí y yo en él» (Jn 6:55–56; cf. vv. 52–54, 57–58; también vv. 27, 33–35, 48–51).

Como con el bautismo, por consiguiente, debemos esperar que el Señor dé bendición espiritual conforme participamos en la Cena del Señor en fe y en obediencia a las

---

[8]Esta noción de que hay bendición que resulta automáticamente de la participación en la Cena del Señor es la doctrina católica romana de *ex opere operato* («por la obra realizada»), que se considera en el capítulo 8, pp. 172-75; ver también pp. 151-52.

CAPÍTULO 6 · MEDIOS DE GRACIA EN LA IGLESIA

direcciones establecidas en las Escrituras, y de esta manera es un «medio de gracia» que el Espíritu Santo usa para darnos bendición.

4. Oración. Ya hemos estudiado la oración en el capítulo 11 de *Cómo entender quién es Dios*, así que aquí solamente necesitamos anotar que la oración corporativa dentro de la iglesia cuando se reúne, y la oración de los miembros de la iglesia unos por otros, son medios poderosos que el Espíritu Santo usa diariamente para dar bendición a los creyentes dentro de la iglesia. Ciertamente debemos *orar juntos* tanto como individualmente, siguiendo el ejemplo de la iglesia primitiva. Cuando ellos oyeron las amenazas de los dirigentes judíos, ellos «alzaron *unánimes* la voz en oración a Dios» (Hch 4:24-30), «Después de haber orado, tembló el lugar en que estaban reunidos; todos fueron llenos del Espíritu Santo, y proclamaban la palabra de Dios sin temor alguno» (Hch 4:31 cf. 2:42). Cuando Pedro fue encarcelado, «la iglesia oraba constante y fervientemente a Dios por él» (Hch 12:5).

Si la oración de la iglesia no es simplemente decir de labios para afuera palabras sin intención de corazón, sino que es expresión genuina de nuestros corazones y reflejo de fe sincera, entonces deberíamos esperar que el Espíritu Santo dé una mayor bendición mediante ella. Ciertamente cuando se hace la oración «en el Espíritu» (Ef 6:18; cf. Jud 20: «orando en el Espíritu Santo»), incluye comunión con el Espíritu Santo y por consiguiente un ministerio del Espíritu Santo a los que oran. El autor de Hebreos nos recuerda que al «acercarnos» a Dios en oración ante el trono de la gracia lo hacemos para «hallar la gracia que nos ayude en el momento que más la necesitemos» (Heb 4:16).

Cuanto más aumenta la comunión genuina de una iglesia, más debería ser la oración continua de unos por otros dentro de la iglesia, y más bendición espiritual genuina del Espíritu Santo se puede esperar que fluya mediante la iglesia.

5. Adoración. La adoración genuina es adoración «en espíritu» (Jn 4:23-24; Fil 3:3), lo que probablemente quiere decir adoración que se hace en el ámbito espiritual de actividad (y no meramente la acción física externa de asistir a un culto de adoración o entonar cantos).[9] Cuando entramos en ese ámbito espiritual de actividad y ministramos al Señor en adoración, Dios también nos ministra. Así, por ejemplo, en la iglesia de Antioquía, fue «Mientras ayunaban y participaban en el culto al Señor» cuando «el Espíritu Santo dijo: "Apártenme ahora a Bernabé y a Saulo para el trabajo al que los he llamado"» (Hch 13:2). Esto es paralelo a la experiencia del pueblo de Israel en el Antiguo Testamento que conocía la presencia de Dios cuando participaban en adoración genuina:

> Los trompetistas y los cantores *alababan y daban gracias al SEÑOR* al son de trompetas, címbalos y otros instrumentos musicales. Y cuando tocaron y cantaron al unísono: «El SEÑOR es bueno; su gran amor perdura para siempre», una nube cubrió el templo del SEÑOR. Por causa de la nube, los sacerdotes no pudieron celebrar el culto, pues *la gloria del SEÑOR había llenado el templo*. (2 Cr 5:13-14)

---

[9] Ver la consideración de adoración «en espíritu» en el capítulo 9, p. 185.
(Todo el capítulo 9 trata de la adoración en general).

Cuando el pueblo de Dios adoraba, él venía en una forma muy visible para morar en medio de ellos. Similarmente, en el Nuevo Testamento, Santiago promete: «Acérquense a Dios, y *él se acercará a ustedes*» (Stg 4:8).

Es más, conforme el pueblo de Dios adoraba, él los libraba de sus enemigos (2 Cr 20:18-23), y en otras ocasiones les daba verdadera perspectiva espiritual de la naturaleza de los sucesos que los rodeaban (Sal 73:17: «hasta que entré en el santuario de Dios; allí comprendí cuál será el destino de los malvados»).

Si la adoración es genuinamente una experiencia de acercarse a Dios, venir a su presencia, y darle la alabanza que se merece, entonces ciertamente debemos contarla como el «medio de gracia» primario disponible para la iglesia. Mediante la adoración congregacional genuina, Dios a menudo dará gran bendición, tanto individual como corporativamente, a su pueblo.

6. Disciplina eclesiástica. Debido a que la disciplina eclesiástica es un medio por el que se promueve la pureza de la iglesia y se estimula la santidad de la vida, ciertamente también deberíamos contarla como un «medio de gracia». Sin embargo, la bendición no se da automáticamente: cuando la iglesia disciplina, ningún bien espiritual resulta al ofensor a menos que el Espíritu Santo lo convenza de su pecado y produzca una «tristeza santa» que «produce el arrepentimiento que lleva a la salvación, de la cual no hay que arrepentirse» (2 Co 7:10), y ningún bien espiritual le viene a la iglesia a menos que el Espíritu Santo esté activo en las vidas de los demás miembros cuando ellos se dan cuenta del proceso. Por eso la iglesia debe ejercer la disciplina con el conocimiento de que se la hace en la presencia del Señor (1 Co 5:4; cf. 4:19-20), y con la certeza de que tiene sanción celestial conectada con ella (Mt 16:19; 18:18-20).[10]

Sería muy saludable para la iglesia empezar a pensar de la disciplina eclesiástica no como una carga onerosa que el Señor le ha impuesto, sino como un genuino «medio de gracia» por el que gran bendición puede venir hoy a la iglesia: al reconciliar a los creyentes unos con otros y con Dios, al restaurar al hermano o hermana descarriado para que ande en obediencia, al advertir a todos a estar firmes en temor (1 Ti 5:20), al aumentar la pureza moral en la iglesia, y al proteger y promover el honor de Cristo. Aunque la tristeza y el dolor a menudo van conectados con la disciplina eclesiástica, cuando se la hace apropiadamente, con fe en que el Señor está obrando mediante ella, de esa tristeza «no hay que arrepentirse» (2 Co 7:10). Cuando se la ejerce de esta manera, la disciplina eclesiástica debe ciertamente verse como un medio de gracia por el que el Espíritu Santo da bendición a su iglesia.[11]

7. Ofrendar. Dar u ofrendar ordinariamente se hace mediante la iglesia conforme ella recibe y distribuye ofrendas a los varios ministerios y necesidades que la iglesia atiende. De nuevo, no hay ninguna concesión automática o mecánica de beneficios a los que dan. El hechicero Simón recibió una fuerte represión por pensar que podía «comprar el don de Dios con dinero» (Hch 8:20). Pero si el ofrendar se hace con fe, debido a la dedicación

---

[10]Ver consideración del «poder de las llaves» en el capítulo 4, pp. 68-69.

[11]Ver capítulo 4, pp. 73-78, para una consideración más completa de la disciplina eclesiástica.

a Cristo y amor a su pueblo, entonces ciertamente habrá bendición en eso. Es de lo más agradable a Dios cuando los donativos de dinero van acompañados de una intensificación de la consagración personal del dador a Dios, como fue el caso de los macedonios que «*se entregaron a sí mismos*, primeramente al Señor y después a nosotros, conforme a la voluntad de Dios» (2 Co 8:5), y entonces dieron para ayudar a los creyentes pobres de Jerusalén. Cuando la ofrenda se realiza alegremente, «no de mala gana ni por obligación», hay gran recompensa del favor del Señor con ella, «porque Dios ama al que da con alegría» (2 Co 9:7).

Pablo ve el ofrendar dinero a la obra del Señor como siembra espiritual que llevará a una cosecha: «El que siembra escasamente, escasamente cosechará, y el que siembra en abundancia, en abundancia cosechará» (2 Co 9:6). Pablo espera que conforme los corintios den correctamente Dios los bendecirá: «Y Dios puede hacer que *toda gracia abunde para ustedes*, de manera que siempre, en toda circunstancia, tengan todo lo necesario, y toda buena obra abunde en ustedes» (2 Co 9:8). Les dice: «*Ustedes serán enriquecidos en todo sentido para que en toda ocasión puedan ser generosos*, y para que por medio de nosotros la generosidad de ustedes resulte en acciones de gracias a Dios» (2 Co 9:11). Por consiguiente, la ofrenda bendice al que *la recibe* en que sus necesidades son suplidas y la fe y la acción de gracias por la provisión de Dios aumenta; bendice al *dador* porque «Dios ama al que da con alegría», y concederá una abundante cosecha espiritual, y dará bendiciones *a todos los que saben al respecto* porque produce una cosecha de «abundantes acciones de gracias a Dios» (2 Co 9:12). En lugar de ver la ofrenda como una obligación desagradable, haríamos bien en verla como un medio rico de gracia dentro de la iglesia, y esperar que mediante ella el Espíritu Santo dé bendición.

8. Dones espirituales. Pedro ve los dones espirituales como canales por los que la gracia de Dios viene a la iglesia, porque dice: «Cada uno ponga al servicio de los demás el don que haya recibido, *administrando fielmente la gracia de Dios en sus diversas formas*» (1 P 4:10). Cuando se usan los dones los unos para los otros en la iglesia, la gracia de Dios es dispensada a aquellos para quienes Dios lo propuso. Gran bendición vendrá a la iglesia mediante el uso apropiado de los dones espirituales, conforme la iglesia sigue el mandato de Pablo de usar los dones «procur[ando] que éstos abunden para la edificación de la iglesia» (1 Co 14:12; cf. Ef 4:11-16).

Si compiláramos una lista de todos los dones espirituales como medios separados de gracia, nuestra lista de los medios de gracia sería mucho más larga que once asuntos. Pero aunque se incluyera a todos ellos en esta sola categoría, debemos reconocer que los diferentes dones espirituales de la iglesia son todos medios por los que el Espíritu Santo da bendición por medio de creyentes individuales. Esto debería recordarnos el abundante favor que Dios nos ha dado como pecadores inmerecedores, y debe también hacer que nos demos cuenta de que muchos creyentes diferentes, con diferentes dones, pueden ser canales por los que la gracia de Dios nos viene. De hecho, en la exhortación de Pedro de usar dones espirituales como mayordomos de «la gracia de Dios en sus diversas formas» (1 P 4:10), la palabra que se traduce «diversas» (gr. *poikilos*) quiere decir «teniendo muchas facetas o aspectos, ricamente variada, teniendo gran diversidad». Es más, debemos recordar que estos dones se distribuyen no solamente a los clérigos o a un limitado número de creyentes, sino a todos los creyentes, que tienen al Espíritu Santo en ellos (1 Co 12:7, 11; 1 P 4:10).[12]

9. Compañerismo o comunión. No debemos descuidar el compañerismo cristiano ordinario como un valioso medio de gracia dentro de la iglesia. De la iglesia primitiva se dice que «se mantenían firmes en la enseñanza de los apóstoles, *en la comunión*, en el partimiento del pan y en la oración» (Hch 2:42). Y el autor de Hebreos le recuerda a los creyentes: «Preocupémonos los unos por los otros, a fin de estimularnos al amor y a las buenas obras. *No dejemos de congregarnos*, como acostumbran hacerlo algunos, sino animémonos unos a otros, y con mayor razón ahora que vemos que aquel día se acerca» (Heb 10:24-25). En la comunión de los creyentes, la amistad ordinaria y el afecto de unos por otros crecerá, y el mandato de Jesús de que «nos amemos unos a otros» (Jn 15:12) se cumplirá. Es más, conforme los creyentes se cuidan unos a otros, se ayudarán «unos a otros a llevar sus cargas, y así cumplirán la ley de Cristo» (Gá 6:2).

Un énfasis en el compañerismo de creyentes unos con otros como medio de gracia también ayudará a superar un enfoque excesivo en el clero ordenado como dispensadores primario de la gracia dentro de la iglesia, y particularmente cuando la iglesia como un todo está reunida. También será saludable para los creyentes reconocer que una medida de la gracia de Dios se recibe cuando los creyentes conversan y comen juntos, y cuando tienen ocasiones de trabajar y jugar juntos, disfrutando del compañerismo de unos con otros. «No dejaban de reunirse en el templo ni un solo día. De casa en casa partían el pan y compartían la comida con alegría y generosidad, alabando a Dios y disfrutando de la estimación general del pueblo» (Hch 2:46-47).

10. Evangelización. En Hechos hay una frecuente conexión entre la proclamación del evangelio (incluso frente a la oposición) y estar lleno del Espíritu Santo (ver Hch 2:4 con vv. 14-36; 4:8, 31; 9:17 con v. 20; 13:9, 52). La evangelización es su medio de gracia, entonces, no solo en el sentido de que ministra gracia que salva a los no salvos, sino también porque los evangelizados experimentan más de la presencia del Espíritu Santo y su bendición en sus propias vidas. A veces la evangelización la realizan solo los individuos, pero otras veces es una actividad corporativa de la iglesia (como en las campañas de evangelización). E incluso la evangelización individual a menudo incluye a otros miembros de la iglesia que darán la bienvenida al visitante no creyente y atenderán a sus necesidades. Así que la evangelización es apropiadamente considerada un medio de gracia en la iglesia.

11. Ministerio personal a individuos. Justo con los diez previos «medios de gracia» dentro de la iglesia, es apropiado mencionar un medio más específico que el Espíritu Santo muy frecuentemente utiliza para dar bendición a creyentes individuales. Este medio de gracia opera cuando uno o más creyentes dentro de la iglesia dedican tiempo para ministrar, de varias maneras, a necesidades muy específicas de otro individuo en la iglesia.

---

[12]Ver capítulos 10 y 11 para una consideración de los dones espirituales.

CAPÍTULO 6 · MEDIOS DE GRACIA EN LA IGLESIA

A veces este ministerio toma la forma de *palabras de estímulo, exhortación o consejo sabio*. Se nos dice: «instrúyanse y aconséjense unos a otros con toda sabiduría» (Col 3:16), y hablen palabras que «sean de bendición para quienes escuchan» (Ef 4:29). Debemos intentar hacer volver «a un pecador de su extravío» (Stg 5:20) y «Preocupémonos los unos por los otros, a fin de estimularnos al amor y a las buenas obras» y «animémonos unos a otros» (Heb 10:24-25). En otras ocasiones el ministerio incluye *dar para ayudar a las necesidades materiales de un hermano o hermana*. Santiago reprende a los que meramente dicen: «Que les vaya bien; abríguense y coman hasta saciarse» pero «no les da lo necesario para el cuerpo» (Stg 2:16). Juan nos advierte: «Si alguien que posee bienes materiales ve que su hermano está pasando necesidad, y no tiene compasión de él, ¿cómo se puede decir que el amor de Dios habita en él?» (1 Jn 3:17). Por consiguiente, la iglesia primitiva daba de buen grado para las necesidades de los creyentes pobres, de modo que «no había ningún necesitado en la comunidad» (Hch 4:34). Pablo dijo que los dirigentes de la iglesia de Jerusalén «nos pidieron que nos acordáramos de los pobres, y eso es precisamente lo que he venido haciendo con esmero» (Gá 2:10).

Otra forma que este ministerio de interpersonal puede tomar es la «unción con aceite» en conjunción con la oración por un enfermo. Los discípulos de Jesús «sanaban a muchos enfermos, ungiéndolos con aceite» (Mr 6:13). De modo similar, Santiago dice que el enfermo «Haga llamar a los ancianos de la iglesia para que oren por él y lo unjan con aceite en el nombre del Señor» (Stg 5:14). En estos casos el aceite parece haber sido un símbolo físico del poder sanador del Espíritu Santo viniendo al enfermo.

Finalmente, otro medio de ejercer ministerio personal entre los individuos en el Nuevo Testamento es el uso del toque personal, particularmente la *imposición de manos* en conexión con la oración por alguien en necesidad. Un estudio del Nuevo Testamento puede sorprender a muchos creyentes modernos (como lo hizo al autor presente) cuando vean lo frecuente que la imposición de manos y otras clases de toque físico se presentan ejerciendo como «medios de gracia» en el ministerio de Jesús y de la iglesia primitiva.

Parece que la imposición de manos era con mucho el método más común que Jesús usó para orar por las personas. Cuando las multitudes le trajeron a algunos «que padecían de diversas enfermedades; él puso las manos sobre cada uno de ellos y los sanó» (Lc 4:40). Otros pasajes específicamente describen que Jesús puso las manos sobre las personas para sanarlas (Mt 8:3; Mr 1:41; 6:5; 8:23-25; Lc 5:13; 13:13). Pero más significativo que estos pasajes individuales es el hecho de que las personas que vinieron a Jesús buscando sanidad específicamente le pedían que pusiera las manos en los enfermos: «Pero *ven y pon tu mano sobre ella*, y vivirá» (Mt 9:18), o «*Ven y pon tus manos sobre ella* para que se sane y viva» (Mr 5:23; cf. 7:32).

El hecho de que las personas vinieron con esta petición sugiere que la imposición de manos se reconocía comúnmente como el método que Jesús por lo general usaría para sanar a las personas. En imitación al método de Jesús para sanar, cuando el padre de Publio estaba enfermo, «Pablo entró a verlo y, después de orar, *le impuso las manos* y lo sanó» (Hch 28:8).[13]

---

[13]Aunque es dudoso que el final más largo de Marcos sea parte de las Escrituras (ver *Quién es Dios*, p. 256), Mr 16:18 ciertamente representa por lo menos una corriente de la tradición inicial dentro de la iglesia por igual: dice que los que crean en Jesús «pondrán las manos sobre los enfermos, y estos recobrarán la salud».

En otros casos, las personas buscaron más bien en general tocar a Jesús, o le pidieron que los tocara a fin de ser sanados. «Algunas personas le llevaron un ciego a Jesús y le rogaron que *lo tocara*» (Mr 8:22). De modo similar, la gente «Le llevaban todos los enfermos, suplicándole que les permitiera tocar siquiera el borde de su manto, y quienes *lo tocaban* quedaban sanos» (Mt 14:35-36). Esto fue debido a que el poder del Espíritu Santo se expresaba mediante el toque físico de Jesús, y salía y sanaba a la gente. «Así que toda la gente procuraba tocarlo, porque de él salía poder que sanaba a todos» (Lc 6:19; cf. Mt 9:20–22, 25; 20:34; Mr 1:31; 5:41; 9:27; Lc 7:14; 8:54; 22:51).

Sin embargo, no fue simplemente para sanar que Jesús y la iglesia primitiva ponían las manos sobre las personas o las tocaban. Cuando los niños vinieron a Jesús, «después de abrazarlos, los bendecía poniendo las manos sobre ellos» (Mr 10:16; cf.Mt 19:13-15; Lc 18:15).

Cuando Jesús tocaba tan frecuentemente a las personas para sanar o bendecirlas, no es sorpresa que las personas mencionaran los milagros que hacían sus manos: «¿Cómo se explican estos milagros (gr. *dunamis*, «poder») que vienen de *sus manos*?» (Mr 6:2).[14] De modo similar, cuando Pablo y Bernabé estuvieron en su primer viaje misionero, se dice que iban «hablando con denuedo, confiados en el Señor, el cual daba testimonio a la palabra de su gracia, concediendo que se hiciesen por *las manos de ellos* señales y prodigios» (Hch 14:3, RVR 1960).[15] De la misma manera, «hacía Dios milagros extraordinarios *por mano* de Pablo» (Hch 19:11, RVR 1960).[16] Puesto que no había, como en los otros medios de gracia, poder automático o mágico inherente en las manos de los primeros creyentes, sino que la sanidad y otras clases de bendiciones se producían solo conforme Dios mismo se agradaba en obrar mediante la imposición de manos, no es sorprendente que la iglesia primitiva orara específicamente que el Señor extendiera *su mano* para sanar. Ellos oraron: «Ahora, Señor, toma en cuenta sus amenazas y concede a tus siervos el proclamar tu palabra sin temor alguno. Por eso, *extiende tu mano para sanar* y hacer señales y prodigios mediante el nombre de tu santo siervo Jesús» (Hch 4:29-30). Se dieron cuenta de que su acción de extender las manos para tocar a los enfermos no sería efectiva a menos que la propia mano poderosa de Dios obrara mediante las manos de ellos.

En otras ocasiones la imposición de manos se hizo con algún otro propósito. Evidentemente se practicaba en conexión con pedir a Dios que dé poder o equipe a las personas para algún servicio o ministerio. Cuando se nombraron a los primeros diáconos la iglesia los trajeron ante los apóstoles, «quienes oraron y *les impusieron las manos*» (Hch 6:6). De modo similar, cuando la iglesia de Antioquía despachó a Pablo y a Bernabé, «después de ayunar, orar *e imponerles las manos*, los despidieron» (Hch 13:3).

---

[14]Debido a que los Evangelios tan frecuentemente recalcan el hecho de que Jesús puso las manos sobre las personas o las tocó con sus manos, esta expresión no parece simplemente una metáfora que quiere decir: «¿Qué milagros son hechos por él!» sino que es mejor entenderla como una referencia a la manera específica en que las manos de Jesús eran el medio por el que frecuentemente él realizaba sus milagros. Desdichadamente, en este versículo y en varios otros que mencionan los milagros hechos por manos de las personas, la NVI ha decidido que una traducción literal no es importante y no menciona en español las manos. Por ejemplo, simplemente traduce Hch 14:3: «haciendo señales y prodigios por medio de ellos», pero el texto griego específicamente dice que los milagros eran hechos «mediante sus manos» (*dia ton queiron autou*). En la siguiente sección he destacado apenas algunos de los lugares en donde la NVI no traduce la palabra griega *queir*, («mano»), pero ella está presente en el texto griego en todos los versículos que menciono, y los lectores que no la hallen en sus traducciones de la NVI deben consultar otra traducción, tal como la RVR 1960 o la LBLA, que tiene una norma de traducción más literal.

[15]La NVI simplemente traduce: «haciendo señales y prodigios *por medio de ellos*» (ver previa nota al pie de página).

[16]La NVI simplemente dice: «Dios hacía milagros extraordinarios *por medio de Pablo*» (ver las dos notas previas).

CAPÍTULO 6 · MEDIOS DE GRACIA EN LA IGLESIA

Cuando el evangelio llegaba a un nuevo grupo de personas, los que proclamaban el evangelio a veces imponían las manos a los nuevos creyentes a fin de que pudieran recibir el poder del nuevo pacto del Espíritu Santo. En Samaria, los apóstoles «les impusieron las manos, y ellos recibieron el Espíritu Santo» (Hch 8:17). Ananías le impuso las manos a Pablo a fin de que él recobrara la vista y fuera «lleno del Espíritu Santo» (Hch 9:17). Cuando Pablo «impuso las manos» a los discípulos de Éfeso que acababan de llegar a creer en Jesús, «el Espíritu Santo vino sobre ellos» (Hch 19:6).

En otros casos, la imposición de manos resultó en la impartición de algún don espiritual. En el incidente que se acaba de mencionar, los discípulos de Éfeso también «empezaron a hablar en lenguas y a profetizar» (Hch 19:6) después de que Pablo les impuso las manos. Todavía más, él le recuerda a Timoteo: «Ejercita el don que recibiste mediante profecía, cuando los ancianos te impusieron las manos» (1 Ti 4:14). Pablo puede haberse estado refiriendo al mismo acontecimiento u otro diferente cuando más tarde dijo: «Por eso te recomiendo que avives la llama del don de Dios que recibiste *cuando te impuse las manos*» (2 Ti 1:6). (En 1 Ti 5:22, la afirmación: «No te apresures a imponerle las manos a nadie» se refiere a la ordenación de ancianos; vea el capítulo 5, p. 97).

Si la gente en la iglesia primitiva frecuentemente oraba por las necesidades de unos y otros, e imitaba el ejemplo de Jesús y sus discípulos al imponer las manos al orar por las personas pidiendo sanidad, pidiendo bendición, y para recibir el Espíritu Santo en el momento de la conversión, entonces cabe esperar que la instrucción dada a los nuevos creyentes hubiera incluido la enseñanza de que la oración por las necesidades de los individuos iría normalmente acompañada por la imposición de manos sobre la persona por la que se ora. Si esto era así, no sería sorpresa que «la imposición de manos» se clasificara como una doctrina «fundamental», algo que pertenece al «cimiento» de la instrucción cristiana; que es en efecto lo que hallamos en Hebreos 6:1-2. Aunque algunos han entendido esto como refiriéndose más estrechamente a la imposición de manos que acompaña la investidura en algún cargo específico en la iglesia, este es nada más que un pequeño aspecto del patrón de situaciones en las cuales la imposición de manos se halla en el Nuevo Testamento. Parece mucho mejor entender esta frase de Hebreos 6:2 como una referencia a la instrucción elemental en cuanto a orar por otros en situaciones de necesidad de modo que los creyentes tiernos de inmediato puedan empezar a ministrar a otros también.

Parece apropiado, entonces, contar la imposición de manos como otra dimensión de la rica diversidad de los «medios de gracia» que Dios ha puesto dentro de la iglesia para dar bendición a su pueblo.

12. ¿Se debe practicar el lavamiento de pies como un medio de gracia dentro de la iglesia? De tiempo en tiempo algunos grupos cristianos han practicado una ceremonia de lavarse unos a otros los pies en una reunión pública de la iglesia. Han basado esta práctica en el mandamiento de Jesús: «Pues si yo, el Señor y el Maestro, les he lavado los pies, *también ustedes deben lavarse los pies los unos a los otros*» (Jn 13:14). Los que abogan por el lavamiento de pies lo consideran una ceremonia que Jesús ordenó, similar a las ceremonias del bautismo y la Cena del Señor.

Sin embargo, hay varias razones por las que no debemos pensar que en Juan 13:14 Jesús está estableciendo otra ceremonia para la iglesia además del bautismo y la Cena del Señor. (1) El bautismo y la Cena del Señor explícitamente simbolizan el más grande acontecimiento en la historia de la redención, la muerte de Cristo y su resurrección por nosotros, pero el lavamiento de pies no simboliza tal suceso histórico-redentor. (2) El bautismo y la Cena del Señor fueron claramente acciones *simbólicas*, pero cuando Jesús les lavó los pies a los discípulos fue claramente algo *funcional* y no meramente simbólico, en tanto que suplía una necesidad humana ordinaria del día (pies sucios). (3) El bautismo y la Cena del Señor son símbolos apropiados del comienzo y continuación de la vida cristiana,[17] pero no hay un simbolismo así que acompañe al lavamiento de pies. (4) Hacer del lavamiento de pies una ordenanza como el bautismo y la Cena del Señor lo reduce a un símbolo; y si es un símbolo, entonces las palabras de Jesús nos ordenan solamente realizar un símbolo, y la fuerza real del mandamiento de Jesús (actuar en humildad y amor) se pierde. (5) En tanto que las epístolas dan evidencia de que el bautismo y la Cena del Señor fueron ordenanzas que observaron continuamente las iglesias del Nuevo Testamento, no hay evidencia de que los apóstoles o la iglesia primitiva hayan observado el lavamiento de pies como una ordenanza. (6) Hay una explicación sencilla y directa del mandamiento de Jesús: les dice a sus discípulos que asuman tareas humildes al servicio unos de otros. Pero si eso es lo que significa el texto (la vasta mayoría de la iglesia cristiana en toda la historia lo ha entendido de esta manera), entonces no hay necesidad de buscar otro significado adicional (que Jesús también estaba instituyendo una nueva ceremonia). En contraste, los textos del Nuevo Testamento en cuanto al bautismo y la Cena del Señor no se pueden entender ordenando *alguna otra cosa* que una ceremonia. Por consiguiente, en tanto que los creyentes se benefician al meditar en la aplicación de la afirmación de Jesús en cuanto al lavamiento de pies a sus patrones presentes de vida, nadie debe pensar que Jesús está animándolos a practicar una ceremonia de lavamiento de pies.

C. Conclusiones

Al final de esta consideración de los medios de gracia dentro de la iglesia debemos darnos cuenta, primero que nada, de que cuando todas estas cosas se realizan en fe y obediencia, debemos con anhelo esperar y buscar evidencia de que el Espíritu Santo en realidad estará ministrando a las personas al mismo tiempo que estas acciones se están haciendo. Como creyentes no debemos descuidar «reunirnos» (Heb 10:25), sino que debemos esperar con anhelo cualquier reunión de creyentes en la que tenga lugar alguno de estos medios, esperando que Dios dará bendición mediante cada uno de estos medios.

Por otro lado, debemos darnos cuenta de que todos estos medios de gracia ocurren dentro del compañerismo de la iglesia. Los que descuidan la comunión de la iglesia voluntariamente se privan de todos estos medios de gracia y por consiguiente se privan de la mayoría de medios ordinarios que el Espíritu Santo usa para dar bendición a su pueblo.

Estos medios de gracia deben hacernos valorar el asombroso privilegio de ser miembro del cuerpo de Cristo, la iglesia.

---

[17]Ver capítulo 7, pp. 149-50, sobre el simbolismo del bautismo, y el capítulo 8, pp. 170-71, sobre el simbolismo de la Cena del Señor.

CAPÍTULO 6 · MEDIOS DE GRACIA EN LA IGLESIA

PREGUNTAS PARA APLICACIÓN PERSONAL

1. Antes de leer este capítulo, ¿pensaba usted que habría alguna gran diferencia si el creyente continuaba siendo activo en el compañerismo de la iglesia o no? ¿Cómo ha cambiado este capítulo su perspectiva sobre este asunto, si lo ha hecho?
2. ¿Cuál de los medios de gracia mencionados en este capítulo ha sido para usted el más útil en su propia vida cristiana?
3. ¿Cuál de los medios de gracia mencionados en este capítulo piensa usted que apreciaba menos antes de leer el capítulo? ¿Cómo ha aumentado su aprecio de ese medio de gracia? ¿Cómo piensa usted que afectará eso sus acciones de aquí en adelante?
4. Al mirar a la lista de medios de gracia, ¿hay algunos aspectos en los que la gente en realidad no está experimentando «gracia» o bendición en su propia iglesia? ¿Qué se podría hacer para aumentar la eficacia de estos aspectos débiles como medios de gracia en la vida de su iglesia?
5. ¿Cuáles de los medios de gracia son los menos útiles en su propia vida? ¿Hay algunos que se han vuelto más bien mecánicos, o que usted está realizando solo como actividad externa o física, sin ninguna participación real de corazón? ¿Qué podría usted hacer para aumentar la eficacia de esos medios en su vida?
6. Al mirar la lista de los medios de gracia de nuevo, mencione uno o más en los cuales usted podría ayudar a la iglesia a ser más eficaz para dar bendición a su gente.

TÉRMINOS ESPECIALES

eucaristía
extremaunción
imposición de manos
medios de gracia
órdenes santas
sacramento

BIBLIOGRAFÍA

Hughes, P.E. «Grace, Means of». En *EDT*, pp. 482–83.
Milne, Bruce. *We Belong Together: The Meaning of Fellowship*. InterVarsity Press, Downers Grove, Ill., 1978.

PASAJE BÍBLICO PARA MEMORIZAR

Hechos 2:41-42: *Así, pues, los que recibieron su mensaje fueron bautizados, y aquel día se unieron a la iglesia unas tres mil personas. Se mantenían firmes en la enseñanza de los apóstoles, en la comunión, en el partimiento del pan y en la oración.*

HIMNO

«Tu Reino amo, oh Dios»

Este himno expresa gozo por el privilegio de estar en la iglesia. Aquí está meditando en algunos de los medios de gracia dentro de la iglesia («Un gozo sin igual Me causa en ella estar»), particularmente la comunión o compañerismo que surge dentro de la iglesia, los votos a Dios que se hacen allí, y los himnos que se cantan en ella. Es más, en la última estrofa se refiere a la iglesia para decir que «victoriosa llegará hasta la eternidad». Cuando cantamos esto podemos pensar en todas las ricas bendiciones que el Espíritu Santo derrama sobre la iglesia mediante los muchos medios de gracia.

El autor de este himno en inglés, Timothy Dwight, fue presidente de la Universidad Yale de 1725 a 1817, período en el cual reformó la administración y el currículo, y triplicó la matrícula. También fue profesor de Teología, y bajo su predicación empezó un avivamiento en 1802, en el cual una tercera parte de los universitarios se convirtieron a Cristo.

1. Tu reino amo, ¡oh Dios!
Tu casa de oración,
Y al pueblo que en Jesús halló
Completa redención.

2. Tu iglesia, mi Señor,
Su templo, su ritual,
La iglesia que guiando estás
Con mano paternal.

3. Por ella mi oración,
Mis lágrimas, mi amor,
Solicitud, cuidado, afán,
Por ella son, Señor.

4. Un gozo sin igual.
Me causa en ella estar,
Y andando aquí, su comunión
Anhelo disfrutar.

5. Yo sé que durará,
oh Dios, cual tu verdad;
Y victoriosa llegará
Hasta la eternidad.

AUTOR: TIMOTHY DWIGHT, TRAD. EPIGENIO VELASCO, ADAPT.
(TOMADO DE EL NUEVO HIMNARIO POPULAR #196)

Capítulo 7

BAUTISMO

¿Quiénes deben bautizarse?
¿Cómo se debe bautizar?
¿Qué significa?

EXPLICACIÓN Y BASE BÍBLICA

En este capítulo y el siguiente tratamos del bautismo y la Cena del Señor, dos ceremonias que Jesús ordenó que su iglesia realizara. Pero antes de empezar la consideración de estas ceremonias debemos notar que hay desacuerdo entre protestantes incluso sobre el término general que se les debe aplicar. Debido a que la Iglesia Católica Romana llama a estas dos ceremonias «sacramentos», y debido a que la Iglesia Católica Romana enseña que estos sacramentos en sí mismos en realidad dan gracia a la gente (sin requerir fe de las personas que participan en ella), algunos protestantes (especialmente bautistas) han rehusado referirse al bautismo y a la Cena del Señor como «sacramentos». Han preferido usar la palabra ordenanzas más bien. Se piensa que es un término apropiado porque el bautismo y la Cena del Señor fueron «ordenados» por Cristo.[1] Por otro lado, otros protestantes, tales como en las tradiciones anglicana, luterana y reformada, han estado dispuestos a usar la palabra «sacramentos» para referirse al bautismo y a la Cena del Señor, sin por ello apoyar la posición católica romana.

No parece ser que haya algún punto significativo en juego en la cuestión de si llamar al bautismo y a la Cena del Señor «ordenanzas» o «sacramentos». Puesto que los protestantes que usan ambas palabras explican claramente lo que quieren decir por ellas, el argumento en realidad no es en cuanto a doctrina sino en cuanto al significado de la palabra en español. Si estamos dispuestos a explicar claramente lo que queremos decir, no parece que haya alguna diferencia si usamos la palabra sacramentos o no.[2] En este

---

[1] A. H. Strong, *Systematic Theology*, dice: «Ninguna ordenanza es un sacramento en el sentido romanista de conferir gracia» (p. 930). También dice: «El romanista considera que las ordenanzas en realidad confieren gracia y producen santidad» (ibíd.).

[2] El *American Heritage Dictionary* (Houghton Mifflen, Boston, 1981) en inglés, permite una variedad de significados, definiendo un sacramento como un rito considerado como «un testimonio de gracia interna o canal que media la gracia» (p. 1141). Incluso el bautista más acendrado no

texto, al referirme al bautismo y a la Cena del Señor en la enseñanza protestante, usaré intercambiablemente tanto «ordenanzas» cómo «sacramentos», y los consideraré sinónimos en su significado.

Antes de empezar nuestra consideración del bautismo debemos reconocer que ha habido históricamente, y la hay hoy, una fuerte diferencia de punto de vista entre los cristianos evangélicos respecto a este tema. La posición que se aboga en este libro es que el bautismo no es una doctrina «principal» que debería ser base para división entre cristianos genuinos,[3] pero es con todo asunto de importancia para la vida ordinaria de la iglesia, y es apropiado que le demos su plena consideración.

La posición que se aboga en este capítulo es «bautista», es decir, que el bautismo es apropiadamente administrado solo a los que dan una profesión creíble de fe en Jesucristo. Durante la consideración intercalaremos particularmente consideración de la posición del paidobautismo («bautismo de infantes») según aboga Louis Berkhof en su *Teología sistemática*, puesto que esta es una representación cuidadosa y también responsable de la posición paidobautista, y es un texto de teología sistemática ampliamente usado.

A. Modo y significado del bautismo

La práctica del bautismo en el Nuevo Testamento se realizaba solo de una manera: la persona que era bautizada era sumergida o puesta completamente bajo el agua y después sacada de nuevo. El bautismo por inmersión es por consiguiente el «modo» de bautismo o la manera en que el bautismo se realizaba en el Nuevo Testamento. Esto es evidente por las siguientes razones:

(1) La palabra griega *baptizo* quiere decir «hundir, sumergir, inmergir» algo en agua. Este es el significado comúnmente reconocido y regular del término en la literatura griega antigua tanto dentro como fuera de la Biblia.[4]

(2) El sentido de «inmergir» es apropiado y probablemente exigido para la palabra en varios pasajes del Nuevo Testamento. En Marcos 1:5, Juan bautizaba a la gente «en el río Jordán» (el texto griego tiene *en*, «en», y no «junto a» o «al lado de» o «cerca» al río).[5] Marcos también menciona de cuando Jesús fue bautizado: «En seguida, al subir del agua»

---

objetaría llamar al bautismo «un testimonio de gracia interna» en tanto que los católicos romanos no objetarían en llamar al bautismo «un canal de gracia mediada».

[3]Ver capítulo 1, pp. 20-21, para una consideración de doctrinas principales y menores. No todos los creyentes concuerdan con mi punto de vista de que esta es una doctrina menor. Muchos creyentes en generaciones previas fueron perseguidos e inclusive matados debido a que diferían con la iglesia estatal oficial y su práctica de bautismo de infantes. Para ellos el asunto no era meramente una ceremonia: era el derecho a tener una iglesia de creyentes, una que no incluyera automáticamente a toda las personas nacidas en una región geográfica. Vista en esta luz, la controversia en cuanto al bautismo incluye una diferencia mayor en cuanto a la naturaleza de la iglesia: ¿llega uno a ser parte de la iglesia por nacer en una familia creyente, o por profesión voluntaria de fe?

[4]Así *LSJ*, p. 305: «hundir»; pasivo, «ser ahogado». De modo similar, BAGD, p. 131: «hundir, inmergir», y medio, «hundirse uno mismo, bañarse (en la literatura no cristiana también "hundir, sumergir, empapar, abrumar")». También Albrecht Oepke, «bapto, baptizo, etc.», en *TDNT* 1:530: "inmergir […] hundir el barco"; pasivo: «hundir […] sufrir naufragio, ahogar

(el sentido de "bañarse" o "lavarse" se halla solo ocasionalmente en el helenismo […] la idea de sumergirse o perecer es casi el uso general)» (ibíd.). A. H. Strong, *Systematic Theology*, pp. 933–35 da mucha evidencia adicional en este respecto. Berkhof, *Systematic Theology*, p. 630, objeta y da algunos ejemplos contrarios, pero su evidencia no es convincente porque indiscriminadamente mezcla ejemplos de *baptizo* con una palabra relacionada pero diferente, *bapto*. (Pasajes que hablan de «bañarse» o lavarse [en la Septuaginta, Judit 12:7, por ejemplo, y en el Nuevo Testamento, Mr 7:4] más probablemente incluyen cubrirse el cuerpo [o las manos, en Mr 7:4] completamente con agua). Si algún autor del Nuevo Testamento hubiera querido indicar que las personas eran rociadas con agua, tenía a su disposición una palabra griega perfectamente buena que quiere decir «rociar»: *rantizo*, que se usa en este sentido en Heb 9:13, 19, 21; 10:22; ver BAGD, p. 734.

[5]Berkhof pregunta: «¿Fue capaz Juan el Bautista de la tarea enorme de sumergir las multitudes que se aglomeraban alrededor de él en la ribera del Jordán?» (p. 630). Ciertamente, en un período de varios días, habría sido capaz de sumergir muchos cientos de personas, pero también es posible que sus discípulos (Mt 9:14; et al.) le ayudaron con algunos de los bautismos.

(Mr 1:10). El texto griego especifica que salió «fuera del» (*ek*) agua; y no que se alejó de ella (esto se expresaría por el gr. *apó*). El hecho de que Juan y Jesús descendieron al río y salieron del mismo sugiere inmersión, puesto que el rociamiento o derramamiento del agua se podría haber hecho mucho más fácilmente estando junto al río, particularmente debido a las multitudes de personas que venían para el bautismo. El Evangelio de Juan nos dice, además, que Juan el Bautista «estaba bautizando en Enón, cerca de Salín, porque allí había mucha agua» (Jn 3:23). De nuevo, no exigiría «mucha agua» para bautizar a la gente mediante rociamiento, pero sí se necesitaría mucha agua para bautizar por inmersión.

Cuando Felipe le habló del evangelio al eunuco etíope, «Mientras iban por el camino, llegaron a un lugar donde había agua, y dijo el eunuco: —Mire usted, aquí hay agua. ¿Qué impide que yo sea bautizado?» (Hch 8:36). Evidentemente ninguno de ellos pensó que rociar o derramar un poco de agua de un recipiente de agua para beber que se hubiera realizado en el carruaje era suficiente para constituir un bautismo. Más bien, esperaron hasta que hubo un cuerpo de agua cerca del camino. Entonces «mandó parar el carro, y ambos bajaron al agua, y Felipe lo bautizó. Cuando subieron del agua, el Espíritu del Señor se llevó de repente a Felipe. El eunuco no volvió a verlo, pero siguió alegre su camino» (Hch 8:38-39). Como en el caso de Jesús, este bautismo tuvo lugar cuando Felipe y el eunuco bajaron a un cuerpo de agua, y después del bautismo subieron de ese cuerpo de agua. De nuevo, el bautismo por inmersión es la única explicación satisfactoria para esta narración.[6]

(3) El simbolismo de unión con Cristo en su muerte, sepultura y resurrección parece exigir el bautismo por inmersión. Pablo dice:

> ¿Acaso no saben ustedes que todos los que fuimos bautizados para unirnos con Cristo Jesús, en realidad fuimos bautizados para participar en su muerte? Por tanto, mediante el bautismo fuimos sepultados con él en su muerte, a fin de que, así como Cristo resucitó por el poder del Padre, también nosotros llevemos una vida nueva. (Ro 6:3-4)

De modo similar, Pablo les dice a los Colosenses: «Ustedes la recibieron al ser sepultados con él en el bautismo. En él también fueron resucitados mediante la fe en el poder de Dios, quien lo resucitó de entre los muertos» (Col 2:12).

Ahora bien, esta verdad claramente queda simbolizada en el bautismo por inmersión. Cuando el candidato al bautismo es sumergido en el agua eso es un cuadro de descender a la tumba y ser sepultado. Salir del agua es entonces un cuadro de ser resucitado con Cristo para andar en vida nueva. El bautismo de este modo claramente ilustra la muerte a la vieja vida de uno y la resurrección a una nueva clase de vida en Cristo, pero el bautismo por rociamiento o derramamiento simplemente no tiene este simbolismo.[7]

---

[6]Berkhof (pp. 630–631) objeta que en Hch 8:38 la palabra griega *eis* puede significar «a» y no necesariamente «dentro de». Es cierto que la palabra puede tener ambos significados, pero también debemos notar el v. 39 en donde «*ek*» ciertamente significa «fuera de», y no «lejos de», que se expresaría por *apó*. Y el hecho de bajar y subir (*katabaino*, y *anabaino*) no es bajarse del carruaje y volver a embarcarse en él, sino que específicamente se dice que bajaron al agua y subieron del agua.

[7]De hecho, las aguas del bautismo tienen un simbolismo incluso más rico que simplemente el simbolismo de la tumba. Las aguas también nos recuerdan las aguas del juicio de Dios que vino sobre los no creyentes en tiempo del diluvio (Gn 7:6-24), o el ahogamiento de los egipcios en el éxodo (Éx 14:26-29). De modo similar, cuando Jonás fue arrojado en el abismo (Jon

CÓMO ENTENDER LA IGLESIA

A veces se objeta que lo esencial que se simboliza en el bautismo no es la muerte y la resurrección con Cristo, sino purificación y limpiamiento de los pecados. Ciertamente es verdad que el bautismo es un símbolo evidente de lavamiento y limpieza, y que las aguas del bautismo en efecto simbolizan lavamiento y purificación de pecados tanto como la muerte y la resurrección con Cristo. Tito 3:5 habla del «lavamiento de la regeneración» y, aunque la palabra bautismo no se usa en este pasaje, es ciertamente verdad que hay un limpiamiento de los pecados que ocurre en el momento de la conversión. Ananías le dijo a Saulo: «Levántate, bautízate y lávate de tus pecados, invocando su nombre» (Hch 22:16).

Pero decir que el lavamiento de pecados es lo único (o incluso lo más esencial) que se ilustra en el bautismo no representa fielmente la enseñanza del Nuevo Testamento. Tanto el lavamiento como la muerte y la resurrección con Cristo están simbolizados en el bautismo, pero Romanos 6:1-11 y Colosenses 2:11-12 ponen un claro énfasis en morir y resucitar con Cristo. Incluso el lavamiento se simboliza mucho más efectivamente mediante la inmersión que por rociamiento o derramamiento, y la muerte y la resurrección con Cristo se simbolizan solo por inmersión, no mediante el rociamiento o derramamiento.

¿Cuál es, entonces, el significado positivo del bautismo? En toda la discusión en cuanto al modo del bautismo y las disputas sobre su significado, es fácil que los creyentes pierdan de vista el significado y belleza del bautismo, y que desdeñen las tremendas bendiciones que acompañan a esta ceremonia. Las asombrosas verdades de pasar por las aguas del juicio con seguridad, de morir y resucitar con Cristo, y de recibir el lavamiento de nuestros pecados, son verdades de proporción significativa y eterna, y debería ser una ocasión de dar gran gloria y alabanza a Dios. Si las iglesias enseñaran más claramente estas verdades, los bautismos serían ocasión de mucha mayor bendición en la iglesia.

B. Los candidatos al bautismo

El patrón revelado en varios lugares del Nuevo Testamento es que solo los que dan una profesión creíble de fe deben ser bautizados. A esta noción a menudo se le llama el «bautismo de creyentes», puesto que sostiene que solo los que han creído en Cristo (o, más precisamente, los que han dado una evidencia razonable de creer en Cristo) deben

---

1:7-16), fue arrojado al lugar de la muerte debido al juicio de Dios sobre su desobediencia; aunque fue milagrosamente rescatado y así llegó a ser un símbolo de la resurrección. Por consiguiente, los que bajan a las aguas del bautismo realmente están bajando a las aguas del juicio y de la muerte; muerte que merecen de Dios por sus pecados. Cuando suben del agua del bautismo eso muestra que han atravesado con seguridad el juicio de Dios solo debido a los méritos de Jesucristo, con quien se unen en su muerte y su resurrección. Por eso Pedro puede decir en 1 P 3:21 que el bautismo «corresponde a» la salvación de Noé y su familia de las aguas del juicio en el diluvio. Douglas Moo, en *Romans 1–8*, Wycliffe Exegetical Commentary (Chicago: Moody Press, 1991), arguye que el bautismo en Ro 6 «funciona como una experiencia en taquigrafía de la experiencia de conversión como un todo [...] No es, entonces, que el bautismo sea un símbolo de morir y resucitar con Cristo» (p. 371). Dice que «no hay evidencia en Romanos 6, o en el NT, de que a los movimientos físicos en sí: inmersión, y emersión, incluidos en el bautismo se les haya asignado significación simbólica» (p. 379). En tanto que concuerdo con que el bautismo en Ro 6 funciona como una versión taquigráfica de la experiencia de la conversión como un todo, no me parece que podamos excluir el simbolismo de morir y resucitar con Cristo, por las siguientes razones: (1) las acciones físicas de *bajar* al agua (en donde los seres humanos no pueden vivir por más de unos pocos minutos) y de *salir fuera* del agua son tan estrechamente paralelos de las acciones de bajar a la tumba y salir de la tumba la conexión es evidente por la apariencia superficial de las acciones, y no sería necesaria ninguna explicación detallada. (2) El trasfondo del Antiguo Testamento de ser sumergido en las aguas del juicio de Dios confirma esto. (3) Cuando Pablo dice: «Ustedes la recibieron al ser sepultados con él en el bautismo. En él también fueron resucitados *mediante* la fe en el poder de Dios, quien lo resucitó de entre los muertos» (Col 2:12), es difícil imaginarse que alguno de los lectores de Pablo, incluso niños, no percibieran el evidente paralelismo entre las acciones del bautismo y morir y resucitar con Cristo. (Esto sería verdad incluso si, como Moo, tradujéramos Col 2:12 «mediante el bautismo»).

ser bautizados. Esto se debe a que el bautismo, que es un símbolo de empezar la vida cristiana, se debe administrar solo a los que en efecto han empezado la vida cristiana.

1. El argumento de los pasajes narrativos del Nuevo Testamento sobre el bautismo.
Los ejemplos de narraciones de los que fueron bautizados sugieren que el bautismo fue administrado solo a los que dieron una profesión creíble de fe. Después del sermón de Pedro en Pentecostés leemos que «los que recibieron su mensaje fueron bautizados» (Hch 2:41). El texto especifica que el bautismo fue administrado a los que «recibieron su mensaje» y por consiguiente confiaron en Cristo para la salvación.[8] De modo similar, cuando Felipe predicó el evangelio en Samaria, leemos: «Pero cuando creyeron a Felipe, que les anunciaba las buenas nuevas del reino de Dios y el nombre de Jesucristo, tanto hombres como mujeres se bautizaron» (Hch 8:12). De igual manera, cuando Pedro predicó a los gentiles en la casa de Cornelio, permitió el bautismo para los que habían oído la palabra y recibido el Espíritu Santo; es decir, los que habían dado evidencia persuasiva de una obra interna de regeneración. Mientras Pedro predicaba: «el Espíritu Santo descendió sobre todos los que escuchaban el mensaje» y Pedro y sus compañeros «los oían hablar en lenguas y alabar a Dios» (Hch 10:44-46). La respuesta de Pedro fue que el bautismo es apropiado para los que habían recibido la obra regeneradora del Espíritu Santo: «¿Acaso puede alguien negar el agua para que sean bautizados estos que han recibido el Espíritu Santo lo mismo que nosotros?». Entonces Pedro «mandó que fueran bautizados en el nombre de Jesucristo» (Hch 10:47-48). El punto de estos tres pasajes es que el bautismo se administra apropiadamente solo a los que han recibido el evangelio y confiado en Cristo para salvación. Hay otros textos que también indican esto: Hechos 16:14-15 (Lidia y su familia, después de que «el Señor le abrió el corazón» para que creyera»); Hechos 16:32-33 (la familia del carcelero de Filipos, después de que Pedro les predicó «la palabra de Dios a él y a todos los demás que estaban en su casa»); y 1 Corintios 1:16 (la familia de Estéfanas), pero estos pasajes se considerarán más completamente abajo cuando veamos la cuestión de «bautismo de familias».

2. El argumento del significado del bautismo. Además de estas indicaciones de los relatos del Nuevo Testamento en que el bautismo siempre venía después de la fe que salva, hay una segunda consideración que aboga por el bautismo de creyentes: el símbolo externo de empezar la vida cristiana debe ser dado solo a los que muestran evidencia de haber empezado la vida cristiana. Los autores del Nuevo Testamento escribieron como si claramente dieran por sentado que todos los que fueron bautizados también habían confiado personalmente en Cristo y experimentado la salvación. Por ejemplo, Pablo dice: «Todos ustedes [...] los que han sido bautizados en Cristo se han revestido de Cristo» (Gá 3:26-27). Pablo aquí da por sentado que el bautismo es una señal externa de regeneración interna. Esto simplemente no se podría decir en cuanto a infantes; Pablo no podía haber dicho: «todos los infantes que han sido bautizados en Cristo se han revestido de Cristo»,

---

[8]Berkhof advierte en contra de dar demasiada importancia al silencio de las Escrituras respecto al bautismo de infantes. Comentando sobre el hecho de que en algunos casos fueron bautizadas familias enteras, dice: «Y si hubo infantes, es moralmente verdad que ellos fueron bautizados junto con sus padres» (p. 634). Pero esto *no* es lo que dice Hch 2:41: el pasaje especifica que *los que recibieron su mensaje fueron bautizados*», y no los que no recibieron *su palabra pero eran infantes que pertenecían a las familias de los que recibieron su mensaje.*

porque los infantes todavía no han llegado a la fe que salva ni han dado ninguna evidencia de regeneración.[9]

Pablo habla de la misma manera en Romanos 6:3-4: «¿Acaso no saben ustedes que todos los que fuimos bautizados para unirnos con Cristo Jesús, en realidad fuimos bautizados para participar en su muerte? Por tanto, mediante el bautismo fuimos sepultados con él en su muerte». ¿Podría Pablo haber dicho esto de los infantes?[10] ¿Podría haber dicho que «todos los infantes que han sido bautizados en Cristo Jesús fueron bautizados en su muerte» y «fueron sepultados por consiguiente con él por el bautismo en su muerte, para que así como Cristo fue resucitado de los muertos...»? Pero si Pablo no pudo decir estas cosas en cuanto a los infantes, entonces los que abogan por el bautismo de niños deben decir que el bautismo significa algo diferente para los infantes de lo que Pablo quiere decir por «todos los que fuimos bautizados para unirnos con Cristo Jesús». Los que abogan por el bautismo de infantes en este punto recurren a lo que le parece al presente autor el lenguaje vago en cuanto a infantes adoptados «en el pacto» o «en la comunidad del pacto», pero el Nuevo Testamento no habla de esa manera en cuanto al bautismo. Más bien, dice que todos los que han sido bautizados han sido sepultados con Cristo, han sido resucitados con él, y se han revestido de Cristo.

Un argumento similar se puede hacer de Colosenses 2:12: «Ustedes la recibieron al ser sepultados con él en el bautismo. En él también fueron resucitados mediante la fe en el poder de Dios, quien lo resucitó de entre los muertos». Pero no se podría decir de los infantes que fueron sepultados con Cristo, o que fueron resucitados con él mediante la fe, puesto que ellos no tienen edad suficiente para ejercer fe por sí mismos.

3. Alternativa #1: la noción católica romana. La Iglesia Católica Romana enseña que el bautismo se debe administrar a infantes.[11] Esto se debe a que la Iglesia Católica Romana cree que el bautismo es necesario para salvación, y que el acto de bautismo en sí mismo produce regeneración. Por consiguiente, en este punto de vista, el bautismo es un medio por el que la iglesia concede gracia que salva a la gente. Y si es esta clase de canal de gracia que salva se le debe dar a toda persona.

Ludwig Ott, en su *Fundamentals of Catholic Dogma*[12] da las siguientes explicaciones:

> El bautismo es ese sacramento en el que el hombre lavado con agua en el nombre de las tres Personas divinas renace espiritualmente (p. 350; Ott da Jn 3:5; Tit 3:5 y Ef 5:26 como respaldo de esta afirmación).

> El bautismo, provisto que las disposiciones apropiadas (fe y tristeza por el pecado) estén presentes, efectúa: a) la erradicación de pecados, tanto el pecado original como, en el caso de adultos, también pecados personales, mortales y veniales; b) santificación interna por la infusión de gracia santificadora. (p. 354)

---

[9]Esto no es afirmar que ningún infante puede ser regenerado (ver *Hombre y pecado*, pp. 95-96), sino simplemente que Pablo no podía haber tenido base teológica para decir que *todos* los infantes que habían sido bautizados habían empezado la vida cristiana. Él está hablando en Gá 3:27 de «todos ustedes que fueron bautizados en Cristo».

[10]Ver sección 3 abajo para una respuesta a la noción católica romana de que el bautismo produce regeneración.

[11]El acto de bautizar a un niño, incluyendo el ponerle nombre en ese momento, a veces se conoce como «cristianizar», especialmente en la Iglesia Católica Romana y en la Episcopal.

[12]Trad. al inglés por Patrick Lynch, ed. Por James Bastible, 4ª ed. (Tan Books, Rockford, Ill., 1960).

CAPÍTULO 7 · BAUTISMO

Aun si se lo recibe indignamente, el bautismo válido imprime en el alma del que lo recibe una marca espiritual indeleble, el carácter bautismal [...] La persona bautizada es incorporada, por el carácter bautismal, en el cuerpo místico de Cristo [...] Toda persona válidamente bautizada, incluso la bautizada fuera de la Iglesia Católica, llega a ser miembro de la Única Santa Iglesia Católica y Apostólica. (p. 355)

Ott pasa a explicar que el bautismo es necesario para la salvación y lo deben realizar solo los sacerdotes:

El bautismo por agua [...] es, desde la promulgación del evangelio, necesario para todos los hombres sin excepción para salvación. (p. 356)[13]

Ott explica que, mientras el bautismo de ordinario lo administra un sacerdote, en circunstancias inusuales (tales como cuando un niño está en peligro de morir a poco de haber nacido) puede realizarlo un diácono o un laico. Incluso el bautismo realizado por no creyentes se piensa válido, porque Ott dice:

Así, aunque un pagano o un hereje puede bautizar, siempre y cuando se adhiera a la forma de la iglesia y tiene intención de hacer lo que la iglesia hace. (p. 358)

Aunque los infantes no pueden ejercer fe que salva por sí mismos, la Iglesia Católica Romana enseña que el bautismo de infantes es válido:

La fe, puesto que no es la causa efectiva de justificación [...] no necesita estar presente. La fe que los infantes carecen es [...] reemplazada por la fe de la iglesia. (p. 359)

Esencial para comprender la noción católica romana del bautismo es darse cuenta de que los católicos romanos sostienen que los sacramentos funcionan aparte de la fe de los que participan en el sacramento. Si esto es así, entonces se sigue que el bautismo puede conferir gracia incluso a los infantes que no tienen la capacidad de ejercer fe. Varias afirmaciones en el libro de Ott indican esto claramente:

La iglesia católica enseña que los sacramentos tienen una eficacia objetiva, es decir, una eficacia independiente de la disposición subjetiva del que los recibe o del ministro [...] los sacramentos confieren gracia de inmediato, es decir, sin la mediación de la fe fiduciaria (pp. 328-29).

Los sacramentos del nuevo pacto contienen la gracia que significan, y la conceden a los que no la impiden (p. 328).

---

[13] En casos extremos Ott y la enseñanza de la Iglesia Católica Romana permiten el bautismo de deseo (para el que sinceramente anhela ser bautizado pero no puede serlo) o bautismo por sangre (en el martirio).

> Los sacramentos operan *ex opere operato* [...] Es decir, los sacramentos operan por el poder del rito sacramental completado. (p. 329)[14]

> La fórmula «ex opere operato» afirma, negativamente, que la gracia sacramental no es conferida por razón de la actividad subjetiva del que la recibe, y positivamente, que la gracia sacramental es producida por la señal sacramental operada válidamente. (p. 330)

Sin embargo, Ott cuidadosamente explica que la enseñanza católica romana no se debe interpretar «en el sentido de eficacia mecánica o mágica» (p. 330). Dice:

> Por el contrario, en el caso del adulto que recibe se exige expresamente fe [...] no obstante la disposición subjetiva del que recibe no es la causa de la gracia; es meramente una precondición indispensable de comunicación de gracia [...] La medida de la gracia efectuada *ex opere operato* incluso depende del grado de disposición subjetiva. (p. 330)

Al dar respuesta a esta enseñanza católica romana debemos recordar que la Reforma giró alrededor de este asunto. La gran preocupación de Martín Lutero fue enseñar que la salvación depende solo de la fe, y no de la fe más obras. Pero si el bautismo y participar de los demás sacramentos es necesario para la salvación porque son necesarios para recibir la gracia que salva, entonces la salvación realmente se basa en la fe más obras. En contraste a esto, el claro mensaje del Nuevo Testamento es la justificación por la fe sola. «Porque por gracia ustedes han sido salvados mediante la fe; esto no procede de ustedes, sino que es el regalo de Dios, no por obras, para que nadie se jacte» (Ef 2:8-9). Todavía más, «la dádiva de Dios es vida eterna en Cristo Jesús, nuestro Señor» (Ro 6:23).

El argumento de la Iglesia Católica Romana de que el bautismo es necesario para la salvación es muy similar al argumento de los opositores de Pablo en Galacia que decían que la circuncisión era necesaria para la salvación. La respuesta de Pablo es que los que exigen la circuncisión están predicando «un evangelio diferente» (Gá 1:6). Él dice que «Todos los que viven por las obras que demanda la ley están bajo maldición» (Gá 3:10), y habla muy severamente a los que intentan añadir toda otra forma de obediencia como requisito para la justificación: «Aquellos de entre ustedes que tratan de ser justificados por la ley, han roto con Cristo; han caído de la gracia» (Gá 5:4). Por consiguiente, debemos concluir que ninguna obra es necesaria para la salvación; y por consiguiente, el bautismo no es necesario para la salvación.

Pero, ¿qué decir en cuanto a Juan 3:5: «Yo te aseguro que quien no nazca de agua y del Espíritu, no puede entrar en el reino de Dios»? Aunque algunos han entendido esto como una referencia al bautismo, es mejor entenderlo considerando el trasfondo de la promesa del nuevo pacto en Ezequiel 36:

---

[14] La frase *ex opere operato* representa una parte esencial de la enseñanza católica romana sobre los sacramentos. Esta frase latina literalmente significa «por la obra realizada», y quiere decir que los sacramentos obran en virtud de la actividad real hecha, y que el poder de los sacramentos no depende de ninguna actitud subjetiva de fe de los que participan en ellos.

> Los rociaré con agua pura, y quedarán purificados. Los limpiaré de todas sus impurezas e idolatrías. Les daré un nuevo corazón, y les infundiré un espíritu nuevo; les quitaré ese corazón de piedra que ahora tienen, y les pondré un corazón de carne. Infundiré mi Espíritu en ustedes, y haré que sigan mis preceptos y obedezcan mis leyes. (Ez 36:25-27)

Ezequiel aquí habla de un lavamiento «espiritual» que vendrá en los días del nuevo pacto cuando Dios ponga su Espíritu en su pueblo. A la luz de esto, nacer del agua y del Espíritu es un lavamiento «espiritual» que ocurre cuando nacemos de nuevo, asi como también recibimos un «nuevo corazón» espiritual, y no físico, en ese momento.

De modo similar, Tito 3:5 especifica no el bautismo en agua, sino «el lavamiento de la regeneración», explícitamente indicando que es una concesión espiritual de nueva vida. El bautismo en agua simplemente no es mencionado en este pasaje. Un lavamiento más bien espiritual antes que literal también se menciona en Efesios 5:26, donde Pablo dice que Cristo se entregó a sí mismo por la iglesia «para hacerla santa. Él la purificó, lavándola con agua mediante la palabra». Es la palabra de Dios la que hace el lavamiento que se menciona aquí, y no el agua física.

En cuanto a la noción católica romana de que el bautismo conlleva gracia aparte de la disposición subjetiva del que lo recibe o del ministro (posición que es consistente con el bautismo de infantes, que no ejercen fe por sí mismos), debemos reconocer que no existe ningún ejemplo del Nuevo Testamento para probar este punto de vista, ni tampoco hay testimonio del Nuevo Testamento que lo indique. Más bien, los relatos y narraciones de los que fueron bautizados indican que primero habían venido a la fe que salva (ver arriba). Y cuando hay afirmaciones doctrinales en cuanto al bautismo también indican la necesidad de la fe que salva. Cuando Pablo dice: «Ustedes la recibieron al ser sepultados con él en el bautismo. En él también fueron resucitados», de inmediato especifica «mediante la fe en el poder de Dios, quien lo resucitó de entre los muertos» (Col 2:12).

Finalmente, ¿qué diremos en cuanto a 1 Pedro 3:21, donde Pedro dice: «el bautismo que ahora los salva también a ustedes»? ¿No da esto claro respaldo a la noción católica romana de que el bautismo en sí mismo da la gracia que salva al que lo recibe?[15] No, porque cuando Pedro usa esta frase continúa en la misma oración para explicar exactamente lo que quiere decir con ella. Dice que el bautismo que los salva «no consiste en la limpieza del cuerpo» (es decir, no como un acto externo, físico, que lava suciedad del cuerpo; ésa no es la parte que salva), «sino en el compromiso de tener una buena conciencia delante de Dios» (es decir, como una transacción interna, espiritual, entre Dios y el individuo, transacción simbolizada por la ceremonia externa del bautismo). Podemos parafrasear la afirmación de Pedro diciendo: «el bautismo ahora los salva; no la ceremonia física externa del bautismo, sino la realidad espiritual interna que el bautismo representa». De esta manera, Pedro advierte en contra de toda noción de que el bautismo automáticamente atribuya poder salvador a la ceremonia física en sí misma.

---

[15]Los tres párrafos que siguen son adaptados de Wayne Grudem, *The First Epistle of Peter*, TNTC (IVP, Leicester, y Eerdmans, Grand Rapids, 1988), pp. 163–65, y se usan con permiso.

La frase de Pedro: «el compromiso de tener una buena conciencia delante de Dios» es otra manera de decir «una petición de perdón de pecados y un nuevo corazón». Cuando Dios le da al pecador «una conciencia limpia», esa persona tiene la seguridad de que todo pecado ha sido perdonado y de que está en correcta relación con Dios (Heb 9:14 y 10:22 habla de esta manera en cuanto a la limpieza de la conciencia de uno por Cristo). Ser bautizado apropiadamente es hacer tal «apelación» a Dios; o sea, decir, en efecto: «Dios mío, al entrar yo en este bautismo que limpia mi cuerpo por fuera estoy pidiendo que me limpies el corazón por dentro, que perdones mis pecados, y que me pongas en correcta relación delante de ti». Entendido de esta manera, el bautismo es un símbolo apropiado del principio de la vida cristiana.[16]

Así que 1 Pedro 3:21 ciertamente no enseña que el bautismo salva automáticamente a las personas o que confiere gracia *ex opere operato*. Ni siquiera enseña que el acto del bautismo en sí mismo tenga poder salvador, sino más bien que la salvación resulta mediante el ejercicio interno de la fe que el bautismo representa (cf. Col 2:12). De hecho, los protestantes que abogan por el bautismo de creyentes bien podrían ver en 1 Pedro 3:21 algún respaldo para su posición: el bautismo, se pudiera argumentar, es apropiadamente administrado a todo el que tiene la suficiente personalmente para ser «una aspiración a Dios por una clara conciencia».[17]

En conclusión, las enseñanzas católicas romanas de que el bautismo es necesario para la salvación, de que el acto del bautismo en sí mismo confiere gracia que salva, y que el bautismo es por consiguiente apropiadamente administrado a los infantes, no son persuasivas a la luz de las enseñanzas del Nuevo Testamento.

4. Alternativa #2: la noción paidobautista protestante. En contraste tanto a la posición bautista que se defiende en la primera parte de este capítulo como a la noción católica romana que se acaba de considerar, otra noción importante es que el bautismo se administra apropiadamente a todos los hijos de padres creyentes. Esta es una perspectiva común en muchos grupos protestantes (especialmente iglesias luteranas, episcopales, metodistas, presbiterianas y reformadas). A esta noción a veces se la conoce como el argumento del pacto para el paidobautismo. Se le llama un argumento de «pacto» porque depende de considerar a los hijos nacidos a los creyentes como parte de la «comunidad del pacto» del pueblo de Dios. La palabra «paidobautismo» significa la práctica de bautizar infantes (el prefijo *paidos*, quiere decir «niño» y deriva de la palabra griega *pais*, «niño»).[18] Se

---

[16]Algunos han argumentado que «compromiso» es mejor palabra que «aspiración» en este versículo. Así, la NVI traduce: «el compromiso de tener una buena conciencia delante de Dios». La información de otros ejemplos de la palabra es escasa respecto a ambos significados, y no se puede derivar ninguna conclusión de un examen de los otros usos de la palabra sola (ver consideración en W. Grudem, *1 Peter*, p. 164). Pero mucho más significativo es el hecho de que la de traducción «compromiso» introduce un problema teológico. Si el bautismo es un «compromiso a Dios» para mantener una buena conciencia (o una promesa de vivir una vida obediente, que brota de una buena conciencia), entonces el énfasis ya no está en la dependencia de Dios para que dé salvación, sino más bien en la dependencia del propio esfuerzo de o firmeza de decisión de uno. Y puesto que esta frase en 1 Pedro 3:21 está tan claramente conectada con el principio de la vida cristiana e identificada como un rasgo del bautismo que «los salva», la traducción «compromiso» parece ser inconsistente con la enseñanza del Nuevo Testamento sobre la salvación por fe sola; sería el único lugar en donde se dice que una promesa de ser justo es lo mismo que «los salva». Y puesto que la información léxica no es conclusiva para ambos sentidos (en tanto que sugiere que ambos sentidos son al parecer posibles), es mejor adoptar la traducción de «aspiración» como un sentido mucho más de acuerdo con la enseñanza doctrinal del resto Nuevo Testamento.

[17]Colosenses 2:12 se pudiera usar de la misma manera: Pablo dice que en el bautismo los creyentes fueron «resucitados con [Cristo] por fe en la obra de Dios, que le resucitó de los muertos». Esto presupone que los que fueron bautizados estaban ejerciendo fe cuando fueron bautizados; es decir, tenían edad suficiente como para creer.

[18]Los católicos romanos son paidobautistas, pero sus argumentos de respaldo son diferentes, como se explica arriba (ellos enseñan que el

considerará primordialmente los argumentos presentados por Louis Berkhof, que explica claramente y defiende bien la posición paidobautista.

El argumento de que los infantes de los creyentes deben ser bautizados depende primordialmente de los tres puntos siguientes:

a. A los infantes se les circuncidaba en el Antiguo Pacto. En el Antiguo Testamento la circuncisión era la señal externa de entrada en la comunidad del pacto o la comunidad del pueblo de Dios. La circuncisión se administraba a todo niño israelita (es decir, a los varones) a los ocho días de nacidos.

b. El bautismo es paralelo a la circuncisión. En el Nuevo Testamento la señal externa de entrada en la «comunidad del pacto» es el bautismo. Por consiguiente, el bautismo es el paralelo de la circuncisión en el Nuevo Testamento. Se sigue que el bautismo se debe administrar a todos los infantes de padres creyentes. Negarles ese beneficio es privarles de un privilegio y beneficio que les corresponde por derecho: la señal de pertenecer a la comunidad del pueblo de Dios, la «comunidad del pacto». El paralelo entre la circuncisión y el bautismo se ve claramente en Colosenses 2:

> Además, en él fueron circuncidados, no por mano humana sino con la circuncisión que consiste en despojarse del cuerpo pecaminoso. Esta circuncisión la efectuó Cristo. Ustedes la recibieron al ser sepultados con él en el bautismo. En él también fueron resucitados mediante la fe en el poder de Dios, quien lo resucitó de entre los muertos. (Col 2:11-12)

Aquí se dice que Pablo hace una conexión explícita entre la circuncisión y el bautismo.

c. Bautismos de familias. Respaldo adicional para la práctica de bautizar infantes se halla en los «bautismos de familias» que se informan en Hechos y en las Epístolas, particularmente el bautismo de la familia de Lidia (Hch 16:15), la familia del carcelero de Filipos (Hch 16:33), y la familia de Estéfanas (1 Co 1:16). También se afirma que Hechos 2:39, que declara que las bendiciones prometidas del evangelio son para «para ustedes, para sus hijos», respalda esta práctica.

En respuesta a estos argumentos en favor del paidobautismo, se deben señalar los siguientes puntos:

(1) Es ciertamente verdad que el bautismo y la circuncisión son similares de muchas maneras, pero no debemos olvidar también que lo que simbolizan es diferente en algunos aspectos importantes. El antiguo pacto tenía un medio físico y externo de entrada en la «comunidad del pacto». Uno llegaba a ser judío al nacer de padres judíos. Por consiguiente, todos los varones judíos eran circuncidados. La circuncisión no estaba restringida a las personas que tenían verdadera vida espiritual interna, sino más bien se la daba a «todos los que vivían entre el pueblo de Israel. Dios dijo:

---

bautismo produce regeneración). En el material que sigue, compararé una defensa protestante del *paidobautismo* con una defensa protestante del *bautismo de creyentes*. Por consiguiente, usaré el término *paidobautista* para referirme a los paidobautistas protestantes que sostienen una posición paidobautista de pacto.

> Todos los varones entre ustedes deberán ser circuncidados [...] Todos los varones de cada generación deberán ser circuncidados a los ocho días de nacidos, tanto los niños nacidos en casa como los que hayan sido comprados por dinero a un extranjero y que, por lo tanto, no sean de la estirpe de ustedes. Todos sin excepción, tanto el nacido en casa como el que haya sido comprado por dinero, deberán ser circuncidados. (Gn 17:10-13)

No fueron solamente los descendientes físicos del pueblo de Israel los circuncidados, sino también los siervos que ellos habían comprado y vivían entre ellos. La presencia o ausencia de vida espiritual interna no hacía ninguna diferencia para nada en el asunto de si uno era circuncidado. Así «ese mismo día Abraham tomó a su hijo Ismael, a los criados nacidos en su casa, a los que había comprado con su dinero y a todos los otros varones que había en su casa, y los circuncidó, tal como Dios se lo había mandado» (Gn 17:23; cf. Jos 5:4).

Debemos darnos cuenta de que la circuncisión se hizo a todo varón que vivía entre el pueblo de Israel, aunque la verdadera circuncisión es algo interno y espiritual: «La circuncisión es la del corazón, la que realiza el Espíritu, no el mandamiento escrito» (Ro 2:29). Es más, Pablo en el Nuevo Testamento explícitamente indica que «no todos los que descienden de Israel son Israel» (Ro 9:6). Pero aunque hubo en el tiempo del Antiguo Testamento (y más completamente en tiempo del Nuevo Testamento) una conciencia de realidad espiritual interna que la circuncisión tenía el propósito de representar, no hubo esfuerzo alguno de restringir la circuncisión solo aquellos cuyo corazón en realidad estaba circuncidado espiritualmente y que tenían genuina fe que salva. Incluso entre los adultos varones la circuncisión se aplicaba a todos, y no solamente a los que daban evidencia de fe interna.

(2) Pero bajo el nuevo pacto la situación es muy diferente. El Nuevo Testamento no habla de una «comunidad del pacto» formada de creyentes y los hijos, parientes y sirvientes no creyentes que resulta que viven entre ellos. (A decir verdad, en la consideración del bautismo, la frase «comunidad del pacto» según la usan los paidobautistas a menudo tiende a funcionar como un término amplio y vago que nubla las diferencias entre el Antiguo Testamento y el Nuevo en este asunto). En la iglesia del Nuevo Testamento la única cuestión que importa es si uno tiene fe que salva y ha sido espiritualmente incorporado en el cuerpo de Cristo, la verdadera iglesia. La única «comunidad de pacto» que se considera es la iglesia, o sea, la comunidad de los redimidos.

Pero, ¿cómo llega a ser uno miembro de la iglesia? El medio de entrada en la iglesia es voluntario, espiritual e interno. Uno llega a ser miembro de la verdadera iglesia al nacer de nuevo y tener fe que salva, no por el nacimiento físico. Esto resulta no por un acto externo, sino por la fe interna del corazón de uno. Es ciertamente verdad que el bautismo es la señal de entrada a la iglesia, pero esto quiere decir que se debe dar solamente a los que dan evidencia de membresía en la iglesia, solo los que profesan fe en Cristo.[19]

---

[19] En este punto el que promueve el *paidobautismo* tal vez pregunte si no deberíamos tener una idea de una «comunidad del pacto» en la iglesia del Nuevo Testamento que es más amplia que la iglesia e incluye a los niños no creyentes que pertenecen a familias de la iglesia. Pero el Nuevo Testamento no habla de tal comunidad, ni da indicación de que los hijos no creyentes de padres creyentes sean miembros del nuevo pacto. Y por cierto no habla del bautismo como una señal de entrada a tal grupo más amplio. El bautismo simboliza el nuevo nacimiento y la entrada a la iglesia.

No debe sorprendernos que haya un cambio en la manera en que se entraba a la comunidad del pacto en el Antiguo Testamento (nacimiento físico) y la manera en que se entra a la iglesia en el Nuevo Testamento (nacimiento espiritual). Hay muchos cambios análogos entre el antiguo y el nuevo pacto en otros aspectos por igual. En tanto que los israelitas se alimentaban del maná físico en el desierto, los creyentes del Nuevo Testamento se alimentan de Jesucristo, el pan verdadero que ha venido del cielo (Jn 6:48-51). Los israelitas bebieron agua física que brotó de la roca en el desierto, pero los que creen en Cristo beben del agua viva de vida eterna que él da (Jn 4:10-14). El antiguo pacto tenía un templo físico al que Israel venía para adorar, pero en el nuevo pacto los creyentes son edificados para ser un templo espiritual (1 P 2:5). Los creyentes del antiguo pacto ofrecían sacrificios físicos de animales y cosechas en el altar, pero los creyentes del Nuevo Testamento ofrecen «sacrificios espirituales que Dios acepta por medio de Jesucristo» (1 P 2:5; cf. Heb 13:15-16). Los creyentes del antiguo pacto recibieron de Dios la tierra física de Israel que les había prometido, pero los creyentes del Nuevo Testamento reciben «una patria mejor, es decir, la celestial» (Heb 11:16). De la misma manera, en el antiguo pacto los que eran descendencia física de Abraham eran miembros del pueblo de Israel, pero en el Nuevo Testamento los que son la «simiente» espiritual o descendientes de Abraham por fe son miembros de la iglesia (Gá 3:29; cf. Ro 4:11-12).

En todos estos contrastes vemos la verdad de la distinción que Pablo recalca entre el antiguo pacto y el nuevo. Los elementos y actividades físicas del viejo pacto eran «sólo una sombra de lo que había de venir», pero la verdadera realidad, la «sustancia», se halla en la relación del nuevo pacto que tenemos en Cristo (Col 2:17). Por consiguiente, es consistente con este cambio de sistemas que los niños (varones) automáticamente sean circuncidados en el antiguo pacto, puesto que su descendencia física y presencia física en la comunidad del pueblo judío significaba que eran miembros de esa comunidad en la que la fe no era un requisito de entrada. Pero en el nuevo pacto no es apropiado que los infantes sean bautizados, y el bautismo se imparte solo a los que dan evidencia de genuina fe que salva, porque la membresía en la iglesia se basa en la realidad espiritual interna, y no en descendencia física.

(3) Los ejemplos del bautismo de familias en el Nuevo Testamento en realidad no son decisivos en cuanto a una posición o la otra. Cuando miramos a los ejemplos reales más de cerca, vemos que en varios de ellos hay indicaciones de fe que salva de parte de los bautizados. Por ejemplo, es cierto que la familia del carcelero de Filipos fue bautizada (Hch 16:33), pero también es cierto que Pablo y Silas «les expusieron la palabra de Dios a él y a todos los demás que estaban en su casa» (Hch 16:32). Si la palabra del Señor fue proclamada a todos en la casa, se da por sentado de que todos tenían edad suficiente para entender la palabra y creer en ella. Todavía más, después de que la familia fue bautizada, leemos que el carcelero de Filipos «se alegró mucho junto con toda su familia por haber creído en Dios» (Hch 16:34). Así que no tenemos solo un bautismo de una familia, sino también la recepción de parte de una familia de la palabra de Dios y a toda una familia que se regocija en la fe en Dios. Estos hechos sugieren muy fuertemente que toda la familia tuvo que venir individualmente a la fe en Cristo.

Con respecto al hecho de que Pablo bautizó «a la familia de Estéfanas» (1 Co 1:16), debemos también notar que Pablo dice al fin de Corintios que «los de la familia de Estéfanas fueron los primeros convertidos de Acaya, y que se han dedicado a servir a los creyentes. Les recomiendo, hermanos» (1 Co 16:15). Así que, no fueron solamente bautizados; también se convirtieron y habían trabajado sirviendo a otros creyentes. De nuevo, el ejemplo de bautismo de familias da indicación de fe de familias.

De hecho, hay otros casos en donde el bautismo no se menciona pero vemos testimonio explícito del hecho de que toda una familia había venido a la fe. Después de que Jesús sanó al hijo del oficial, leemos que el padre «creyó él con toda su familia» (Jn 4:53). De modo similar, cuando Pablo predicó en Corinto «Crispo, el jefe de la sinagoga, creyó en el Señor con toda su familia» (Hch 18:8).

Esto quiere decir que de todos los ejemplos de «bautismo de familias» en el nuevo testamento, el único que no da alguna indicación de fe de familia tan bien es Hechos 16:14-15, hablando de Lidia: «el Señor le abrió el corazón para que respondiera al mensaje de Pablo. Cuando fue bautizada con su familia». El texto simplemente no contiene ninguna información en cuanto a si había infantes en su casa o no. Es ambiguo, y ciertamente no evidencia de peso para el bautismo de infantes. Se debe considerar inconcluyente.

Con respecto a la afirmación de Pedro en Pentecostés de que «la promesa es para ustedes, para sus hijos», debemos notar que la oración sigue de esta manera: «En efecto, la promesa es para ustedes, para sus hijos y para todos los extranjeros, es decir, para todos aquellos a quienes el Señor nuestro Dios quiera llamar» (Hch 2:39). Todavía más, el mismo párrafo especifica no que creyentes y niños no creyentes fueron bautizados, sino que «los que recibieron su mensaje fueron bautizados, y aquel día se unieron a la iglesia unas tres mil personas» (Hch 2:41).

(4) Otro argumento en objeción a la posición paidobautista se puede hacer cuando planteamos la sencilla pregunta: «¿Qué hace el bautismo?». En otras palabras, podemos preguntar: «¿Qué logra en realidad el bautismo? ¿Qué beneficio produce?».

Los católicos romanos dan una clara respuesta a esta pregunta: el bautismo produce regeneración. Y los bautistas tienen también una respuesta clara: el bautismo simboliza el hecho de que la regeneración interna ya ha ocurrido. Pero los paidobautistas no pueden adoptar ninguna de estas respuestas. No quieren decir que el bautismo produce regeneración, ni tampoco pueden decir (con respecto a los niños) que simboliza una regeneración que ya ha ocurrido.[20] La única alternativa parece ser decir que simboliza una regeneración que ocurrirá en el futuro, cuando el infante tenga edad suficiente para llegar a la fe que salva. Pero incluso eso no es exacto, porque no es seguro que el infante será regenerado en el futuro; algunos infantes que son bautizados nunca llegan a tener fe que salva más adelante. Así que, la explicación paidobautista más acertada de lo que simboliza el bautismo es que simboliza probable regeneración futura.[21] No causa regeneración, ni simboliza regeneración real; por consiguiente se debe entender como simbolizando probable regeneración en algún momento en el futuro.

Pero en este punto parece evidente que la comprensión paidobautista del bautismo es muy diferente de la del Nuevo Testamento. El Nuevo Testamento nunca ve el

---

[20] Sin embargo, algunos paidobautistas protestantes *darán por sentado* que la regeneración ya ha ocurrido (y la evidencia se verá más tarde). Otros, incluyendo muchos episcopales y luteranos, dirían que la regeneración tiene lugar en el momento del bautismo.

[21] Esto no es una cita de algún escritor paidobautista específico, sino mi propia conclusión de la lógica de la posición paidobautista, que parece requerir esta comprensión de lo que significa el *paidobautismo* respecto a la regeneración.

bautismo como algo que simboliza una regeneración futura probable. Los autores del Nuevo Testamento no dicen: «¿Puede alguien impedir agua para bautizar a estos que probablemente algún día serán salvados?» (cf. Hch 10:47), o: «Todos ustedes que fueron bautizados en Cristo probablemente algún día serán puestos en Cristo» (cf. Gá 3:27), o: «¿No saben que todos ustedes que han sido bautizados en Cristo Jesús probablemente algún día serán bautizados en su muerte?» (cf. Ro 6:3). Esta simplemente no es la manera en que el Nuevo Testamento habla del bautismo. El bautismo en el Nuevo Testamento es una señal de haber nacido de nuevo, de estar limpios del pecado, y del comienzo de la vida cristiana. Es apropiado reservar esta señal para los que dan evidencia de lo que es realidad en sus vidas.

Otra perspectiva de la simbología del bautismo la da Michael Green.[22] Él dice:

El bautismo de infantes recalca la objetividad del evangelio. Señala al logro sólido de Cristo crucificado y resucitado, sea que respondamos o no a él [...] No es que ganemos nada de ello, a menos que nos arrepintamos y creamos. Pero es la demostración firme de que nuestra salvación no depende de nuestra propia fe muy falible; depende de lo que Dios ha hecho por nosotros. (p. 76)

Luego pasa a decir:

El bautismo de infantes recalca la iniciativa de Dios en la salvación [...] ¿Debería apuntarse primariamente a la respuesta del hombre, o a la iniciativa de Dios? Ese es el meollo de la pregunta [...] Para el bautista, el bautismo primariamente da testimonio de lo que nosotros hacemos en respuesta a la gracia de Dios. Para el paidobautista, primariamente da testimonio de lo que *Dios ha hecho que lo hace posible*. (pp. 76-77, énfasis suyo)

Pero se pueden anotar varios puntos en respuesta a Green. (a) Su análisis en este punto deja a un lado el hecho de que el bautismo no solo simboliza la muerte y resurrección de Cristo; como ya hemos visto en el análisis previo de los textos del Nuevo Testamento, sino que también simboliza la aplicación de la redención a nosotros, como resultado de nuestra respuesta de fe. El bautismo ilustra el hecho de que hemos sido unidos a Cristo en su muerte y resurrección, y el lavamiento con agua simboliza que hemos sido limpiados de nuestros pecados. Al decir que los paidobautistas recalcan la iniciativa de Dios y los bautistas recalcan la respuesta del hombre, Green le ha presentado al lector dos alternativas incorrectas entre las cuales escoger, porque el bautismo ilustra ambas cosas y más. El bautismo ilustra (i) la obra redentora de Cristo, (ii) mi respuesta en fe (cuando vengo a ser bautizado), y (iii) la aplicación de Dios de los beneficios de la redención a mi vida. El bautismo de creyentes ilustra todos esos tres aspectos (y no simplemente mi fe, como sugiere Green), pero según la noción de Green el paidobautismo ilustra solo la

---

[22]Michael Green, *Baptism: Its Purpose, Practice, and Power* (Hodder and Stoughton, Londres, e InterVarsity Press, Downers Grove, Ill., 1987). Este libro contiene una afirmación excelente de una posición paidobautista, y también contiene mucho análisis útil de la enseñanza bíblica en cuanto al bautismo que ambos lados pudieran apoyar.

primera. No es cuestión de cuál es «primaria»; es cuestión de cuál noción del bautismo incluye todo lo que el bautismo representa.

(b) Cuando Green dice que nuestra salvación no depende de nuestra fe, sino de la obra de Dios, la expresión «depende de» se presta a varias interpretaciones. Si «depende de» quiere decir «aquello en que nos apoyamos», entonces por supuesto ambos lados concordarían en que descansamos en la obra de Cristo, y no en nuestra fe. Si «depende de» quiere decir que la fe no tiene ningún mérito en sí misma por el que podamos ganarnos el favor de Dios, entonces ambos lados concordarían. Pero si «depende de» quiere decir que no hay ninguna diferencia en cuanto a nuestra salvación si creemos o no, entonces ningún lado concordaría: el mismo Green dice en la oración previa que el bautismo no nos hace ningún bien a menos que nos arrepintamos y creamos. Por consiguiente, si el bautismo de alguna manera representa la aplicación de la redención a la vida de una persona, entonces no es suficiente practicar una forma de bautismo que ilustra solo la muerte y resurrección de Cristo; también debemos ilustrar nuestra respuesta en fe y la subsiguiente aplicación de la redención a nosotros. En contraste, en el concepto de Green, hay un peligro real de ilustrar una noción (con la que Green discreparía) de que Dios aplica la redención a las personas sea que crean o no.

(5) Finalmente, los que abogan por el bautismo de creyentes a menudo expresan preocupación en cuanto a las consecuencias prácticas del paidobautismo. Aducen que la práctica del paidobautismo en la vida real de la iglesia frecuentemente lleva las personas bautizadas en la infancia a dar por sentado que han sido regenerados, y por consiguiente no sienten la urgencia de su necesidad de venir a la fe personal en Cristo. En un período de años, la tendencia es probable que resulte en más y más miembros no convertidos en la «comunidad del pacto»; miembros que no son genuinamente miembros de la iglesia de Cristo. Por supuesto, esto no haría falsa a una iglesia paidobautista, pero sí la haría una iglesia menos pura, y una que frecuentemente luchará contra las tendencias hacia la doctrina liberal y otras clases de incredulidad que son introducidas por el sector no regenerado de la membresía.

C. El efecto del bautismo

Hemos argumentado arriba que el bautismo simboliza regeneración o renacimiento espiritual. Pero ¿solo simboliza? ¿O hay algún sentido en que también es un «medio de gracia», es decir, un medio que el Espíritu Santo utiliza para dar bendición a la gente? Ya hemos considerado esta pregunta en el capítulo previo,[23] así que aquí solo es necesario decir que cuando se realiza apropiadamente el bautismo entonces por supuesto también da algún beneficio espiritual a los creyentes. Hay la bendición del favor de Dios que viene con toda obediencia, así como también la alegría que viene por la profesión pública de la fe de uno, y la seguridad de tener un cuadro físico claro de morir y resucitar con Cristo y de lavamiento de pecados. Ciertamente el Señor nos dio el bautismo para fortalecer y promover nuestra fe; y así debería ser para todo el que es bautizado y para todo creyente que presencia un bautismo.

---

[23]Ver capítulo 6, pp. 132-33.

CAPÍTULO 7 · BAUTISMO

D. La necesidad del bautismo

Si bien reconocemos que Jesús ordenó el bautismo (Mt 28:19), como también los apóstoles (Hch 2:38), no debemos decir que el bautismo sea necesario para salvación.[24] Esta cuestión se consideró en alguna extensión bajo la respuesta a la noción católica romana del bautismo. Decir que el bautismo o cualquier otra acción es necesaria para la salvación es decir que no somos justificados por fe sola, sino por la fe más una cierta «obra», la obra del bautismo. El apóstol Pablo se habría opuesto a la idea de que el bautismo es necesario para la salvación tan fuertemente como se opuso a la idea similar de que la circuncisión sea necesaria para la salvación (ver Gá 5:1-12).

Los que aducen que el bautismo es necesario para la salvación a menudo señalan Marcos 16:16: «El que crea y sea bautizado será salvo, pero el que no crea será condenado». Pero la respuesta muy evidente a esto es simplemente decir que el versículo no dice nada acerca de los que creen y no son bautizados. El versículo simplemente está hablando de casos generales sin hacer ninguna calificación pedante para el caso inusitado de alguien que cree y no es bautizado. Pero ciertamente ese versículo no se debería forzar para hacer que diga algo de lo que no está hablando.[25]

Más al punto es la afirmación de Jesús al ladrón moribundo en la cruz: «Te aseguro que hoy estarás conmigo en el paraíso» (Lc 23:43). El ladrón no pudo ser bautizado antes de morir en la cruz, pero fue ciertamente salvado ese día. Es más, la fuerza de este punto no se puede evadir argumentando que el ladrón fue salvado bajo el antiguo pacto (bajo el cual el bautismo no era necesario para salvación), porque el nuevo pacto tomó efecto en la muerte de Jesús (ver Heb 9:17), y Jesús murió antes de cualquiera de los dos ladrones que fueron crucificados con él (ver Jn 19:32-33).

Otra razón por la que el bautismo no es necesario para la salvación es que nuestra justificación de los pecados tiene lugar en el mismo momento que la fe que salva, y no en el del bautismo del agua, que por lo general ocurre más tarde.[26] Pero si la persona ya está justificada y tiene sus pecados perdonados eternamente en el mismo momento de la fe que salva, entonces el bautismo no es necesario para el perdón de los pecados, ni para la concesión de nueva vida espiritual.[27]

El bautismo, entonces, no es necesario para la salvación; pero sí es necesario para nuestra obediencia a Cristo, porque él ordenó el bautismo a todos los que creen en él.

E. La edad para el bautismo

Los que están convencidos de los argumentos para el bautismo de creyentes deben entonces empezar a preguntar: «¿Qué edad deben tener los niños antes de ser bautizados?».

La respuesta más directa es que deben tener edad suficiente para dar una profesión creíble de fe. Es imposible fijar una edad precisa que se aplicará a todo niño, pero cuando

---

[24]En este punto discrepo no solo con la enseñanza católica romana, sino también con la enseñanza de varias denominaciones protestantes que enseñan que, en algún sentido, el bautismo es necesario para la salvación. Aunque hay diferentes matices en su enseñanza, tal posición la sostienen muchas iglesias episcopales, muchas iglesia luteranas, y las Iglesias de Cristo.

[25]Todavía más, es dudoso si se debería utilizar este versículo para respaldar una posición teológica, puesto que hay muchos manuscritos antiguos que no tienen este versículo (o Mr 16:9-20), y parece ser más probable que este versículo no estuvo en el Evangelio que Marcos escribió originalmente. (Ver consideración de Mr 16:9-20 en *Quién es Dios*, p. 256.)

[26]Ver la consideración de la justificación en *Salvación*, pp. 99-110.

[27]Ver *Salvación*, pp. 76-83, para una consideración de la regeneración.

los padres ven evidencia convincente de genuina vida espiritual, y también algún grado de comprensión respecto a lo que significa confiar en Cristo, entonces el bautismo es apropiado. Por supuesto, esto requerirá cuidadosa administración de parte de la iglesia, así como también una buena explicación de parte de los padres en sus hogares. La edad exacta para el bautismo variará de niño a niño, y a veces de iglesia a iglesia también.[28]

F. Preguntas que quedan

1. ¿Necesitan las iglesias dividirse por el bautismo? A pesar de muchos años de división sobre la cuestión entre protestantes, ¿hay alguna manera en que los creyentes que difieren sobre el bautismo pueden demostrar una mayor unidad de comunión? Y, ¿hay alguna manera en que se pueda hacer progreso en acercar más a la iglesia a la unidad respecto a este asunto?

Una manera de progresar pudiera ser que los paidobautistas y los que abogan por el bautismo de creyentes llegaran a una admisión común de que el bautismo no es una doctrina principal de la fe, y que estuvieran dispuestos a vivir con el punto de vista del otro en este asunto y a no permitir que las diferencias en cuanto al bautismo sean una causa de división dentro del cuerpo de Cristo.[29] Específicamente, esto significaría permitir que se enseñen y practiquen diferentes puntos de vista sobre el bautismo desde ambos lados del asunto.

Sin duda, esto sería difícil tanto para denominaciones bautistas como para denominaciones paidobautistas, porque tienen largas tradiciones de discutir uno u otro lado del asunto. Ciertamente los creyentes tienen el derecho de tomar sus propias decisiones respecto al bautismo, pero no parece apropiado que las divisiones denominacionales dependan o refuercen estas diferencias, ni parece correcto que las iglesias exijan una noción u otra sobre el bautismo para los que desean ser ordenados o funcionar como maestros dentro de la iglesia.[30] Específicamente, esto significaría que las iglesias bautistas tendrían que estar dispuestas a permitir en su membresía a los que han sido bautizados como infantes y a aquellos cuya convicción de conciencia, después de consideración cuidadosa,

---

[28]Yo participé en el bautismo de mis propios tres hijos cuando ellos tenían entre seis y diez años y mostraron un grado apropiado de comprensión del evangelio, junto con genuina evidencia de fe en Cristo. En los tres casos, pienso que podrían haber sido bautizados antes, pero lo demoramos en deferencia al patrón ordinario seguido por las iglesias a las que asistíamos, en que por lo general no se bautizaba a los niños menores de siete años. (Entre los bautistas del Reino Unido, sin embargo, se acostumbra esperar hasta que los niños tengan algunos años más).

[29]Me doy cuenta de que algunos lectores objetarán a esta frase y dirán que el bautismo es muy importante debido a lo que representan las posiciones divergentes: nociones distintas de la naturaleza de la iglesia. Muchos bautistas aducirían que la práctica del bautismo de infantes es inherentemente inconsistente con la idea de una iglesia formada solo de creyentes, y muchos paidobautistas aducirían que no practicar el bautismo de infantes es inherentemente inconsistente con la idea de una comunidad de pacto que incluye a los hijos de los creyentes. Yo animaría a los que razonan de esta manera a que consideren cuánto tienen en común con los creyentes evangélicos en el otro lado del asunto; no necesariamente con los que están lejos de ellos en otros asuntos también, sino especialmente con aquellos que están en el otro lado en esto pero concuerdan con ellos en la mayoría de aspectos de la vida cristiana. Muchos bautistas en efecto animan y demuestran un valor dado a sus hijos dentro de sus iglesias, y muchos paidobautistas en efecto oran por la salvación de sus hijos bautizados con el mismo fervor con que los padres bautistas oran por la salvación de sus hijos no bautizados. Respecto a la membresía de la iglesia, los paidobautistas evangélicos en efecto requieren una profesión creíble de fe antes de que sus hijos puedan llegar a ser miembros de pleno derecho de la iglesia (su término es «miembros comunicantes»; es decir, los que reciben la Comunión). También requieren una profesión creíble de fe antes de que un a adulto se le permita unirse a la iglesia. Cuando estos procedimientos están funcionando bien, tanto bautistas como paidobautistas usan procedimientos muy similares al procurar tener una membresía de iglesia consistente solo de creyentes, y unos y otros aman y enseñan y oran por sus hijos como los miembros más preciosos de la familia más grande de la iglesia que esperan que un día lleguen a ser verdaderos miembros del cuerpo de Cristo.

[30]En los Estados Unidos de América, la denominación de la Iglesia Evangélica Libre ha funcionado bastante bien por muchas décadas mientras permite tanto a paidobautistas como los que abogan por el bautismo de creyentes sean miembros de sus iglesias y que sean ordenados pastores en sus iglesias.

es que su bautismo como infantes fue válido y no se debería repetir. Por supuesto, las iglesias bautistas podrían ser libres de enseñar e intentar persuadir a cualquier posible miembro de su iglesia de que debe bautizarse como creyente, pero si algunos, después de cuidadosa consideración, no están persuadidos, no parece apropiado hacer de esto una barrera a la membresía. ¿Qué bien se logra con tal barrera? Y ciertamente mucho daño se puede hacer al no demostrar la unidad de la iglesia o al prohibir plena participación en la iglesia a aquellos que el Señor en efecto ha traído a esa comunión.

Por otro lado, los que creen en el paidobautismo tendrían que convenir en no poner indebida presión sobre los padres que no desean bautizar a sus infantes y no considerar a estos padres de alguna manera desobedientes al Señor. Tendría que haber una disposición a tener alguna clase de breve ceremonia de dedicación del hijo al Señor poco después de que nace, en lugar de una ceremonia de bautismo, si los padres lo desean así. Por supuesto, ambos lados tendrían que convenir en no convertir la noción del bautismo en un criterio para algún cargo en la iglesia o para la ordenación.[31]

Si se hicieran tales concesiones en la práctica real de parte de ambos lados sobre este asunto, la cuestión bien pudiera en efecto disminuir el nivel de controversia dentro de una generación, y el bautismo pudiera a la larga dejar de ser un punto de división entre los creyentes.

2. ¿Quién puede bautizar? Finalmente, podemos preguntar: «¿Quién puede realizar la ceremonia del bautismo? ¿Puede solo el clero ordenado realizar esta ceremonia?».

Debemos reconocer aquí que la Biblia simplemente no especifica ninguna restricción sobre quién puede realizar la ceremonia del bautismo. Las iglesias que tienen un sacerdocio especial mediante el cual ciertas acciones (y bendiciones) vienen (tales como los católicos romanos, y hasta cierto punto los anglicanos) van a querer insistir en que solo el clero propiamente ordenado debe bautizar en circunstancias ordinarias (aunque se podría hacer excepciones en circunstancias inusitadas). Pero si creemos verdaderamente en el sacerdocio de todos los creyentes (ver 1 P 2:4-10), entonces parece que no hay necesidad en principio de restringir el derecho de realizar el bautismo solamente al clero ordenado.

Sin embargo, surge otra consideración: puesto que el bautismo es la señal de entrada en el cuerpo de Cristo, la iglesia (cf. 1 Co 12:13 sobre el bautismo espiritual interno), parece apropiado que se haga dentro de la comunión de la iglesia siempre que sea posible, de modo que la iglesia como un todo pueda regocijarse con el que es bautizado y así la fe de todos los creyentes de esa iglesia pueda ser edificada.[32] Es más, puesto que el bautismo es una señal de empezar la vida cristiana y por consiguiente empezar vida en la verdadera iglesia, es apropiado que la iglesia local esté reunida para dar testimonio de este hecho y dar la bienvenida visible al bautizado. También, a fin de que el bautizado tenga una comprensión correcta de lo que en realidad está sucediendo, es apropiado que la iglesia

---

[31]Nótese que mis primeros pasos propuestos hacia menos división sobre esta asunto no incluye pedir a los individuos de uno u otro lado que actúen de una manera que violaría sus propias convicciones personales: no estoy sugiriendo que los que sostienen una noción bautista personalmente empiecen a bautizar infantes cuando los padres lo requieren, ni los que sostienen una noción paidobautista personalmente empiecen a bautizar solo a los que hacen una profesión de fe y piden bautismo, aun cuando hayan sido bautizados como infantes.

[32]El hecho de que el bautismo es una señal externa de entrada en la iglesia, el cuerpo de Cristo, también haría apropiado exigir el bautismo antes de que se cuente a alguien como miembro de una iglesia local.

salvaguarde la práctica del bautismo e impida su abuso. Finalmente, si el bautismo es una señal de entrar en la comunión de la iglesia visible, entonces parece apropiado que algún representante o representantes oficialmente designados de la iglesia sean seleccionados para administrarlo. Por estas razones, es por lo general el clero ordenado el que bautiza, pero no parece haber razón por la que la iglesia de tiempo en tiempo, y cuando lo considere apropiado, no pueda llamar a algún otro oficial de la iglesia o creyentes maduros para bautizar a nuevos creyentes. Por ejemplo, alguien que es eficaz en la evangelización en la iglesia local puede ser la persona apropiadamente designada para bautizar a los que han venido a Cristo mediante la práctica del ministerio de evangelización de esa persona. (Nótese en Hch 8:12 que Felipe predicó el evangelio en Samaria y luego al parecer bautizó a los que vinieron a la fe en Cristo).

PREGUNTAS PARA APLICACIÓN PERSONAL

1. ¿Ha sido usted bautizado? ¿Cuándo lo fue? Si fue bautizado como creyente, ¿cuál fue el efecto del bautismo en su vida cristiana (si hubo alguno)? Si fue bautizado cuando niño, ¿qué efecto surtió el conocimiento de su bautismo en su propia manera de pensar cuando a la larga se enteró de que había sido bautizado cuando niño?

2. ¿Cuáles aspectos del significado del bautismo ha llegado a apreciar más como resultado de este capítulo (si hay alguno)? ¿Cuáles aspectos del significado del bautismo le gustaría ver que se enseñe más claramente en su iglesia?

3. Cuando tienen lugar bautismos en su iglesia, ¿son tiempos de regocijo y alabanza Dios? Según su modo de pensar ¿qué es lo que está sucediendo en la persona que está siendo bautizada en ese momento (si sucede algo)? ¿Qué es lo que piensa que debería estar sucediendo?

4. ¿Ha modificado usted su propia noción sobre la cuestión del bautismo de infantes a diferencia del bautismo de creyentes como resultado de leer este capítulo? ¿De qué manera?

5. ¿Cuáles sugerencias prácticas puede hacer usted para ayudar a superar las diferencias entre creyentes sobre el asunto del bautismo?

6. ¿Cómo puede el bautismo ser una ayuda efectiva para la evangelización en su iglesia? ¿Lo ha visto usted funcionando de esta manera?

TÉRMINOS ESPECIALES

bautismo de creyentes
comunidad del pacto
ex opere operato

inmersión
paidobautismo
profesión creíble de fe

BIBLIOGRAFÍA

Beasley-Murray, G. R. *Baptism in the New Testament*. Eerdmans, Grand Rapids, 1962.
_____, y R. F. G. Burnish. «Baptism». En *EDT*, pp. 69–73.
Berkouwer, G. C. *The Sacraments*. Trad. por Hugo Bekker. Eerdmans, Grand Rapids, 1969.
Bridge, Donald, y David Phypers. *The Water That Divides*. InterVarsity Press, Downers Grove, Ill., 1977.
Bromiley, G. W. «Baptism». En *EDT*, pp. 112–14.
_____. *The Baptism of Infants*. Vine Books, Londres, 1955.
_____. *Children of Promise*. Eerdmans, Grand Rapids, 1979.
Brown, R. «Baptist Theology». En *EDT*, pp. 75–76.
Cottrell, Jack. *Baptism: A Biblical Study*. College Press, Joplin, Mo., 1989. (Escrito desde una perspectiva de las Iglesias de Cristo, entiende el bautismo como necesario para la salvación).
Green, Michael. *Baptism: Its Purpose, Practice, and Power*. Hodder and Stoughton, Londres, e InterVarsity Press, Downers Grove, Ill., 1987.
Jewett, Paul K. *Infant Baptism and the Covenant of Grace*. Eerdmans, Grand Rapids, 1978.
Kingdon, David. *Children of Abraham: A Reformed Baptist View of Baptism, the Covenant, and Children*. Carey Publications, Haywards Heath, England, 1973.
Marcel, Pierre Ch. *El bautismo: sacramento del pacto de gracia*. Libros Desafío, Grand Rapids, Mich., 2004.
Murray, John. *Christian Baptism*. Presbyterian and Reformed, Philadelphia, 1970.
Watson, T. E. *Baptism Not for Infants*. Henry E. Walter, Worthing, England, 1962.

PASAJE BÍBLICO PARA MEMORIZAR

Romanos 6:3-4: *¿Acaso no saben ustedes que todos los que fuimos bautizados para unirnos con Cristo Jesús, en realidad fuimos bautizados para participar en su muerte? Por tanto, mediante el bautismo fuimos sepultados con él en su muerte, a fin de que, así como Cristo resucitó por el poder del Padre, también nosotros llevemos una vida nueva.*

HIMNO

«La tumba le encerró»

Hay pocos himnos familiares compuestos específicamente para usarse en un culto bautismal. Sería útil para la iglesia que se compusieran más.

Este himno es apropiado para el tema del bautismo, porque habla triunfalmente de la resurrección de Cristo. Cuando lo cantamos debemos darnos cuenta de que Jesús no solo triunfó sobre la muerte y la tumba para sí mismo, sino también para todos nosotros que creemos en él. Este hecho se simboliza divinamente en la ceremonia del bautismo.

CÓMO ENTENDER LA IGLESIA

1. La tumba le encerró, Cristo, mi Cristo;
El alba allí esperó Cristo el Señor.

Coro

Cristo la tumba venció
Y con gran poder resucitó;
De sepulcro y muerte Cristo es vencedor,
Vive para siempre nuestro Salvador.
¡Gloria a Dios, gloria a Dios,
El Señor resucitó!

2. De de guardas escapó, Cristo, mi Cristo;
El sello destruyó Cristo el Señor.

3. La muerte dominó Cristo, mi Cristo;
Y su poder venció Cristo el Señor.

AUTOR: ROBERT LOREY, 1874, TRAD. G. P. SIMMONDS
(TOMADO DE HIMNOS DE FE Y ALABANZA, #137)

Capítulo 8

LA CENA DEL SEÑOR

¿Cuál es el significado de la Cena del Señor?
¿Cómo debe ser observada?

EXPLICACIÓN Y BASE BÍBLICA

El Señor Jesús instituyó dos ordenanzas (o sacramentos) que debían ser observadas por la iglesia. El capítulo anterior discutió el bautismo, una ordenanza que solo se observa una vez por cada persona, como una señal del comienzo de su vida cristiana. Este capítulo discute la Cena del Señor, una ordenanza que se debe observar repetidamente a lo largo de nuestra vida cristiana, como una señal de permanente compañerismo con Cristo.

A. Trasfondo de la historia de la redención

Jesús instituyó la Cena del Señor de la siguiente manera:

> Mientras comían, Jesús tomó el pan y lo bendijo. Luego lo partió y se lo dio a sus discípulos, diciéndoles:
> —Beban de ella todos ustedes. Esto es mi sangre del pacto, que es derramada por muchos para el perdón de pecados. Les digo que no beberé de este fruto de la vid desde ahora en adelante, hasta el día en que beba con ustedes el vino nuevo en el reino de mi Padre. (Mateo 26:26-29)

Pablo añade las siguientes frases de la tradición que él recibió (1 Co 11:23):

Esta copa es el nuevo pacto en mi sangre; hagan esto, cada vez que beban de ella, en memoria de mí. (1 Corintios 11:25)

¿Hay antecedentes de esta ceremonia en el Antiguo Testamento? Parece que sí los hay, porque también hubo ejemplos de comer y beber en la presencia de Dios en el Antiguo Testamento. Por ejemplo, cuando el pueblo de Dios estaba acampado ante el monte Sinaí, justo después que Dios había dado los Diez Mandamientos, Dios llamó a los líderes de Israel a subir a la montaña a reunirse con él:

Moisés y Aarón, Nadab y Abiú, y los setenta ancianos de Israel subieron y vieron al Dios de Israel [...] vieron a Dios, y siguieron con vida Lit. comieron y bebieron. (Éxodo 24:9-11)

Por otra parte, cada año el pueblo de Israel debía diezmar (dar una décima parte de) todas sus cosechas. Entonces la ley de Moisés especificaba:

En la presencia del SEÑOR tu Dios comerás la décima parte de tu trigo, tu vino y tu aceite, y de los primogénitos de tus manadas y rebaños; lo harás en el lugar donde él decida habitar. Así aprenderás a temer siempre al SEÑOR tu Dios [...] allí, en presencia del SEÑOR tu Dios, tú y tu familia comerán y se regocijarán. (Deuteronomio 14:23, 26)

Pero aún antes que eso, Dios había puesto a Adán y Eva en el Huerto del Edén y les había dado toda su abundancia para comer (excepto del fruto del árbol del conocimiento del bien y el mal). Puesto que no había pecado en esa situación, y puesto que Dios los había creado para tener compañerismo con él y glorificarlo, cada comida que Adán y Eva ingirieran habría sido una comida de celebración en la presencia del Señor.

Cuando este compañerismo en la presencia de Dios fue más tarde tronchado por el pecado, Dios permitió aún algunas comidas (tales como el diezmo de los frutos arriba mencionado) que las personas debían ingerir en su presencia. Estas comidas constituían una restauración parcial del compañerismo con Dios del que Adán y Eva disfrutaban antes de la Caída, aunque ello estaba dañado por el pecado. Pero el compañerismo de comer en la presencia del Señor que encontramos en la Cena del Señor es mucho mejor. Las comidas sacrificiales del Antiguo Testamento constantemente apuntaban al hecho de que aún no se había pagado por los pecados, porque en ellas los sacrificios se repetían año tras año, y porque apuntaban al Mesías que habría de venir y quitaría el pecado (véase Heb 10:1-4). La Cena del Señor, sin embargo, nos recuerda que ya se ha consumado el pago de Jesús por nuestros pecados, de manera que ahora comemos en presencia del Señor con gran regocijo.

Pero incluso la Cena del Señor apunta a una comida de más maravillosa comunión en la presencia de Dios en el futuro, cuando se restaure el compañerismo del Edén y allí habrá un gozo aún mayor, porque aquellos que comen en la presencia de Dios serán pecadores perdonados, confirmados ahora en su justicia, incapaces de pecar otra vez. Jesús alude a ese tiempo futuro de gran regocijo y de comer en la presencia de Dios cuando dice: «Les digo que no beberé de este fruto de la vid desde ahora en adelante, hasta el día en que beba con ustedes el vino nuevo en el reino de mi Padre» (Mt 26:29). Se nos habla más explícitamente sobre la cena de las bodas del Cordero en Apocalipsis: «El ángel me dijo: "Escribe: "¡Dichosos los que han sido convidados a la cena de las bodas del Cordero!"» (Ap 19:19). Este será un tiempo de gran regocijo en la presencia del Señor, así como un tiempo de temor reverente ante él.

Entonces, de Génesis a Apocalipsis, el propósito de Dios ha sido traer a su pueblo a un compañerismo consigo mismo, y uno de los grandes gozos de experimentar tal compañerismo es el hecho de que podemos comer y beber en la presencia del Señor. Sería saludable para la iglesia hoy en día recuperar un sentido más vívido de la presencia de Dios en la Cena del Señor.

B. Significado de la Cena del Señor

El significado de la Cena del Señor es complejo, rico e íntegro. En la Cena del Señor hay varios símbolos y cosas que se declaran.

1. La muerte de Cristo. Cuando participamos en la Cena del Señor simbolizamos la muerte de Cristo porque nuestras acciones dan una imagen de su muerte por nosotros. Cuando se parte el pan, esto simboliza el quebrantamiento del cuerpo de Cristo, y cuando la copa se vierte, esto simboliza la sangre de Cristo que se derramó por nosotros. Por esta razón participar en la Cena del Señor es una suerte de proclamación: «Porque cada vez que comen este pan y beben de esta copa, proclaman la muerte del Señor hasta que él venga (1 Co 11:26).

2. Nuestra participación en los beneficios de la muerte de Cristo. Jesús mandó a sus discípulos: «Tomen y coman; esto es mi cuerpo» (Mt 26.26). Cuando individualmente nos adelantamos y tomamos la copa, cada uno de nosotros proclama con esta acción: «Me apropio de los beneficios de la muerte de Cristo». Cuando hacemos esto simbolizamos el hecho de que participamos o nos apropiamos de los beneficios ganados para nosotros por la muerte de Jesús.

3. Alimento espiritual. Justo como la comida ordinaria alimenta nuestros cuerpos físicos, así el pan y el vino de la Cena del Señor nos dan alimento. Pero también describen el hecho de que Cristo da a nuestras almas alimento y refrigerio espiritual. De hecho, la ceremonia que Cristo instituyó está destinada por su propia naturaleza a enseñarnos esto. Jesús dijo:

> Ciertamente les aseguro —afirmó Jesús— que si no comen de la carne del Hijo del hombre ni beben su sangre, no tienen realmente vida. El que come mi carne y bebe mi sangre tiene vida eterna, y yo lo resucitaré en el día final. Porque mi carne es verdadera comida y mi sangre verdadera bebida. El que come mi carne y bebe mi sangre, permanece en mí y yo en él. Así como me envió el Padre

viviente, y yo vivo por el Padre, también el que come de mí, vivirá por mí. (Juan 6:53-57).

Ciertamente Jesús no habla de ingerir literalmente su cuerpo y su sangre. Pero si no habla de un comer y beber literales, entonces debe tener en mente una participación espiritual en los beneficios de la redención que él conquista. Este alimento espiritual, tan necesario para nuestras almas se experimenta y a la vez simboliza en nuestra participación en la Cena del Señor.

4. La unidad de los creyentes. Cuando los creyentes participan juntos en la Cena del Señor también dan una clara señal de unidad unos con otros. De hecho, Pablo dice: «Hay un solo pan del cual todos participamos; por eso, aunque somos muchos, formamos un solo cuerpo» (1 Co 10:17).

Cuando unimos estas cuatro cosas, comenzamos a darnos cuenta del rico significado de la Cena del Señor: cuando participo vengo a la presencia de Cristo; recuerdo que él murió por mí; participo en los beneficios de su muerte; recibo alimento espiritual; y estoy unido a todos los demás creyentes que participan en la Cena. ¡Qué gran motivo de acción de gracias y gozo se debe encontrar en esta Cena del Señor!

Pero además de estas verdades visiblemente expuestas por la Cena del Señor, el hecho de que Cristo haya instituido esta ceremonia para nosotros quiere decir que por medio de ella él nos promete o nos asegura ciertas cosas también. Cuando participamos en la Cena del Señor, se nos deben recordar una y otra vez las siguientes aseveraciones que Cristo nos hace:

5. Cristo confirma su amor por mí. El hecho de que puedo participar en la Cena del Señor —de hecho Jesús me invita a venir— es un vívido recordatorio y confirmación visual de que Jesús me ama, individual y personalmente. Por consiguiente, cuando me acerco a tomar la Cena del Señor se restablece una y otra vez la confianza del amor personal de Cristo por mí.

6. Cristo afirma que todas las bendiciones de la salvación están reservadas para mí. Cuando me acerco a la invitación de Cristo a la Cena del Señor, el hecho de que él me haya invitado a su presencia me asegura que tiene abundantes bendiciones para mí. En esta Cena de hecho saboreo de antemano la comida y la bebida del gran banquete en la mesa del Rey. Vengo a esta mesa como miembro de su familia eterna. Cuando el Señor me da la bienvenida a su mesa, me asegura así mismo que me dará la bienvenida a todas las otras bendiciones de la tierra y el cielo, y especialmente a la gran cena de las bodas del Cordero, en la que se ha reservado un puesto para mí.

7. Yo afirmo mi fe en Cristo. Por último, cuando tomo el pan y la copa, por mis acciones proclamo: «Te necesito y confío en ti, Señor Jesús, para que perdones mis pecados y concedas vida y salud a mi alma, porque solo por tu quebrantado cuerpo y tu sangre derramada puedo ser salvado». De hecho, al participar en la partición del pan cuando lo como y en el verter la copa cuando bebo de ella, proclamo una y otra vez que mis pecados fueron en parte la causa del sufrimiento y la muerte de Cristo. De esta manera, la pena, el gozo, la acción de gracias y un profundo amor por Cristo se entremezclan ricamente en la belleza de la Cena del Señor.

C. ¿Cómo está Cristo presente en la Cena del Señor?

1. El punto de vista católico romano: transubstanciación. De acuerdo con la enseñanza de la Iglesia Católica Romana, el pan y el vino se convierten realmente en el cuerpo y la sangre de Cristo. Esto ocurre cuando el sacerdote dice: «Esto es mi cuerpo» durante la celebración de la misa. Al mismo tiempo que el sacerdote dice esto, el pan se eleva y se adora. Esta acción de elevar el pan y pronunciar que es el cuerpo de Cristo solo puede ser realizada por un sacerdote.

Cuando esto sucede, de acuerdo con la enseñanza católica romana, se imparte la gracia a los que están presentes *ex opera operato*, esto es, «por la obra realizada»,[1] pero el monto de la gracia dispensada está en proporción con la disposición subjetiva del receptor de la gracia.[2] Por otra parte, cada vez que se celebra la misa, se repite el sacrificio de Cristo (en cierto sentido), y la Iglesia Católica es cuidadosa al afirmar que aunque este es un sacrificio real, no es lo mismo que el sacrificio que Cristo pagó sobre la cruz.

Así que, en *Fundamentals of Catholic Dogma* [Fundamentos del Dogma Católico de Ludwig], Ott enseñan lo siguiente:

> Cristo se hace presente en el Sacramento del Altar por la transformación de toda la sustancia del pan en su Santo Cuerpo y de toda la sustancia del vino en su Sangre [...] Esta transformación se llama Transubstanciación. (p. 379)

> El poder de la consagración reside solo en su sacerdote válidamente consagrado. (p. 397)

> El Culto de la Adoración (Latría) debe ser dado al Cristo presente en la Eucaristía [...] Este obedece a la integridad y la permanencia de la Real Presencia que el absoluto tributo de adoración (Cultus Latriae) le debe al Cristo presente en la Eucaristía. (p. 387)[3]

En la enseñanza católica, debido a que los elementos del pan y el vino se convierten literalmente en el cuerpo y la sangre de Cristo, la iglesia no permite desde hace muchos

---

[1] Véase la discusión del término *ex opere operato* en relación con el bautismo en el anterior capítulo 7, p. 151-52.

[2] Ludwig Ott, *Fundamentals of Catholic Dogma*, dice: «Como la medida de la gracia concedida *ex opere operato* está en proporción con la disposición subjetiva del recipiente, la recepción de la Santa Comunión debe estar precedida de una buena preparación, y una apropiada acción de gracias debe seguirla [...] Una Comunión indigna es un sacrilegio» (p. 399).

[3] La palabra *eucaristía* significa simplemente la Cena del Señor. (Se deriva del vocablo griego *eucharistia*, «acción de gracias». El verbo de la misma familia *euchariste*, «dar gracias», se encuentra en los registros bíblicos de la última cena en Mateo 26:27; Marcos 14:23; Lucas 22:19; y 1 Corintios 11:24: «después de dar gracias«. El término *eucaristía* se usa a menudo por los católicos romanos y también frecuentemente por los episcopales. Entre muchas iglesias protestantes el término *comunión* se refiere comúnmente a la Cena del Señor.

siglos que los laicos beban de la copa de la Cena del Señor (por temor que se derrame la sangre de Cristo) sino solo coman del pan.[4] El manual de Ott nos dice:

> La comunión bajo las dos formas no es necesaria para ningún miembro individual de los Fieles, ya sea por motivo de un precepto Divino o como medio de salvación [...] La razón es que Cristo está completo e íntegro bajo cada una de las especies [...] La abolición de la recepción del cáliz en la Edad Media (siglos 12 y 13) ordenada por razones prácticas, principalmente por el peligro de profanación del Sacramento. (p. 397)

Con respecto al real sacrificio de Cristo en la misa, el manual de Ott dice:

> La Santa Misa es un Sacrificio apropiado y verdadero. (p.402)

> En el Sacrificio de la Misa y en el Sacrificio de la Cruz el Don Sacrificial y el Sacerdote Primordial que Sacrifica son idénticos; solo la naturaleza y el modo de la ofrenda son diferentes [...] El Don Sacrificial es el Cuerpo y la Sangre de Cristo [...] El Sacerdote Primordial que Sacrifica es Jesucristo, quien utiliza al sacerdote humano como su siervo y representante y realiza la consagración a través de él. De acuerdo con el punto de vista Tomista, en cada misa Cristo también lleva a cabo una actividad sacrificial inmediata real la que, sin embargo, no debe ser concebida como la totalidad de muchas acciones sucesivas sino como un único acto sacrificial ininterrumpido del Cristo Transfigurado.

> El propósito del sacrificio es el mismo en el Sacrificio de la Misa que en el Sacrificio de la Cruz; en primer lugar la glorificación de Dios, en segundo lugar expiación, acción de gracias y súplica. (p. 408)

> Como sacrificio propiciatorio [...] el Sacrificio de la Misa lleva a cabo la remisión de pecados y el castigo por los pecados; como sacrificio de súplica [...] propicia la dispensación de dones sobrenaturales y naturales. El Sacrificio de propiciación de la Eucaristía puede ser ofrecido, como lo afirmó expresamente el Concilio de Trento, no sólo por los vivos, sino también por las pobres almas del Purgatorio. (pp. 412-13)

En respuesta a la enseñanza católica romana sobre la Cena del Señor, debe decirse que ella primero no reconoce el carácter simbólico de las afirmaciones de Jesús cuando declaró: «Este es mi cuerpo», o «Esta es mi sangre». Jesús habló muchas veces de manera simbólica cuando se refería a sí mismo. Dijo, por ejemplo, «Yo soy la vid verdadera» (Jn 15:1). o «Yo soy la puerta; el que entre por esta puerta, que soy yo, será salvo» (Jn 10:9); o, «Yo soy el pan que bajó del cielo» (Jn: 6:41). De manera similar, cuando Jesús dice:

---

[4] Sin embargo, desde el Concilio Vaticano II (1962-65), se ha autorizado la administración tanto del pan como del vino a laicos, pero esto no siempre se practica.

«Este es mi cuerpo», habla en forma simbólica, no de una manera real, física y literal. De hecho, cuando él estaba sentado con sus discípulos sosteniendo el pan, el pan estaba en su mano pero era distinto de su cuerpo, y eso era evidente, por supuesto, para los discípulos. Ninguno de los discípulos presentes habría pensado que el pedazo de pan que Jesús sostenía en su mano era realmente su cuerpo físico, porque podían ver el cuerpo ante sus ojos. Como es natural, ellos habrían entendido la declaración de Jesús de una manera simbólica. De igual forma, cuando Jesús dijo: Esta copa es el nuevo pacto en mi sangre, que es derramada por ustedes» (Lc 22:20), ciertamente no quería decir que la copa era realmente el nuevo pacto, sino que la copa representaba el nuevo pacto.

Por otra parte, el punto de vista católico romano no reconoce la clara enseñanza del Nuevo Testamento sobre el carácter final y completo del sacrificio de Cristo por nuestros pecados de una vez y para siempre. El libro de Hebreos enfatiza esto muchas veces, como cuando dice: «Ni entró en el cielo para ofrecerse vez tras vez, como entra el sumo sacerdote en el Lugar Santísimo cada año con sangre ajena. Si así fuera, Cristo habría tenido que sufrir muchas veces desde la creación del mundo. Al contrario ahora, al final de los tiempos se ha presentado una sola vez y para siempre a fin de acabar con el pecado mediante el sacrificio de sí mismo [...] Cristo fue ofrecido en sacrificio una sola vez para quitar los pecados de muchos» (Heb 9:25-28). Decir que el sacrificio de Cristo continúa o que se repite en la misa ha sido, desde la Reforma, una de las doctrinas católicas romanas más objetables desde el punto de vista de los protestantes. Cuando nos damos cuenta de que el sacrificio de Cristo por nuestros pecados está completo y consumado («Consumado es, Jn 19:30; cf. Heb 1:3), ello nos da una gran certidumbre de que se ha pagado por todos nuestros pecados, y de que ya no queda sacrificio alguno por pagar. Pero la idea de una continuación del sacrificio de Cristo destruye nuestra certidumbre de que Cristo realizó el pago y que Dios el Padre lo aceptó, y de ya que «no hay ninguna condenación» (Ro 8:1) pendiente contra nosotros.

Para los protestantes, la idea de que la misa es en algún sentido una repetición de la muerte de Cristo parece señalar un regreso a los repetidos sacrificios del Antiguo Testamento, los cuales eran «un recordatorio anual de los pecados» (Heb 10:3). En lugar de la certidumbre de un completo perdón de pecados a través de «un solo sacrificio para siempre» (Heb 10:12), la idea de que la misa es un sacrificio repetido constituye un constante recordatorio de los pecados y de la culpa pendiente que debe ser expiada semana tras semana.[5]

En relación con la enseñanza de que solo sacerdotes pueden oficiar la Cena del Señor, el Nuevo Testamento no ofrece ningunas instrucciones que planteen restricciones sobre las personas que pueden presidir en la Comunión. Y como la Escritura no nos plantea tales restricciones, no parece justificado decir que solo los sacerdotes pueden dispensar los elementos de la Cena del Señor. Por otro lado, como el Nuevo Testamento enseña que todos los creyentes son sacerdotes y miembros de un «real sacerdocio» (1 P 2:9; cf. Heb 4:16; 10:19-22), no debemos especificar una cierta clase de personas que tienen los

---

[5]Es por esta razón por la que muchos protestantes han sentido que pueden participar voluntariamente en la Cena del Señor en cualquier otra iglesia protestante, aun en los servicios de la alta Iglesia Anglicana que en su forma parecen muy similares a los servicios de la Iglesia Católica, pero no pueden participar en buena conciencia en una misa católica romana, debido a la doctrina católica romana sobre la propia naturaleza de la misa.

derechos de los sacerdotes, como en el antiguo pacto, sino que debemos enfatizar que todos los creyentes comparten el gran privilegio espiritual de acercarse a Dios.

Por último, cualquier mantenimiento de la restricción que no haría posible a los laicos beber de la copa de la Cena del Señor utilizaría el argumento de la tradición y la precaución para justificar la desobediencia de los mandamientos directos de Jesús, no solo del mandamiento a sus discípulos cuando dijo: «Beban de ella todos ustedes» (Mt 26.27), sino la instrucción que Pablo registró, en la que Jesús dijo: «hagan esto, cada vez que beban de ella, en memoria de mí» (1 Co 11.25).

2. El punto de vista luterano: «En, con y bajo». Martín Lutero rechazó el punto de vista católico romano, pero insistió en que la frase «Este es mi cuerpo» había que tomarla en cierto sentido como una afirmación literal. Su conclusión no fue que el pan se convierte realmente en el cuerpo físico de Cristo, sino que el cuerpo físico de Cristo está presente «en, con y bajo» el pan de la Cena del Señor. El ejemplo que a veces se ofrece es decir que el cuerpo de Cristo está presente en el pan como el agua está presente en una esponja: el agua no es la esponja, pero está presente «en, con, y bajo» una esponja, y está presente dondequiera que esté presente la esponja. Otros ejemplos que se ofrecen son los del magnetismo en un imán o un alma en el cuerpo.

La interpretación luterana de la Cena del Señor se encuentra en el manual de Francis Pieper, *Christian Dogmatics*.[6] Este cita el Catecismo Menor de Lutero: «¿Cuál es el Sacramento del Altar? Es el verdadero cuerpo y sangre de nuestro Señor Jesucristo, bajo el pan y el vino, para que nosotros los cristianos comamos y bebamos, instituido por el propio Cristo».[7] De modo semejante, la Confesión de Ausburgo, Artículo X, dice: «De la Cena del Señor ellos enseñan que el Cuerpo y la Sangre de Cristo están realmente presentes, y son distribuidos a aquellos que comen en la Cena del Señor».[8]

Un pasaje que se puede pensar que apoya esta posición es 1 Corintios 10:16: «Este pan que partimos, ¿no significa que entramos en comunión con el cuerpo de Cristo?».

No obstante, a fin de declarar esta doctrina, Lutero tuvo que responder una importante pregunta: «¿Cómo puede el cuerpo de Cristo, o más generalmente la naturaleza humana de Cristo, estar presente en todas partes? ¿No es cierto que Jesús ascendió en su naturaleza humana al cielo y permanece allí hasta su regreso? ¿No dijo que abandonaba la tierra y que ya no estaría en el mundo sino que iba al Padre (Jn 16:28; 17:11)?». En respuesta a este problema Lutero enseñó la ubicuidad de la naturaleza humana de Cristo tras su ascensión, esto es, que la naturaleza humana de Cristo estaba presente en todas partes («ubicuo»). Pero los teólogos desde el tiempo de Lutero sospecharon que él enseñó la ubicuidad de la naturaleza humana de Cristo, no porque esta se halla en algún lugar de la Escritura, sino porque necesitaba explicar cómo su punto de vista de la consubstanciación podía ser verdadero.

En respuesta al punto de vista luterano, se puede decir que este tampoco entiende que Jesús está tratando de enseñarnos una realidad espiritual, sino utilizando objetos físicos, cuando dice: «Este es mi cuerpo». No debemos entender esto más literalmente

---

[6] 4 vols. (St. Louis: Concordia, 1950-57); también Mueller, pp. 524-28.
[7] Pieper, p. 296.
[8] Ibíd. Mueller, p. 528, dice que los luteranos rechazan el término «consubstanciación» al describir sus puntos de vista.

de lo que entendemos la afirmación correspondiente: «Esta copa es el nuevo pacto en mi sangre, que es derramada por ustedes» (Lc 22:20). De hecho, Lutero no hace justicia del todo a las palabras de Jesús de una manera literal. Berkhof objeta correctamente que Lutero hace que las palabras de Jesús signifiquen: «Esto acompaña a mi cuerpo».[9] En esta cuestión ayudaría leer de nuevo Juan 6:27-59, donde el contexto muestra que Jesús habla en términos literales, físicos, sobre el pan, pero continuamente lo explica en términos de una realidad espiritual.

3. El resto del protestantismo: una presencia de Cristo simbólica y espiritual. A diferencia de Martín Lutero, Juan Calvino y otros reformadores argumentaron que el pan y el vino en la Cena del Señor no se transformaban en el cuerpo y la sangre de Cristo, ni contenían de alguna manera el cuerpo y la sangre de Cristo. Antes bien, el pan y el vino simbolizaban el cuerpo y la sangre de Cristo, y ofrecían una señal visible del hecho de que el propio Cristo estaba verdaderamente presente.[10] Calvino dijo:

> ... podremos deducir, de todos modos, del hecho de que se nos dé el signo, que también se nos entrega la realidad en su verdad. A menos que queramos dejar a Dios por mentiroso, no podemos atrevernos a decir que él proponga un signo vano y vacío de su realidad [...] De hecho, los creyentes deben tener como regla que todas las veces que ven los signos ordenados por Dios, deben estar seguros de que la realidad representada está unida a ellos, y no dudar. En efecto, ¿por qué razón iba a poner el Señor en nuestras manos el signo de su cuerpo, si no fuera para que estemos seguros de la participación de su cuerpo? (*Institución*, 4.17.10; p. 1180)

Pero Calvino fue cuidadoso al diferir tanto de la enseñanza católica romana (que dice que el pan se convierte en el cuerpo de Cristo) como de la enseñanza luterana (que dice que el pan contiene el cuerpo de Cristo).

> Tenemos que establecer una presencia de Jesucristo en la cena que no lo ate al pan ni lo encierre en él, y que, por último, no retenga aquí abajo en esos elementos corruptibles, porque eso no concuerda con su gloria celestial. (*Institución*, 4.17.19; p. 1188)

Hoy en día la mayoría de los protestantes diría, en adición al hecho de que el pan y el vino simbolizan el cuerpo y la sangre de Cristo, que Cristo está también espiritualmente presente en una manera especial cuando participamos del pan y el vino. Ciertamente, Jesús prometió estar presente cuando quiera que los creyentes adoraran: «Porque dos o tres se reúnen en mi nombre, allí estoy yo en medio de ellos» (Mt 18:20).[11] Y si él está

---

[9] Berkhof, *Systematic Theology*, p. 653.

[10] Había alguna diferencia entre Calvino y otro reformador suizo, Ulrico Zuinglio (1484-1531) sobre la naturaleza de la presencia de Cristo en la Cena del Señor; ambos concordaban en que Cristo estaba presente de una manera simbólica, pero Zuinglio vacilaba mucho más a la hora de afirmar una real presencia espiritual de Cristo. No obstante, la real enseñanza de Zuinglio es una cuestión que suscita ciertas diferencias entre los historiadores.

[11] Es verdad que esta sentencia se pronuncia en un contexto que se aplica específicamente a la disciplina eclesiástica (vv. 15-19), pero es la

especialmente presente cuando los cristianos se reúnen para adorar, entonces cabría esperar que estuviera presente de una manera especial en la Cena del Señor.[12] Nos encontramos con él en su mesa, a la cual viene para entregarse a nosotros. Como recibimos los elementos del pan y el vino en la presencia de Cristo, de esta manera participamos de él y de todos sus beneficios. «Nos alimentamos de él en nuestros corazones» con acción de gracias. Por cierto, hasta un niño que conoce a Cristo entenderá esto sin que se le enseñe y esperará recibir una bendición especial del Señor durante esta ceremonia, porque su significado es del todo inherente a las varias acciones del comer y beber. Pero no debemos decir que Cristo está presente aparte de nuestra fe personal, sino que solo nos encuentra y bendice allí de acuerdo con nuestra fe en él.

¿De qué forma está Cristo presente entonces? Ciertamente hay una presencia simbólica de Cristo, pero ella es también una presencia espiritual y hay una genuina bendición espiritual en esta ceremonia.

D. ¿Quién debe participar en la Cena del Señor?

Pese a diferencias sobre algunos aspectos de la Cena del Señor, la mayoría de los protestantes estarían de acuerdo, primero, que solo aquellos que creen en Cristo deben participar en ella, pues es una señal de ser un cristiano y permanecer en la vida cristiana.[13] Pablo advierte que quienes comen y beben de manera indigna enfrentan serias consecuencias: «Porque el que come y bebe sin discernir el cuerpo, come y bebe su propia condena. Por eso hay entre ustedes muchos débiles y enfermos, e incluso varios han muerto» (1 Co 11:29-30).

Segundo, muchos protestantes argumentarían a partir del significado del bautismo y el significado de la Cena del Señor que, normalmente, solo aquellos que han sido bautizados deben participar en la Cena del Señor. Esto se debe a que el bautismo es claramente un símbolo de iniciar la vida cristiana, mientras que la Cena del Señor es claramente un símbolo de mantenerse en la vida cristiana. Por esto si alguien toma la Cena del Señor y con ello proclama públicamente que ella o él se mantiene en la vida cristiana, entonces se le debe preguntar a esa persona: «¿Sería bueno que se bautizara ahora y así ofrecer un símbolo de que usted comienza la vida cristiana?»

Pero otros, incluyendo este autor, objetarían a tales restricciones como sigue: surge un problema diferente si alguien que es un creyente genuino, pero no bautizado todavía, no se le permite participar de la Cena del Señor cuando se reúnen los cristianos. En ese caso la no participación de la persona simboliza que ella o él no es un miembro del cuerpo de Cristo que se congrega para observar la Cena del Señor en una fraternidad unida (véase 1 Co 10:17: «Hay un solo pan del cual todos participamos; por eso, aunque somos muchos, formamos un solo cuerpo»). Por tanto las iglesias pueden pensar que es mejor

---

proclamación de una verdad general utilizada aquí para apoyar una aplicación específica, y no hay motivo para restringir su aplicación a coyunturas de la disciplina eclesiástica. Nos dice que Jesús siempre está presente cuando los creyentes se reúnen en su nombre.

[12] A veces los protestantes se han preocupado tanto en negar el punto de vista católico romano sobre la «real presencia» de Cristo en los elementos que han negado equivocadamente cualquier presencia espiritual.

Millard Erickson nota las chistosas situaciones que tienen lugar: «Por el celo de evitar la concepción de que Jesús está presente de alguna suerte de forma mágica, ciertos bautistas entre otros han ido a veces a tales extremos que dan la impresión de que el único lugar donde Jesús no puede ciertamente encontrarse es en la Cena del Señor. Esto es lo que un líder bautista llamó 'la doctrina de la real ausencia' de Jesucristo» (*Christian Theology*, p. 1123).

no permitir a los creyentes no bautizados participar en la Cena del Señor sino instarlos a bautizarse lo más pronto posible. Pues si están dispuestos a participar en un símbolo externo de ser cristiano, no parece haber razón de que no estén dispuestos a participar en el otro, un símbolo que propiamente viene primero.

Por supuesto, los problemas que surgen en ambas situaciones (cuando creyentes no bautizados toman la Comunión y cuando no lo hacen) pueden ser todos obviados si los nuevos cristianos son regularmente bautizados poco después de haber venido a la fe. Y, cualquier posición que asuma la iglesia sobre esta cuestión de si los creyentes no bautizados deben tomar la Comunión, parecería aconsejable enseñar, en el ministerio docente de la iglesia, que la situación ideal es que los nuevos creyentes se bauticen primero y entonces participen de la Cena del Señor.

El tercer requisito para la participación es el del autoexamen:

> Por lo tanto, cualquiera que coma el pan o beba de la copa del Señor de manera indigna, será culpable de pecar contra el cuerpo y la sangre del Señor. Así que cada uno debe examinarse a sí mismo antes de comer el pan y beber de la copa. Porque el que come y bebe sin discernir el cuerpo, como y bebe su propia condena. (1 Corintios 11:27-29)

En el contexto de 1 Corintios 11, Pablo reprende a los corintios por su conducta egoísta e inconsistente cuando se reúnen como iglesia: «De hecho, cuando se reúnen, ya no es para comer la Cena del Señor, porque cada uno se adelanta a comer su propia cena, de manera que unos se quedan con hambre mientras otros se emborrachan» (1 Co 11:29). Esto nos ayuda a comprender lo que Pablo quiere decir cuando habla de aquellos que comen y beben «sin discernir el cuerpo» (1 Co 11:29). El problema en Corinto no fue un error en cuanto a comprender que el pan y la copa representaban el cuerpo y la sangre del Señor; ellos ciertamente sabían esto. En su lugar, el problema era su conducta egoísta y desconsiderada de unos hacia otros mientras estaban ante la Cena del Señor. Ellos no comprendían o «discernían» la verdadera naturaleza de la iglesia como un cuerpo. Esta interpretación de «sin discernir el cuerpo» se apoya en la mención de Pablo de la iglesia como el cuerpo de Cristo solo un poco antes, en 1 Corintios 10:17: «Hay un solo pan del cual todos participamos; por eso, aunque somos muchos, formamos un solo cuerpo».[14] Así que la frase «sin discernir el cuerpo« significa «no comprender la unidad e interdependencia de la gente en la iglesia, la cual es el cuerpo de Cristo». Esto implica no preocuparnos de nuestros hermanos y hermanas cuando venimos a la Cena del Señor, en la cual debemos reflejar su carácter.[15]

¿Qué significa entonces comer o beber «de manera indigna» (1 Co 11:27)? Primero debemos pensar que las palabras se aplican más bien de forma estricta y tienen que ver

---

[13]Sin embargo, algunos en la Iglesia de Inglaterra y en algún otro sitio han comenzado recientemente a permitir que los niños pequeños participen en la Cena del Señor, razonando que si se les ha dado la señal del bautismo no es correcto negarles la señal se la Cena.

[14]Por otra parte, de esta muy breve mención de la idea de un cuerpo podemos correctamente suponer que no era una idea nueva, sino que Pablo les había inculcado esta idea mientras estuvo en Corinto durante dos años cuando fundó la iglesia allí.

[15]Otras dos razones para esta interpretación son: (1) Pablo solo dice «sin discernir el cuerpo», y no dice «sin discernir el cuerpo y la sangre del Señor', lo que con mayor probabilidad habría hecho si hubiera dado a entender «sin comprender que el pan y la copa representan el cuerpo y la sangre del Señor». (2) Además, Pablo dice: «Que cada uno se examine *a sí mismo*» (y esto incluiría sin duda alguna examinar sus relaciones con otros en la

solo con la forma en que nos conducimos cuando de hecho comemos y bebemos el pan y el vino. Pero cuando Pablo explica que una participación indigna supone «no discernir el cuerpo», indica que debemos preocuparnos de todas nuestras relaciones dentro del cuerpo de Cristo: ¿actuamos de maneras que retratan vívidamente no la unidad de un pan y un cuerpo, sino desunión? Actuamos de maneras que proclaman no el sacrificio desinteresado de nuestro Señor, sino la enemistad y el egoísmo? En sentido amplio, entonces, «que cada uno se examine a sí mismo» significa que debemos preguntar si nuestras relaciones en el cuerpo de Cristo reflejan de hecho el carácter del Señor que encontramos allí y a quien representamos.

En relación con esto, la enseñanza de Jesús sobre venir a adorar en general también debe mencionarse:

> Por lo tanto, si estás presentando tu ofrenda en el altar y allí recuerdas que tu hermano tiene algo contra ti, deja tu ofrenda allí delante del altar. Ve primero y reconcíliate con tu hermano; luego vuelve y presenta tu ofrenda. (Mateo 5:23-24)

Aquí Jesús nos dice que cuando vayamos a adorar debemos estar seguros de que nuestras relaciones con otros son correctas, y si no lo son, debemos actuar rápidamente para corregirlas y entonces venir a adorar a Dios. Esta admonición debe ser especialmente verdadera cuando acudimos a la Cena del Señor.

Por supuesto, ningún pastor o líder de la iglesia sabrá si las personas se examinan o no a sí mismas (excepto en casos cuando una conducta ofensiva o pecaminosa se hace evidente a los demás). En gran parte, la iglesia tiene que depender de los pastores y maestros para explicar claramente el significado de la Cena del Señor y advertir de los peligros de participar indignamente. Entonces las personas tendrán la responsabilidad de examinar sus propias vidas, de acuerdo con lo que Pablo dice. De hecho, Pablo no dice que los pastores deben examinar la vida de todo el mundo, sino en su lugar insta al autoexamen individual: «Así que cada uno debe examinarse a sí mismo» (1 Co 11:28).[16]

E. Otras cuestiones

¿Quién debe administrar la Cena del Señor? La Escritura no ofrece ninguna enseñanza específica sobre esta cuestión, de manera que solo nos queda decidir qué es lo sabio y apropiado para el beneficio de los creyentes en la iglesia. A fin de preservar la Cena del Señor de abusos, un líder responsable debe estar a cargo de administrarla, pero no parece que la Escritura exija que solo el clero ordenado u oficiales escogidos de la iglesia puedan hacerlo. En situaciones ordinarias, por supuesto, el pastor u otro líder que oficia

---

iglesia), pero Pablo no dice: «Que cada uno vea si comprende lo que simbolizan el pan y el vino».

[16] En casos de disciplina eclesiástica o en casos en que la conducta exterior ofrece una clara evidencia de que una persona se aparta de Cristo, los líderes de la iglesia pueden desear hacer una clara y fuerte advertencia verbal contra la participación en la Cena del Señor, de manera que el hermano o la hermana que comete una falta no coma y beba juicio sobre sí mismo. Pero estós casos deben ser raros, y también debemos evitar el error de algunas iglesias que han sido tan estrictas en la administración de la Cena del Señor que muchos verdaderos creyentes han sido apartados y de esa manera la unidad del verdadero cuerpo de Cristo no ha estado representada, ni los creyentes tenido acceso a las bendiciones espirituales que debidamente recibirían en Cristo al participar en esta ordenanza y obedecer por consiguiente a su Señor.

CAPÍTULO 8 · LA CENA DEL SEÑOR

ordinariamente en los servicios de adoración de la iglesia también oficiaría apropiadamente en la Comunión. Pero más allá de esto, no parece haber motivo para que solo oficiales o solo líderes, o solo hombres, deban distribuir los elementos. ¿No hablaría mucho más claramente de nuestra unidad e igualdad espiritual en Cristo si tanto hombres como mujeres, por ejemplo, asistieran en la distribución de los elementos de la Cena del Señor?[17]

¿Con qué frecuencia debe celebrarse la Cena del Señor? La Escritura no nos lo dice. Jesús dijo simplemente: «Porque cada vez que comen este pan y beben de esta copa...» (1 Co 11:26). Sería apropiado considerar aquí también la directriz de Pablo sobre los servicios de adoración: «Hágase todo para edificación» (2 Co 14:26). Realmente, ha sido la práctica de la mayoría de las iglesias a través de su historia celebrar la Cena del Señor cada semana cuando los creyentes se reúnen. Sin embargo, en muchos grupos protestantes desde la Reforma ha habido una celebración menos frecuente de la Cena del Señor; a veces una vez o dos veces al mes, o, en muchas iglesias reformadas, solo cuatro veces al año. Si se planifica y explica y se lleva a cabo la Cena del Señor de tal manera que es un tiempo de autoexamen, confesión y acción de gracias y alabanza, entonces celebrarla una vez a la semana sería demasiado frecuente, y ciertamente puede ser observada con esa frecuencia «para edificación».

PREGUNTAS PARA APLICACIÓN PERSONAL

1. ¿Qué cosas simbolizadas por la Cena del Señor han recibido un nuevo énfasis en su pensamiento como resultado de la lectura de este capítulo? ¿Se siente más deseoso de participar en la Cena del Señor ahora que antes de la lectura del capítulo? ¿Por qué?

2. ¿De qué manera diferente (si la hay) se acercará usted a la Cena del Señor de forma ahora? ¿Cuál de las cosas simbolizadas en la Cena del Señor lo alienta más en su vida cristiana en este momento?

3. ¿Qué criterio de la naturaleza de la presencia de Cristo en la Cena del Señor le han enseñado con anterioridad en la iglesia? ¿Cuál es su propio criterio ahora?

4. ¿Hay algunas relaciones personales arruinadas que usted deba enmendar antes de venir otra vez a la Cena del Señor?

5. ¿Hay aspectos en los cuales su iglesia necesite enseñar más sobre la naturaleza de la Cena del Señor? ¿Cuáles son?

---

[17] Por supuesto, donde se piensa que la distribución de la Cena del Señor es una función sacerdotal (como en las iglesias anglicanas), las iglesias pueden decidir que otra aproximación a esta cuestión concuerda más con sus propias enseñanzas. Por otra parte, en una iglesia en la que solo los principales oficiales de la iglesia han ayudado en el servicio de la Comunión durante muchos años, la iglesia puede decidir que permitir la participación de alguien más en la distribución de los elementos simbolizaría la participación de esas personas en el liderazgo y el gobierno de la iglesia, y puede que deseen postergar los cambios por lo menos hasta que sea posible impartir alguna enseñanza clara. Otras iglesias pueden considerar que la función de liderazgo está tan claramente ligada con la distribución de los elementos que desearían continuar con esa práctica restrictiva.

TÉRMINOS ESPECIALES

Comunión
consubstanciación
eucaristía
no discernir el cuerpo
presencia espiritual

presencia simbólica
transubstanciación
ubicuidad de la naturaleza humana de Cristo

BIBLIOGRAFÍA

Beckwith, Roger T. «Eucharist». En *EDT*, pp. 236-38
Berkouwer, G. C. *The Sacraments*. Trad. por Hugo Bekker. Eerdmans, Grand Rapids, 1969.
Bridge, D. y D. Phypers. *Communion: The Meal That Unites*. Hodder and Stoughton, London, 1981.
Marshall, I. Howard. *Last Supper and Lord's Supper*. Eerdmans, Grand Rapids, 1980.
Osterhaven, M. E. «Lord's Supper, Views of». En *EDT*, pp. 653-56.
Wallace, R. S. «Lord's Supper». En *EDT*, pp. 651-53.

PASAJE BÍBLICO PARA MEMORIZAR

1 Corintios 11:23-26: *Yo recibí del Señor lo mismo que les trasmití a ustedes: Que el Señor Jesús, la noche en que fue traicionado, tomó pan, y después de dar gracias, lo partió y dijo: «Este es mi cuerpo, que por ustedes entrego; hagan esto en memoria de mí». De la misma manera, después de cenar, tomó la copa y dijo: «Esta copa es el nuevo pacto en mi sangre; hagan esto, cada vez que beban de ella, en memoria de mí». Porque cada vez que comen este pan y beben de esta copa, proclaman la muerte del Señor hasta que él venga.*

HIMNO

«Cara a cara yo te miro aquí»

Este hermoso himno no se canta con mucha frecuencia, pero habla tan directamente a Jesús mismo y habla tan claramente de la realidad espiritual que necesitamos recordar en la Cena del Señor que es uno de los himnos más grandiosos jamás compuestos respecto a esta doctrina. Conlleva una actitud de reverencia en la presencia del Señor, gozo en la salvación y también genuino arrepentimiento por el pecado. Muy pocos himnos en la historia del cristianismo igualan la dulce hermosura del espíritu que Horacio Bonar ejemplificó en este himno.

1. Cara a cara yo te miro aquí
Como ser inefable de amor;
Quiero asir con mi mano tu gran don,
Y todo mi cansancio en ti dejar.

CAPÍTULO 8 · LA CENA DEL SEÑOR

2. Comer quisiera de ese pan de Dios;
Beber contigo el vino real de Dios.
Y despreciando el terrenal dolor,
Buscar la dulce calma del perdón.

3. No tengo ayuda sino sólo a ti;
Sólo tu brazo es fuerte para mí;
Este es propicio, bástame en verdad;
Mi fuerza está sólo en tu poder.

4. Mío el pecado, tuya la equidad;
Mía la culpa, tuyo el perdón.
He aquí el refugio, he aquí mi paz,
Tu sangre, mi justicia, mi Señor.

AUTOR: HORACIO BONAR, TRAD. DANTE L. PINTO C.
(TOMADO DE HIMNARIO BAUTISTA, #253)

Capítulo 9

ADORACIÓN

¿Cómo puede la adoración cumplir su gran propósito en la era del Nuevo Testamento?
¿Qué significa adorar «en espíritu y en verdad»?

EXPLICACIÓN Y BASE BÍBLICA

El término adoración se aplica a veces a todo en la vida cristiana, y se dice correctamente que todo en nuestra vida debe ser un acto de adoración, y que todo lo que hace la iglesia debe considerarse adoración, porque todo lo que hacemos debe glorificar a Dios. Sin embargo, en este capítulo no utilizo esa palabra en ese amplio sentido. Más bien uso *adoración* con un significado más específico para aludir a la música y las palabras que los cristianos dirigen a Dios en alabanza, junto con las actitudes entrañables que acompañan esa alabanza, especialmente cuando los cristianos se reúnen. Como los capítulos de esta parte del libro tratan de la doctrina de la iglesia, es algo apropiado concentrarse en este capítulo en las actividades de adoración de la iglesia reunida.

A. Definición y propósito de la adoración

La adoración es la actividad de glorificar a Dios con nuestras voces y corazones en su presencia.

En esta definición notamos que adoración es un acto de glorificar a Dios. Pese a que se supone que todos los aspectos de nuestras vidas glorifiquen a Dios, esta definición especifica que la adoración es algo que hacemos especialmente cuando venimos ante la presencia de Dios, cuando estamos conscientes de que lo adoramos en nuestros corazones, y cuando lo alabamos con nuestras voces y hablamos de él de manera que otros puedan oír. Pablo alienta a los cristianos en Colosas: «Que habite en ustedes la palabra de Cristo con toda su riqueza: *instrúyanse y aconséjense unos a otros con toda sabiduría; canten salmos, himnos y canciones espirituales a Dios, con gratitud de corazón*» (Col 3:16).

CAPÍTULO 9 · ADORACIÓN

De hecho, la razón primaria de que Dios nos haya llamado dentro de la asamblea de la iglesia es que debemos adorarlo como asamblea. Edmund Clowney dice atinadamente:

> Dios ha demandado de Faraón: «¡Deja ir a mi pueblo *para que me rinda culto* en el desierto» (Éx 7:16b) [...] Dios los saca para poder hacerlos entrar en su asamblea, la gran compañía de aquellos que están en su presencia [...] *La asamblea de Dios en el Sinaí es por lo tanto el objetivo inmediato del éxodo. Dios trae a su pueblo ante su presencia para que puedan oír su voz y adorarlo.*

Pero Clowney explica que la asamblea que adoraba en el monte Sinaí no podía permanecer en sesión delante de Dios para siempre. Por lo tanto, Dios estableció otras festividades en las que el conjunto de la nación se reuniría delante de él tres veces al año. Dice él que: «Los israelitas son una nación formada para adorar, llamada a reunirse en los predios del Señor, y a alabar unida el nombre del Altísimo».[1]

Pese a ello Clowney apunta que, en lugar que alabar a Dios en una asamblea santa y unida, el pueblo se desvió para servir a los ídolos y, en lugar de reunir al pueblo para que adorase delante de él, «Dios dispersó al pueblo en el exilio como castigo».[2]

Pero Dios prometió que sus propósitos para su pueblo aún se cumplirían, que algún día habría una gran asamblea no solo de Israel sino de todas las naciones delante de su trono (Is 2:2-4; 25:6-8; 49:22; 66:18-21; cf. Jer 48:47; 49:6, 39). Clowney apunta que el cumplimiento de esa promesa solo comenzó cuando Jesús inició la construcción de su iglesia:

> Pentecostés fue el tiempo de las primicias, el comienzo de la gran cosecha de la redención. Pedro predicó el cumplimiento de la profecía de Joel. El Espíritu se había derramado, *la adoración de la nueva era había llegado. La iglesia, la asamblea para adorar, adoraba a Dios* [...] Ahora había comenzado la recolección.

> El llamado del evangelio es un llamado a adorar, a apartarse del pecado e invocar el nombre del Señor [...] La imagen de la iglesia como una asamblea que adora no se presenta en ningún lugar de una forma más poderosa que en la Epístola a los Hebreos (12:18-29) [...] En nuestra adoración en la iglesia de Cristo nos acercamos al trono de Dios, el juez de todas las cosas. *Entramos en la asamblea festiva de los santos y los ángeles.* Nos reunimos en espíritu con los espíritus de los justos hechos perfectos. Entramos en la asamblea de la gloria a través de Cristo nuestro mediador, y la sangre de su muerte expiatoria.

> ... La *adoración colectiva reverente*, entonces, no es opcional para la iglesia de Dios [...] Más bien, ella *constituye la expresión del verdadero ser de la iglesia*. Ella pone de manifiesto sobre la tierra la realidad de la asamblea celestial.[3]

---

[1] Edmund Clowney, «The Biblical Theology of the Church», en *The Church in the Bible and the World*, ed. D. A. Carson, pp. 17-19 (itálicas añadidas).

[2] Ibíd.

[3] Ibíd., pp. 20-22.

Adorar es por lo tanto una expresión *directa* del máximo propósito de vivir, «glorificar a Dios y gozar de él a plenitud para siempre».[4] Dios habla de sus «hijos» e «hijas», como de «todo el que sea llamado por mi nombre, al que yo he creado *para mi gloria*, al que yo hice y formé» (Is 43:6-7). Y Pablo también utiliza un lenguaje similar cuando dice que «a fin de que nosotros, que ya hemos puesto nuestra esperanza en Cristo, *seamos para alabanza de su gloria*» (Ef 1:12). La Escritura dice aquí y en muchos otros pasajes que Dios nos creó para glorificarlo.[5]

Cuando reflexionamos sobre el propósito de la adoración ello nos recuerda también que *Dios es digno de adoración y nosotros no*. Aun hubo que decirle al apóstol Juan que no debía adorar a ninguna criatura, ni siquiera a un poderoso ángel del cielo. Cuando él se «postró» a los pies del ángel que le mostró maravillosas visiones del cielo, el ángel le dijo: «¡No, cuidado!» [...] ¡Adora solo a Dios! (Ap 22:8-9).

Esto es porque Dios es celoso de su propio honor y debidamente busca su propio honor. Él dice: «Yo, el SEÑOR tu Dios, soy un Dios celoso» (Ex 2:5) y ¡No cederé mi gloria a ningún otro!» (Is 48:11). Algo dentro de nosotros debe temblar y regocijarse por este hecho. Debemos temblar de miedo a fin de que no le robemos a Dios su gloria. Y debemos regocijarnos de que sea *justo* que Dios busque su propio honor y sea celoso de su propio honor. Los veinticuatro ancianos en el cielo sienten esta reverencia y gozo, pues se postran ante el trono de Dios y rinden sus coronas delante de él cantando: «Digno eres, Señor y Dios nuestro, de recibir la gloria, la honra y el poder, porque tú creaste todas las cosas; por tu voluntad existen y fueron creadas» (Ap 4:11). Cuando sentimos la absoluta *justicia* de esto muy dentro de nosotros, entonces tenemos la apropiada actitud del corazón para una adoración genuina.

Porque Dios es digno de adoración y busca ser adorado, todas las cosas en nuestros servicios de adoración deben estar diseñadas y realizadas no para llamar la atención hacia nosotros mismos o darnos gloria, sino para llamar la atención hacia Dios y hacer que las personas piensen sobre él. Sería apropiado que reevaluáramos a menudo los distintos elementos de nuestros servicios dominicales: la predicación, la oración pública, la dirección de la adoración, la música especial, la celebración de la Cena del Señor, y aun los anuncios y la ofrenda. ¿Le brindan realmente gloria a Dios de la manera que se realizan?[6] Pedro dice que los dones espirituales deben ser usados de forma tal que Dios sea «en todo alabado por medio de Jesucristo» (1 P 4:11).

B. Los resultados de la genuina adoración

Cuando adoramos a Dios en el sentido descrito arriba, dándole verdaderamente gloria en nuestros corazones y con nuestras voces, varias cosas ocurren:

---

[4]Esta frase familiar ha sido ampliamente utilizada en las enseñanzas cristianas. Se halla en el Catecismo Mayor de Westminster. «Primera pregunta: *¿Cuál es el fin supremo y más elevado del hombre?* Respuesta: El fin supremo y más elevado del hombre es glorificar a Dios, y gozar plenamente de él para siempre».

[5]Vea una discusión adicional en *Hombre y pecado*, pp. 35-47, sobre el hecho de que Dios nos creó para su propia gloria.

[6]Pocas cosas destruyen una atmósfera de adoración más rápidamente que un solista o un coro que disfrutan llamando la atención sobre sí mismos, o un predicador que exhibe su propia inteligencia o habilidad al hablar. «Dios se opone a los orgullosos, pero da gracia a los humildes» (1 P 5:5).

[7]Vea la excelente discusión sobre vivir toda la vida deleitándose en

CAPÍTULO 9 · ADORACIÓN

1. Nos deleitamos en Dios. Dios nos creó no solo para glorificarlo sino también para gozarnos en él y deleitarnos en su excelencia.[7] Probablemente experimentamos el deleite en Dios más plenamente en la adoración que en ninguna otra actividad de esta vida. David confiesa que lo «único» que él buscará sobre todo lo demás es «habitar en la casa del SEÑOR todos los días de mi vida, para contemplar la hermosura del SEÑOR y recrearme en su templo» (Sal 27:4). También dice: «*Me llenarás de alegría en tu presencia, y de dicha eterna a tu derecha*» (Sal 16:11). De manera similar, Asaf conoce que solo Dios llena todas sus esperanzas y todos sus deseos: «*¿A quién tengo en el cielo sino a ti? Si estoy contigo, ya nada quiero en la tierra*» (Sal 73:25). Y los hijos de Coré dicen:

¡Cuán hermosas son tus moradas,
    SEÑOR todopoderoso!
Anhelo con el alma los atrios del SEÑOR;
    Casi agonizo por estar en ellos.
Con el corazón, con todo el cuerpo,
    Canto alegre al Dios de la vida.

Dichoso el que habita en tu templo,
    pues siempre te está alabando.

Vale más pasar un día en tus atrios
    que mil fuera de ellos. (Sal 84:1-2, 4, 10)

La iglesia primitiva conoció ese gozo en la adoración, pues «no dejaban de reunirse en el templo ni un solo día. De casa en casa partían el pan y compartían la comida con alegría y generosidad, *alabando a Dios* y disfrutando la estimación general del pueblo (Hch 2:46). De hecho, inmediatamente después de la ascensión de Jesús al cielo, los discípulos «regresaron a Jerusalén con gran alegría. *Y estaban continuamente en el templo, alabando a Dios*» (Lc 24:52-53).

Por supuesto, esa actividad de continua adoración no puede durar para siempre en esta era, porque vivir en un mundo caído requiere que dediquemos tiempo a muchas otras responsabilidades también. Pero una alabanza continuada nos permite saborear de antemano la atmósfera del cielo, donde las cuatro criaturas vivientes «repetían sin cesar: "Santo, santo, santo, es el Señor Dios Todopoderoso, el que era y que es y que ha de venir"» (Ap 4.8), y las otras criaturas celestiales y los redimidos que habían muerto se unían a esa adoración celestial y alababan al «Cordero, que ha sido sacrificado» (Ap 5.12).

2. Dios se deleita en nosotros. ¿Qué hace Dios cuando lo adoramos? La asombrosa verdad de la Escritura es que mientras la creación glorifica a Dios, él también se deleita en ella. Cuando Dios hizo al principio el universo, miró a todo ello con deleite, y «consideró

Dios en John Piper, *Sed de Dios* (Barcelona.: Andamio, 2001); también su análisis de Dios deleitándose en sí mismo y en lo que refleja su grandeza, en John Piper, *Los deleites de Dios* (Vida, Miami, 2006).

que era muy bueno» (Gn 1:31). Dios se deleita especialmente en el ser humano que ha creado y redimido. Isaías le recordó al pueblo del SEÑOR:

> Serás en la mano del SEÑOR como corona esplendorosa...
> Serás llamada «Mi Deleite»...
> porque el SEÑOR se deleitará en ti...
> como un novio que se regocija con su novia;
>   así tu Dios se regocijará por ti. (Is 62:3-5)

Sofonías se hace eco del mismo tema cuando dice:

> Porque el SEÑOR tu Dios está en medio de ti
>   como guerrero victorioso.
> Se deleitará en ti con gozo,
>   te renovará con su amor,
> se alegrará por ti con cantos. (Sof 3:17)

Esta verdad debe traernos un gran aliento, pues mientras amamos a Dios y lo adoramos nos damos cuenta de que llevamos gozo y deleite a su corazón. Y el gozo más profundo es el gozo de traer deleite al corazón de aquel que usted ama.

3. Nos acercamos a Dios: la asombrosa realidad del culto del Nuevo Pacto. En el viejo pacto los creyentes solo podían acercarse a Dios de una manera limitada a través de las ceremonias del templo; de hecho, la mayor parte del pueblo de Israel no podía entrar al mismo templo, sino que tenía que quedarse en el patio. Aun los sacerdotes solo podían entrar a la parte exterior del templo, el «Lugar Santo», cuando ello le era asignado. Pero a la parte interior del templo, el «Lugar Santísimo», nadie podía entrar excepto el sumo sacerdote, y solo una vez al año (Heb 9:1-7).

Ahora, bajo el nuevo pacto, los creyentes tienen el asombroso privilegio de ser capaces de entrar directamente al Lugar Santísimo en el cielo cuando adoran. «Mediante la sangre de Jesucristo, tenemos plena libertad para entrar en el Lugar Santísimo» (Heb 10.19).[8] Como tenemos libertad para entrar a la misma presencia de Dios, el autor de Hebreos nos alienta: «*Acerquémonos, pues, a Dios con corazón sincero y con la plena seguridad que da la fe*» (Heb 10.22). La adoración en la iglesia del Nuevo Testamento no es una simple práctica para alguna posterior experiencia celestial de adoración, ni fingimiento, ni prácticas superficiales. Es una *adoración genuina* en la presencia del mismo Dios, y cuando adoramos llegamos delante de su trono.

Esta realidad se expresa más plenamente por el autor de Hebreos en el capítulo 12, cuando le dice a los cristianos que no han llegado a un lugar como el monte Sinaí terrenal

---

[8] El texto griego dice literalmente que «tenemos confianza para entrar en los *lugares santos*», porque el plural *ton hagion* se usa en otro sitio de Hebreos para referirse al lugar santo y al lugar santísimo en su conjunto como «los santos lugares» (Heb 8:2; 9:8; 25; 13:11). Un versión en inglés (RSV) suele traducir esta expresión como «el santuario», pero la traducción oculta el hecho de que se está refiriendo tanto al lugar santo como al lugar santísimo (la NASB traduce estos plurales como singulares, un desvío poco común de su tendencia ordinaria de traducir más literalmente).

donde el pueblo de Israel recibió los Diez Mandamientos de Dios, sino que han llegado a un sitio mucho mejor, la Jerusalén celestial:

> Ustedes *no se han acercado* a una montaña que se pueda tocar o que esté ardiendo en fuego; ni a oscuridad, tinieblas y tormenta; ni a sonido de trompeta, ni a tal clamor de palabras que quienes lo oyeron suplicaron que no se les hablara más [...] *Por el contrario, ustedes, se han acercado al monte Sión, a la Jerusalén celestial, la ciudad del Dios viviente.* Se han acercado a millares y millares de ángeles, a una asamblea gozosa, a la iglesia de los primogénitos inscritos en el cielo. Se han acercado a Dios, el juez de todos; a los espíritus de los justos que han llegado a la perfección; a Jesús, el mediador de un nuevo pacto; y a la sangre rociada, que habla con más fuerza que la de Abel. (Heb 12: 18-24)

Esta es la realidad de la adoración del Nuevo Testamento; es de hecho adoración en la presencia de Dios, aunque ahora no lo vemos con nuestros ojos físicos, ni vemos a los ángeles reunirse en torno a su trono o los espíritus de los creyentes que ya han partido y ahora adoran a Dios en su presencia. Pero todo está ahí, y todo es real, más real y más permanente que la creación física que vemos a nuestro alrededor, que algún día será destruida en el juicio final. Y si creemos que La Escritura es verdadera, entonces también debemos creer que de hecho es verdad que *nosotros mismos* llegamos a ese lugar y unimos nuestras voces a las de aquellos que ya adoran en el cielo cuando quiera que vengamos ante Dios a adorarlo. Nuestra sola respuesta adecuada es esta: «Adoremos a Dios como a él le agrada, con temor reverente, porque nuestro Dios es fuego consumidor» (Heb 12:28-29).

4. Dios se acerca a nosotros. Santiago nos dice: «Acercaos a Dios, y él se acercará a vosotros» (Stg 4:8). Esta ha sido la norma de los tratos de Dios con su pueblo a lo largo de la Biblia, y debemos estar confiados en que así será hoy también. En el Antiguo Testamento, cuando el pueblo de Dios comenzó a alabarlo en la dedicación del templo, él descendió y se manifestó en medio de ellos:

> *Los trompetistas y cantores alababan* y daban gracias al SEÑOR al son de trompetas, címbalos y otros instrumentos musicales. Y cuando tocaron y cantaron al unísono: «El SEÑOR es bueno; su gran amor perdura para siempre», una nube cubrió el templo del SEÑOR. Por causa de la nube, los sacerdotes no pudieron celebrar el culto, *pues la gloria del SEÑOR había llenado el templo.* (2 Cr 5:13-14)

Si bien esto solo habla de un incidente específico, no parece equivocado suponer que Dios dará a conocer su presencia entre su pueblo en otros momentos, en todo momento en que que se agrade de la alabanza que ellos ofrecen (aunque no venga en forma de una nube visible). David dice: «Pero tú eres santo, tú eres rey, ¡tú eres la alabanza de Israel!» (Sal 22:3).

5. Dios nos ministra. Aunque el propósito primario de la adoración es glorificar a Dios, las Escrituras enseñan que en la adoración también nos ocurre algo: nosotros mismos somos edificados. Por supuesto, hasta cierto punto eso sucede cuando escuchamos las enseñanzas que la Biblia ofrece o las palabras de aliento que otros nos dirigen. Pablo dice: «Todo esto debe hacerse para la edificación» (1 Co 14:26), y dice que debemos animarnos «unos a otros con salmos, himnos y canciones espirituales» (Ef 5:19; cf. Heb 10:24-25).

Pero además de la edificación que viene del crecimiento de la comprensión de la Biblia y de escuchar las palabras de aliento de otros, hay otro tipo de edificación que tiene lugar en la adoración: cuando adoramos a Dios, él se encuentra con nosotros y nos ministra directamente, fortaleciendo nuestra fe, intensificando nuestra conciencia de su presencia, y concediendo refrigerio a nuestros espíritus. Pedro dice que mientras los cristianos vienen continuamente a Cristo (en adoración, oración y fe), son «*edificados* como casa espiritual y sacerdocio santo, para ofrecer sacrificios espirituales aceptables a Dios por medio de Jesucristo» (1 P 2:5). Cuando venimos a adorar llegamos a la presencia de Dios de una manera especial, y debemos esperar que él nos encontrará allí y nos ministrará: «Así que acerquémonos al trono de la gracia para recibir misericordia y hallar la gracia que nos ayude en el momento que más la necesitemos» (Heb 4:16).[9] Durante la adoración genuina a menudo experimentaremos una intensificación de la obra santificadora del Espíritu Santo, que obra continuamente transformándonos a semejanza de Cristo «con más y más gloria» (2 Co 3:18).[10]

6. Los enemigos del Señor huyen. Cuando el pueblo de Israel comenzó a adorar, a veces Dios lucharía por ellos contra sus enemigos. Por ejemplo, cuando vinieron contra Judá los moabitas, los edomitas y los sirios, el rey Josafat mandó al coro que alababa a Dios delante del ejército.

> Josafat designó a los que irían al frente del ejército para cantar al SEÑOR y alabar el esplendor de su santidad [...] Tan pronto como empezaron a entonar este cántico de alabanza, el SEÑOR puso emboscadas contra los amonitas, los moabitas y los del monte del Seir que habían venido contra Judá, y los derrotó. (2 Cr 20:21-22)

De manera similar, cuando el pueblo de Dios lo adora hoy en día, debemos esperar que el Señor combatirá las fuerzas demoníacas que se oponen al evangelio y las hará huir.

7. Los no creyentes saben que están en la presencia de Dios. Aunque la Escritura no hace énfasis en la evangelización como el objetivo primario cuando la iglesia se reúne a adorar, Pablo dice a los corintios que piensen en los no creyentes y los de afuera que vienen a sus servicios, para estar seguros de que los cristianos hablan de manera comprensible

---

[9]Véase también Salmos 34:4-5. 8; 37:4.

[10]De alguna manera, cuanto más vemos a Dios, más nos asemejamos a él. Esto se evidencia especialmente cuando entramos en la era por venir, pues Juan dice: «Cuando Cristo venga *seremos semejantes a él*» (1 Jn 3:2). Pero ello es verdad también en cierto grado en esta vida, mientras corremos la carrera que tenemos delante, «fijemos la mirada en Jesús, el iniciador y perfeccionador de nuestra fe» (Heb 12:2). Por momentos la presencia del Señor y la obra del Espíritu Santo que la acompaña en nuestros corazones será tan evidente que reconoceremos que Dios hace algo en nuestro interior, como le sucedió a los discípulos cuando Jesús caminó junto a ellos por el camino de Emaús, pues más tarde dijeron: «¿No ardía nuestro corazón mientras conversaba con nosotros en el camino y nos explicaba las Escrituras?» (Lc 24:32).

(1 Co 14:23). También les dice que si el don de profecía funciona adecuadamente, de vez en cuando los secretos del corazón del incrédulo se manifestarán, y este caerá sobre su rostro y «*adorará a Dios, declarando que verdaderamente Dios está entre vosotros* (1 Co 4:25; cf. Hch 2:11). Pero no se ve la evangelización como el propósito primario cuando la iglesia se reúne para adorar, y por lo tanto no sería correcto tener diseñada la única reunión semanal de creyentes con un propósito fundamentalmente evangelístico. La preocupación de Pablo es más bien que los visitantes comprendan lo que sucede (y no piensen que los cristianos están «locos», 1 Co 14:23), y que reconozcan que «verdaderamente Dios está entre vosotros» (1 Co 14:25).

C. El valor eterno de la adoración

Como la adoración glorifica a Dios y cumple el propósito para el cual Dios nos creó, es una actividad de gran valor y eterno significado. Cuando Pablo advierte a los efesios a no desperdiciar su tiempo sino a emplearlo bien, lo pone en el contexto del vivir como los que son sabios: «Así que tengan cuidado de su manera de vivir. No vivan como necios sino como sabios, *aprovechando al máximo cada momento oportuno*, porque los días son malos» (Ef 5:15-16).

Entonces Pablo explica qué es ser sabio y aprovechar el tiempo:

> Por lo tanto, no sean insensatos, sino entiendan cuál es la voluntad del Señor. No se emborrachen con vino, que lleva al desenfreno. Al contrario, sean llenos del Espíritu. Anímense unos a otros con salmos, himnos y canciones espirituales. *Canten y alaben al Señor con el corazón*, dando siempre gracias a Dios el Padre por todo, en el nombre de nuestro Señor Jesucristo. (Ef 5:17-20).

En consecuencia, en el contexto de utilizar y aprovechar sabiamente el tiempo, Pablo incluye tanto cantarse unos a otros salmos espirituales como cantar al Señor con nuestros corazones.

Esto significa que ¡*adorar es hacer la voluntad de Dios!* La adoración es el resultado de comprender «lo que es la voluntad del Señor». Es «aprovechar al máximo el tiempo». Por otra parte, como Dios es eterno y omnisciente, la alabanza que le damos nunca se desvanecerá de su conciencia, sino que continuará trayendo deleite a su corazón por toda la eternidad (cf. Jud 25): «¡Al único Dios, nuestro Salvador [...] sea la gloria, la majestad, el dominio y la autoridad, por medio de Jesucristo nuestro Señor, antes de todos los siglos, ahora y para siempre!»).

El hecho de que adorar es una actividad de gran significación y valor eterno también se hace evidente en el de hecho que es la actividad primaria llevada a cabo por aquellos que ya están en el cielo (cf. Ap 4:8-11; 5:11-14).

D. ¿Cómo podemos acceder a una adoración genuina?

En última instancia, la adoración es una actividad espiritual y debe ser facultada por el Espíritu Santo que obra en nosotros. Esto significa que debemos orar que el Espíritu Santo nos capacite para adorar correctamente.

> Pero se acerca la hora, y ha llegado ya, en que los verdaderos adoradores rendirán culto al Padre en espíritu y en verdad, porque así quiere el Padre que sean los que lo adoren. Dios es espíritu, y quienes lo adoran deben hacerlo en espíritu y en verdad. (Jn 4:23-24)

Adorar «en espíritu y en verdad» se entiende que significa no «en el Espíritu Santo», sino más bien «*en el ámbito del espíritu, en el ámbito de la actividad espiritual*».[11] Esto significa que la verdadera adoración involucra no solo nuestros cuerpos físicos sino también nuestros espíritus, el aspecto inmaterial de nuestra existencia que actúa primariamente en el ámbito de lo invisible. María sabía que adoraba de esta manera, por lo que exclamó: «Mi alma glorifica al Señor, y mi espíritu se regocija en Dios mi Salvador» (Lc 1:46-47).

Debemos darnos cuenta de que Dios también busca continuamente (Jn 4:23) a aquellos que lo adorarán en lo espiritual y por lo tanto a aquellos cuyo espíritu, así como su cuerpo y mente adoran a Dios. Tal adoración no es opcional, pues aquellos que adoran a Dios «*deben* hacerlo en espíritu y en verdad» (v. 24). A menos que nuestros espíritus adoren a Dios no estamos adorándolo verdaderamente.

Una actitud de adoración se logra cuando comenzamos a ver a Dios como él es y entonces respondemos a su presencia. Aun en el cielo los serafines que contemplan la gloria de Dios claman: «Santo, santo, santo es el SEÑOR Todopoderoso; toda la tierra está llena de su gloria» (Is 6:3). Cuando los discípulos vieron a Jesús caminando sobre el agua, y entonces vieron cesar el viento cuando entró a la embarcación, «los que estaban en la barca vinieron y le adoraron, diciendo: "Verdaderamente eres Hijo de Dios"» (Mt 14:33). El autor de Hebreos sabe que cuando venimos a la presencia de Dios (Heb 12:18-24), la respuesta adecuada es adorar «a Dios como a él le agrada, con temor reverente, porque nuestro "Dios es fuego consumidor"» (Heb 12:28-29). Por consiguiente la genuina adoración no es algo autogenerado o que puede desarrollarse dentro de nosotros mismos. Debe ser más bien una efusión de nuestros corazones *en respuesta* a una toma de conciencia sobre quién es Dios.

Resulta apropiado preguntar si hay mucha adoración sentida, profunda y genuina en nuestras iglesias. En muchas iglesias evangélicas las personas no adoran a Dios de corazón hasta el último himno, después de que el sermón haya enfocado su atención en quién es Dios y comienzan a regocijarse en Dios con un corazón lleno de alabanza. Pero entonces, en el momento en el que una adoración es profunda y sincera, de repente termina el culto. ¡Debe ser solo el comienzo! Si falta una adoración genuina en nuestras iglesias, debemos preguntarnos cómo podemos llevarnos a experimentar mucho más de la profundidad y la riqueza de la adoración, la cual es la respuesta natural del corazón creyente a una percepción clara de la presencia y el carácter de Dios.[12]

---

[11]Esto es porque (1) la discusión que sostiene Jesús con la mujer junto al pozo en este contexto es una discusión sobre el *sitio* de la adoración (vea vv. 20-21), ¿debía ser en Samaria o en Jerusalén? La respuesta de Jesús se ajustaría mucho mejor a esta búsqueda si habláramos del ámbito espiritual en el que adoramos, en oposición al lugar físico de Jerusalén o Samaria. (2) En el texto griego la palabra en («en») de la frase «en espíritu y en *verdad*» corresponde a la misma palabra (en) utilizada en el v. 21 para hablar de (literalmente) «en esta montaña» y «en Jerusalén». Una vez más el contraste es en términos de lugar «en» el cual se debe adorar. (3) La palabra verdad se refiere a la calidad de la adoración, no a la persona. El paralelo se entendería mejor si «en espíritu» se refiriera de la misma manera no a una persona sino a alguna cualidad de la adoración, como el ámbito donde se debe llevar a cabo.

[12]Por supuesto, el carácter de Dios se puede revelar no solo a través de la predicación de la palabra, sino también a través de las palabras de los himnos que se cantan, a través de la oración, y a través de la lectura de pasajes de la Biblia aun sin comentarios.

CAPÍTULO 9 · ADORACIÓN

¿Habrá algo que pudiéramos hacer para que la adoración sea más eficaz? Debemos recordar que la adoración es una cuestión espiritual (Jn 4:21-24), y las soluciones fundamentales serán por lo tanto espirituales. Se necesitará mucha oración en preparación para la adoración, especialmente de parte del liderazgo, pidiendo que Dios bendiga los momentos de adoración y se nos manifieste. También las congregaciones necesitarán instrucción sobre la naturaleza espiritual de la adoración y la interpretación del Nuevo Testamento sobre adorar en la presencia de Dios (véase Heb 12:22-24). Además, los cristianos necesitan ser alentados a corregir cualesquiera relaciones interpersonales rotas. Pablo dice que los hombres deben levantar las manos «con pureza de corazón, sin enojos ni contiendas» (1 Ti 2:8), y Jesús nos recuerda que primero debemos reconciliarnos con nuestro hermano, y entonces venir ante el altar de Dios y presentar nuestra ofrenda (Mt 5:24). De hecho, Juan dice que cualquiera que diga: «Yo amo a Dios» pero odia a su hermano «es un mentiroso» (1 Jn 4:20). Particularmente los esposos necesitan estar seguros de que tratan con respeto a sus esposas, honrándolas, a fin de que nada estorbe sus oraciones (1 P 3:7). Y la iglesia entera es responsable de vigilar que no brote ninguna «raíz de amargura» que cause problemas, y que «por ella muchos sean contaminados» (Heb 12:15), lo que es una indicación de que el pecado y las relaciones rotas entre unos cuantos pueden extenderse a muchos e impedir que las bendiciones de Dios lleguen a toda la congregación.

Por otra parte, si de verdad vamos a acercarnos a Dios en la adoración, debe haber un afán personal de santidad en la vida. El autor de Hebreos le recuerda a los creyentes que sigan «la santidad, sin la cual nadie verá al Señor» (Heb 12:14), y Jesús dice que son «los de corazón limpio» quienes «verán a Dios» (Mt 5:8), una promesa que se cumple parcialmente en esta vida y completamente en la era por venir. Juan dice específicamente en relación con la oración: «Si el corazón no nos condena, tenemos confianza delante de Dios» (1 Jn 3:21), pero este principio ciertamente se aplica también a la adoración, al atrevernos a venir ante la presencia de Dios a ofrecerle alabanza. Santiago indica similar preocupación cuando, inmediatamente después de decir: «Acérquense a Dios, y él se acercará a ustedes», añade: «¡Pecadores, límpiense las manos! ¡Ustedes los inconstantes, purifiquen su corazón! (Stg 4:8).[13]

No obstante, el escenario físico y la estructura de los servicios de adoración sí cuentan, pues hay indicios de que Jesús pensó que la atmósfera de la adoración era muy importante. Él «entró en el templo y echó de allí a todos los que compraban y vendían. Volcó las mesas de los que cambiaban dinero y los puestos de los que vendían palomas». Al explicar estas acciones, Jesús insistió en que el templo debía ser una casa de oración, pues dijo: «Escrito está: "Mi casa será llamada casa de oración"; pero ustedes la están convirtiendo en «cueva de ladrones» (Mt 21:12-13). También le dijo a los creyentes: «Cuando te pongas a orar, *entra en tu cuarto, cierra la puerta* y ora a tu Padre, que está en secreto» (Mt 6:6), no solo porque en nuestros cuartos no nos verán los hombres, y no oraremos para recibir gloria de los hombres, sino también porque saber que otros nos observan en nuestras oraciones distrae con facilidad nuestra atención, de manera que en parte oramos para que nos escuchen los demás o por lo menos para no ofenderlos. Esto no significa que la adoración

---

[13]Otros pasajes de la Escritura indican una conexión entre la santidad personal y la adoración de Dios: vea Proverbios 15:8. «El Señor aborrece las ofrendas de los malvados; pero se complace en la oración de los justos». Véase también Proverbios 15:29; 28:9; así mismo Salmos 34.15-18; 66:18.

y la oración en grupo están prohibidas (pues ambas son muy notorias tanto en el Antiguo Testamento como en el Nuevo), pero dice que debemos escoger un sitio para la oración y la adoración que evite lo más posible las distracciones. Esto concuerda con el hecho de que la adoración debe hacerse de forma ordenada, «pues Dios no es Dios de confusión, sino de paz» (1 Co 14:33; cf. v. 40). La atmósfera y el estado de ánimo de la adoración son importantes, porque debemos servir a Dios «agradándole con temor y reverencia» (Heb 11:28). Esto significa que es apropiado reunirse como iglesia en un sitio que contribuye a la adoración, una adoración que de ordinario es privada y libre de distracción, que da la oportunidad de centrar la atención en el Señor.[14]

El canto es especialmente importante en la adoración tanto en el Antiguo como en el Nuevo Testamento. En nuestros días ha ocurrido un cambio notable tanto en el castellano estándar que la gente habla como en las formas musicales con las que la gente está familiarizada, y las iglesias necesitan hablar y planificar abierta y honestamente a fin de encontrar una mezcla de canciones que puedan cantarse bien por toda la congregación, y con las que las personas puedan identificarse genuinamente como un vehículo para expresar su alabanza a Dios. Canciones que se dirijan a Dios directamente en segunda persona (esto es, hablarle a Dios como «tú» en lugar de hablarle como «él») serán a menudo especialmente efectivas como cánticos de adoración, aunque los Salmos demuestran que ambos tipos de canciones agradan a Dios.

Además, es importante apartar suficiente tiempo para los varios aspectos de la adoración colectiva. La oración genuina puede ciertamente tomar tiempo (véase Lc 6:12; 22:39-46; Hch 12:12; 13:2). Asimismo, una sólida enseñanza bíblica puede a menudo requerir un tiempo prolongado (Mt 15:32; Hch 20:7-11). Por otra parte, una adoración y alabanza genuinas y sentidas también requerirán bastante tiempo para ser efectivas.

Esto es cierto en parte porque los diferentes aspectos de un culto de adoración requieren diferentes actitudes y estados mentales. Escuchar una enseñanza bíblica requiere atención hacia el texto y el maestro. La alabanza requiere gozo y concentrarse en el Señor y su grandeza. Las oraciones en las que se hacen súplicas requieren centrarse en el sacrificio de nosotros mismos al Señor, así como en ofrendarle de nuestras posesiones y encomendarle que provea para nuestras necesidades. La Cena del Señor requiere un tiempo de reflexión, autoexamen, y quizá arrepentimiento, junto con acción de gracias. Pero podemos tener todas estas actitudes de una vez, porque somos finitos. Se requiere tiempo para lograr y sostener diferentes actitudes mentales. Por esa razón es imposible cumplir todas las tareas necesarias para una congregación reunida simplemente en una hora el domingo por la mañana, y es dañino hasta intentarlo. Aquellos que tratan de hacerlo todo en un tiempo breve lo abarrotan demasiado y no hacen nada bien.[15] Si las congregaciones han de lograr los varios propósitos para los cuales Dios quiere que se

---

[14]Las consideraciones prácticas discutidas en esta sección se pueden aplicar a muchas formas diferentes de adoración, pero no he discutido las formas reales que asumirá esa adoración. Estas variarán ampliamente, desde las liturgias muy elaboradas de los servicios episcopales a la espontaneidad no estructurada de los servicios carismáticos. Como la Escritura no prescribe forma alguna, el mejor principio a utilizar es la orientación de Pablo: «Todo esto debe hacerse para la edificación» (1 Co 14:26). Los evangélicos necesitan ser cautelosos, sin embargo, y no rechazar demasiado a la ligera formas de adoración que les son nuevas: las personas en las iglesias litúrgicas deben darse cuenta de que la espontaneidad puede manejarse de manera ordenada, y las personas en los grupos carismáticos deben reconocer que la edificación y una genuina adoración pueden tener lugar dentro de una estructura elaborada. (En cuanto a la lectura al unísono de una liturgia, si los cristianos pueden adorar y orar cantando palabras al unísono, ¡no hay nada que les impida adorar y orar genuinamente *leyendo* las palabras en voz alta al unísono!) Pero cualquier forma que se utilice en exceso puede convertirse en una rutina sin sentido para la mayoría de los participantes.

[15]Desafortunadamente, los pastores que tratan de oficiar en un servicio

reúnan, y especialmente para tener momentos prolongados de adoración reverente, probablemente necesitarán encontrar soluciones creativas que les permitan reunirse durante períodos más largos de tiempo, y omitir o programar de nuevo algunas actividades que se han convertido en habituales o tradicionales los domingos por la mañana pero que en realidad no son necesarias.

PREGUNTAS PARA APLICACIÓN PERSONAL

1. ¿Experimenta usted una genuina y satisfactoria adoración en su iglesia cada domingo? ¿Cuánto tiempo se dedica específicamente a la adoración (definida estrechamente), esto es, a momentos de alabanza y acción de gracias a Dios? ¿Le gustaría que fuera un tiempo más prolongado? ¿Qué aspectos de los momentos de adoración encuentra usted más significativos? ¿Qué aspectos son menos significativos? ¿Cómo podría su iglesia dar pasos para fortalecer y profundizar su experiencia de adoración (si ello es necesario)?

2. ¿Ha sentido alguna vez un fuerte sentido de la presencia de Dios en la adoración colectiva? ¿Cuándo fue esto? ¿Puede describirlo? ¿Sabe qué factores contribuyeron a esa sensación?

3. Durante los momentos de adoración, ¿puede usted describir las emociones que son más prominentes en su conciencia? Es esta experiencia similar a otras experiencias de la vida diaria, o son estas sensaciones únicas de los momentos de adoración? ¿Ha sentido alguna vez que Dios lo ministra a usted mientras adora? ¿Qué lo hizo consciente de ello?

4. ¿Piensa que hay suficiente adoración genuina en una semana típica de su vida? Si no, ¿cuáles son los obstáculos para tal adoración?

5. ¿Qué le parece el hecho de que Dios es celoso de su propio honor y lo busca? ¿Puede pensar en algo más justo en el universo que el hecho de que Dios busque su propio honor? ¿Puede pensar en cualquier otra cosa que no sea adorar a Dios que lo haría sentir más profundamente que hace aquello para lo que fue creado?

TÉRMINOS ESPECIALES

adoración

---

donde se agolpan muchas actividades comienzan a parecerse al maestro de ceremonias en un circo de tres pistas que grita: «!Miren aquí! ¡Miren allá!» en una actuación tras otra. De manera similar el pastor exhorta: «!Alaben a Dios! ¡Sean generosos! ¡Piensen en la Biblia! ¡Oren! ¡Denle la mano a su vecino! ¡Saluden a sus amigos! ¡Examínense a sí mismos! ¡Arrepiéntanse de sus pecados! ¡Canten al Señor! ¡Amén! ¡Amén! En una situación como esta las emociones de la gente son sacudidas tan rápidamente que no son capaces de responder como personas íntegras, y el resultado es que se retraen emocionalmente y no responden de corazón. Dejarán el servicio sintiéndose frustradas y desilusionadas pues la necesidad de sus corazones de experimentar adoración y oración genuinas, y aprender de la Escritura no ha sido satisfecha. Para la mayoría de los seres humanos, se logra despacio y se pierde rápido la concentración en la atención. A causa de esto, yo personalmente pienso que un líder de adoración que le habla a la congregación entre los cánticos usualmente distrae mi atención del Señor hacia mí mismo, y mi actitud de adoración decae en gran medida.

BIBLIOGRAFÍA

Allen, Ronald, and Borror, Gordon, *Worship: Rediscovering the Missing Jewel,* Multnomah, Portland, OR, 1982.

Carson, Herbert M. *¡Hallelujah! Christian Worship.* Evangelical Press, Welwyn, Hertfordshire, England, 1980.

Engle, Paul, E. *Discovering the Fullness of Worship.* Great Commission, Philadelphia, 1978.

Harrison, E. F. «Worship». En *EDT.* pp. 1192-1193.

Kraueter, Tom. *Keys to Becoming an Effective Worship Leader.* Disponible en Psalmist Resources, 9820 E. Watson Rd., St. Louis, MO, 63126. 1991.

Manson, P. D. «Worship». En *EDT,* pp. 730-32.

Martin, Ralph P. *Worhip in the Early Church.* Revell, Westwood, NJ, 1964.

——————. *The Worship of God. Eerdmans,* Grand Rapids, 1982.

Moule, C. F. D. *Worship in the New Testament.* John Knox, Richmond, VA, 1961.

Peterson, David. *Engaging With God: A Biblical Theology of Worship.* InterVarsity Press, Leicester, and Eerdmans, Grand Rapids, 1992.

Rayburn, Robert G. *O Come, Let Us Worship.* Baker, Grand Rapids, 1980.

Taylor, Jack R. *The Hallelujah Factor.* Bradman, Nashville, TN, 1983.

Wainwright, Geoffrey. *Doxology: The Praise of God in Worship, Doctrine, and Life.* Oxford University Press, New York, 1980.

Webber, Robert E. *Worship Old and New.* Zondervan, Grand Rapids, 1982.

PASAJE BÍBLICO PARA MEMORIZAR

Apocalipsis 4:11: *Señor, digno eres de recibir la gloria y la honra y el poder; porque tú creaste todas las cosas, y por tu voluntad existen y fueron creadas*

HIMNO

«Digno eres»

1-2. Digno eres, digno eres, digno eres, Señor,

1. Digno de gloria, gloria y honra, gloria y honra y poder.
Pues todas las cosas por ti fueron hechas,
existen por tu voluntad;
Todo lo creaste para tu gloria,
¡Digno eres, Señor!

2. De la riqueza, la fortaleza, de la alabanza y honor.
Pues fuiste inmolado por nuestro pecado,
moriste en nuestro lugar;
Y con tu sangre nos redimiste,
¡Digno eres, Señor!

AUTORA: PAULINE M. MILLS, TRAD. COMITÉ DE CELEBREMOS
(TOMADO DE CELEBREMOS SU GLORIA #233)

Capítulo 10

DONES DEL ESPÍRITU SANTO (1) CUESTIONES GENERALES

¿Qué son dones espirituales? ¿Cuántos hay? ¿Han cesado algunos dones? Buscar y utilizar los dones espirituales.

EXPLICACIÓN Y BASE BÍBLICA

A. Cuestiones relacionadas con los dones espirituales en general

En las generaciones previas, las teologías sistemáticas no tenían capítulos sobre los dones espirituales, porque había pocas dudas sobre la naturaleza y el uso de los dones espirituales en la iglesia. Pero en el siglo XX se vio un notable incremento del interés en los dones espirituales, principalmente debido a la influencia de los movimientos pentecostal y carismático dentro de la iglesia. En este capítulo, primero examinaremos algunas cuestiones generales relacionadas con los dones espirituales, luego examinaremos la cuestión específica de si algunos dones (milagrosos) han cesado. En el siguiente capítulo analizaremos lo que enseña el Nuevo Testamento sobre dones particulares.

Sin embargo, antes de comenzar la discusión debemos definir los dones espirituales como sigue: *un don espiritual es una habilidad potenciada por el Espíritu Santo y utilizada en cualquier ministerio de la iglesia.* Esta amplia definición incluye tanto los dones relacionados con las habilidades naturales (tales como la enseñanza, el mostrar misericordia, o la administración) como los dones que parecen ser más «milagrosos» y menos relacionados con las habilidades naturales (tales como la profecía, la sanidad, o el discernimiento de espíritus). El motivo de esto es que cuando Pablo relaciona los dones espirituales (en Ro 12:6-8; 1 Co 7:7; 12:8-10, 28; y Ef 4:11) incluye ambas clases de dones. Pero no todas las habilidades naturales que tienen las personas están incluidas aquí, pues Pablo sabe bien que todos los dones espirituales se deben a «un mismo y único Espíritu» (1 Co 12:11), que se dan «para el bien de los demás» (1 Co 12:7), y que todos deben ser usados para «edificación» (1 Co 14:26), o para la edificación de la iglesia.[1]

1. Los dones espirituales en la historia de la redención. Ciertamente el Espíritu Santo obraba en el Antiguo Testamento, trayendo las personas a la fe y trabajando de manera notable en unos cuantos individuos tales como Moisés y Samuel, David o Elías. Pero en general había una actividad *menos poderosa* del Espíritu Santo en las vidas de la mayoría de los creyentes. Una evangelización *efectiva* de las naciones era muy poco común, el exorcismo de demonios[2] era desconocido, las curaciones milagrosas eran poco comunes (aunque sí ocurrieron, especialmente en los ministerios de Elías y Eliseo), la profecía estaba limitada a unos pocos profetas o pequeños grupos de profetas, y «el poder de resucitar» del pecado en el sentido de Romanos 6:1-4 y Filipenses 3:10 se experimentaba rara vez.

Pero en varios aspectos el Antiguo Testamento está a la espera de un tiempo cuando habría una capacitación mayor del Espíritu Santo que alcanzaría a todo el pueblo de Dios. Moisés dijo: «¡Cómo quisiera que todo el pueblo de Dios profetizara, y que el SEÑOR pusiera su Espíritu en todos ellos!» (Nm 11:29). Y el Señor profetizó a través de Joel:

Después de esto,
    Derramaré mi Espíritu sobre todo el género humano.
Los hijos y las hijas de ustedes profetizarán,
    tendrán sueños los ancianos y visiones los jóvenes.
En esos días derramaré mi Espíritu
    aun sobre las siervos y los siervas. (Jl 2:28-29)

Juan el Bautista destaca las expectativas del pueblo sobre el cumplimiento de la profecía de Joel cuando anuncia que después de él viene alguien que «los bautizará con el Espíritu Santo y con fuego» (Mt 3:11; cf. Mr 1:8; Lc 3:16; Jn 1:33; Hch 1:5).

Cuando Jesús comienza su ministerio llega trayendo la plenitud y el poder del Espíritu Santo en su persona. Lucas escribe: «Jesús regresó a Galilea *en el poder del Espíritu* (Lc 4:14). Como resultado enseña con gran poder (Lc 4:15-22) y sana y echa fuera demonios de todos los que están oprimidos (Lc 4:31-41). Claramente, Jesús ha venido en el *mayor poder del Espíritu Santo del nuevo pacto*, y ha venido para *conquistar* el reino de Satanás.

De hecho, dice que el poder del Espíritu Santo que obra en él permitiéndole echar fuera demonios es una señal de que el reino de Dios ha venido con poder: «Si expulso a los demonios por medio del Espíritu de Dios, eso significa que el reino de Dios ha llegado a ustedes» (Mt 12:28). Al recordar la vida y el ministerio de Jesús, Juan nos dice: «El Hijo de Dios fue enviado precisamente para destruir las obras del diablo» (1 Jn 3:8).

---

[1] Cuando el Espíritu Santo potencia los dones aparentemente naturales (tales como la enseñanza, el prestar ayuda, la administración o los dones musicales), generalmente su uso muestra una mayor efectividad y poder. Pablo dice que los corintios se llenaron «de toda riqueza, tanto en palabra como en conocimiento», cuando recibieron los dones espirituales. (1 Co 1:5-7). Todo pastor que ha predicado durante un tiempo conoce la diferencia entre predicar de acuerdo con su propia habilidad "natural" y predicar el mismo sermón ungido o bajo el poder del Espíritu Santo.

[2] Lo único que se acerca a la expulsión de demonios en el Antiguo Testamento es el hecho de que cuando David tocaba la lira para el rey Saúl, la música calmaba a Saúl y lo hacía sentirse mejor, y «el espíritu maligno se apartaba de él» (1 S 16:23), pero David hacía esto «cada vez que el espíritu de parte de Dios atormentaba a David (Ibid), lo que indica que Saúl no experimentaba un alivio permanente de la opresión demoníaca.

CAPITULO 10 · DONES DEL ESPIRITU SANTO (1)

Pero este poder del Espíritu Santo del nuevo pacto no está limitado solamente al ministerio de Jesús. Este envía a sus discípulos diciendo: «El reino de Dios está cerca» y les dijo: «Sanen a los enfermos, resuciten a los muertos, limpien de su enfermedad a los que tienen lepra, expulsen a los demonios» (Mt 10:7-8). No obstante, este poder del Espíritu Santo del nuevo pacto no se ha dispensado todavía a todos los que creyeron en Jesús o lo siguieron, sino solo a sus doce discípulos o a los setenta discípulos (Lc 10:1-12).

El derramamiento del Espíritu Santo en la plenitud y el poder del nuevo pacto en la iglesia ocurrieron en Pentecostés. Antes que Jesús ascendiera al cielo mandó a sus apóstoles «que no se fueran de Jerusalén, sino que esperasen la promesa del Padre» y el contenido de esa promesa era: «Seréis bautizados con el Espíritu Santo dentro de no muchos días» (Hch 1:8). Les prometió: «Recibiréis poder, cuando haya venido sobre vosotros el Espíritu Santo» (Hch 1:8). Cuando se derramó el Espíritu Santo sobre la iglesia en Pentecostés Pedro reconoció que se había cumplido la profecía de Joel, pues afirmó: «Mas esto es lo dicho por el profeta Joel» (Hch 2:16), y entonces citó la profecía de Joel (vv. 17-21). Pedro reconoció que el poder del Espíritu Santo había venido sobre el pueblo de Dios y que la era del nuevo pacto había comenzado como un resultado directo de la actividad de Jesús en el cielo, pues dijo:

> A este Jesús, Dios lo resucitó, y de ello todos nosotros somos testigos. Exaltado por el poder de Dios, y *habiendo recibido del Padre el Espíritu prometido, ha derramado esto que ustedes ahora ven y oyen.* (Hch 2:32-33)

Con el ministerio de Jesús y el ministerio de los discípulos con Jesús como trasfondo, los discípulos presentes en Pentecostés habrían esperado correctamente que una poderosa predicación evangelística, la liberación de la opresión demoníaca, las sanidades, y quizá también la profecía, los sueños y visiones comenzarían y continuarían entre aquellos que creen en Cristo, y que estas cosas serían una *característica* de la era del nuevo pacto que comenzó con Pentecostés. Otra característica de esta dispensación del Espíritu Santo fue una amplia distribución de dones espirituales a todo el pueblo, en que hijos e hijas, jóvenes y viejos, siervos y siervas, en palabras de Joel, *todos* recibieron el poder del Espíritu Santo del nuevo pacto, y también se esperaba que entonces todos recibirían los dones del Espíritu Santo también.[3] De hecho, eso fue lo que ocurrió en la iglesia primitiva (vea 1 Co 12–14; Gá 3:5; Stg 5:14-15). Como dijo B. B. Warfield:

> Estamos justificados al considerar característico de las iglesias apostólicas que tales milagros debían manifestarse en ellas. La excepción sería, no una iglesia con, sino una iglesia sin esos dones [...] *La Iglesia apostólica tenía como característica ser una iglesia productora de milagros.*[4]

(Esto es verdad independientemente de qué punto de vista se asuma sobre la continuación de los dones milagrosos después del tiempo de los apóstoles.)

---

[3] Vea *Salvación*, pp. 138-63, sobre la cuestión del bautismo en el Espíritu Santo.

[4] Warfield, *Counterfeit Miracles*, p. 5.

2. El propósito de los dones espirituales en la era del Nuevo Testamento. Los dones espirituales se conceden *para capacitar a la iglesia para llevar a cabo su ministerio hasta que Cristo regrese.* Pablo les dice a los corintios: «De modo que no les falta ningún don espiritual mientras esperan con ansia que se manifieste nuestro Señor Jesucristo» (1 Co 1:7). Aquí él vincula la posesión de los dones espirituales y su situación en la historia de la redención (a la espera del regreso de Cristo), sugiriendo que los dones se dan a la iglesia para el período entre la ascensión de Cristo y su retorno. De igual manera, Pablo espera el tiempo del regreso de Cristo y dice: «pero cuando llegue lo perfecto, lo imperfecto desaparecerá» (1 Co 13:10), e indica que estos dones «imperfectos» (mencionados en vv. 8-9) estarán vigentes hasta que Cristo regrese, cuando serán superados por algo muy superior.[5] De hecho, la dispensación del Espíritu Santo en «poder» en Pentecostés (Hch 1:8) era para capacitar a la iglesia a fin de que predicara el evangelio (Hch 1:8), algo que continuaría hasta que Cristo regresara. Y Pablo les recuerda a los creyentes que en su utilización de los dones espirituales deben procurar «que abunden para *la edificación* de la iglesia» (1 Co 14:12). Por último, al escribirle a los efesios, Pablo especifica que cuando Cristo ascendió al cielo concedió dones «a fin de capacitar al pueblo de Dios para la obra de servicio, para edificar el cuerpo de Cristo» (Ef 4:12).

Pero los dones espirituales no solo capacitan a la iglesia para el tiempo hasta que Cristo regrese, también *dan un anticipo de la era por venir*. Pablo recuerda a los corintios que Cristo los había «llenado de toda riqueza», tanto en sus palabras como en su conocimiento, y que el resultado de este *enriquecimiento* era que no les faltaba «ningún don espiritual» (1 Co 1:5, 7). Por supuesto este enriquecimiento en sus palabras y conocimiento no les daba las palabras perfectas o el perfecto conocimiento que tendrían en el cielo, sino solo un anticipo o pago inicial de esta perfección celestial. De modo semejante, Pablo les recuerda a los corintios que los dones espirituales son «imperfectos», pero cuando el modo «perfecto» de conocer venga al regresar el Señor, estos dones pasarán (1 Co 13:10). Así como el Espíritu Santo es en esta era un «pago anticipado» (2 Co 1:22; cf. 2 Co 5:4; Ef 1:14) de toda la obra del Espíritu Santo dentro de nosotros en la era por venir, así los dones que el Espíritu Santo nos da son *anticipos parciales* de la obra plena del Espíritu Santo que nos pertenecerá en la era por venir.

En este sentido, los dones de discernimiento y entendimiento prefiguran el discernimiento mucho mayor que tendremos cuando Cristo regrese. Los dones del conocimiento y la sabiduría prefiguran la sabiduría mucho mayor que será nuestra cuando «conozcamos como somos conocidos» (cf. 1 Co 13:12). Los dones de sanidad dan un anticipo de la perfecta salud que será nuestra cuando Cristo nos conceda cuerpos resucitados. Paralelos similares se podrían encontrar con todos los otros dones del Nuevo Testamento. Aun la diversidad de dones debe conducir a una mayor unidad e interdependencia en la iglesia (vea 1 Co 12:12-13, 24-25; Ef 4:13), y la diversidad en la unidad será en sí misma un anticipo de la unidad que los creyentes tendrán en el cielo.

---

[5] Esta interpretación de 1 Corintios 13:10 se defiende más extensamente bajo la sección B.

CAPITULO 10 · DONES DEL ESPIRITU SANTO (1)

3. ¿Cuántos dones existen? Las epístolas del Nuevo Testamento relacionan dones espirituales específicos en seis diferentes pasajes. Examine la tabla más abajo.

Lo obvio es que estas listas son todas muy diferentes. Ninguna lista tiene todos estos dones, y ningún don excepto la profecía se menciona en todas las listas (la profecía no se menciona en 1 Co 7:7, donde solo se discute el tema del matrimonio y el celibato, pero se incluye ciertamente en «el que habla» de 1 P 4:11). De hecho, 1 Corintios 7:7 menciona dos dones que no están en ninguna otra lista. En el contexto de la discusión sobre el matrimonio y el celibato, Pablo dice: «Cada uno tiene de Dios su propio don;[6] éste posee uno; aquél, otro».

Estos hechos indican que Pablo no intentaba construir listas exhaustivas de dones cuando especificó los que mencionó. Aunque a veces hay una indicación de algún orden (él pone a los apóstoles primero, a los profetas en segundo lugar, a los maestros en tercero, pero al don de lenguas en último lugar en 1 Co 12:28), parece que en general Pablo relacionaba casi al azar una serie de diferentes ejemplos de dones según le venían a la mente.

1 Corintios 12:28
1. apóstol[8]
2. profeta
3. maestro
4. milagros
5. tipos de sanidad
6. ayudas
7. administración
8. lenguas

1 Corintios 12:8-10
9. palabra de sabiduría
10. palabra de conocimiento
11. fe
(5) dones de sanidad
(4) milagros
(2) profeta
12. distinguir entre espíritus
(8) lenguas
13. interpretación de lenguas

Efesios 4:11[7]
(1) apóstol
(2) profecía
14. evangelista
15. Pastor-maestro

Romanos 12:6-8
(2) profecía
16. Servicio
(3) enseñanza
17. Alentar
18. Contribuir
19. Liderazgo
20. Misericordia

1 Corintios 7:7
21. matrimonio
22. celibato

1 Pedro 4:11
el que habla (que cubre varios dones)
el que presta algún servicio (que cubre varios dones)

Por otra parte, hay cierto grado de superposición entre los dones relacionados en varios lugares. Sin duda, el don de administración (*kybernesis*, 1 Co 12:28) es similar al don de liderazgo (*ho proistamenos*, Ro 12:8), y ambos términos pueden aplicarse probablemente a

---

[6] Aquí el término griego para «don» es *charisma*, el mismo que Pablo usa en 1 Co 12–14 cuando habla de los dones espirituales.

[7] Esta lista ofrece cuatro tipos de personas en términos de oficios o funciones, no, hablando estrictamente, cuatro dones. Para tres de las funciones de la lista, los dones correspondientes serían la profecía, la evangelización y la enseñanza.

[8] Estrictamente hablando, ser un apóstol es un oficio, no un don (vea capítulo 5, pp. 85-91, sobre el oficio de apóstol).

muchos que tienen el oficio de pastor-maestro (Ef 4:11). Por otro lado, en algunos casos Pablo relaciona una actividad y en otros casos relaciona el sustantivo relacionado que describe a la persona (tal como «profecía» en Ro 12:6 y 1 Co 12:10, pero utiliza «profeta» en 1 Co 12:28 y Ef 4:11).[9]

Otra razón para pensar que Pablo podría haber hecho listas muchos más largas si hubiera querido es el hecho de que algunos de los dones relacionados tendrían muchas expresiones diferentes cuando se encuentran en distintas personas. Ciertamente unos tienen el don de servir o ayudar dando un consejo sabio, otros al cocinar las comidas, otros al cuidar los niños o entablando amistad con una persona mayor, otros al dar consejos legales o médicos o financieros cuando se necesitan dentro de la iglesia. Estos dones difieren bastante. Entre aquellos que poseen el don de la evangelización, algunos serán buenos en la evangelización personal dentro de un vecindario, otros al evangelizar escribiendo tratados y literatura cristiana, y otros en la evangelización de las grandes campañas y las reuniones públicas. Aun otros serán buenos en la evangelización a través de la radio y la televisión. No todos estos dones evangelísticos son iguales, aun cuando caen dentro de la amplia categoría de «evangelización». Lo mismo podría decirse de los dones de la enseñanza o la administración.[10] Todo esto significa que los dones de dos personas no son exactamente iguales.

¿Cuántos diferentes dones existen entonces? Ello depende simplemente de lo específicos que queramos ser. Podemos confeccionar una lista muy breve de solo dos dones como hace Pedro en 1 Pedro 4:11: «el que *habla*» y «el que *presta algún servicio*«. En esta lista de solo dos asuntos Pedro incluye todos los dones mencionados en cualquier otra lista porque todos ellos caen en una de estas dos categorías. De un lado, podemos tomar los oficios de profeta, sacerdote y rey del Antiguo Testamento, y tener una lista de tres tipos de dones: los dones *proféticos* (en este amplio sentido) incluirían los que implican enseñar, alentar, exhortar o reprender a otros. Los dones *sacerdotales* incluyen todo lo que implica mostrar misericordia y cuidar de aquellos en necesidad o implica interceder ante Dios (tal como orar en lenguas). Los dones *reales* implicarían todo lo que tenga que ver con la administración o el gobierno o el orden en la iglesia.

---

[9]Se debe decir algo en este punto sobre la relación entre los dones y los oficios en la iglesia. Cuando observamos estas listas, se hace evidente que en algunos casos Pablo nombra los dones específicos (tales como los dones de sanidad o administración o lenguas), y en otros casos nombra a las personas que tienen esos dones (tales como los apóstoles, profetas, o evangelistas). Algunas listas mencionan solo a las personas que poseen esos dones (como en Ef 4:11 o 1 P 4:11). Y algunas listas están mezcladas, mencionando algunos dones y algunas personas que tienen los dones (como en Ro 12:6-8 y 1 Co 12:28).

Además de eso, se debe hacer otra distinción: en los casos en que Pablo nombra personas, a veces da el nombre que hace referencia a un oficio reconocido oficialmente en la iglesia (tales como «apóstoles» o «pastores-maestros»). Esperaríamos que esas personas comenzarían a funcionar en esos oficios tras haber recibido un reconocimiento formal de la iglesia como un todo (esto se llamaría «ordenación» o «instalación en el oficio» para el oficio de pastor [o anciano] por ejemplo). Pero en otros casos, aunque se nombra la persona, no hay necesariamente que pensar que hubo algún reconocimiento oficial o establecimiento en el oficio frente a toda la iglesia. Este sería el caso, por ejemplo, de aquel que anima a otros y el que da y el que muestra «compasión» en Romanos 12:6-8. De manera similar, el Nuevo Testamento no indica claramente que se establecieron los profetas y evangelistas en algún oficio formalmente reconocido en la iglesia primitiva, y la palabra «profeta» probablemente se refiere únicamente a alguien que profetizaba regularmente y bajo la evidente bendición de la iglesia. «Evangelista» puede referirse igualmente a aquellos que funcionaban *efectivamente* de manera regular en el trabajo de la evangelización, y «maestros» podría incluir tanto a aquellos que tenían reconocidas funciones docentes en la iglesia, quizá en relación con el oficio de anciano, y con aquellos que tenían funciones docentes en capacidades menos formales en la iglesia pero que enseñaban regularmente con efectividad en escenarios informales o grupos pequeños.

Por conveniencia, seguiremos refiriéndonos a estas listas como listas de «dones espirituales», aunque, para ser más precisos, debemos darnos cuenta de que ellas incluyen tanto los dones espirituales como las personas que ejercitan esos dones. Como Jesucristo provee a la iglesia tanto los dones como las personas, es apropiado que ambos se mencionen en distintas partes de estas listas.

[10]Vea la excelente discusión de John R. W. Stott, *Baptism und Fullness: The Work of the Holy Spirit Today*. InterVarsity Press, Downers Grove, IL. 1964, pp. 88-89.

Otras clasificaciones de dones son los dones de conocimiento (tal como distinguir entre espíritus, palabra de sabiduría, y palabra de conocimiento), los dones de *poder* (tales como la sanidad, los milagros y la fe) y los dones de la *palabra* (lenguas, interpretación y profecía).[11] Entonces podríamos confeccionar otra vez una lista mucho mayor, como la lista de los veintidós dones enumerados arriba. Pero aun esa lista no incluye todos los dones posibles (ninguna lista incluye un don de oración intercesora, por ejemplo, que puede estar relacionado con un don de fe pero que no es el mismo que el don de la fe; los dones musicales no están incluidos en ninguna lista, y tampoco ningún don de echar fuera demonios, aunque Pablo debe de haber sabido que algunos cristianos eran más efectivos en esa área que otros). Y si deseáramos dividir *diferentes tipos* de servicio o administración o evangelización o enseñanza, entonces podríamos fácilmente tener una lista que incluyera cincuenta o hasta cien distintos rubros.[12]

El propósito de todo esto es simplemente decir que Dios le da a la iglesia una asombrosa variedad de dones espirituales, y todos ellos son muestra de su multiforme gracia. De hecho, Pedro dice tanto como: «Cada uno según el don que ha recibido, minístrelo a los otros, como buenos administradores de la multiforme gracia de Dios» (1 P 4:10; aquí la palabra «multiforme» es *poikilos*, que significa «tener muchas facetas; tener una rica diversidad»).

La consecuencia práctica de esta discusión es que debemos estar dispuestos a reconocer y apreciar a las personas que tienen dones que difieren de los nuestros y que pueden diferir de nuestras expectativas de lo que debe ser la apariencia de ciertos dones. Por otra parte, una iglesia saludable tendrá una gran diversidad de dones, y esta diversidad no debe llevar a una fragmentación, sino a una mayor unidad entre los creyentes de la iglesia. Todo el propósito de Pablo en la analogía del cuerpo con muchos miembros (1 Co 12:12-26) es decir que Dios nos ha puesto en el cuerpo con estas diferencias *de manera que podamos depender unos de otros*. «Ni el ojo puede decirle a la mano: No te necesito, ni tampoco la cabeza a los pies: No tengo necesidad de vosotros». Antes bien los miembros del cuerpo que parecen más débiles, son los más necesarios» (1 Co 12:21-22; cf. vv. 4-6). Va contra la manera de pensar del mundo decir que disfrutamos de mayor unidad cuando nos unimos más a aquellos que son diferentes a nosotros, pero ese es precisamente el argumento que formula Pablo en 1 Corintios 12, demostrando la gloria de la sabiduría de Dios al no permitir a nadie poseer todos los dones necesarios para la iglesia, sino requiriendo que dependamos uno del otro para un adecuado funcionamiento de la iglesia.

4. Los dones pueden variar en intensidad. Pablo dice que, si tenemos el don de profecía, debemos utilizarlo «*en proporción* a nuestra fe» (Ro 12:6), indicando que el don puede estar más o menos desarrollado en diferentes individuos durante un período de tiempo. Por esto Pablo puede recordarle a Timoteo: «Ejercita el don que recibiste mediante profecía» (1 Ti 4:14), y puede decir: «Por lo cual te aconsejo que *avives* el fuego del don de

---

[11] Esta clasificación es de Dennis y Rita Bennet, *The Holy Spirit and You* (Logos Internacional, Plainfield, NJ, 1971), p. 83. La categorización de los Bennett habla de los dones de revelación, los dones de poder, e inspiracionales o dones de compañerismo, y los relacionan en orden inverso al que yo he ofrecido aquí.

[12] Esta variedad de maneras de clasificar los dones nos permite decir que con propósitos docentes son posibles muchos tipos de clasificación, pero debemos cuidarnos de cualquier afirmación de que cierta forma de clasificar o relacionar los dones es la única válida, pues la Escritura no nos limita a *ningún* esquema de clasificación.

Dios que está en ti» (2 Ti 1:6). Era posible que Timoteo dejara que su don se debilitara, aparentemente por su uso infrecuente, y Pablo le recuerda que lo estimule utilizándolo y consecuentemente fortaleciéndolo. Esto no debe sorprender, porque nos damos cuenta de que muchos dones incrementan su fuerza y efectividad cuando se utilizan, ya sea la evangelización, la enseñanza, el consuelo, la administración o la fe. Apolos tenía un poderoso don de predicación y enseñanza, pues leemos que era «ilustrado y convincente en el uso de las Escrituras» (Hch 18:24). Y aparentemente Pablo tenía y utilizaba con frecuencia un muy efectivo don de hablar en lenguas, pues dice: «Doy gracias a Dios porque hablo en lenguas más que todos ustedes» (1 Co 14:18).[13]

Todos estos textos indican que los *dones espirituales pueden variar en intensidad*. Si pensamos en cualquier don, ya sea la enseñanza o la evangelización de un lado, o la profecía y la sanidad del otro, debemos darnos cuenta que dentro de cualquier congregación probablemente haya personas que son muy efectivas en el uso de ese don (quizá a través de un uso prolongado y la experiencia), otros que son moderadamente fuertes en ese don, y otros que tienen el don pero que comienzan justo a utilizarlo. Esta variación en intensidad de los dones espirituales depende de una combinación de influencia humana y divina. La influencia divina es la obra soberana del Espíritu Santo, «quien reparte a cada uno según él lo determina» (1 Co 12:11). La influencia humana viene de la experiencia, el entrenamiento, la sabiduría y las habilidades naturales en el uso de ese don. Normalmente no es posible conocer en qué proporción las influencias humana y divina se combinan en un momento dado, ni tampoco es realmente necesario conocerlo, porque aun las habilidades que pensamos son «naturales» vienen de Dios (1 Co 4:7) y están bajo su control soberano (vea el capítulo 9 de *Cómo entender quién es Dios* sobre la providencia de Dios y la responsabilidad humana).

Pero esto lleva a una pregunta interesante: ¿qué fuerte tiene que ser una habilidad antes de que se la llame un don espiritual? ¿Cuántas habilidades docentes necesita alguien antes que se pueda decir que tiene el don de la enseñanza, por ejemplo? ¿O qué efectivo en la evangelización necesitaría ser alguien antes que pudiéramos reconocer un don de evangelización? ¿O con qué frecuencia alguien tendría que ver respondidas las oraciones por una sanidad antes que se pueda decir que él o ella tienen el don de sanidad?

La Escritura no responde esta cuestión directamente, pero el hecho de que Pablo hable de estos dones como útiles para la edificación de la iglesia (1 Co 14:12), y el hecho de que Pedro diga de la misma manera que cada persona que ha recibido un don debe recordar emplearlo «al servicio de los demás» (1 P 4:10), sugiere que tanto Pablo como Pedro pensaban en dones y habilidades que eran *lo suficientemente fuertes como para funcionar en beneficio de la iglesia*, ya sea para la congregación reunida (como la profecía o la enseñanza), o para individuos de la congregación en distintos momentos (como la ayuda y el aliento).

Probablemente no se puede trazar una línea definitiva en esta materia, pero Pablo nos recuerda que *no todos tienen cada uno de los dones o ningún don*. Él habla con mucha claridad sobre esto en una serie de preguntas que no esperan respuesta: «¿Son todos

---

[13]Vea también 1 Corintios 13:1-3, donde Pablo ofrece ejemplos de algunos dones desarrollados al grado más elevado imaginable, ejemplos que él usa para mostrar que aun tales dones sin amor no traerían ningún beneficio.

CAPÍTULO 10 · DONES DEL ESPÍRITU SANTO (1)

apóstoles? ¿Son todos profetas? ¿todos maestros? ¿Hacen todos milagros? ¿Tienen todos dones de sanidad? ¿Hablan todos lenguas? ¿Interpretan todos?» (1 Co 12:29-30). El texto griego (con la partícula *me* antes de cada pregunta) claramente no espera una respuesta a cada pregunta. Por lo tanto, no todos son maestros, por ejemplo, ni todos poseen los dones de sanidad, ni todos hablan en lenguas.

Pero aunque no todos tienen el don de la enseñanza, es cierto que todas las personas «enseñan» *en algún sentido* de la palabra *enseñar*. Aun personas que nunca soñarían con enseñar una clase de la escuela dominical, ciertamente leerán historias bíblicas a sus propios hijos y les explicarán su significado; Moisés mandó que los israelitas hicieran esto mismo con sus hijos (Dt 6:7), que les explicaran las palabras de Dios mientras estaban sentados en su casa o andaban por el camino. Así que de un lado podemos decir que no todos tienen el *don* de la enseñanza. Pero por otro lado, debemos decir que hay *alguna habilidad general* relacionada con el don de la enseñanza que poseen todos los cristianos. Otra forma de decir esto sería afirmar que no hay un don espiritual que tengan todos los creyentes, pero hay cierta habilidad general similar a cada don que todos los cristianos tienen.

Podemos ver esto en cierto número de dones. No todos los cristianos poseen el don de evangelización, pero todos los cristianos tienen la capacidad de compartir el evangelio (de hecho, como veremos abajo, algunas personas dicen que nadie tiene hoy en día genuinos dones de sanidad), pero a pesar de todo cada cristiano puede y de cierto ora a Dios por la sanidad de amigos o parientes que están enfermos. No todo cristiano tiene el don de la fe, pero cada cristiano tiene cierto grado de fe, y esperaríamos que esta crezca en la vida de un cristiano ordinario.

Hasta podemos decir que otros dones, tales como la profecía y el hablar en lenguas, no solo tienen una intensidad cambiante entre aquellos que poseen el don, sino que también encuentran su contraparte en algunas habilidades generales que se hallan en la vida de cada cristiano. Por ejemplo, si entendemos que la profecía es (de acuerdo con la definición que se ofrece en el capítulo 11)[14] «informar algo que Dios nos trae de manera espontánea a la mente», entonces es verdad que no todos experimentan esto como un don, porque no todos experimentan a Dios trayendo espontáneamente cosas a la mente con tal claridad y fuerza que él o ella se sientan libres de hablar sobre ellas en medio de un grupo de cristianos reunidos. Pero probablemente todo cristiano ha tenido en un momento u otro la sensación de que Dios le traía a la mente la necesidad de orar por un amigo distante o escribirle o llamarlo por teléfono para llevar una palabra de aliento a alguien que está lejos, y más tarde ha descubierto que eso era precisamente lo que se necesitaba en ese momento. Pocos negarían que Dios puso esa necesidad de una manera espontánea en su mente, y, aunque esto no sería llamado un don de profecía, es una habilidad general recibir una orientación o guía especial de Dios que es similar a lo que ocurre con el don de profecía, pese a que funciona a un nivel inferior.

Incluso podemos considerar el don de hablar en lenguas desde esta perspectiva. Si pensamos del hablar en lenguas como una oración en sílabas no comprensibles para el que habla (vea 1 Co 14:2, 14),[15] entonces es verdad que no todo cristiano tiene el don de

---

[14] Vea el capítulo 11, pp.230-43, para una definición del don de profecía en la iglesia.

[15] Vea también la discusión sobre el don de hablar en lenguas en el capítulo 11, pp. 251-61.

hablar en lenguas (y una vez más debe decirse que algunos cristianos argumentarían que nadie tiene hoy en día ese don, pues la era de los apóstoles ha terminado). Pero por otro lado, debemos reconocer que todo cristiano tiene momentos de oración en los cuales su oración se expresa no solo en palabras y sílabas inteligibles, sino también en forma de suspiros, gemidos y llanto que sabemos el Señor escucha y comprende, y ello expresa necesidades y preocupaciones de nuestros corazones que no podemos articular plenamente en palabras (cf. Ro 8:26-27). Una vez más, no debemos llamar a esto un don de hablar en lenguas, pero parece ser una habilidad general en nuestra vida cristiana que está de alguna manera relacionada con el don de hablar en lenguas, en la medida en que se expresa en una oración en sílabas que no entendemos completamente, pero que sin embargo el Espíritu Santo convierte en una oración efectiva que Dios escucha.

El propósito de toda esta discusión es simplemente decir que los dones espirituales no son tan misteriosos ni «cosas de otro mundo» como la gente considera que son. Muchos de ellos son solo una intensificación o una instancia altamente desarrollada de fenómenos que la mayoría de los cristianos experimentan en sus propias vidas. El otro importante propósito que puede deducirse de esta discusión es que aun cuando se nos han dado dones por Dios, todavía somos responsables de usarlos con efectividad, y buscar crecer en su uso para que la iglesia reciba más beneficios de los dones de los que Dios nos ha permitido ser administradores.

Por último, el hecho de que la potencia de los dones puede variar nos permite reconocer que el don de cierta persona (tal como el de enseñanza o administración, por ejemplo) puede que no sea lo suficientemente fuerte como para funcionar en beneficio de toda la iglesia en una iglesia grande donde muchas personas ya tienen ese don en alto grado desarrollado. Pero esa misma persona, al moverse a una iglesia más joven y pequeña donde pocos tienen el don de la enseñanza o la administración, puede encontrar que sus dones tienen una mayor demanda y son capaces de funcionar para el beneficio de toda la congregación. (En este sentido, algo que solo se considera una habilidad general en un escenario puede considerarse correctamente un don espiritual en otro escenario.)

5. ¿Poseen los cristianos los dones temporal o permanentemente? En la mayoría de los casos, parece que el Nuevo Testamento describe una posesión *permanente* de los dones espirituales. La analogía de las partes del cuerpo en 1 Corintios 12:12-26 se adecua a esto, en el sentido de que el ojo no se convierte en mano, ni el oído en pie, pero las distintas partes del cuerpo existen permanentemente.[16] Por otro lado, Pablo dice que algunas personas ostentan títulos que describen una función continua. Algunos pueden ser llamados «profetas» o «maestros» (1 Co 12:29) o «evangelistas» (Ef 4:11). Esperaríamos que esas personas estuvieran en posesión permanente de los dones de profecía, enseñanza y evangelización, a menos que alguna circunstancia inusual sobreviniera que los privara del don. De manera similar, Pablo habla en términos de la posesión de dones espirituales cuando dice: «Si tengo el don de profecía...» (1 Co 13:2). Y cuando Pablo pide que un intérprete

---

[16]Por supuesto, no debemos llevar muy lejos la metáfora del cuerpo, pues las personas de hecho reciben otros dones, y Pablo aun anima a las personas a buscar dones espirituales adicionales (1 Co 14:1). Pero la metáfora sí sugiere algún grado de estabilidad o permanencia en la posesión de los dones.

esté presente cuando alguien hable en lenguas (1 Co 14:28), asume que la iglesia conocerá si alguien que tiene el don de interpretación está presente, lo que implica que alguien estaría en posesión del don durante un tiempo. Cuando dice; «Si alguno se cree profeta» (1 Co 14:37), se da cuenta de que algunos en Corinto habrían funcionado con el don de profecía con la suficiente frecuencia para concebirse a sí mismo como «profetas». Todos estos versículos apuntan en la dirección de una permanente, o por lo menos duradera y continua, posesión de dones espirituales.

Por cierto, en Romanos 12, Pablo comienza su afirmación: «*Y hay diversidad de de operaciones*» (Ro 12:6). Y le dice a Timoteo: «Ejercita el don que recibiste mediante profecía» (1 Ti 4:14), indicando de nuevo que Timoteo había tenido ese don durante un período de tiempo. Por lo tanto, parece que en general el Nuevo Testamento indica que a las personas se les conceden dones espirituales, y una vez que los poseen, son normalmente capaces de continuar utilizándolos durante el transcurso de su vida cristiana.

Con todo, se deben cumplir importantes requisitos, porque hay algunas instancias en las que los dones *no son permanentes*. Hay algunos dones que no son permanentes por su propia naturaleza, tales como los dones del matrimonio y el celibato (1 Co 7:7). Aunque Pablo los llama dones, en la vida de la mayoría de los creyentes habrá un tiempo en que estuvieron solteros, y un tiempo en que están casados. Por otra parte, algunos dones, aunque se ejerciten con bastante frecuencia, aun no se pueden ejercitar a voluntad. La efectividad en el don de sanidad, por ejemplo, depende de la voluntad soberana de Dios al responder las oraciones que imploran sanidad. De manera similar, la profecía depende de la concesión de una «revelación» espontánea (1 Co 14:30) de Dios, y simplemente no puede ejercitarse a voluntad. Lo mismo podría decirse inclusive del don de la evangelización. En última instancia es la obra del Espíritu Santo traer regeneración y capacitar a alguien para creer, de forma que el evangelista debe orar y predicar, pero solo Dios puede aportar la cosecha de almas.

En otros casos, se puede conceder algún don particular para una necesidad o evento único. Aunque no es, hablando estrictamente, un don espiritual en el sentido del Nuevo Testamento, la devolución de la fortaleza de Sansón por última vez al final de su vida (Jueces 16:28) se le otorgó temporalmente durante el último momento de su vida. Y, en el Nuevo Testamento, la notable revelación que tuvo Esteban cuando, «lleno del Espíritu Santo, fijó la mirada en el cielo y vio la gloria de Dios, y a Jesús de pie a la derecha de Dios» (Hch 7:55) fue una manifestación del Espíritu que se le dio solo durante ese específico momento.

Otra instancia en que un don puede no ser permanente es cuando una persona descuida su don, y quizá aflige al Espíritu Santo o cae en un serio error doctrinal o moral (como por ejemplo hizo Sansón en el Antiguo Testamento). En tal caso el don puede ser retirado. De cierto, Pablo advirtió a Timoteo: «Ejercita el don que recibiste» (1 Ti 4:14), y quizá también podemos aprender de la parábola de los talentos, en la que Jesús dice que «a todo el que tiene se le dará más, y tendrá en abundancia. Al que no tiene se le quitará hasta lo que tiene» (Mt 25:29).[17]

---

[17]Aunque el propósito primario de esta parábola tiene que ver con las recompensas en el juicio final, no obstante, alienta a la fidelidad en la mayordomía de lo que se nos ha dado, y no es ilógico esperar que Dios pudiera actuar respecto a nosotros de esa manera, por lo menos en principio, también en esta vida.

Por lo demás, debemos recordar que el *Espíritu Santo todavía es soberano en la distribución de dones*: el que «reparte a cada uno *según él lo determina*» (1 Co 12:11). La palabra que se traduce aquí como «reparte» es un participio presente, lo cual indica una continua actividad en el tiempo, y podríamos parafrasear: «El Espíritu Santo *continúa siempre distribuyendo o repartiendo dones* a cada persona individual según él lo determina». Esto significa que, aun cuando *normalmente* la costumbre del Espíritu Santo es continuar facultando el mismo don o dones en las personas en el transcurso del tiempo, aun así, hay una continua voluntad y decisión del Espíritu Santo de hacer o no hacer esto, y puede que por sus propios motivos retire el don durante un tiempo, o haga que sea mucho más potente o más débil de lo que era.

Por último, 1 Corintios 13:8-13 (que se discutirá abajo) indica que los actuales dones espirituales que poseemos son solo para esta era, y serán superados por algo mucho mayor. Por lo tanto, en ese sentido ningún don es «permanente», pues cada don se considerará inútil en el momento en que el Señor regrese.

Dentro de la discusión de la cuestión de si los dones espirituales son o no permanentes, a veces se menciona Romanos 11:29: «Porque las dádivas de Dios son irrevocables». Sin embargo, esto no significa que sea apropiado utilizar el versículo en el contexto de esta discusión, pues en este caso Pablo habla sobre el estatus del pueblo judío, incluyendo su designación como pueblo de Dios y los dones o bendiciones dispensados a ellos como resultado de ese estatus. Aquí Pablo arguye que Dios tiene aún un propósito para su pueblo de Israel, pero la cuestión de los dones del Espíritu Santo en el sentido de 1 Corintios 12–14 no se contempla en absoluto en Romanos 11:29. Y en cualquier caso esta afirmación no sería cierta en términos de una declaración del todo irrestricta sobre los dones espirituales, porque es evidente que por el mal uso, la negligencia o el agravio del Espíritu Santo, puede que las personas vean sus dones disminuidos o quitados por la soberana decisión de Dios.

6. ¿Son los dones milagrosos o no milagrosos? La respuesta a esta pregunta depende en realidad de la definición de la palabra *milagro*. Si definimos *milagro* como «una actividad directa de Dios en el mundo», entonces todos los dones espirituales son milagrosos porque el Espíritu Santo los faculta (1 Co 12:11; cf. vv. 4-6). Pero en ese sentido *todo* lo que sucede en el mundo puede decirse que es milagroso, porque todo ello procede de la obra providencial de Dios en la creación (vea Ef 1:11; Dn 4:35; Mt 5:45).[18] Por lo tanto la palabra *milagro* pierde su utilidad, pues nos es difícil encontrar algo que suceda en el mundo que *no* sea milagroso en este sentido.

Es mejor definir *milagro* en un sentido más estrecho, como hicimos arriba, en el capítulo 10 de *Cómo entender quién es Dios*: un milagro es «una actividad menos común de Dios en la que él suscita el asombro y la admiración de las personas y da testimonio de sí mismo».[19] En términos de esta definición, solo algunos dones son «milagrosos»: a saber, aquellos dones que la gente piensa que son milagrosos porque están asombrados de la actividad de Dios que obra en ellos. Ciertamente incluiríamos la profecía en esta

---

[18] Vea la discusión de varias definiciones sobre la palabra *milagro* en *Quién es Dios*, p. 371.

[19] Vea *Quién es Dios*, p. 371.

categoría (note el asombro del incrédulo en 1 Co 14:24-25), la sanidad (de manera similar, note la respuesta del pueblo en Hch 3:10 y otros lugares), echar fuera demonios (vea Hch 19:11-13, 17), o el hablar en lenguas cuando es realmente una lengua extranjera y los demás la comprenden (vea la descripción de Pentecostés en Hch 2:7). Probablemente otros fenómenos notables también se incluirían en el don de hacer milagros (1 Co 12:10).

Por otro lado, en esta definición, algunos dones se considerarían como no milagrosos. Los dones de servir, enseñar, alentar, contribuir y llevar a cabo actos de misericordia (en Ro 12: 7-8) caerían en esta categoría, así como los dones de aquellos que actúan como ayudantes y administradores (1 Co 12:28). Pero todavía se trata del mismo Espíritu Santo quien los da y obra a través de ellos. El propósito de este análisis es alertarnos contra la elaboración de una distinción sobrenatural/natural en nuestras mentes por medio de la cual pensemos que algunos dones son «sobrenaturales» y otros simplemente «naturales». La Biblia no hace tal distinción, y el peligro de hacer esto es que nos inclinemos a pensar que algunos dones (que pensamos son «sobrenaturales») son más importantes o proceden más claramente del Señor, y que nos inclinemos a devaluar o hacer menos énfasis en los dones que consideramos «naturales». Si hacemos esto fracasaremos a la hora de ver la mano de Dios en la actuación de todos los dones y a la hora de darle gracias por todos ellos.

Por otro lado, la engañosa distinción sobrenatural/natural también puede hacernos desconfiados sobre aquellos que consideramos «sobrenaturales», o puede llevarnos a pensar que sería muy improbable que ocurrieran en nuestra propia experiencia. En ese caso, nos inclinaríamos a enfatizar los dones que pensamos son «naturales» y tendríamos muy pocas expectativas o fe en relación con cualquier cosa que pensáramos es «sobrenatural'.

En contraste con esta perspectiva, la Escritura dice que recibimos «todos» los dones de un mismo Espíritu, un mismo Señor, y un mismo Dios (1 Co 12:4-6). La visión del mundo de la Escritura es de continuidad, de una continua interacción entre el *mundo visible* que podemos ver y tocar y el *mundo invisible* que la Escritura nos dice está ahí y es real. Dios obra en ambos, y nos hacemos a nosotros mismos y a la iglesia un gran perjuicio al separar estos aspectos de la creación en «sobrenatural» y «natural».

Por último, ¿deberíamos buscar los dones más inusuales o milagrosos, o deberíamos buscar los dones más comunes? De nuevo, la Escritura no hace este tipo de distinción cuando nos dice qué tipo de dones buscar. Pablo dice a los corintios: «Por eso ustedes, ya que tanto ambicionan los dones espirituales, *procuren que éstos abunden para la edificación de la iglesia* (1 Co 14.12). Esto significa que debemos conocer cuáles dones son más necesarios en la iglesia a la que asistimos, y entonces orar a Dios para que nos conceda estos dones a nosotros y a otros. Que esos dones se consideren milagrosos o no milagrosos no es lo que realmente importa.[20]

7. Descubrir y buscar dones espirituales. Pablo parece asumir que los creyentes conocerán cuáles son sus dones espirituales. Simplemente les dice a los de la iglesia en Roma que usen sus dones de varias maneras: «Si el de profecía, úsese conforme a la medida de la fe [...] el que reparte, con liberalidad; el que preside, con solicitud; el que hace misericordia,

---

[20] Vea *Quién es Dios*, p. 259, para una discusión de la objeción de que es un error buscar dones milagrosos hoy.

con alegría» (Ro 12:6-8). De manera similar, Pedro les dice a sus lectores cómo utilizar sus dones, pero no dice nada sobre cómo descubrir cuáles son: «*Cada uno según el don que ha recibido*, minístrelo a los otros, como buenos administradores de la multiforme gracia de Dios» (1 P 4:10).

¿Pero qué si muchos miembros de una iglesia no conocen qué don o dones espirituales Dios les ha dado? En tal caso, los líderes de la iglesia necesitan preguntarse si les están proporcionando suficientes oportunidades para el uso de una variedad de dones. Aunque las listas de dones dadas en el Nuevo Testamento no son exhaustivas, ciertamente proveen un buen punto de partida para que las iglesias se pregunten si por lo menos existe la oportunidad de que estos dones se utilicen. Si Dios ha puesto personas con ciertos dones en una iglesia cuando estos dones no se estimulan o quizá no se permite utilizarlos, estas se sentirán frustradas e insatisfechas en sus ministerios cristianos, y quizá se mudarán a otra iglesia donde sus dones puedan funcionar para el beneficio de la iglesia.

En el caso de individuos que no conocen cuáles son sus dones, pueden comenzar preguntando qué necesidades y oportunidades para el ministerio hay en su iglesia. Específicamente, pueden preguntar qué dones son más necesarios para la edificación de la iglesia en ese sitio. Además, cada creyente individual que no sabe cuáles son sus dones debe realizar cierto autoexamen. ¿Qué intereses y deseos y habilidades posee? ¿Pueden otros ofrecer consejo o aliento que apunten hacia dones específicos? Por otra parte, ¿ha habido bendiciones en el pasado al ministrar en algún tipo particular de servicio? En todo esto, la persona que busca descubrir sus dones debe orar y pedir a Dios sabiduría, confianza en que esta será concedida de acuerdo a su promesa: «Y si alguno de vosotros tiene falta de sabiduría, pídala a Dios, el cual da a todos abundantemente y sin reproche, y le será dada. Pero pida con fe, no dudando nada» (Stg 1:5-6). A veces Dios concederá esta sabiduría en términos de una visión más exacta de las habilidades propias. En otros momentos puede que venga a través del consejo de otros o al ver crecientes bendiciones en un área del ministerio. Y Pablo indica que en algunos casos puede ser la profecía la que ofrezca la señal de un don específico, pues dice a Timoteo: «*Ejercita el don que recibiste mediante profecía*, cuando los ancianos te impusieron las manos» (1 Ti 4:14).

Por último, la persona que se pregunta cuáles son sus dones espirituales debe simplemente comenzar a ministrar en varias áreas y ver dónde Dios trae bendiciones. Enseñar una clase de la Escuela Dominical o un estudio bíblico en una casa es una manera excelente para empezar a utilizar el don de la enseñanza. Cada comunidad tiene oportunidades para una mayor utilización del don de la evangelización. Personas que creen tener un don de sanidad pueden pedirle una oportunidad a sus ancianos a fin de acompañarlos cuando vayan a orar por los enfermos. Las personas que creen poseer el don de la fe o un don de oración intercesora podrían comenzar a preguntarles a algunos amigos cristianos por necesidades específicas sobre las cuales orar. En todo esto, las iglesias pueden dar aliento y oportunidades para que las personas prueben utilizar varios dones, y pueden ofrecer enseñanzas y entrenamientos prácticos en los métodos apropiados para el uso de varios dones. Además, las iglesias deben orar continuamente para que Dios permita a las personas encontrar cuáles son sus dones y entonces ser capaces de utilizarlos. En todo esto, la meta es que el cuerpo de Cristo en cada localidad alcance la madurez, hasta que

CAPITULO 10 · DONES DEL ESPIRITU SANTO (1)

«por su acción todo el cuerpo crece y se edifica en amor, sostenido y ajustado por todos los ligamentos, *según la actividad propia de cada miembro*» (Ef 4:16).

Más allá del asunto de descubrir qué dones tiene uno está el asunto de buscar dones espirituales adicionales. Pablo manda a los cristianos: «*Procurad, pues, los dones mejores*» (1 Co 12:31) y después dice: «Empéñense en seguir el amor *y ambicionen los dones espirituales*, sobre todo el de profecía» (1 Co 14:1). En este contexto, Pablo define lo que quiere decir por «dones mejores» o «dones mayores» porque en 1 Corintios 14:5 repite la palabra utilizada en 12:31 para «mayor» (gr. *meizon*) cuando dice: «porque *mayor* es el que profetiza que el que habla en lenguas, a no ser que las interprete *para que la iglesia reciba edificación* (RVR 1960) (1 Co 14:5). Aquí los dones *mayores* son aquellos que más edifican a la iglesia. Esto es consistente con la declaración de Pablo unos cuantos versículos más adelante, cuando dice: «Ya que tanto ambicionan dones espirituales, procuren que éstos abunden para la edificación de la iglesia» (1 Co 14:12). *Los mayores dones son aquellos que más edifican la iglesia y traen mayores beneficios a los demás.*

¿Pero cómo buscamos más dones espirituales? Primero, debemos *pedírselos a Dios*. Pablo dice directamente que «*el que habla en lenguas pida en oración el don de interpretar lo que diga* (1 Co 14:13; cf. Stg 1:5, donde dice a las personas que deben pedirle a Dios sabiduría). A continuación, quienes buscan dones espirituales adicionales deben tener *motivos correctos*. Si los dones espirituales se buscan solo para que la persona pueda sobresalir más o tenga más influencia o poder, esto es ciertamente malo a los ojos de Dios. Esta fue la motivación de Simón el hechicero en Hechos 8:19, cuando dijo: «Denme también a mí ese poder, para que todos a quienes yo les imponga las manos reciban el Espíritu Santo» (véase la reprimenda de Pedro en vv. 21-22). De manera similar, Ananías y Safira buscaron gloria para sí mismos cuando pretendieron dar todo el producto de la venta de su tierra a la iglesia, pero no fue verdad, y ambos perdieron sus vidas (Hch 5:1-11). Es una cosa temible querer dones espirituales o prominencia en la iglesia para nuestra propia gloria, no para gloria de Dios y para la ayuda de otros. Por lo tanto, aquellos que buscan dones espirituales primero deben preguntarse si lo hacen por amor a los demás y por estar más capacitados a la hora de ministrar a sus necesidades, pues aquellos que tienen grandes dones espirituales pero les «falta el amor» son «nada» a los ojos de Dios (cf. 1 Co 13:1-3). Por esto Pablo dice: «Empéñense en seguir el amor» y solo después añade: «y ambicionen los dones espirituales» (1 Co 14:1). Otra vez repite el mismo tema cuando dice: «Ya que tanto ambicionan dones espirituales, *procuren que éstos abunden para la edificación de la iglesia*» (1 Co 14:12). Toda persona que pide a Dios un don espiritual adicional debe hurgar en su corazón con frecuencia, preguntándose por qué se desea este don particular. ¿Es realmente debido al amor por los demás y a un deseo de edificar la iglesia y ver glorificado a Dios?

Después de eso, es apropiado *buscar oportunidades para probar el don*, justo en el caso de una persona que trata de descubrir su don, como se explica arriba. Pequeños grupos de estudio de la Biblia o reuniones de oración en casas a menudo ofrecen un buen escenario en el que las personas pueden probar los dones de la enseñanza o la oración intercesora o de estimular a otros o el de profecía o la sanidad, por ejemplo.

Por último, aquellos que buscan dones espirituales adicionales deben *continuar utilizando los dones que ahora tienen* y deben *estar conformes* si Dios decide no darles más. El señor aprobó al siervo cuyo dinero produjo *diez veces más* (1 Co 12:11), pero condenó al que puso su dinero en un pañuelo y no hizo nada con él (Lc 19:16-17, 20-23), para mostrarnos ciertamente que tenemos la responsabilidad de *usar* y *tratar de incrementar* cualesquiera talentos o habilidades que Dios nos haya dado como sus administradores.

Para balancear ese énfasis de buscar y crecer en dones espirituales debemos también recordar que Pablo dice claramente que los dones espirituales son proporcionados a cada persona individualmente por el Espíritu Santo «según él lo determina» (1 Co 12:11), y que «Dios ha colocado los miembros cada uno de ellos en el cuerpo, *como el quiso*» (1 Co 12:18). Dice que Dios ha puesto diversos dones en la iglesia y que no todos son apóstoles o profetas o maestros (1 Co 12:28-30). De esta manera les recuerda a los corintios que en última instancia la distribución de los dones es cuestión de la voluntad soberana de Dios, y que es para el bien de la iglesia y para nuestro bien que ninguno de nosotros tenga todos los dones, y que necesitaremos depender continuamente de otros que tienen dones diferentes a los nuestros. Estas consideraciones deben hacer que nos sintamos complacidos si Dios decide no darnos los demás dones que buscamos.

8. Los dones son herramientas para el ministerio, y no están necesariamente relacionados con la madurez cristiana. Tenemos que reconocer que a *todo* creyente se le dan dones espirituales (1 Co 12:7, 11; 1 P 4:10). Hasta los cristianos inmaduros reciben dones espirituales del Señor; esto se hizo evidente en la iglesia de Corinto, que tenía abundancia de dones espirituales (1 Co 1:7), pero aun así era muy inmadura en muchas áreas de doctrina y conducta. Pablo dice: «Yo, hermanos, no pude dirigirme a ustedes como a espirituales sino como a inmaduros, apenas niños en Cristo» (1 Co 3:1). O sea, los dones espirituales no son necesariamente una señal de madurez espiritual. Es posible poseer notables dones espirituales en una u otra área pero ser aún muy inmaduro en la comprensión doctrinal o la conducta cristiana, como fue el caso de Corinto. De hecho, en ocasiones hasta los *inconversos* son capaces de profetizar y expulsar demonios y hacer milagros, pues Jesús dice que en los últimos días muchos le dirán: «Señor, Señor, ¿no profetizamos en tu nombre, y en tu nombre expulsamos demonios e hicimos muchos milagros?» Pero Jesús les diría: «¡Jamás los conocí. ¡Aléjense de mí, hacedores de maldad!» (Mt 7:22-23). No es que Jesús los conociera antes y luego no los conociera; él dice: «Nunca los conocí». Nunca fueron cristianos, aunque habían realizado obras notables. Por eso *no debemos evaluar la madurez espiritual sobre la base de los dones espirituales*. La madurez llega a través de caminar junto a Jesús, y conduce a la obediencia a sus mandamientos en la vida diaria: «El que afirma que permanece en él, debe vivir como él vivió» (1 Jn 2:6).

¿Cuándo entonces el Espíritu Santo nos concede dones espirituales? Se conceden para la obra del ministerio y son *simples herramientas* para ser utilizadas con ese fin. Nunca deben ser una fuente de orgullo personal para aquellos que los poseen, ni se deben considerar como una señal de madurez. Simplemente debemos esforzarnos por sobresalir en el amor por los demás, en atender sus necesidades, edificar la iglesia y vivir una vida en conformidad con las normas de la vida de Cristo. Si hacemos eso, y si Dios decide darnos dones espirituales que nos doten para esas tareas, debemos darle gracias por eso, y orar para que nos mantenga libres de orgullo por los dones que gratuita y bondadosamente ha dado, y que no ganamos nosotros.

B. ¿Han cesado algunos dones? El debate sobre el cese de los dones

Dentro del mundo evangélico actual hay diferentes posiciones sobre el asunto: «¿Es válido que la iglesia de hoy utilice todos los dones que se mencionan en el Nuevo Testamento? Algunos dirían que sí.[21] Otros dirían que no, y argumentarían que algunos de los dones más milagrosos (tales como la profecía, las lenguas más interpretación, y quizá el de sanar enfermos y expulsar demonios) se otorgaron solo durante el tiempo de los apóstoles, como «señales» para autentificar a los apóstoles durante la temprana predicación del evangelio. Afirman que estos dones ya no se necesitan como señales hoy, y que cesaron a fines de la era apostólica, probablemente a fines del siglo primero o comienzos del siglo segundo después de Cristo.

También debemos darnos cuenta de que hay un amplio grupo «medio» en relación con esta cuestión, un grupo de «evangélicos de la tendencia principal» que no son carismáticos ni pentecostales de un lado, ni partidarios del «cese de los dones»[22] del otro, pero que están simplemente indecisos, y dudosos que esta cuestión pueda decidirse sobre la base de la Escritura.[23]

Aunque algunos aspectos de esta cuestión se discutieron en el capítulo 10 de *Cómo entender quién es Dios*, dedicado a los milagros, hay algunas consideraciones adicionales, especialmente relacionadas con el tópico de los dones espirituales, que se pueden hacer aquí.

1. ¿Nos dice 1 Corintios 13:8-13 cuándo cesarán los dones milagrosos? Pablo dice:

> El amor jamás se extingue, mientras que el don de profecía cesará, el de lenguas será silenciado y el de conocimiento desaparecerá. Porque ahora conocemos y profetizamos de manera imperfecta; *pero cuando llegue lo perfecto, lo imperfecto desaparecerá.* Cuando yo era niño, hablaba como niño, pensaba como niño, razonaba como niño; cuando llegué a adulto, dejé atrás las cosas de niño. Ahora vemos de manera indirecta y velada, como en un espejo; pero entonces veremos cara a cara. Ahora conozco de manera imperfecta, pero entonces conoceré tal y como soy conocido. Ahora, pues, permanecen estas tres virtudes: la fe, la esperanza y el amor. Pero la más excelente de ellas es el amor. (1 Co 13:8-13)

Este pasaje es importante para la discusión porque en él Pablo menciona el don de profecía como algo «imperfecto», y entonces dice que lo «imperfecto» «desaparecerá» (1 Co 13:10). Hasta dice cuándo ocurrirá: «cuando llegue lo perfecto». ¿Pero cuándo es eso? Y aun si podemos determinar cuándo, ¿quiere eso decir que Pablo tenía en mente algo que le daría una respuesta a la iglesia de hoy sobre este asunto de la «cesación»? ¿Puede el

---

[21] Muchos que dicen sí, tales como el presente autor, añadirían la salvedad de que «apóstol» es un oficio, no un don, y que el oficio de apóstol no se mantiene hoy (vea el capítulo 5, pp. 85-91, para este argumento).

[22] El término cesacionistas se refiere a alguien que piensa que ciertos dones espirituales milagrosos *cesaron* hace mucho tiempo, cuando murieron los apóstoles y se completó la Escritura.

[23] La discusión en lo que resta de este capítulo sobre el debate cesacionista es una adaptación de Wayne Grundem, *The Gift of Prophecy in the New Testament and Today* (Eastbourne Kingway, and Crossway, Westchester, IL, 1988), pp. 227-52, y se utiliza con permiso.

don de profecía ser representativo en este pasaje de los dones milagrosos en general en la era de la iglesia?

a. El propósito de 1 Corintios 13:8-13. Pablo interrumpe su discusión de los dones espirituales con el capítulo 13 de 1 Corintios, en el que intenta poner toda la discusión sobre los dones en una perspectiva correcta. No es suficiente ambicionar simplemente «los mejores dones». Uno debe también empeñarse «en seguir el amor» (14:1). Sin amor, los dones no valen nada (13:1-3). De hecho, argumenta Pablo, el amor es superior a todos los dones y por lo tanto es más importante actuar con amor que poseer cualquiera de los dones.

A fin de mostrar la superioridad del amor, Pablo argumenta que este jamás se extingue, mientras que todos los dones son temporales (13:8). Nuestro profetizar y conocimiento actuales son parciales e imperfectos (v. 9), pero un día algo perfecto llegará a reemplazarlos (v. 10). Esto se explica mediante la analogía de un niño que renuncia a las ideas y el hablar infantiles por las ideas y el hablar de un adulto (v. 11). Entonces Pablo continúa razonando en los versículos 9-10 al explicar que nuestro conocimiento y percepción presentes son indirectos e imperfectos, pero que algún día estos serán directos y perfectos (v. 12).

En este argumento Pablo vincula la función de profecía con el tiempo de su cesación. Esta satisface una cierta necesidad ahora, pero lo hace solo de manera imperfecta. Cuando «lo perfecto» llegue, esa función será satisfecha por algo mejor, y la profecía cesará porque quedará obsoleta o inútil (este es el probable matiz del término griego utilizado aquí, *katargeo*, «desaparecer» en los vv. 8, 10). De manera que la función principal de 1 Corintios 13:8-13 es mostrar que el amor es superior a dones como el de profecía porque esos dones desaparecerán pero el amor no desaparecerá.

b. 1 Corintios 13:10. La cesación de la profecía cuando Cristo regrese: Pablo escribe en el versículo 10: «*Pero cuando llegue lo perfecto*, lo imperfecto desaparecerá». La expresión «lo imperfecto» (gr. *ek merous*, «parcial, imperfecto») se refiere más claramente al conocimiento y la profecía, las dos actividades que se dice son hechas de manera «parcial e imperfecta» en el versículo 9 (utilizando en ambos casos también la misma frase griega, *ek merous*). Para hacer resaltar este vínculo podríamos traducir:

> El amor nunca deja de ser. Si hay profecías, estas *desaparecerán*; si hay lenguas, estas cesarán, si hay conocimiento, este *desaparecerá*. Esto es porque conocemos *de manera imperfecta* y profetizamos *de manera imperfecta*; pero cuando llegue lo perfecto, lo imperfecto *desaparecerá*.

Como vemos, los fuertes vínculos entre las afirmaciones se esclarecen por la repetición de dos términos clave: «desaparecer» e «imperfecto».

Sin duda, Pablo también intentó que se incluyera a las lenguas en el significado del versículo 9, como incluida entre aquellas actividades «imperfectas», pero omitió una repetición demasiado pedante por razones de estilo. Sin embargo las lenguas deben entenderse como incluidas dentro del sentido del versículo 9, pues el versículo 9 es la razón del versículo 8, como muestra la palabra «porque» (gr. *gar*). De esa manera el versículo

9 debe ofrecer la razón por la cual las lenguas, así como el conocimiento y la profecía, cesarán. De hecho, la repetición de «y ... y» en el versículo 8 sugiere que Pablo pudo haber relacionado más dones aquí (¿sabiduría, sanidad, interpretación?) si hubiera querido.

Así se pudiera parafrasear 1 Corintios 13:10: «Cuando venga lo perfecto, *la profecía y las lenguas y otros dones imperfectos desaparecerán*. El único problema pendiente es determinar a qué momento se alude con la palabra «cuando». Varios factores del contexto indican que el momento del retorno del Señor es lo que Pablo tiene en mente.

(1) Primero, el sentido del versículo 12 parece requerir que el versículo 10 se refiera al momento del regreso del Señor. La palabra «entonces» (gr. *tote*) en el versículo 12 se refiere al momento «cuando llegue lo perfecto» del versículo 10. Esto se hace evidente al observar el versículo 12: «Ahora vemos de manera indirecta y velada, como en un espejo; pero *entonces* veremos cara a cara. Ahora conozco de manera imperfecta, pero *entonces* conoceré tal y como soy conocido».

¿Cuándo veremos «cara a cara»? ¿Cuándo conoceremos «tal y como soy conocido»? Estos eventos solo pueden tener lugar cuando regrese el Señor.

La frase «ver cara a cara» se utiliza varias veces en el Antiguo Testamento para referirse a ver a Dios personalmente,[24] no de forma completa o exhaustiva, pues ninguna criatura finita puede hacer eso, pero aun así personal y verdaderamente. De manera que cuando Pablo dice: «pero entonces veremos cara a cara» claramente quiere decir: «pero entonces *veremos a Dios* cara a cara». De hecho esa será la mayor bendición del cielo y nuestro gran gozo por toda la eternidad (Ap 22:4: «Lo verán cara a cara»).

La segunda mitad del versículo 12 dice: «Ahora conozco de manera imperfecta; pero entonces *conoceré* tal y como soy *conocido*». La segunda y tercera palabra para «conocer» —la que se utiliza en: «Entonces conoceré como fui conocido»— es una palabra algo más fuerte para conocer (gr. *epiginosko*, pero ciertamente no implica conocimiento infinito o omnisciencia. Pablo no espera conocer todas las cosas, y no dice: «Entonces conoceré todas las cosas», lo que habría sido fácil de decir en griego.[25] Más bien, quiere decir que cuando el Señor regrese Pablo espera liberarse de equivocaciones y de la incapacidad para comprender (especialmente para comprender a Dios y su obra) que forman parte de la vida presente. Su conocimiento se asemejará al actual conocimiento que tiene Dios de él porque este no contendrá falsas impresiones y no estará limitado a lo que es capaz de percibir en esta era. Pero tal conocimiento solo puede tener lugar cuando regrese el Señor.

Pero, ¿cuál es la palabra «entonces» a la que se refiere Pablo en el versículo 12? Pablo dice: «Ahora vemos de manera indirecta y velada, como en un espejo; pero *entonces* veremos cara a cara. Ahora conozco de manera imperfecta, pero *entonces* conoceré tal y como soy conocido». La palabra «entonces» tiene que aludir a algo que él ha estado explicando en los versículos anteriores. Primero nos fijamos en el versículo 11, pero vemos que nada en el versículo 11 puede ser un tiempo futuro al que Pablo se refiera como «entonces»: «Cuando yo era niño, hablaba como niño, pensaba como niño, razonaba como niño; cuando llegué a ser adulto, dejé atrás las cosas de niño». Todo esto se refiere al pasado,

---

[24]Vea, por ejemplo, Gn 32:30 y Jues 6:22 (exactamente el mismo vocabulario griego que en 1 Co 13:12); Dt 5:4; 34:10; Ez 20:35 (vocabulario muy similar); Éx 33:11 (el mismo concepto, y el mismo vocabulario que en algunos de los pasajes precedentes de Hebreos, pero esta vez con diferente vocabulario en la traducción griega de la Septuaginta).

[25]Griego *epignosomai ta panta* significaría: «Conoceré todas las cosas».

no al futuro. Habla de acontecimientos pasados en la vida de Pablo para ofrecer una ilustración natural y humana de lo que ha dicho en el versículo 10. Pero nada en el versículo habla de un tiempo futuro cuando algo ocurrirá.

De manera que volvemos al versículo 10: «pero cuando llegue lo perfecto, lo imperfecto desaparecerá». Aquí hay una declaración sobre el futuro. En algún momento del futuro, Pablo dice que «lo perfecto» *llegará*, y «lo imperfecto» *desaparecerá*, será innecesario. ¿Cuándo ocurrirá esto? Esto es lo que se explica por medio del versículo 12. *Entonces*, cuando llegue el momento de lo perfecto, veremos «cara a cara» y «conoceré tal y como soy conocido».

Esto significa que el momento cuando llegue «lo perfecto» debe ser el momento del regreso de Cristo.[26] Por consiguiente, podemos parafrasear el versículo 10: «Pero *cuando Cristo regrese*, lo imperfecto desaparecerá.[27] O, para usar nuestra conclusión anterior de que «lo imperfecto» incluye la profecía y las lenguas, podemos parafrasear: «Pero *cuando Cristo regrese, la profecía y las lenguas (y otros dones imperfectos) desaparecerán*. Así tenemos en 1 Corintios 13:10 una declaración definitiva sobre el tiempo en que cesen dones imperfectos como el de profecía: se harán innecesarios o «desaparecerán» *cuando Cristo regrese*. Y esto implicaría que ellos continuarán existiendo y siendo útiles para la iglesia, durante toda la era de la iglesia, incluyendo hoy, y hasta el día cuando Cristo regrese.

(2) Otra razón de por qué el momento cuando llegue «lo perfecto» es el momento cuando Cristo regrese se hace también evidente debido al propósito del pasaje: Pablo intenta enfatizar la grandeza del amor, y al hacerlo quiere establecer que «el amor jamás se extingue» (1 Co 13:8). Para probar este punto argumenta que permanecerá más allá del momento cuando regrese el Señor, a diferencia de los presentes dones espirituales. Esto ofrece un argumento convincente: el amor es tan fundamental en el plan de Dios para el universo que perdurará más allá de la transición de esta era a la edad futura al regreso de Cristo, este continuará eternamente.

(3) Una tercera razón del porqué este pasaje se refiere al momento del regreso del Señor puede hallarse en una declaración más general de Pablo sobre el propósito de los dones espirituales en la era del Nuevo Testamento. En 1 Corintios 1:7 Pablo vincula la posesión de dones espirituales (gr. *charismata*) a la actividad de aguardar el regreso del Señor, «de modo que no les falta ningún don espiritual mientras esperan con ansias que se manifieste nuestro Señor Jesucristo».

Esto sugiere que Pablo veía los dones como una provisión temporal dada para facultar a los creyentes para el ministerio *hasta el regreso del Señor*. Así este versículo provee un cercano paralelo al pensamiento de 1 Corintios 13:8-13, donde la profecía y el

---

[26] Lo he dicho de esta manera porque, más precisamente, «lo perfecto» de 1 Co 13:10 no es el mismo Cristo, sino un método de adquirir un conocimiento que es muy superior al conocimiento *actual* y una profecía que hace obsoletos estos dos. Cuando llegue lo «perfecto» lo imperfecto se hace inútil. Pero solo el tipo de conocimiento que Pablo espera en la consumación final de todas las cosas puede ser tan cualitativamente diferente del conocimiento actual que podría proveer este tipo de contraste y ser llamado «lo perfecto» como opuesto a «lo imperfecto».

[27] A. Carson, *Showing the Spirit: A Theological Exposition of 1 Corinthians 12–14* (Grand Rapids: Baker, 1987), pp. 70-72, ofrece varias razones similares de por qué «cuando llegue lo perfecto» debe ser el momento del regreso de Cristo (con referencia a otros puntos de vista, y a la literatura aplicable). Entre los «cesacionistas» (aquellos que sostienen que dones como la profecía han «cesado» y no son válidos hoy), algunos, aunque no todos, están de acuerdo en que el tiempo «cuando llegue lo perfecto» debe ser el momento del regreso de Cristo: vea John MacArthur, Jr., *The Charismatics: A Doctrinal Perspective* (Grand Rapids: Zondervan, 1978), pp. 165-66, y Richard B. Gaffin, *Perspectives on Pentecost* (Presbyterian and Reformed, Phillipsburg, NJ, 1979), p. 109.

conocimiento (y sin duda las lenguas) se consideran, de manera similar, útiles hasta que Cristo regrese pero innecesarios después de ese momento.

Primera a los Corintios 13:10, por lo tanto, se refiere al momento del regreso de Cristo y dice que estos dones espirituales perdurarán entre los creyentes hasta ese momento. Ello significa que tenemos una clara declaración bíblica de que Pablo esperaba que estos dones continuaran durante toda la era de la iglesia y que funcionaran para el beneficio de la iglesia hasta el regreso del Señor.

c. Objeciones. Se han levantado varias objeciones a esta conclusión, usualmente por aquellos que mantienen que estos dones han cesado en la iglesia y no deben ser utilizados más.

(1) Este pasaje no especifica cuándo cesarán los dones

La primera objeción a nuestra conclusión anterior viene del acucioso estudio de Richard Gaffin, *Perspectives on Pentecost* [Perspectivas sobre Pentecostés]. Aunque el Dr. Gaffin está de acuerdo con que «*cuando llegue lo perfecto*» se refiere al momento del regreso de Cristo, no piensa que este versículo especifique el momento en que cesen ciertos dones. Más bien piensa que Pablo solamente observa «todo el período *hasta* el regreso de Cristo, sin considerar si se interpondrían o no discontinuidades durante el transcurso de este período».[28]

De hecho, argumenta Gaffin, el principal propósito de Pablo es enfatizar las cualidades permanentes de la fe, la esperanza y el amor, especialmente del amor, no especificar el momento en el cual algunos dones cesarán. Dice:

> Pablo no intenta especificar el momento cuando cesará cualquier modalidad particular. Lo que sí declara es el fin del actual conocimiento fragmentario del creyente [...] cuando «lo perfecto» llegue. El momento en que cesen la profecía y las lenguas es una cuestión abierta en lo que a este pasaje concierne y tendrá que decidirse sobre la base de otros pasajes y consideraciones.[29] También dice que, además de la profecía, las lenguas y el conocimiento, Pablo podría haber añadido también «inscripturación». Y si lo hubiera hecho, la lista habría incluido un elemento que cesó mucho antes del regreso de Cristo. (Inscripturación es el proceso de redactar Escritura). De esta manera, concluye Gaffin, esto sería válido también para otros en la lista.

En respuesta a esta objeción debe decirse que no hace justicia a las palabras reales del texto. Los evangélicos han insistido (y sé que el Dr. Gaffin está de acuerdo con esto) en que los pasajes de la Escritura no solo son ciertos en la proposición principal de cada pasaje, sino también en los detalles menores que se exponen. El propósito principal del pasaje puede muy bien ser que el amor permanece para siempre, pero otro aspecto, y ciertamente uno importante también, es que el versículo 10 afirma no solo que estos dones imperfectos desaparecerán alguna vez, sino que desaparecerán «cuando llegue lo perfecto». Pablo especifica un determinado momento: «Cuando llegue lo perfecto, lo imperfecto desaparecerá». El Dr. Gaffin parece alegar que Pablo no dice esto en realidad.

---

[28]Richard B. Gaffin, *Perspectives on Pentecost*, pp. 109-10.   [29]Ibíd., p. 111.

Pero la fuerza de las palabras no puede obviarse afirmando que el tema principal del contexto más amplio es algún otro.

Por lo demás, la sugerencia del Dr. Gaffin no parece encajar con la lógica del pasaje. De acuerdo con el argumento de Pablo es específicamente la llegada de «lo perfecto», lo que deja atrás la profecía, las lenguas y el conocimiento, porque entonces hay una vía nueva y muy superior de aprender y conocer las cosas «tal y como soy conocido». Pero hasta ese momento, la nueva y superior vía de conocimiento no ha llegado, y por lo tanto, estos dones imperfectos son todavía válidos y útiles. Por último, es algo precario poner mucho énfasis en algo que pensamos que Pablo puede haber dicho pero que de hecho no dijo. Decir que Pablo pudo haber incluido «inscripturación» en esta lista significa que Pablo podría haber escrito: «Cuando Cristo regrese, la inscripturación cesará». Pero no puedo creer en absoluto que Pablo podría haber escrito esa declaración, pues habría sido falsa, de hecho una falsa profecía en las palabras de la Escritura. Porque la «inscripturación» cesó hace mucho tiempo, cuando se escribió el libro de Apocalipsis por el apóstol Juan.

De esa manera, las objeciones del Dr. Gaffin no parecen refutar nuestras conclusiones sobre 1 Corintios 13:10. Si «lo perfecto» se refiere al momento del regreso de Cristo, entonces Pablo dice que dones tales como la profecía y las lenguas cesarán en ese momento, y por consiguiente implica que continúan durante la era de la iglesia.

(2) «Cuando llegue lo perfecto» de 1 Corintios 13:10 se refiere a un momento anterior al momento del regreso del Señor

Aquellos que hacen esta segunda objeción argumentan que «cuando llegue lo perfecto» significa una de las siguientes cosas: «cuando la iglesia madure» o «cuando se complete la Escritura» o «cuando se incluya a los gentiles en la iglesia». Probablemente la más cuidadosa expresión de este punto de vista se encuentra en el libro de Robert L. Reymond, *What About Continuing Revelations and Miracles in the Presbyterian Church Today?*[30] [«Qué diremos sobre continuar con los milagros y las revelaciones en la iglesia presbiteriana de hoy»], pero otra clara manifestación de una posición similar se encuentra en el libro de Walter Chantry, *Signs of the Apostles*[31] [«Señales de los apóstoles»].

El argumento de Chantry se apoya en el hecho de que en 1 Corintios siempre la palabra que aquí se traduce como «perfecto» (gr. *teleios*) se usa para referirse a la madurez humana (1 Co 14:20, en «maduros en el modo de pensar») o a la madurez en la vida cristiana (como en 1 Co 2:6). Pero aquí debemos notar de nuevo que la palabra no tiene que ser utilizada para referirse a la misma cosa cada vez que se emplea en la Escritura; en algunos casos *teleios* puede referirse a hombría «madura» o «perfecta», en otros casos algún otro tipo de «integridad» o «perfección». La palabra *teleios* se utiliza en Hebreos 9:11, por ejemplo, para referirse a la «tienda más perfecta», pero no por eso podemos concluir que «perfecto» en 1 Corintios 13:10 debe referirse a una tienda perfecta. El referente preciso de la palabra debe determinarse por el contexto individual, y allí, como

---

[30]Robert L. Reymond, *What About Continuing Revelations and Miracles in the Presbyterian Church Today?* (Phillipsburg, N.J.: Presbyterian and Reformed, 1977), pp. 32-34, Kenneth L. Gentry, Jr., *The Charismatic Gift of Prophecy: A Reformed Analysis* (Memphis, Tenn.: Whitefield Seminary Press, 1986), pp. 31-33, relaciona estos dos puntos de vista y el del Dr. Gaffin (vea la objeción 1, arriba) como opciones aceptables. Vea también las entradas bajo Robert Thomas, Victor Budgen y Thomas Edgar en la bibliografía del capítulo 11, pp. 266-68.

[31]Walter J. Chantry, *Signs of the Apostles*, pp. 50-52.

hemos visto, el contexto indica que «cuando llegue lo perfecto» se refiere al momento del regreso de Cristo.

El argumento del Dr. Raymond es algo diferente. Él razona como sigue (p. 34):

(a) Las cosas «imperfectas» mencionadas en los versículos 9-10 —la profecía, las lenguas, y el conocimiento— son medios incompletos de revelación, «todos relativos a la manifestación de la voluntad de Dios a su iglesia».

(b) «Lo perfecto» en este contexto debe referirse a algo de igual categoría que las cosas «imperfectas».

(c) Por consiguiente, «lo perfecto» en este contexto debe referirse a un medio de revelación, pero uno completo. Y este medio de revelación completo significa la manifestación de la voluntad de Dios a su iglesia en la Biblia.

(d) Conclusión: «Cuando llegue lo perfecto» se refiere exactamente al momento cuando se complete el canon de la Biblia.

Raymond anota que no dice que «lo perfecto» se refiere exactamente al canon de las Escrituras, sino más bien «a la conclusión del proceso de la revelación» que dio lugar a las Escrituras (p. 32). Y en respuesta a la objeción de que el «entonces veremos cara a cara» del versículo 12 se refiere a ver a Dios cara a cara, responde que puede que no signifique esto, sino que puede simplemente significar ver «claramente», lo opuesto a «oscuramente» (p. 32).

En respuesta, debe decirse que este argumento, aunque cuidadoso y consistente en sí mismo, todavía depende de una suposición previa que es realmente el punto en cuestión en toda esta discusión: la autoridad de la profecía del Nuevo Testamento y los dones relacionados. Una vez que Reymond asume que la profecía (y las lenguas y el tipo de «conocimiento» mencionado aquí) son una revelación que tienen la calidad de Escritura, se compone todo el argumento. Este se puede remodelar como sigue:

(a) La profecía y las lenguas son una revelación que tienen la calidad de Escritura.

(b) Por consiguiente, todo este pasaje trata de una revelación que tiene la calidad de Escritura.

(c) Por consiguiente, «lo perfecto» se refiere a la perfección o conclusión de una revelación que tiene calidad de Escritura, o la conclusión de la Escritura.

En un argumento como ese, la suposición inicial determina la conclusión. Sin embargo, antes que pueda formularse la suposición, hace falta demostrarla a través de un análisis inductivo de los textos del Nuevo Testamento sobre la profecía.[32] Pero, hasta donde sé, no se ha hecho esa demostración inductiva de la autoridad con calidad de Escritura de la profecía congregacional del Nuevo Testamento.

Por otra parte, hay algunos otros factores en el texto de 1 Corintios 13:8-13 que es difícil reconciliar con la posición de Reymond. El uso regular de «ver cara a cara» en el Antiguo Testamento como una expresión que indica no solo ver con claridad sino ver a Dios *personalmente* (vea arriba) sigue sin explicación. Y el hecho de que Pablo se incluya a sí mismo en la expresión: «Entonces *veremos* cara a cara» y «entonces conoceré tal y como soy conocido» hace difícil ver estas frases como referencias al momento de conclusión de

---

[32]Vea el capítulo 11, pp. 230-43, para una completa dicscusión del don de profecía; también Wayne Grudem, *The Gift of Prophecy in the New Testament and Today*.

la Escritura. ¿Piensa realmente Pablo que cuando los otros apóstoles terminen por fin sus contribuciones al Nuevo Testamento él experimentará de pronto tal cambio en su conocimiento que conocerá tal y como es conocido, y pasará de ver, de forma velada, como en un espejo, a ver cara a cara?

Además de los puntos de vista de Reymond y Chantry, ha habido otros intentos de ver «cuando llegue lo perfecto» como algún momento antes del regreso de Cristo, pero no los trataremos aquí. Todos esos puntos de vista se detienen en el versículo 12, donde Pablo implica que los creyentes verán a Dios «cara a cara» «cuando llegue lo perfecto». No se puede decir esto sobre el momento sugerido en ninguna de estas propuestas.

La propuesta sobre la conclusión del canon de la Escritura del Nuevo Testamento (el grupo de escritos que llegaron a ser incluidos en el Nuevo Testamento) tampoco se ajusta al propósito de Pablo en el contexto. Si tomamos el año 90 d.C. como fecha aproximada de la redacción del Apocalipsis, el último libro del Nuevo Testamento escrito, entonces la final redacción de Escritura llegó cerca de treinta y cinco años después que Pablo escribió 1 Corintios (alrededor del 55 d.C.). ¿Pero sería convincente argumentar como sigue: «Podemos estar seguros de que el amor nunca se extinguirá, porque sabemos que durará más de treinta y cinco años?». Muy a duras penas sería esto un argumento convincente. Más bien, el contexto requiere que Pablo esté comparando esta era con la era por venir, y diciendo que el amor perdurará hasta la eternidad.[33] De hecho, vemos un procedimiento similar en otros lugares de 1 Corintios. Cuando Pablo quiere demostrar el valor eterno de algo, lo hace argumentando que ello durará hasta el día del regreso del Señor (cf. 1 Co 3:13-15; 15:51-58). Comparativamente, la profecía y otros dones no se mantendrán más allá de ese día.

Por último, estas propuestas no encuentran ningún apoyo en el contexto inmediato. En tanto que el regreso de Cristo se menciona claramente en el versículo 12, ningún versículo de esta sección dice nada sobre la conclusión de la Escritura o de una colección de los libros del Nuevo Testamento o de la inclusión de los gentiles en la iglesia o la «madurez» de la iglesia (cualquier cosa que esto signifique, ¿está la iglesia realmente madura aún hoy? Todas estas sugerencias introducen nuevos elementos que no se encuentran en el contexto o reemplazan el único elemento —el regreso de Cristo— que en realidad ya está justo allí en el contexto. De hecho, Richard Gaffin, el mismo que sostiene que el don de la profecía no es válido hoy en día, dice sin embargo que «lo perfecto» en el versículo 10 y el «entonces» del versículo 12 «se refieren sin duda al momento del regreso de Cristo. El punto de vista de que ellos describen el momento en el que se termina el canon del Nuevo Testamento no se puede convalidar exegéticamente».[34]

El Dr. D. Martín Lloyd-Jones observa que el punto de vista que equipara «cuando lo perfecto llegue» con el momento de la conclusión del Nuevo Testamento encuentra otra dificultad:

---

[33] Algunos argumentan que la fe y la esperanza no se mantendrán en el cielo, así que 1 Co 13:13 solo significa que la fe y la esperanza permanecerán hasta, no más allá de, el regreso de Cristo. Sin embargo, si la fe es dependencia de Dios y confianza en él, y si esperanza es una espera confiada en bendiciones futuras que se recibirán de Dios, entonces no hay motivo para pensar que dejaremos de tener fe y esperanza en el cielo. (Vea la excelente discusión de Carson sobre la fe, la esperanza y el amor como «virtudes eternamente permanentes» en *Showing the Spirit*, pp. 74-75.)

[34] Gaffin, *Perspectives*, p. 109; cf. Max Turner, «Spiritual Gifts Then and Now», *Vox Evangelica* 15 (1985), p. 38.

CAPITULO 10 · DONES DEL ESPIRITU SANTO (1)

Esto significa que usted y yo, que tenemos las Escrituras abiertas ante nosotros, sabemos mucho más de la verdad de Dios que el apóstol Pablo [...] Significa que todos nosotros somos superiores [...] ¡aun que los propios apóstoles, incluyendo el apóstol Pablo! Significa que ahora estamos en una posición en la cual [...] «conocemos, tal y como somos conocidos» por Dios [...] Ciertamente, solo hay una palabra para describir tal punto de vista: es un absurdo.[35]

Juan Calvino, al referirse a 1 Corintios 13:8-13, dice: «Es algo estúpido que la gente haga que todo en esta discusión se aplique al tiempo intermedio».[36]

2. ¿La continuidad hoy de la profecía pondría a prueba la suficiencia de la Escritura?

a. La autoridad del don de profecía. Aquellos que adoptan un punto de vista «cesacionista» argumentan que una vez que se escribió el último libro del Nuevo Testamento (probablemente el libro de Apocalipsis alrededor del 90 d.C.), no hubo más «palabras de Dios» pronunciadas o escritas en la iglesia. Esto es esencialmente relevante para el don de profecía, de acuerdo con la posición cesacionista, porque desde ese momento la Escritura era la fuente completa y suficiente de las palabras de Dios para su pueblo. Añadir algunas palabras más a partir de continuadas expresiones proféticas sería, en efecto, añadir Escritura o competir con la Escritura. En ambos casos, se pondría a prueba la suficiencia de la Escritura en sí misma y, en la práctica, se comprometería su autoridad única en nuestras vidas.

Ahora, *si* la profecía congregacional del Nuevo Testamento tenía la autoridad de la profecía del Antiguo Testamento y de las palabras apostólicas del Nuevo, entonces esta objeción cesacionista sería ciertamente verdadera. Si los profetas de hoy en día, por ejemplo, pronunciaron palabras que supiéramos eran las propias palabras de Dios, estas palabras tendrían la misma autoridad que la Escritura, y estaríamos obligados a tomar nota de ellas y añadirlas a nuestras Biblias cada vez que las oyéramos. Pero si estamos convencidos de que Dios cesó de dictar Escritura cuando el libro de Apocalipsis concluyó, entonces tenemos que decir que *este* tipo de discurso, que profiere las propias palabras de Dios, no puede darse hoy. Y cualquier pretensión de poseer «nueva» Escritura, «nuevas» palabras de Dios, debe ser rechazado como falso.

Esta cuestión es muy importante, porque la pretensión de que la profecía congregacional del Nuevo Testamento tiene igual autoridad que la Escritura es la base de muchos argumentos cesacionistas. Pero se debe notar que los propios cesacionistas no parecen ver la profecía de esa manera. George Mallote escribe: «Que yo sepa, ningún cesacionista de la tendencia principal del cristianismo pretende que la actual revelación se equipara a la Escritura».[37] Quizás sería bueno que aquellos que arguyen contra la continuación de la profecía hoy presten atención con más simpatía a los más responsables autores carismáticos, simplemente con el propósito de ser capaces de responder a algo que los carismáticos *realmente creen* (aunque *no* se exprese siempre de una forma teológica precisa), en

---

[35]D. Martyn LLoyd-Jones, *Prove All Things*, ed. By Christopher Catherwood (Kingsway, Eastbourne, England, 1985), pp. 32-33.

[36]John Calvin, *The First Epistle of Paul the Apostle to the Corinthians*, trad. por J. W.. Fraser y ed. por D. W. Torrance y T. F. Torrance (Eerdmans, Grand Rapids, 1960), p. 281 (sobre 1 Co 13:10).

[37]George Mallote, ed, *Those Controversial Gifts* (InterVarsity Press, Downers Grove, IL, 1983), p. 21.

lugar de responder a algo que los cesacionistas *dicen* que los carismáticos creen o dicen que los carismáticos deben creer.

Aún más, aparte de la cuestión de las creencias o prácticas actuales, he argüido extensamente en algún otro sitio que la profecía congregacional ordinaria en las iglesias del Nuevo Testamento no tiene la autoridad de Escritura.[38] Esta no se expresaba en palabras que eran las propias palabras de Dios, sino más bien como palabras meramente humanas. Y debido a que tienen esta menor autoridad, no hay razón para pensar que no se mantendrían en la iglesia hasta el regreso de Cristo. Ellas no amenazan o compiten con la Escritura en autoridad sino están sujetas a la Escritura, así como al discernimiento maduro de la congregación.

b. La cuestión de la orientación. Otra objeción se plantea a veces en este punto. Algunos argumentarán que aun si aquellos que utilizan el don de profecía hoy dicen que este no tiene la misma autoridad que la Escritura, *de hecho* compite en sus vidas con la Escritura y hasta la reemplaza al ofrecer orientación sobre la voluntad de Dios. De ese modo, la profecía hoy, se dice, desafía la doctrina de la suficiencia de la Escritura como una guía en nuestras vidas.

Aquí se debe admitir que en la historia de la iglesia se han cometido muchos errores. John MacArthur señala la forma en la cual la idea de ulteriores revelaciones ha dado lugar a muchos movimientos heréticos en la iglesia.[39]

Pero aquí el asunto debe ser: ¿son *necesarios* los abusos para el funcionamiento del don de profecía? Si vamos a argüir que los errores y excesos de un don invalidan el don en sí mismo, entonces tendríamos que rechazar también las enseñanzas bíblicas (porque muchos maestros de Biblia han enseñado errores e iniciado sectas), e igual con la administración de la iglesia (pues muchos líderes de la iglesia han descarriado gente), y cosas por el estilo. El *abuso* de un don no significa que debamos prohibir su uso *apropiado*, a menos que pueda demostrarse que no puede haber un uso apropiado, que todo uso es abuso.[40]

---

[38]Para una ulterior discusión sobre la *autoridad* del don de profecía, vea el capítulo 11, pp. 230-43. Vea también Wayne Grudem, *The Gift of Prophecy in 1 Corinthians*; Wayne Grudem, *The Gift of Prophecy in the New Testament and Today*; D. A. Carson, *Showing the Spiritu: A Theological Exposition of 1 Corinthians 12–14*, pp. 91-100; Graham Houston, *Prophecy: A Gift For Today?* (InterVarsity Press, Downers Grove, IL, 1989). (Se ofrecen puntos de vista alternativos en la discusión del capítulo 11; vea especialmente el libro de Richard Gaffin, *Perspectives on Pentecost*.

[39]John F. MacArthur, Jr., *The Charismatics: A Doctrinal Perspective*, capítulos 2–6; vea especialmente pp. 27ss. MacArthur ha ampliado su crítica en una versión actualizada, *Charismatic Chaos* (Grand Rapids: Zondervan, 1992), pp. 47-84. En Rich Nathan se encuentra una meditada y extensa crítica de MacArthur. *A Response to Charismatic Chaos* (Anaheim, Calif.: Association of Vineyard Churches, 1993).

[40]Puede que algunos objeten que en la profecía hay más potencial para el abuso que en otros dones porque la idea de que Dios puede revelar cosas a las personas hoy (en las profecías) inevitablemente conduce a una rivalidad con la autoridad de la Escritura. Como respuesta, se pueden aducir tres cosas: (1) Las enseñanzas sobre la naturaleza falible de todas las profecías contemporáneas no han sido tan extensas como hubiera sido necesario para prevenir abusos, especialmente a nivel popular, entre grupos que permiten hoy la profecía. Por lo tanto ha habido un mayor mal uso de la profecía de lo que debía haber habido. Aun cuando se han hecho fuertes advertencias, pocas veces se ha ofrecido una explicación de cómo la profecía puede venir de Dios pero no tiene igual autoridad que las palabras de Dios; esto es, muy pocos autores pentecostales o carismáticos han explicado la profecía como una comunicación *humana* de algo que Dios le ha traído espontáneamente a la mente a una persona (el punto de vista que defiendo en el capítulo 11, pp. 230-43. (Sin embargo, vea las útiles advertencias de varios autores carismáticos en los párrafos que siguen al texto anterior). (2) Simplemente no es verdad que enseñarle a una congregación que la profecía debe estar siempre *sujeta* a la Escritura inevitablemente conduce a las personas a exaltar las profecías *por encima* de la Escritura. Esto ocurrirá donde se descuidan esas enseñanzas, no donde se propagan. (3) Si la Biblia de hecho enseña que se puede esperar hoy la continuación de la profecía de una forma que no impugna la autoridad de la Escritura, entonces no tenemos la libertad de rechazarla porque reconozcamos un potencial abuso de ella. (Otros dones poseen un potencial para el abuso en otras áreas.) Antes bien, debemos alentar el don y hacer lo mejor que podamos para prevenir los abusos.

CAPITULO 10 · DONES DEL ESPIRITU SANTO (1)

Por otra parte, específicamente con respecto a la orientación, resulta bueno notar lo cuidadosos que son muchos movimientos carismáticos sobre el uso de la profecía a la hora de ofrecer una orientación específica. Varias citas ilustrarán este punto.

Michael Harper (Iglesia de Inglaterra):

Las profecías que les dicen a otras personas lo que deben hacer deben tomarse con mucho recelo.[41]

Dennis y Rita Bennett (episcopales americanos):

También debemos tener cuidado con la profecía personal que ofrece directrices, en especial fuera del ministerio de un hombre maduro y sometido a Dios. La «profecía personal» irrestricta hizo mucho para socavar el movimiento del Espíritu Santo que comenzó a la vuelta del siglo [...] Los cristianos se dan mensajes unos a otros «en el Señor» [...] y estos mensajes pueden ser en extremo refrescantes y útiles, pero tiene que haber un testigo del Espíritu por parte de la persona que recibe el mensaje, y se debe emplear extrema cautela al recibir cualquier supuesta orientación o predicción profética. Nunca acometa ningún proyecto simplemente porque se le comunicó a través de un presunto pronunciamiento profético o interpretación de lenguas, o por medio de una presunta palabra de sabiduría o conocimiento. Nunca haga nada solo porque un amigo se le acerca y le dice: «El Señor me comunicó que le dijera que hiciera esto o aquello». Si el Señor tiene instrucciones para usted, Él le dará testimonio en su propio corazón, en cuyo caso las palabras que provienen de un amigo [...] serían una confirmación de lo que Dios *ya le ha estado revelando*. Su orientación debe también concordar con la Escritura...[42]

Donald Gee (Asambleas de Dios):

[Hay] problemas graves planteados por el hábito de dar y recibir «mensajes» personales de orientación a través de los dones del Espíritu [...] La Biblia da cabida a tal dirección del Espíritu Santo [...] Pero esta debe mantenerse dentro de ciertas proporciones. Un examen de las Escrituras nos mostrará que en realidad los primeros cristianos *no* recibían continuamente tales voces del cielo. En la mayoría de los casos tomaban sus decisiones utilizando lo que a menudo llamamos «el consagrado sentido común» y vivían vidas bastante normales. Muchos de nuestros errores concernientes a los dones espirituales se originan cuando queremos que lo extraordinario y excepcional se convierta en lo frecuente y habitual. Estemos avisados todos los que desarrollamos un ansia excesiva de «mensajes» a través de los dones estén advertidos del naufragio de las generaciones pasadas

---

[41] Michael Harper, *Prophecy: A Gift for the Body of Christ* (Logos, Plainhill, N.J., 1964), p.26.

[42] Dennis y Rita Bennet, *The Holy Spirit and You*, p.107.

así como de las contemporáneas [...] Las Santas Escrituras son una lámpara a nuestros pies y una luz en nuestro sendero.[43]

Por otro lado, aun entre los cesacionistas muy reformados, existe cierta disposición a admitir algún tipo de «iluminación» continuada del Espíritu Santo en la vida de los creyentes. Por ejemplo, el profesor del Seminario de Westminster, Richard Gaffin, dice:

> A menudo también, lo que se ve como profecía es en realidad una espontánea aplicación de la Escritura elaborada por el Espíritu, una más o menos súbita aprehensión de la relevancia que tiene la enseñanza bíblica sobre una situación o problema particular. Todos los cristianos necesitan ser receptivos a estas más espontáneas obras del Espíritu.[44]

Y Robert Reymond define *iluminación* como «la capacitación de los cristianos en general por el Espíritu Santo para comprender, recordar y aplicar las Escrituras que han estudiado».[45]

Pero si estos autores aceptan la presente actividad de capacitación de los cristianos por el Espíritu Santo para «comprender» o «recordar» o «aplicar» o «asimilar» las enseñanzas de la Escritura, entonces no parece que hay una gran diferencia en principio entre lo que ellos *dicen* y lo que muchos movimientos carismáticos *hacen* (aun cuando probablemente queden algunas diferencias sobre las funciones precisas de la profecía como orientación; pero esto no es tanto una diferencia sobre la profecía como sobre la orientación en general, y en particular sobre la forma en que la orientación de la Escritura se relaciona con la orientación de la advertencia, el consejo, la conciencia, las circunstancias, los sermones, etc.). El punto más importante es que lo que Gaffin y Reymond llaman aquí «iluminación», el Nuevo Testamento parece denominarlo una «revelación», y lo que llamarían una comunicación verbal de tal iluminación, el Nuevo Testamento parece llamarlo una «profecía».

Así que me pregunto si habría espacio para más reflexiones comunes en esta área. Los carismáticos deben darse cuenta de que los cesacionistas tienen dudas sobre el alcance y frecuencia de tal «iluminación», tanto si es correcto llamarla profecía del Nuevo Testamento como si en realidad tiene valor para la iglesia, y si se la debe buscar. Y los cesacionistas deben darse cuenta de que su propia doctrina altamente desarrollada y cuidadosamente formulada sobre la suficiencia de la Escritura como guía no la comparten ni aun comprenden a menudo muchos evangélicos, incluyendo aquellos que forman parte del movimiento carismático. Sin embargo, quizá la idea reformada de «iluminación» permita lo que ocurre hoy con la profecía, y provea una vía para entenderla como algo que no se ve como un desafío a la suficiencia de la Escritura.

¿Qué debemos entonces concluir sobre la relación entre el don de profecía y la suficiencia de la Escritura? Debemos decir que apreciamos el deseo de los cesacionistas de

---

[43]Donald Gee, *Spiritual Gifts in the Work of Ministry Today* (Springfield, Mo.: Gospel Publishing House, 1963), pp. 51-52.

[44]Gaffin, *Perspectives*, p. 120.

[45]Reymond, *What about...?*, pp. 28-29.

proteger la singularidad de la Escritura y no permitir que nada compita con su autoridad en nuestras vidas. También debemos estar agradecidos del deseo de los cesacionistas de que los cristianos comprendan y sigan sólidos principios en la orientación de sus vidas cotidianas, y no se desvíen hacia un área de excesivo subjetivismo que no tenga incorporados los controles de la Escritura. Por otro lado, existe ciertamente un peligro que acompaña al punto de vista cesacionista si este está equivocado aquí. Se trata del peligro muy real de oponerse a algo que Dios hace en la iglesia hoy en día y dejar de glorificarlo por esa obra. Dios es celoso de sus obras y busca la gloria de ellas para sí mismo, y nosotros debemos orar constantemente no solo para que siga impidiendo que respaldemos el error, sino también para que impida que nos opongamos a algo que proviene genuinamente de él.

3. ¿Estaban limitados los dones milagrosos a los apóstoles y sus compañeros? Otro argumento cesacionista es que los dones milagrosos estaban limitados a los apóstoles y sus compañeros cercanos. Como he discutido este argumento extensamente en el capítulo 10 de *Cómo entender quién es Dios*, no repetiré la discusión aquí.[46]

4. ¿Acompañaron los dones milagrosos solo a la dispensación de nueva Escritura? Otra objeción es decir que los dones milagrosos acompañaron la dispensación de Escritura, y como no hay nueva Escritura que se dispense hoy, no debemos esperar hoy nuevos milagros.

Pero como respuesta a eso debe decirse que este no es el único propósito de los dones milagrosos. Como señalamos en el capítulo 10 de *Cómo entender quién es Dios*, los milagros tienen otros propósitos en la Escritura: (1) Validan el mensaje del evangelio a lo largo de la era de la iglesia; (2) ayudan a aquellos que están en necesidad, y así muestran la misericordia y el amor de Dios; capacitan a las personas para el ministerio; y (4) glorifican a Dios.[47]

También debemos notar que no todos los milagros acompañan la dispensación de Escritura adicional. Por ejemplo, los ministerios de Elías y Eliseo estuvieron marcados por varios milagros en el Antiguo Testamento, pero ellos no escribieron libros o secciones de libros en la Biblia. En el Nuevo Testamento, ocurrieron muchos milagros que no estuvieron acompañados por la dispensación de Escritura. Tanto Esteban como Felipe en el libro de Hechos hicieron milagros pero no escribieron Escritura. Hubo profetas en Cesarea (Hch 21:4) y Tiro (Hch 21:9-11) y Roma (Ro 12:6) y Tesalónica (1 Ts 5:20-21) y Éfeso (Ef 4:11) y las comunidades a las que estuvo dirigida 1 Juan (1 Jn 4:1-6) que no produjeron Escritura. Aparentemente hubo muchos milagros en las iglesias de Galacia (Gá 3:5). Hubo muchas cosas milagrosas que ocurrieron en Corinto (1 Co 12:8-10), pero en 1 Corintios 14:36 Pablo niega que alguna Escritura haya salido de la iglesia de Corinto.[48] Y Santiago espera que de las manos de los ancianos salgan milagros, en todas las iglesias a las que escribe (vea Stg 5:14-16).

---

[46]Vea *Quién es Dios*, pp. 252-59, para una discusión del asunto de si los dones milagrosos estaban limitados a los apóstoles y sus acompañantes cercanos.

[47]Vea *Quién es Dios*, pp. 250-52, para una discusión sobre estos propósitos de los milagros.

[48]Vea el capítulo 11, p. 235, para una discusión sobre 1 Co 14:36.

5. ¿Es un hecho histórico que los dones milagrosos cesaron temprano en la historia de la iglesia? Algunos cesacionistas han argumentado que los dones milagrosos cesaron de hecho cuando murieron los apóstoles. Por esta razón, se arguye, no debe haber hoy dones milagrosos. B. B. Warfield argumenta esto extensamente en su libro, *Conterfeit Miracles*.[49]

En respuesta, debe decirse primero que la premisa que acaba de postularse es muy dudosa sobre bases históricas. Hay crecientes pruebas históricas[50] de que los dones milagrosos tuvieron lugar a lo largo de la historia de la iglesia en mayor o menor grado, aun cuando se descuenten las afirmaciones exageradas o evidentemente espurias. A menudo se registran las curaciones y otros tipos de respuestas milagrosas a las oraciones. Hubo también personas que decían ser profetas durante toda la historia de la iglesia primitiva. El problema era que demasiado frecuentemente malentendían su don, u otros lo malentendían, de manera que sus pronunciamientos se tomaban (erróneamente) como palabras literales de Dios. Algunas veces se les toleraría, y algunas veces se convertirían en una amenaza demasiado grande para el liderazgo establecido de las iglesias y comenzarían a crear grupos disidentes, ya no bajo la autoridad restrictiva y valorativa de las iglesias establecidas. Entonces también otros pueden haber tenido «revelaciones» que les dispensaron, las cuales no manifestaron, o que simplemente incluyeron sin comentario en una oración o en un sermón o palabra de exhortación, o en la letra de un himno o alguna literatura devocional.[51]

---

[49]Banner of Truth, London, 1972 (reimpresión de la edición de 1918). Debe notarse que el argumento de Warfield, aunque frecuentemente citado, es realmente una encuesta histórica, no un análisis de los textos bíblicos. Por otra parte, el propósito de Warfield no era refutar ningún uso de los dones espirituales entre cristianos como muchos de esos que integran los movimientos carismáticos hoy, cuyas doctrinas (en todas las cuestiones que se apartan de los dones espirituales) y cuya afiliación eclesiástica los coloca en la corriente principal del protestantismo evangélico. Antes bien, Warfield refutaba las espurias proclamaciones de milagros procedentes de algunas ramas del catolicismo romano en varios períodos de la historia de la iglesia, y de varias sectas heréticas (Warfield incluye una discusión sobre los seguidores de Edgard Irving [1792-1834], que se desviaron hacia enseñanzas excéntricas y fueron excomulgados por la Iglesia de Escocia en 1833). Está abierto a discusión si los modernos cesacionistas tienen derecho a declarar que tienen el apoyo de Warfield cuando se oponen a algo que es muy diferente en la vida y la doctrina a aquello que Warrfield combatió.

[50]La posición de Warfield ha estado bajo crítica en estudios evangélicos recientes: vea Max Turner, «Spiritual Gifts Then and Now», *Vox Evangelica* 15 (1985), pp. 41-43, con acotaciones a otra literatura; Donald Bridge, *Signs and Wonders Today* (InterVarsity Press, Leicester, 1985), pp. 166-77; y Ronald A Kydd, *Charismatic Gifts in the Early Church* (Hendriksen, Peabody, Mass., 1984). Se encuentran significativas pruebas de dones milagrosos en la historia de la iglesia primitiva en Eusebius A. Stephanou, «The Charismata in the Early Church Fathers», *The Greek Orthodox Theological Review* 21:2 (verano 1976), pp. 125-46.

Un estudio de amplio alcance, aunque escrito en un lenguaje popular, de la historia de los dones milagrosos en la iglesia se halla en Paul Thigpen, «Did the Power of the Spirit Ever Leave the Church?» *Charisma* 18:2 (septiembre 1992), pp. 20-28. Más recientemente, vea Jon Ruthven, *On the Cessation of the Charismata: The Protestant Polemic on Post-Biblical Miracles* (Sheffield University Academic Press, 1993); esta es una revisión y expansión de la tesis doctoral del autor como respuesta a los argumentos de los cesacionistas desde Warfield al presente.

El argumento sobre la historia de la iglesia puede ser invertido mediante un análisis de los acontecimientos de 1970 al presente. Analistas del crecimiento de la iglesia nos dicen que las iglesias pentecostales y carismáticas, que alientan los dones milagrosos, están experimentando un crecimiento sin precedente en la historia de la iglesia. C. Peter Wagner, profesor del Seminario Fuller, dice: «Mientras que antes, en 1945, los pentecostales/carismáticos solo sumaban dieciséis millones de miembros en todo el mundo, para 1975 habían crecido a noventa y seis millones y luego, diez años después, en 1985, su número ascendía a 247 millones. No conozco ninguna asociación voluntaria, política ni militar, que haya crecido a ese ritmo en la historia humana» («Exploring the Supernatural Dimensions of Church Growth», *Global Church Growth* [octubre-diciembre 1988], p. 3). (A guisa de comparación, si la población del mundo era de 5000 millones, la cifra de 1985 de 247 millones constituía el 5 por ciento de la población mundial.)

[51]Debemos darnos cuenta de que a menos que la gente entienda la profecía como el reporte falible de algo que Dios pone espontáneamente en nuestra mente, será muy difícil para la iglesia alentarla o aun tolerarla. Si la profecía se basa en algo que Dios nos trae de pronto a la mente, sería eventualmente muy fácil que profetas cristianos, por buenos o malos motivos, comiencen a reaclamar no solo que han recibido una «revelación» de Dios o Cristo, sino también que hablaban con una autoridad similar a la de la Escritura. Esto aparentemente sucedió, por lo menos en el montanismo (siglo II d.C.) y probablemente en muchos otros casos también. Por supuesto, si estos profetas comenzaban a promover ideas heréticas, la reacción del resto de la iglesia sería eventualmente la de expulsarlos a todos: alguien que dice tener absoluta autoridad divina sería acabaría aceptado o rechazado; no podría ser meramente tolerado.

Pero junto a este rechazo de los profetas que malinterpretaron su estatus hubo quizá también un rechazo al don de profecía, de manera que el fallo de parte de la propia iglesia de comprender la naturaleza del don de profecía puede haber sido la causa de una casi completa supresión de por lo menos la expresión pública del don de profecía en la iglesia.

CAPITULO 10 · DONES DEL ESPIRITU SANTO (1)

Debería estar claro que cuando Pablo dice: «Cuando llegue lo perfecto, lo imperfecto desaparecerá» (1 Co 13:10), no estaba diciendo nada sobre la relativa *frecuencia* de los dones milagrosos en la historia de la iglesia. Eso estaría sujeto a muchas variaciones de acuerdo con la madurez espiritual y vitalidad de la iglesia en distintos períodos, el grado en que estos dones se buscaron como una bendición o se rechazaron como una herejía, la frecuencia en la que las reuniones de la iglesia normalmente hicieron provisión para el ejercicio de estos dones, el grado en que la naturaleza de estos dones se comprendió correctamente, y, sobre todo esto, la obra soberana del Espíritu Santo al distribuir dones a la iglesia.

No obstante, de lo que Pablo habla es de la abolición total y final de estos dones que se producirá por iniciativa divina al regreso de Cristo. Y dice que piensa que hasta el momento del regreso de Cristo estos dones estarán disponibles para ser utilizados al menos en alguna medida, y que el Espíritu Santo continuará distribuyendo estos dones entre la gente. Calvino nota la abundancia de dones espirituales en los días de Pablo y entonces comenta (sobre 1 Co 14:32):

> Hoy vemos nuestros escuálidos recursos, nuestra real pobreza; pero esto es sin duda el castigo que merecemos, como recompensa por nuestra ingratitud. Porque las riquezas de Dios no están agotadas, ni su liberalidad ha disminuido; pero nosotros no somos merecedores de su dadivosidad, ni capaces de recibir todo lo que él generosamente da.[52]

6. ¿Son hoy los dones milagrosos lo mismo que los dones milagrosos en la Escritura? Otra objeción adicional a la continuación de los milagros hoy en día es decir que los alegados milagros de hoy no son como los milagros en la Escritura porque son mucho más débiles y a menudo solo parcialmente efectivos. En respuesta a esta objeción debemos preguntar si realmente importa si los milagros de hoy son exactamente más poderosos que aquellos que ocurrieron en tiempos del Nuevo Testamento. Debido a una cosa, tenemos muy poca información sobre el tipo de milagros realizados por cristianos ordinarios en varias congregaciones, tales como los cristianos de Corinto o en las iglesias de Galacia. Por otra parte, aunque en los Evangelios se registran los notables milagros realizados por Jesús, cuando sanó «toda enfermedad y toda dolencia» (Mt 9:35), deben de haber incluido a muchos con enfermedades menos serias. Debemos también preguntar cuál es el beneficio que se espera al objetar que los milagros de hoy no son tan poderosos como aquellos de la Escritura. Si hoy solo se convierten trescientos en una reunión evangelística en lugar de los tres mil convertidos el día de Pentecostés (Hch 2:41), ¿deberíamos decir que el orador no tenía realmente el don de la evangelización, ya que el don no operó tan poderosamente como lo hizo con los apóstoles? O si solo el treinta por ciento de las personas por las que oramos en relación con enfermedades físicas se curan por completo en lugar del 100 por ciento en la vida de Jesús o de los apóstoles, ¿deberíamos decir que

---

[52]Juan Calvino, *The First Epistle of Paul the Apostle to the Corinthians*, p. 305.

este no es el don de sanidad del Nuevo Testamento?[53] Debemos recordar que los dones pueden variar en fuerza y que ningún don es perfecto en esta era. ¿Pero ello significa que deberíamos dejar de utilizar todos estos dones, u oponernos a ellos donde vemos que funcionan con algún grado de efectividad? ¿No debíamos alabar a Dios si se convierten 300 en lugar de los 3000, o si el treinta por ciento son sanados en lugar del cien por ciento de aquellos por los cuales oramos? ¿No se ha hecho la obra del Señor? Si la cantidad no es tan grande como en los tiempos del Nuevo Testamento, entonces deberíamos pedir al Señor más gracia y misericordia, pero no parece apropiado renunciar a utilizar estos dones u oponernos a aquellos que los utilizan.

7. ¿Es peligroso para una iglesia dar cabida hoy a la posibilidad de dones milagrosos?
Una objeción final desde la posición cesacionista es decir que la iglesia que hace énfasis en el uso de dones milagrosos está en peligro de perder el equilibrio, y que probablemente descuidará otras cosas importantes tales como la evangelización, la sana doctrina y la pureza moral de la vida.

Decir que el uso de dones milagrosos es «peligroso» no es en sí mismo una crítica adecuada, porque algunas cosas que son *buenas* son peligrosas, al menos en algún sentido. El trabajo misionero es peligroso. Manejar un automóvil es peligroso. Si definimos *peligroso* como «algo que puede salir mal», entonces podemos criticar *cualquier cosa* que alguien haga como «peligrosa», y esto sencillamente se convierte en una crítica generalizada cuando no hay un abuso específico que señalar. Una mejor aproximación con respecto a los dones espirituales es preguntar: «¿Se utilizan de acuerdo con la Escritura?» y: «¿Se dan los pasos adecuados para protegerse de los peligros del abuso?».

Como es natural, es cierto que las iglesias pueden perder el equilibrio, y de hecho a algunas les ha ocurrido. Pero no todas lo perderán, ni tendrán que perderlo. Aún más, como este argumento se basa en resultados actuales en la vida de la iglesia, también resulta apropiado preguntar: «¿Qué iglesias en el mundo de hoy tienen la evangelización más efectiva? ¿Cuáles tienen entre sus miembros los que ofrendan con más sacrificio? ¿Quiénes hacen de hecho más énfasis en la pureza de la vida? ¿Quiénes tienen el amor más profundo por el Señor y por su Palabra? Me parece que contestar claramente estas preguntas es difícil, pero no pienso que podemos honestamente decir que las iglesias de los movimientos pentecostal y carismático *son con mucho más débiles* en estas áreas que otras iglesias evangélicas. De hecho, en algunos casos puede que sean más fuertes en estas áreas. La cuestión es simplemente que cualquier argumento que diga que las

---

[53]La cifra de un treinta por ciento es simplemente un ejemplo con propósitos ilustrativos, pero se acerca a dos recientes tabulaciones concernientes a personas que recibieron oraciones por sanidad. Una tabulación se encuentra en David C. Lewis, *Healing: Fiction, Fantasy, or Fact?* (Hodder and Stroughton, London, 1989), una investigación académica de 1890 personas que asistieron a una de las conferencias de John Wimber en Harrogate, Inglaterra, en 1986. Al autor es un antropólogo social que preparó un detallado cuestionario cumplimentado por las personas durante la conferencia, y entonces siguió varios meses más tarde algunos casos seleccionados al azar. De 862 casos de oración por curaciones físicas, el 32% (279) reportaron una «excelente» sanidad o una «sanidad total». Otro 26% (222) reportó una sanidad «satisfactoria». El 42% restante (366) reportó una «pequeña» o «ninguna cura» (pp. 21-22). Muchos estudios de caso se reportan en detalle, en varias instancias con informes médicos que se citan en extenso. Todos los problemas físicos por los que se oró se relacionan en una apéndice detallado (pp. 276-83). (Estos problemas físicos se distinguen de la oración por problemas espirituales tales como sanidad interior o liberación de algo, que Lewis tabula separadamente). La otra tabulación se halla en John Wimber, *Power Healing*, p. 188, quien dice que, de las personas que recibieron extensamente oraciones por sanidad en su iglesia: «Durante 1986 el 32% de todas las personas por las que se oró fueron sanadas completamente, mientras que en su conjunto el 86% dieron pruebas de alguna sanidad significativa». (D. A. Carson, *How Long, O Lord?* [Baker, Grand Rapids, 1990], p. 124, dice: «Wimber es muy ingenuo: Estima que su "tasa de éxito" es el alrededor del 2%», pero Carson no ofrece ninguna documentación que respalde su declaración, y esta es aparentemente incorrecta a la luz de lo que Wimber ha escrito.)

iglesias que enfatizan los dones milagrosos perderán el equilibrio está sin demostrar en la práctica real.

8. Una nota final: los cesacionistas y los carismáticos se necesitan mutuamente. Por último, se puede argumentar que aquellos que están en los campos pentecostal y carismático, y aquellos que se hallan en el campo cesacionista (principalmente cristianos reformados y dispensacionalistas) se necesitan mutuamente, y harían bien en apreciarse más entre sí. Los primeros tienden a adquirir más experiencias prácticas en la utilización de los dones espirituales y en la vitalidad de la adoración que podrían ser beneficiosas para los cesacionistas, si estos estuvieran dispuestos a aprender. Por otro lado, los grupos reformados y dispensacionalistas han sido tradicionalmente muy fuertes en la comprensión de la doctrina cristiana y en la comprensión profunda y cabal de las enseñanzas de la Escritura. Los grupos carismáticos y pentecostales podrían aprender mucho de ellos si estuvieran dispuestos a hacerlo. Pero ciertamente no es útil para la iglesia como un todo que ambas partes piensen que nada pueden aprender de la otra, o que no pueden obtener beneficio alguno del compañerismo mutuo.

PREGUNTAS DE APLICACIÓN PERSONAL

1. Antes de leer este capítulo, ¿qué dones espirituales o dones en general pensaba que tenía? ¿Ha cambiado su comprensión de sus propios dones espirituales tras estudiar este capítulo? ¿De qué forma?

2. Explique cómo cada uno de los dones espirituales que usted cree tener supera a los que conocieron la mayoría de los creyentes del antiguo pacto. Explique cómo cada don es una anticipación de algún conocimiento o habilidad que tendrá tras el regreso de Cristo.

3. ¿Qué puede hacer para alentar o fortalecer esos dones espirituales que necesitan fortalecerse dentro de usted? ¿Hay dones que usted ha recibido pero que ha descuidado? ¿Por qué piensa que los ha descuidado? ¿Qué se podría hacer para alentarlos o reavivarlos en su interior?

4. Mientras piensa sobre su propia iglesia, ¿qué dones espirituales funcionan con más efectividad en este momento? ¿Cuáles son los más necesarios en su iglesia? ¿Hay algo que usted pueda hacer para satisfacer esas necesidades?

5. ¿Qué se podría hacer para ayudar a las iglesias a evitar controversias, o aun divisiones, sobre la cuestión de los dones espirituales? ¿Hay tensiones en su propia iglesia con respecto a estas cuestiones hoy? Si es así, ¿qué puede hacer usted para aliviar esas tensiones?

6. ¿Piensa que algunos dones espirituales mencionados en el Nuevo Testamento cesaron temprano en la historia de la iglesia, y ya no son válidos hoy en día? ¿Ha cambiado su opinión sobre esta cuestión como resultado de la lectura de este capítulo?

7. Desde su punto de vista, estaría una iglesia más saludable y más unificada si se concentrara en unos pocos dones y los utilizara bien y cuidadosamente, o si estimulara una multiplicidad de dones diferentes, para ser utilizados en numerosas ocasiones por muchas personas diferentes? Si usted optó por la última opción, ¿qué cosas podría hacer su iglesia para lograr una mayor diversidad y una más amplia distribución en el empleo de los dones espirituales? ¿Cuáles son algunos de los peligros que pueden acompañar un uso tan amplio, y cómo pueden evitarse?

TÉRMINOS ESPECIALES

Vea la lista al final del siguiente capítulo.

BIBLIOGRAFÍA

Vea la lista al final del siguiente capítulo.

PASAJE BÍBLICO PARA MEMORIZAR

1 Pedro 4:10-11: *Cada uno ponga al servicio de los demás el don que haya recibido, administrando fielmente la gracia de Dios en sus diversas formas. El que habla, hágalo como quien expresa las palabras mismas de Dios; el que presta algún servicio, hágalo como el que tiene el poder de Dios. Así Dios será en todo alabado por medio de Jesucristo, a quien sea la gloria y el poder por los siglos de los siglos. Amén.*

HIMNO

«¡Rey Soberano y Dios»

Este es un himno trinitario en el cual la primera estrofa se dirige a Dios Padre, la segunda a Dios Hijo, y la tercera a Dios Espíritu Santo. La tercera estrofa es una petición de que el Espíritu Santo venga y gobierne en nuestros corazones, esté siempre presente entre nosotros, y more entre nosotros como el «Espíritu de poder». La estrofa final es un himno de alabanza al «santo y trino Dios». En medio de una larga explicación de los dones espirituales, es bueno reenfocar nuestra atención en Dios mismo, que es el Dador de todos los dones buenos, y cuya gloria es el objetivo del uso de todo don.

1. ¡Rey Soberano y Dios!
Te ensalza nuestra voz
en fiel loor;
Rey nuestro siempre sé,
Y haz que tu santa ley
La guarde fiel tu grey,
Oh Dios de amor.

CAPITULO 10 · DONES DEL ESPIRITU SANTO (1)

2. ¡Oh Verbo celestial!
Tu espada sin igual
Da protección;
A tu obra cuidarás,
Y la protegerás,
Sobre ella mandarás
Tu santa moción.

3. ¡Santo Consolador!
Del alma Inspirador,
Oye la voz
De nuestra petición,
Que eleva el corazón,
Pidiendo bendición
Del santo Dios.

4. ¡Oh santo y trino Dios!
Atiende nuestra voz,
Prez y loor;
Haz que en la eternidad
Cantemos tu bondad,
Tu gloria y majestad
En santo amor.

AUTOR: ANÓNIMO, TRAD. G. PAUL S.

Capítulo 11

DONES DEL ESPÍRITU SANTO (2): DONES ESPECÍFICOS

¿Cómo debemos entender y utilizar dones espirituales específicos?

EXPLICACIÓN Y BASE BÍBLICA

En este capítulo continuaremos desarrollando la discusión general sobre los dones espirituales de los capítulos precedentes y examinaremos dones específicos con más detalles. No consideraremos cada don mencionado en el Nuevo Testamento, sino nos concentraremos en varios dones que no se comprenden bien o cuyo uso ha suscitado alguna controversia hoy en día. Por lo tanto no examinaremos los dones cuyo significado y uso son evidentes de acuerdo con el término empleado (tales como servir, animar, contribuir, mostrar liderazgo, o mostrar misericordia), en su lugar nos concentraremos en aquellos que forman parte de la lista siguiente, tomada en primer lugar de 1 Corintios 12:28 y 12:8-10:

1. profecía
2. enseñanza
3. milagros
4. sanidad
5. lenguas e interpretación
6. palabra de sabiduría/ palabra de conocimiento
7. discernir entre espíritus

A. Profecía

Aunque se han ofrecido varias definiciones del don de profecía, un examen reciente de las enseñanzas del Nuevo Testamento sobre este don mostrará que no debe definirse

CAPITULO 11 · DONES DEL ESPIRITU SANTO (2)

como «predecir el futuro», ni como «proclamar un mensaje del Señor», sino más bien como «*decir algo que Dios ha traído espontáneamente a la mente*». Los primeros cuatro puntos del siguiente material apoyan esta conclusión; los puntos restantes tratan de otras consideraciones relativas a este don.[1]

1. Las contrapartes del Nuevo Testamento de los profetas del Antiguo Testamento son los apóstoles del Nuevo Testamento. Los profetas del Antiguo Testamento tenían una sorprendente responsabilidad, fueron capaces de hablar y escribir palabras que tenían autoridad divina absoluta.

Podían decir; «Así dice el Señor», y las palabras que seguían eran las propias palabras de Dios. Los profetas del Antiguo Testamento escribieron sus palabras en la Escritura para todos los tiempos como palabras de Dios (vea Nm 22:38; Dt 18:18-20; Jer 1:9; Ez 2:7; y otros). Por lo tanto, no creer o desobedecer las palabras de un profeta era dudar de Dios o desobedecerlo (vea Dt 18:19; 1 S 8:7; y 1 R 20:36; y muchos otros pasajes).

En el Nuevo Testamento hubo también personas que pronunciaron y escribieron las propias palabras de Dios y las registraron en la Escritura, pero puede que nos sorprenda encontrar que Jesús ya no los llamaba «profetas» sino que utilizaba un nuevo término, «apóstoles». Los apóstoles son la contrapartida en el Nuevo Testamento de los profetas del Antiguo Testamento (vea 1 Co 2:13; 2 Co 13:3; Gá 1:8-9; 11-12; 1 Ts 2:13, 4:8, 15; 2 P 3:2). Son los apóstoles, no los profetas, los que tienen autoridad para dictar las palabras de las Escrituras del Nuevo Testamento.

Cuando los apóstoles quieren establecer su autoridad única nunca apelan al título de «profeta», sino que más bien se llaman a sí mismos «apóstoles» (Ro 1:1; 1 Co 1:1; 9:1-2; 2 Co 1:1; 11:12-13; 12:11-12; Gá 1:1; Ef 1:1; 1 P 1:1; 2 P 1:1; 3:2; y otros.).

2. El significado de la palabra *profeta* en tiempos del Nuevo Testamento. ¿Por qué escogió Jesús el nuevo término *apóstol* para designar a aquellos que tenían autoridad de dictar Escritura? Era probablemente porque la palabra griega *prophetes* («profeta») en tiempos del Nuevo Testamento tenía una amplia gama de significados. Ella no tenía por lo general el sentido de «aquel que habla las propias palabras de Dios» sino más bien «aquel que habla sobre la base de alguna influencia exterior» (a menudo algún tipo de influencia espiritual). Tito 1:12 utiliza la palabra con este sentido, mientras que Pablo cita al poeta griego Epiménides: «Fue precisamente uno de sus profetas el que dijo: "Los cretenses son siempre mentirosos, malas bestias, glotones perezosos"». Los soldados que se burlaron de Jesús parece que también utilizaron la palabra *profetiza* de esta manera, cuando vendaron los ojos de Jesús y cruelmente demandaron, «¡Profetiza! ¿Quién es el que te golpeó?» (Lc 22:64). Ellos no trataban de decir: «Habla palabras de absoluta autoridad divina», sino: «Dinos algo que te haya sido revelado» (cf. Jn 4:19).

---

[1]Para un más extenso desarrollo de los siguientes puntos sobre el don de profecía, vea Wayne Grudem, *The Gift of Profecy in 1 Corinthians* en Wayne Grudem, *The Gift of Profecy in the New Testament Today*. (El primer libro es más técnico con una mucho mayor interacción con la literatura especializada.)

Mucho del material sobre la profecía que sigue es una adaptación de mi artículo, «Why Christians Can Still Prophesy», en *CT* (16 septiembre 1988), pp. 29-35, y se usa con permiso; vea también mis artículos, «What Should Be the Relationship Between Prophet and Pastor?» en *Equipping the Saints* (otoño 1990), pp. 7-9, 21-22; y «Does God Still Give Revelation Today?» En *Carisma* (ssptiembre 1992), pp. 38-42.

Varios autores han diferido de mi interpretación del don de profecía. Para otros puntos de vista de la posición ofrecida en este capítulo, vea Richard Gaffin, *Perspectives on Pentecost*: Gaffin responde en lo fundamental a

Muchos escritos fuera de la Biblia utilizan la palabra *profeta* (Gr. *prophetes*) de esa manera, sin atribuirle ninguna autoridad divina a las palabras del llamado «profeta». De hecho, en tiempos del Nuevo Testamento el término *profeta* en su uso cotidiano simplemente significaba «aquel que tiene un conocimiento sobrenatural» o «aquel que predice el futuro», o aun solo el «vocero» (sin ninguna connotación de autoridad divina). Helmut Krämer ofrece varios ejemplos de tiempos cercanos al Nuevo Testamento en un artículo del *Theological Dictionary of the New Testament*:[2]

> Un filósofo es llamado «un *profeta* de naturaleza inmortal» (Dion Crisóstomo, 40-120 d.C.)
>
> Un maestro (Diógenes) quiere ser «un *profeta* de la verdad y el candor» (Luciano de Samosata, 120-180 d.C.)
>
> Aquellos que abogan por la filosofía epicúrea son llamados «*profetas* de Epicuro» (Plutarco, 50-120 d.C.)
>
> La historia escrita es llamada «la profetisa de la verdad» (Diodoro Siculus, escribió cerca de 60-30 a.C.)
>
> Un especialista en botánica es llamado *profeta* (Dioscurides de Cilicia, primer siglo d.C.)
>
> Un «curandero» en el campo de la medicina es llamado *profeta* (Galeno de Pérgamo, 129-199 d.C.)

Krämer concluye que la palabra griega para «profeta» (*profetes*) «simplemente expresa la función formal de declarar, proclamar, dar a conocer». Pero, debido a que «todo profeta declara algo que no es suyo», la palabra griega para «heraldo» (*keryx*) «es el sinónimo más cercano».[3] Por supuesto, las palabras *profeta* y *profecía* fueron *a veces utilizadas en relación con los apóstoles* en contextos que enfatizaban la influencia externa (del Espíritu Santo) bajo el cual ellos hablaban (así en Ap 1:3; 22:7; y Ef 2:20; 3:5),[4] pero esta no era

---

una versión no publicada de mi libro de 1992), y a las citas bibliográficas al final del capítulo bajo Victor Budgen, F. David Farnell, Kenneth L. Gentry, Jr., Robert Saucy, Robert Thomas, y R. Fowler White. Por otro lado, los estudios relacionados en la bibliografía de D. A. Carson, Roy Clements, Graham Houston, Charles Hummel, y M. M. B. Turner, junto a varias reseñas de libros, han manifestado una coincidencia sustancial con la posición que defendí en mi libros de 1982 y 1988.

[2] Los ejemplos siguientes están tomados de *TDNT* 6, p. 794.
[3] Ibíd., p. 795.
[4] Sostengo una larga discusión sobre Ef 2:20 en *The Gift of Profecy in the New Testament and Today*, pp. 45-63, en la que alego que Pablo dice que la iglesia «está asentada sobre el fundamento de los apóstoles-profetas» (o «apóstoles que también son profetas»). Esta es una traducción gramaticalmente aceptable de *ton apostolon kai propheton*. Como tal, el pasaje se refiere a los apóstoles, a quienes se reveló el misterio de la inclusión de los gentiles en la iglesia (vea Ef 3:5, que especifica que este misterio «ahora es revelado a sus santos apóstoles y profetas [o «apóstoles- profetas» o, «apóstoles que también son profetas»] por el Espíritu»).

No pienso que Efesios 2:20 tenga mucha relevancia en relación con toda la discusión sobre la naturaleza del don de profecía. Ya sea que veamos aquí, como yo veo, un grupo (de apóstoles-profetas) o dos grupos, como Richard Gaffin y varios otros ven (de apóstoles y profetas), todos estamos de acuerdo en que *estos* profetas son los que proveyeron el fundamento de la iglesia, y por lo tanto, estos son profetas que pronunciaron las palabras infalibles de Dios. En lo que discordamos es en el asunto de si este versículo describe el carácter de *todos los que tenían el don de profecía* en las iglesias del Nuevo Testamento. No veo una prueba convincente de que este describa a todos los que profetizaban en la iglesia primitiva. Antes bien, el contexto claramente señala a un grupo muy limitado de profetas que eran (a) parte del verdadero fundamento de la iglesia, (b) íntimamente conectados con los apóstoles, y (c) receptores de la revelación de Dios de que los gentiles eran miembros de la iglesia iguales que los judíos (Ef 3:5). Tanto si decimos que

la terminología ordinaria utilizada para referirse a los apóstoles, ni los términos *profeta y profecía* implican en sí mismos autoridad divina para sus palabras o escritos. Mucho más comúnmente, las palabras *profeta y profecía* se utilizaban para referirse a cristianos ordinarios que no hablaban con autoridad divina absoluta, sino simplemente reportaban algo que Dios había puesto en sus corazones o traído a sus mentes.

Hay muchas indicaciones en el Nuevo Testamento, que este don de profecía ordinario tenía menos autoridad que la Biblia, y aun menos que las enseñanzas bíblicas reconocidas en la iglesia primitiva, como se hace evidente en la sección siguiente.

3. Indicaciones de que los «profetas» no hablaban con igual autoridad que las palabras de la Escritura.

a. Hechos 21:4. En Hechos 21:4, leemos de los discípulos de Tiro: «Ellos, por medio del Espíritu, exhortaron a Pablo a que no subiera a Jerusalén». Esto parece ser una profecía dirigida a Pablo, ¡pero Pablo la desobedeció! Él nunca hubiera hecho esto si esta profecía contuviera las propias palabras de Dios y tuviera igual autoridad que las Escrituras.

b. Hechos 21:10-11. Luego, en Hechos 21:10-11, Agabo profetizó que los judíos de Jerusalén atarían a Pablo y lo entregarían «a manos de los gentiles», una predicción que estuvo cercana a ser correcta, pero no del todo: los romanos, no los judíos, encadenaron a Pablo (v. 33; también 22: 29),[5] y los judíos, en lugar de entregarlo voluntariamente, trataron de matarlo y hubo que rescatarlo a la fuerza (v. 32).[6] La predicción no estuvo muy equivocada, pero tenía inexactitudes de detalle que habrían cuestionado la validez de cualquier profeta del Antiguo Testamento. Por otro lado, este texto podría explicarse perfectamente suponiendo que Agabo había tenido una visión de Pablo como *prisionero* de los romanos en Jerusalén, rodeado de una colérica turba de judíos. Su propia interpretación de esa «visión» o «revelación» del Espíritu Santo habría sido que los judíos habían atado y entregado a Pablo a los romanos, y eso es lo que Agabo habría (algo erróneamente) profetizado. Esto es exactamente el tipo de profecía fallida que se adecuaría a la definición de profecía de las congregaciones del Nuevo Testamento propuesta arriba, comunica en nuestras propias palabras algo que Dios nos ha traído espontáneamente a la mente.

Una objeción a este punto de vista es decir que la profecía de Agabo de hecho se cumplió y que aun Pablo lo reporta en Hechos 28:17: «Me arrestaron en Jerusalén y me entregaron a los romanos».[7]

Pero el propio versículo no apoyaría esa interpretación. El texto griego de Hechos 28:17 se refiere explícitamente a que Pablo fue sacado de Jerusalén como prisionero.[8] Por lo tanto la declaración de Pablo describe su transferencia fuera del sistema judicial judío (los judíos buscaban traerlo de nuevo para que compareciera ante el Sanedrín en

---

este grupo eran solo los apóstoles, como si era un pequeño grupo de profetas íntimamente asociados con los apóstoles que decían cosas con calidad de Escritura, todavía nos quedamos con la imagen de un único grupo muy pequeño de personas que proveen el fundamento de esta iglesia universal.

[5] En ambos versículos Lucas utiliza el mismo verbo griego (*deo*) que Agabo había utilizado para predecir que los judíos atarían a Pablo.

[6] El verbo que Agabo utilizó ([*paradidomi*, «entregar, traspasar») tiene el sentido de entregar voluntariamente, consciente, deliberadamente, o traspasar algo a otro. Este es el sentido que tiene en las otras 119 instancias de la palabra en el Nuevo Testamento. Pero este sentido no es cierto con respecto al tratamiento de Pablo por los judíos: ¡ellos no entregaron voluntariamente a Pablo a los romanos!

[7] Este es el punto de vista de Gaffin, *Perspectives*, pp. 65-66, y de F. David Farnell, «The Gift of Prophecy in the Old and New Testaments», *BibSac* 149:596 (octubre-diciembre 1992), p. 395, los cuales se apoyan en Hechos 28:17.

Hch 23:15, 20) y dentro del sistema judicial romano en Cesarea (Hch 23;23-35). Por consiguiente Pablo dice correctamente en Hechos 28:18 que los mismos romanos en cuyas manos lo habían entregado como prisionero (v. 17) fueron aquellos que (gr. *hoitines*, v. 18) «me interrogaron y quisieron soltarme por no ser yo culpable de ningún delito que mereciera la muerte» (Hch 28:18; cf. 23:29; también 25:11, 18-19; 26:31-32). Entonces Pablo añade que cuando los judíos se opusieron él se vio obligado «a apelar al emperador» (Hch 28:19; cf. 25:11). Toda esta narración de Hechos 28:17-19 se refiere a la transferencia de Pablo de Jerusalén a Cesarea de Hechos 23:12-35, y explica a los judíos de Roma porqué Pablo está bajo custodia romana. La narración no se refiere en absoluto a Hechos 21:27-36 y la escena de la turba cerca del templo de Jerusalén. Así que esta objeción no es convincente. El versículo no apunta a ninguna de las dos caras de la profecía de Agabo; no menciona que los judíos ataron a Pablo, ni tampoco que lo entregaron a los romanos. De hecho, este se refiere a la escena de Hechos 23:12-35; una vez más habían acabado de arrebatar a Pablo por la fuerza de manos de los judíos (Hch 23:10) y, muy ajenos de buscar entregarlo a los romanos, estos esperaban matarlo en una emboscada (Hch 23:13-15).

Otra objeción a mi interpretación de Hechos 21:10-11 es decir que los judíos no tenían realmente que atar a Pablo y entregarlo en manos de los gentiles para que la profecía de Agabo fuera cierta, porque los judíos eran *responsables* de estas actividades aun si no las hubieran llevado a cabo. Robert Thomas dice: «Es algo común hablar de la parte o partes responsables de ejecutar un acto aunque él o ellos puede que no hayan sido los agentes inmediatos».[9] Thomas cita ejemplos similares de Hechos 2:23 (cuando Pedro dice que los judíos crucificaron a Cristo, aunque en realidad lo hicieron los romanos) y Juan 19:1 (donde leemos que Pilato azotó a Jesús [RVR 1960], cuando sin duda sus soldados llevaron a cabo la acción). Thomas concluye que, en consecuencia: «Los judíos fueron los que encadenaron a Pablo exactamente como Agabo predijo».[10]

En respuesta, estoy de acuerdo en que la Biblia puede decir que alguien hace algo aunque el que ejecuta el acto es el agente de esa persona. Pero en *cada caso* la persona que se dice comete el acto *desea* que el acto se cometa y *da las órdenes* para que otros lo hagan. Pilato *ordenó* a sus soldados azotar a Jesús. Los judíos demandaron enérgicamente que los romanos crucificaran a Cristo. Por contraste, en la situación de la captura de Pablo en Jerusalén no hay tal paralelismo. Los judíos no ordenaron que Jesús fuera encadenado pero los romanos lo hicieron: «El comandante se abrió paso, lo arrestó y ordenó que lo sujetaran con dos cadenas» (Hch 21:33). Y de hecho la forma paralela del discurso se halla aquí, porque, aunque el comandante ordenó encadenar a Pablo, más adelante leemos que «al darse cuenta que Pablo era ciudadano romano, el comandante mismo *se asustó de haberlo encadenado*» (Hch 22:29). Así que este relato sí habla de la atadura como realizada por ambos, ya sea por el agente responsable o por la gente que la llevó a cabo, pero en los dos casos se trata de romanos, no de judíos. En resumen, esta objeción dice que los judíos

---

[8]La traducción de la NVI: «Me arrestaron en Jerusalén y me entregaron a los Romanos», escamotea por completo la idea (requerida por el texto griego) de que lo entregaron *fuera de (ex)* Jerusalén, y elimina la idea de que lo entregaron como prisionero (gr. *desmios*), añadiendo en su lugar la idea de que lo arrestaron en Jerusalén, un acontecimiento que no se menciona en el texto griego de este versículo.

[9]Robert L. Thomas, «Prophecy Rediscovered? A Review of *The Gift of Prophecy in the New Testament and Today*», en BibSac 149:593 (enero-marzo 1992), p. 91. Kenneth L. Gentry, Jr. formula el mismo argumento *The Charismatic Gift of Prophecy: A Reformed Response to Wayne Grudem*, 2d ed. (Foottool Publications, Memphis, Tenn., 1989), p. 43.

[10]Thomas, «Prophecy Rediscovered?», p. 91.

encadenaron a Pablo. Pero Hechos dice dos veces que los romanos lo encadenaron. Esta objeción dice que los judíos entregaron a Pablo a los gentiles. Pero Hechos dice que rehusaron violentamente entregarlo, de manera que tuvo que ser tomado por la fuerza. La objeción no se ajusta a las palabras del texto.[11]

c. 1 Tesalonicenses 5:9-21. Pablo dice a los tesalonicenses: «No desprecien las profecías, sométanlo todo a prueba, aférrense a lo bueno» (1 Ts 5:20-21). Si los tesalonicenses hubieran pensado que la profecía se equiparaba a la Palabra de Dios en autoridad, nunca habría tenido que decir a los tesalonicenses que no la despreciaran. Ellos «recibieron» y «aceptaron» la Palabra de Dios «con la alegría que infunde el Espíritu Santo» (1 Ts 1:6; 2:13; 4:15). Pero cuando Pablo les dice que lo sometan «todo a prueba» ello debe incluir por lo menos las profecías que menciona en la frase previa. Pablo implica que las profecías contienen algunas cosas buenas y algunas cosas que no son buenas cuando los anima a aferrarse «a lo bueno». Esto es algo que nunca pudo haberse dicho de las palabras de un profeta del Antiguo Testamento, o de las autorizadas enseñanzas de un apóstol del Nuevo Testamento.

d. 1 Corintios 14:29-38. Más amplias pruebas de las profecías del Nuevo Testamento se hallan en 1 Corintios 14. Cuando Pablo dice: «Asimismo, los profetas hablen dos o tres, *y los demás juzguen*» (1 Co 14:29), sugiere que deben escuchar atentamente y entresacar lo bueno de lo malo, aceptando un poco y rechazando el resto (porque esto es lo que implica la palabra griega *diakrino*, que aquí se traduce «y los demás juzguen»). No podemos imaginar que un profeta del Antiguo Testamento como Isaías hubiera dicho: «Entresaquen lo bueno de lo malo, lo que han aceptado de lo que no deben aceptar!». Si la profecía tiene autoridad divina absoluta, sería pecado hacer esto. Pero aquí Pablo ordena que se haga, lo que sugiere que la profecía del Nuevo Testamento no tiene la autoridad de las verdaderas palabras de Dios.[12]

En 1 Corintios 14:30, Pablo permite que un profeta interrumpa a otro: «Si alguien que está sentado recibe una revelación, el que esté hablando ceda la palabra. Así todos pueden profetizar por turno». Otra vez, si los profetas hubieran estado proclamando las verdaderas palabras de Dios, de valor igual que la Escritura, se hace difícil imaginar que Pablo haya dicho que deben ser interrumpidos sin permitírseles terminar su mensaje. Pero eso es lo que ordena.

Pablo sugiere que nadie en Corinto, una iglesia que tenía mucha profecía, podía expresar verdaderas palabras de Dios. En 1 Corintios 14:36, dice: «*¿Acaso la palabra de Dios procedió de ustedes? ¿O son ustedes los únicos que la han recibido?*».[13] Entonces, en los versículos 37 y 38, proclama que tiene una autoridad mucho mayor que cualquier profeta de Corinto: «Si alguno se cree profeta o espiritual, reconozca que esto que les escribo es mandato del Señor. Si no lo reconoce, tampoco él será reconocido».

---

[11] Vea abajo, p. 237, sobre la cuestión de la frase introductoria de Agabo: «Así dice el Espíritu Santo».

[12] Las instrucciones de Pablo son diferentes a las del documento cristiano temprano conocido como la *Didajé*, que le dice a las personas, «no prueben ni examinen a ningún profeta que habla en un espíritu (o: en el Espíritu)» (capítulo 11). Pero la *Didajé* dice varias cosas que son contrarias a la doctrina del Nuevo Testamento (vea W. Grudem, *The Gift of Prophecy in the New Testament and Today*, pp. 106-8; también p. 67, arriba).

[13] La NIV traduce: «¿Acaso la palabra de Dios procedió de ustedes?». El apóstol se da cuenta de que ellos deben admitir que la Palabra de Dios no procedió de ellos; por lo tanto, sus profetas no pueden haber estado pronunciando palabras de Dios de autoridad igual que la de las Escrituras.

Todos estos pasajes indican que la idea popular de que los profetas hablaban «las palabras del Señor» cuando los apóstoles no estaban presentes en las iglesias de los primeros tiempos es simplemente incorrecta.

e. Preparativos apostólicos para su ausencia. Además de los versículos que hemos considerado hasta ahora, otro tipo de evidencia sugiere que los profetas de las congregaciones del Nuevo Testamento hablaban con menos autoridad que los apóstoles del Nuevo Testamento o las Escrituras: el problema de los herederos de los apóstoles se resuelve no instando a los cristianos a escuchar a los *profetas* (aun cuando había profetas a su alrededor), sino apuntando a las Escrituras.[14]

Así que Pablo, al final de su vida, hace énfasis en usar «bien la palabra de verdad» (2 Ti 2:15), y «toda Escritura» inspirada por Dios, «útil para enseñar, para redargüir, para corregir, para instruir en justicia» (2 Ti 3:16). Judas urge a sus lectores a seguir «luchando vigorosamente por la fe encomendada una vez por todas a los santos» (Jud 3). Pedro, al final de su vida, anima a sus lectores a «prestar atención» a la Escritura, que es «como una lámpara que brilla en un lugar oscuro» (2 P 1:19-20), y les recuerda las enseñanzas del apóstol Pablo «en todas sus epístolas» (2 P 3:16). En ningún lugar leemos exhortaciones a «escuchar a los profetas en sus iglesias» o a «obedecer las palabras del Señor dadas por sus profetas», etc. Pero ciertamente hubo profetas que profetizaban en muchas congregaciones locales tras la muerte de los apóstoles. Parece que no tenían la misma autoridad que los apóstoles, y los autores de la Escritura lo sabían. La conclusión es que las profecías de hoy tampoco son «palabra de Dios».

4. ¿Cómo deberíamos hablar sobre la autoridad de la profecía hoy? De manera que las profecías en la iglesia de hoy deben considerarse meras palabras humanas, no palabra de Dios, y no palabras de igual autoridad a la palabra de Dios. ¿Pero esta conclusión está en pugna con las prácticas y enseñanzas carismáticas actuales? Pienso que está en conflicto con muchas prácticas carismáticas, pero no con la mayoría de las enseñanzas carismáticas.

La mayoría de los maestros carismáticos de hoy estarían de acuerdo en que la profecía contemporánea no tiene la misma autoridad que la Escritura. Aunque algunos hablarían de la profecía como que es «la palabra de Dios» para hoy, hay un consenso casi uniforme entre todas las secciones del movimiento carismático de que la profecía es imperfecta e impura, y que contendría elementos en los que no se debe confiar u obedecer. Por ejemplo, Bruce Yocum, autor de un libro carismático sobre la profecía ampliamente utilizado, escribe: «La profecía puede ser impura —nuestros propios pensamientos o ideas pueden mezclarse con el mensaje que recibimos— ya sea que recibamos las palabras directamente o que solo recibamos el sentido del mensaje».[15]

Pero debe decirse que en la práctica actual se deriva mucha confusión del hábito de prologar las profecías con la usual frase del Antiguo Testamento: «Así dice el Señor» (una frase que nunca se pronuncia en el Nuevo Testamento por ninguno de los profetas

---

[14]He tomado esta idea del muy útil folleto de Roy Clements, *Word of God and Spirit: The Bible and the Gift of Prophecy Today* (UCCF Booklets, Leicester, 1986), p.24; cf. D. A. Carson, *Showing the Spirit*, p. 96.

[15]Vea *Prophecy* (Word of Life, Ann Arbor, 1976), p. 79.

de las iglesias del Nuevo Testamento). Esto es desafortunado, porque da la impresión de que las frases que siguen son las verdaderas palabras de Dios, en tanto que el Nuevo Testamento no justifica esa posición y, cuando se hace énfasis en ellas, la mayoría de los voceros carismáticos responsables en todo caso no desearían invocarlas para cada parte de sus profecías. De manera que no se ganaría ni se perdería mucho si se desechara esa frase introductoria.

Ahora, es verdad que Agabo usa una frase similar («Así dice el Espíritu Santo») en Hechos 21:11, pero las mismas palabras (gr. *tade legei*) se utilizan por los autores cristianos para introducir justo en tiempos del Nuevo Testamento paráfrasis muy generales o interpretaciones muy ampliadas de lo que se reporta (así Ignacio, *Epístola a los de Filadelfia* 7:1-2 [alrededor de 208 d.C.]). La frase puede que signifique aparentemente: «Esto es en general (o aproximadamente) lo que nos dice el Espíritu Santo».

Si alguien realmente piensa que Dios le pone algo en la mente que debe comunicarse a la congregación, no hay nada equivocado en decir: «Pienso que el Señor pone en mi mente esto...» o: «*Me parece que* el Señor nos muestra...» o alguna expresión similar. Por supuesto, eso no suena tan «contundente» como: «Así dice el Señor», pero si el mensaje viene realmente de Dios, el Espíritu Santo hará que ello suene con gran poder para los corazones de aquellos que necesitan escuchar.

5. Una «revelación» espontánea hacía que la profecía fuese diferente de otros dones.
Si la profecía no contiene las verdaderas palabras de Dios, ¿qué es entonces? ¿En qué sentido ella viene de Dios? Pablo indica que Dios puede traer algo espontáneamente a la mente de manera que la persona que profetiza lo comunicaría en sus propias palabras. Pablo llama a esto una «*revelación*»: «Si alguien que está sentado recibe una revelación, el que esté hablando ceda la palabra. Así todos pueden profetizar por turno» (1 Co 14:30-31). Aquí él utiliza la palabra revelación en un sentido más amplio que la forma técnica utilizada por los teólogos para referirse a las palabras de la Escritura, pero el Nuevo Testamento usa en todas partes el término *revelar o revelación* en este sentido más amplio de comunicación con Dios que no da lugar a la redacción de Escritura o a palabras de igual autoridad a la Escritura (vea Fil 3:15; Ro 1:18; Ef 1:17; Mt 11:27).

Pablo se refería simplemente a algo que Dios ponía de pronto en la mente, o algo que Dios podía imprimir en la conciencia de alguien de tal manera que la persona tuviera la sensación de que ello venía de Dios. Puede que el pensamiento que se suscita en la mente sea sorprendentemente diferente al curso de los pensamientos de la propia persona, o que esté acompañado por un vivo sentido de urgencia o persistencia, o que de alguna otra manera le dé a la persona una percepción asaz clara de que viene del Señor.[16]

La figura 11.1 ilustra la idea de una revelación de Dios que se comunica en las propias palabras (meramente humanas) del profeta.

---

[16]Aunque argumentamos arriba que la autoridad de la profecía en la iglesia del Nuevo Testamento es muy diferente a la autoridad de la profecía canónica del Antiguo Testamento, esto no significa que todo lo relacionado con la profecía del Nuevo Testamento tiene que ser diferente. En relación con la forma en la que llega la revelación al profeta, puede que no se trate de palabras o ideas que le vienen a la mente, sino también de imágenes mentales o «visiones» y sueños (Hch 2:17).

De esa manera, si entra uno que no cree cuando todos profetizan, «los secretos de su corazón quedarán al descubierto. Así que se postrará ante Dios, y lo adorará, exclamando: "¡Realmente Dios está entre ustedes!» (1 Co 14:25). He escuchado un informe de este acontecimiento en una iglesia bautista de Estados Unidos que claramente no es carismática. Un orador misionero hizo una pausa en medio de su mensaje y dijo algo como esto: «No planifiqué decir esto, pero parece que el Señor indica que alguien en esta iglesia acaba de separarse de su mujer y su familia. Si ello es así, déjeme decirle que Dios quiere que usted vuelva a ellos y aprenda a seguir las normas de Dios para la vida familiar». El misionero no lo sabía, pero en el balcón no iluminado se sentó un hombre que había entrado a la iglesia momentos antes por primera vez en su vida. La descripción se adecuaba a él exactamente, y él se dio a conocer, reconoció su pecado y comenzó a buscar a Dios.

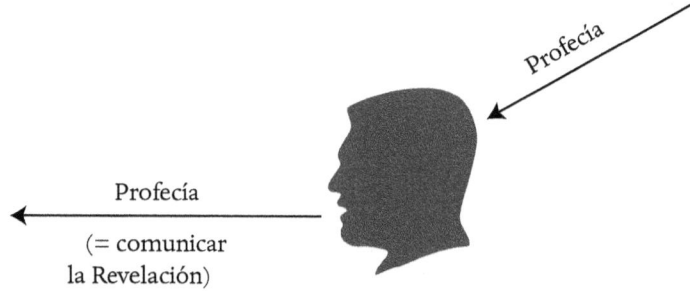

LA PROFECÍA TIENE LUGAR CUANDO SE COMUNICA UNA REVELACIÓN
DE DIOS EN LAS PALABRAS (MERAMENTE HUMANAS) DEL PROFETA

Figura 11.1

De esta forma, la profecía sirve como una «señal» para los creyentes (1 Co 14:22): es una clara demostración de que Dios obra en su medio, una «señal» de las bendiciones que Dios dispensa a la congregación. Y como también obrará para la conversión de los incrédulos, Pablo anima a utilizar este don cuando «entran algunos que no entienden o no creen» (1 Co 14:33).

Muchos cristianos en todos los períodos de la iglesia han experimentado o escuchado de eventos similares; por ejemplo, puede haberse hecho una petición no planeada pero urgente para orar por ciertos misioneros en Nigeria. Entonces, mucho después, aquellos que oraban descubrieron que justo en ese momento los misioneros habían sufrido un accidente automovilístico o estaban en un instante de intenso conflicto espiritual, y habían necesitado esas oraciones. Pablo llamaría la sensación o intuición de esas cosas una «revelación», y la comunicación a la congregación de ese aviso de Dios sería llamado «profecía». Puede que en ella haya elementos de la propia cosecha o interpretación del que habla y que ciertamente esta necesite evaluación y prueba, pero aun así cumple una valiosa función en la iglesia.[17]

6. La diferencia entre profecía y enseñanza. Hasta donde podamos asegurar, toda «profecía» en el Nuevo Testamento estaba basada sobre este tipo de inspiración espontánea del Espíritu Santo (cf. Hch 11:28; 21:4, 10-11; y note las ideas de profecía bosquejadas en Lc 7:39; 22:63-64; Jn 4:19; 11:51). A menos que una persona reciba una espontánea «revelación» de Dios, ahí no hay profecía.

Por contraste, ningún discurso humano que se llame «enseñanza» o que un «maestro» pronuncie, o que se describa por el verbo «enseñar», nunca se dice en el Nuevo Testamento que esté basado en una revelación. Antes bien, «enseñanza» es a menudo simplemente una explicación o aplicación de la Escritura (Hch 15:35; 18:11, 24-28; Ro 2:21; 15:4; Col 3:16; Heb 5:12) o una repetición o explicación de instrucciones apostólicas (Ro 16:17; 2 Ti 2:2; 3:10, y otros). Es lo que hoy llamaríamos «enseñanza bíblica» o «predicación».

Así que, la profecía tiene menos autoridad que la «enseñanza», y las profecías deben estar siempre sujetas en la iglesia a la autorizada enseñanza de la Escritura. A Timoteo no se le dijo que *profetizara* las instrucciones de Pablo a la iglesia; se le dijo que las *enseñara* (1 Ti 4:11; 6:2). Pablo no *profetizó* su manera de vivir en cada iglesia; él lo *enseñó* (1 Co 4:17). A los tesalonicenses no se les dijo que se mantuvieran fieles las tradiciones que les fueron «profetizadas», sino a las tradiciones que les fueron «enseñadas» por Pablo (2 Ts 2:15). Al contrario de algunos puntos de vista, fueron maestros, no profetas, los que ofrecieron liderazgo y dirección a las iglesias primitivas.

Por consiguiente, entre los ancianos estaban los que dedicaban «sus esfuerzos a la predicación y a la enseñanza» (1 Ti 5:17), y un obispo debía ser «capaz de enseñar» (1 Ti 3:2; cf. Tit 1:9), pero nada se dice de ancianos cuyo trabajo fuera profetizar, ni tampoco se dice nunca que un anciano debe ser un «profeta apto» o que los ancianos deben «ser fieles a las sanas profecías». En su función de liderazgo, Timoteo cuida de su conducta y de su «enseñanza» (1 Ti 4:16), pero nunca se le dice que cuide sus profecías. Santiago advirtió que aquellos que enseñan, no que profetizan, serían juzgados con más severidad (Stg 3:1).

En el Nuevo Testamento, la tarea de interpretar y aplicar las Escrituras se llama, entonces, «enseñanza». Aunque unos cuantos han aducido que los profetas en las iglesias del Nuevo Testamento ofrecieron interpretaciones de las Escrituras del Antiguo Testamento «carismáticamente inspiradas», esa alegación no ha sido muy persuasiva, fundamentalmente porque es difícil encontrar en el Nuevo Testamento algún ejemplo convincente en el que la categoría de «profeta» se use para referirse a alguien involucrado en este tipo de actividad.

Así que la distinción es bastante clara: si un mensaje es producto de una reflexión consciente sobre el texto de la Escritura, que contiene una interpretación del texto y una aplicación a la vida, entonces esto es (en términos del Nuevo Testamento) una enseñanza.

---

[17]No obstante, debemos advertir a las personas que el mero hecho de que una «revelación» parezca sobrenatural (y que incluso pueda contener una información sorprendentemente exacta) no garantiza que un mensaje sea una verdadera profecía de Dios, pues los falsos profetas pueden «profetizar» bajo influencia demoníaca. (Vea *Quién es Dios*, pp. 305-306, sobre el hecho que los demonios pueden conocer acerca de actividades ocultas o conversaciones privadas en nuestras vidas, aun cuando no pueden conocer el futuro ni leer nuestros pensamientos.) Juan advierte que «han salido por el mundo muchos falsos profetas» (1 Jn 4:1), y ofrece pruebas de la verdadera doctrina para distinguirlos (vv. 1-6), y dice que «el mundo los escucha» (v. 5). Otras marcas de los falsos profetas pueden hallarse en 2 Juan 7-9 (que niegan la encarnación y no se someten a la doctrina de Cristo); Mateo 7:15-20 («Por sus frutos lo conocerán», v. 16); Mateo 24:11 (que engañarán a muchos); y Mateo 24:24 (harán grandes señales y milagros para engañar, de ser posible; aun a los elegidos). Por otro lado, 1 Corintios 12:3 parece decirnos que no debemos pensar que los cristianos genuinos serán falsos profetas, que hablan por el poder de los demonios (vea la discusión de 1 Co 12:3 en la página 259), y Juan 4:4 le asegura a los cristianos que «el que está en ustedes es más poderoso que el que está en el mundo».

Pero si un mensaje es la comunicación de algo que Dios nos pone de pronto en la mente, entonces es una profecía. Y por supuesto, aun las enseñanzas preparadas pueden ser interrumpidas por material adicional no preparado que el maestro de la Biblia siente que Dios pone de pronto en su mente; en ese caso, esto será una «enseñanza» mezclada con un elemento de profecía.

7. Objeción: Esto hace la profecía «demasiado subjetiva». En este punto algunos han objetado que esperar tales «recordatorios» de Dios es un proceso «demasiado subjetivo». Pero en respuesta puede decirse que, para la salud de la iglesia, ¡la gente que a menudo hace esta objeción es la que más necesita este proceso subjetivo en sus propias vidas cristianas! Este don requiere esperar en el Señor, escucharlo, oír sus recordatorios en nuestros corazones. Lo que más necesitan los cristianos que son del todo evangélicos, sanos doctrinalmente, intelectuales y «objetivos», es probablemente la fuerte influencia estabilizadora de una relación «subjetiva» más vital con el Señor en la vida cotidiana. Y estas personas son también aquellas que tienen menos probabilidades de ser conducidas a error, porque ya hacen gran énfasis en apoyarse firmemente en la Palabra de Dios.

Aunque existe el peligro contrario de una excesiva confianza en las impresiones subjetivas para orientarse, y es claro que contra eso hay que cuidarse. Las personas que buscan continuamente «mensajes» subjetivos de Dios para que guíen sus vidas deben ser advertidas de que la orientación personal subjetiva no es una función primaria de la profecía del Nuevo Testamento. Ellos necesitan hacer mucho más énfasis en la Escritura y en buscar la probada sabiduría de Dios escrita ahí.

Muchos autores carismáticos estarían de acuerdo con esta advertencia, como indican las siguientes citas:

Michael Harper (un pastor carismático anglicano):

Las profecías que les dicen a otros lo que deben hacer deben ser contempladas con gran sospecha.[18]

Donald Gee (Asambleas de Dios):

Muchos de nuestros errores en lo que concierne a los dones espirituales se originan cuando queremos que lo extraordinario y excepcional se convierta en frecuente y habitual. Que todos los que desarrollan un excesivo deseo de «mensajes» a través de los dones estén advertidos del naufragio de pasadas generaciones así como de las contemporáneas [...] Las Santas Escrituras son una lámpara a nuestros pies y una luz en nuestro sendero.[19]

Donald Bridge (pastor carismático británico):

El iluminado encuentra constantemente que «Dios le dice» que haga cosas [...] Los iluminados son frecuentemente muy sinceros, muy dedicados, y están

---

[18] *Prophecy: A Gift for the Body of Christ* (Logos, Plainfield, N.J., 1964), p.26.

[19] *Spiritual Gifts in the Work of Ministry Today* (Publishing House, Springfield, Mo., 1963), pp. 51-51.

poseídos de una dedicación para obedecer a Dios que avergüenza a cristianos más circunspectos. No obstante, están pisando terreno peligroso. Sus antecesores lo han hollado antes, y siempre con resultados desastrosos a largo plazo. Las sensaciones interiores y recordatorios especiales son por su propia naturaleza subjetivos. La Biblia provee nuestra guía objetiva.[20]

8. Las profecías pueden incluir cualquier contenido edificador. Los ejemplos de profecías del Nuevo Testamento mencionados arriba muestran que la idea de profecía solo como «predicciones del futuro» es ciertamente errónea. Hubo algunas predicciones (Hch 11:28; 21:11), pero también hubo pecados que quedaron al descubierto (1 Co 14:25). De hecho, podía incluirse cualquier cosa que edificase, pues Pablo dice: «el que profetiza habla a los demás *para edificarlos, animarlos y consolarlos*» (1 Co 14:3). Otra indicación del valor de la profecía era que ella podía hablar a las necesidades de los corazones de las personas de una manera directa y espontánea.

9. Muchas personas pueden profetizar en la congregación. Otro gran beneficio de la profecía es que ella provee oportunidad de participación a todos en la congregación, no solo a aquellos que son oradores hábiles o que tienen dones para la enseñanza. Pablo dice que él quería que «todos» los corintios «profetizaran» (1 Co 14:5) y añade: «Todos pueden profetizar por turno, para que todos reciban instrucción y aliento» (1 Co 14:31).[21] Esto no significa que en realidad todo creyente será capaz de profetizar, pues Pablo dice: «¿Son todos profetas?» (1 Co 12:29). Pero sí significa que cualquiera que reciba una «revelación» de Dios tiene permiso de profetizar (dentro de las normas de Pablo), y esto sugiere que muchos lo harán.[22] A causa de esto, una mayor apertura al don de profecía podría ayudar a superar la situación en la que muchos que asisten a nuestras iglesias son meros espectadores y no participantes. Quizás contribuimos al problema de un «cristianismo de espectadores» sofocando la obra del espíritu en esta área.

10. Debemos «desear seriamente» profetizar. Pablo valoraba tanto este don que le dijo a los corintios: «Empéñense en seguir el amor y ambicionen los dones espirituales, sobre todo el de profecía» (1 Co 14:1). Entonces, al final de su discusión de los dones espirituales, repitió: «Así, que hermanos míos, ambicionen el don de profetizar» (1 Co 14:39). Y dijo: «El que profetiza edifica la iglesia» (1 Co 14:4).

Si Pablo estaba ansioso porque el don de profecía funcionara en Corinto, preocupado por la inmadurez, el egoísmo, las divisiones y otros problemas que aquejaban a la iglesia, ¿no debemos entonces buscar enérgicamente este valioso don en nuestras congregaciones hoy? Nosotros evangélicos que profesamos creer y obedecer todo lo que la Escritura dice, ¿no debemos también creer y obedecer esto? ¿Y que una mayor apertura

---

[20]*Signs and Wonders Today* (Inter-Varsity Press, Leicester, 1985), p. 183.

[21]Aquí Pablo indica que todo el que recibe una revelación en el sentido que acaba de mencionarse en el v. 29 será capaz de profetizar por turnos. Él no quiere decir que cada cristiano individual en Corinto tiene el don de profecía.

[22]En una iglesia grande, solo unos pocos serán capaces de hablar cuando toda la iglesia está reunida, pues Pablo dice: «En cuanto a los profetas, que hablen dos o tres» (1 Co 14.29). Pero muchos más tendrán oportunidades de profetizar en reuniones más pequeñas en las casas.

al don de profecía quizá pueda ayudar a corregir este peligroso desequilibrio en la vida de la iglesia, un desequilibrio que se debe a que somos demasiado intelectuales, objetivos y doctrinales?

11. Alentar y regular la profecía en la iglesia local. Por último, si una iglesia comienza a alentar el uso de la profecía donde no se ha utilizado antes, ¿qué debe hacer? ¿Cómo puede alentar este don sin caer en abusos?

Para todos los cristianos, y especialmente para pastores y otros que tienen responsabilidades docentes, sería apropiado y sabio desde el punto de vista pastoral dar varios pasos: (1) ore seriamente implorando la sabiduría del Señor sobre cómo y cuándo abordar este tema en la iglesia. (2) Se impartirán enseñanzas sobre este tema en los estudios bíblicos regulares que la iglesia ya provee. (3) La iglesia debe ser paciente y proceder despacio; los líderes de la iglesia no deben ser «dominantes» (o «tiranos») (1 P 5:3), y un abordaje paciente evitará ahuyentar a gente temerosa o alienarlas innecesariamente. (4) La iglesia debe reconocer y alentar el don de profecía de la forma que ya ha venido funcionando en la iglesia —en las reuniones de oración de la iglesia, por ejemplo—, cuando alguien se ha sentido inusualmente «guiado» por el Espíritu Santo a orar por algo, o cuando le ha parecido que el Espíritu Santo le ha traído a la mente un himno o pasaje de la Escritura, o cuando sienta un tono de sentido común o el enfoque específico en un momento de adoración u oración en grupo. Aun los cristianos de iglesias no receptivas del don de profecía pueden por lo menos ser sensibles a los impulsos del Espíritu Santo relacionados con aquello por lo que se debe orar en las reuniones de oración de la iglesia, y que entonces puede expresar esos impulsos en forma de una oración al Señor (lo que podría llamarse una «oración profética»).

(5) Si se han seguido los primeros cuatro pasos, y si la congregación y su liderazgo lo acepta, se podrían conceder algunas oportunidades a la práctica del don de profecía en los cultos de adoración menos formales de la iglesia, o en los grupos más pequeños de los hogares. Si esto se permite, aquellos que profeticen deben mantenerse dentro de las directivas de la Escritura (1 Co 14:29-36), deben buscar genuinamente la edificación de la iglesia y no su propio prestigio (1 Co 14:12, 26), y no debe dominar la reunión o ser demasiado dramático o emocional en sus palabras (y así atraer la atención hacia sí mismos en lugar de hacia el Señor). Las profecías se deben ciertamente evaluar de acuerdo con las enseñanzas de la Escritura (1 Co 14:29-36; 1 Ts 5:19-21).

(6) Si el don de profecía comienza a ser utilizado en la iglesia, esta debe poner aún más énfasis sobre valor inmensamente superior de la Escritura como la fuente a la que pueden acudir los cristianos a escuchar la voz del Dios vivo. La profecía es un don valioso, como lo son otros muchos dones, pero está en la Escritura que es Dios y solo Dios quien nos habla con sus propias palabras, aun hoy, y a lo largo de nuestras vidas. En lugar de esperar que en cada culto de adoración lo notable sea alguna palabra de profecía, es necesario recordarle a los que utilizan el don de profecía que debemos centrar nuestro gozo, nuestras expectativas y nuestro deleite en el propio Dios mientras él nos habla a través de la Biblia. Allí tenemos un tesoro de infinito valor: las verdaderas palabras de nuestro Creador que nos habla en un lenguaje que podemos entender. Y en lugar de

CAPÍTULO 11 · DONES DEL ESPÍRITU SANTO (2)

buscar frecuente orientación a través de la profecía, debemos hacer énfasis en que es en la Escritura donde podemos encontrar orientación para nuestras vidas. En la Escritura está nuestra fuente de directivas, nuestro foco cuando buscamos la voluntad de Dios, nuestras normas completamente confiables y suficientes. Es de las palabras de Dios en la Escritura que podemos decir confiados: «Tu palabra es una lámpara a mis pies; es una luz en mi sendero» (Sal 119:105).

B. Enseñanza

El don de la enseñanza en el Nuevo Testamento es *la habilidad de explicar la Escritura y aplicarla a la vida de las personas*. Esto se hace evidente en varios pasajes. En Hechos 15:35, Pablo y Bernabé y «muchos otros» están en Antioquia *enseñando* y anunciando la palabra del Señor». En Corinto, Pablo permaneció un año y medio «*enseñando* entre el pueblo la palabra de Dios» (Hch 18:11). Y los lectores de la Epístola a los Hebreos, aunque debían haber sido maestros, necesitaban más bien que alguien volviera a enseñarles «las verdades más elementales de la palabra de Dios» (Heb 5:12). Pablo les dice a los romanos que las palabras de las Escrituras del Antiguo Testamento se escribieron «para enseñarnos» (gr. *didaskalia*) (Ro 15:4), y le escribe a Timoteo que «toda Escritura» es «útil para enseñar *didaskalia*» (2 Ti 3:16).

Por supuesto, si la «enseñanza» en la iglesia primitiva estaba basada muy a menudo en las Escrituras del Antiguo Testamento, debe extrañar que también estuviera basada en algo de igual autoridad que las Escrituras, o sea, en un cuerpo de instrucciones apostólicas recibidas. Timoteo debía tomar la enseñanza que había recibido de Pablo y encomendarla a hombres fieles que estuvieran capacitados «para enseñar a otros» (2 Ti 2:2). Y los tesalonicenses debían mantenerse «fieles a las enseñanzas» que Pablo les trasmitió (2 Ts 2:15). Lejos de estar basadas en una revelación espontánea que vino durante el culto de adoración de la iglesia (como era la profecía), este tipo de «enseñanza» era la repetición y explicación de una auténtica lección apostólica. Enseñar lo contrario a las instrucciones de Pablo era enseñar una doctrina diferente o herética (*heterodidaskalo*) «apartándose de la sana enseñanza de nuestro Señor Jesucristo y de la doctrina que se ciñe a la verdadera religión» (1 Ti 6:3). De hecho, Pablo dijo que Timoteo debía recordarle a los corintios «cómo enseño por todas partes, y en todas las iglesias» (1 Co 4:17). Asimismo le dice: «Encarga y enseña estas cosas» (1 Ti 4:11), y «esto es lo que debes enseñar y recomendar» (1 Ti 6:2), cuando habla de sus instrucciones a la iglesia de Éfeso. Aunque esto no era profecía, sino enseñanza que proveyó en sentido primario (provenía de los apóstoles) las primeras normas doctrinales y éticas que regulaban la iglesia. Y como aquellos que aprendieron de los apóstoles también enseñaron, su enseñanza guió y dirigió a las iglesias locales.[23]

De manera que enseñar en términos de las epístolas del Nuevo Testamento consistía en repetir y explicar las palabras de la Escritura (o las igualmente autorizadas enseñanzas de Jesús y los apóstoles) y aplicarlas a los que escuchaban. En las epístolas del Nuevo

---

[23]Vea también la discusión arriba en la sección A.6, p. 239, sobre las diferencias entre profecía y enseñanza.

C. Milagros

Justo después de los apóstoles, los profetas y maestros, «luego los milagros» dice Pablo (1 Co 12:28). Aunque muchos de los milagros que se ven en el Nuevo Testamento fueron específicamente milagros de sanidad, Pablo menciona aquí la sanidad como un don separado. Por lo tanto, en este contexto debía de haber tenido en mente algo diferente a la sanidad.

Debemos recordar que la palabra castellana «milagros» puede que no nos acerque mucho a lo que Pablo quería decir, pues el vocablo griego es simplemente la forma plural de la palabra *dynamis*, «poder».[24] Esto significa que el término puede referirse a cualquier actividad en la que el gran poder de Dios es evidente. Ello puede incluir respuestas a la oración para liberarse de un peligro físico (como la liberación de los apóstoles de la cárcel en Hch 5:19-20 o 12:6-11), o poderosas acciones de juicio sobre los enemigos del evangelio o aquellos que requieren ser disciplinados dentro de la iglesia (vea Hch 5:1-11; 13:9-12), o liberaciones milagrosas de una lesión (como con Pablo y la víbora en Hch 28:3-6). Pero esas acciones del poder espiritual pueden incluir también poder para triunfar sobre la oposición de un demonio (como en Hch 16:18; cf. Lc 10:17).

Como Pablo no define «obras milagrosas» de una forma más específica que esta, podemos decir que el don de milagros debe incluir el accionar de un poder divino que libera de un peligro, una intervención para atender necesidades especiales en el mundo físico (como en el caso de Elías en 1 R 17:1-16), un juicio sobre aquellos que de manera irracional y violenta se oponen al mensaje del evangelio, el triunfo sobre las fuerzas demoníacas que libran una guerra contra la iglesia, y cualquier otra forma en la que el poder de Dios se manifiesta de una manera evidente para hacer avanzar los propósitos divinos en una situación determinada. Todas estas serían obras «poderosas» en las que se ayuda a la iglesia y se pone de manifiesto la gloria de Dios. (Vea también la discusión sobre los milagros en el capítulo 10 de *Quién es Dios*.)

D. Sanidad

1. Introducción: la enfermedad y la salud en la historia de la redención. Debemos primero recordar que la enfermedad física fue un resultado de la caída de Adán, y los males y la enfermedad son simplemente parte de las consecuencias de la maldición tras la caída, y conducirán eventualmente a la muerte física. Sin embargo, Cristo nos redimió de esa maldición cuando murió en la cruz: «Ciertamente él cargó con nuestras enfermedades y soportó nuestros dolores [...] *y gracias a sus heridas fuimos sanados*» (Is 53:4-5). Este pasaje alude tanto a la sanidad física como espiritual que Cristo compró para nosotros, pues Pedro lo cita al referirse a nuestra salvación: «El mismo, en su cuerpo, llevó al madero

---

[24]La NVI traduce «hacer milagros» en 1 Co 12:10.

nuestros pecados, para que muramos al pecado y vivamos para la justicia. *Por sus heridas ustedes han sido sanados* (1 P 2:24).

Pero Mateo cita el mismo pasaje de Isaías en referencia a las curaciones físicas que Jesús realizó: «y con una sola palabra expulsó a los espíritus, *y sanó a todos los enfermos*. Esto sucedió para que se cumpliera lo dicho por el profeta Isaías: 'Él cargó con nuestras enfermedades y soportó nuestros dolores'» (Mt 8:16-17).

Probablemente todos los cristianos estarían de acuerdo con que en la expiación Cristo ha comprado para nosotros no solo completa libertad del pecado sino completa libertad de nuestras debilidades y dolores en su obra de redención (vea el capítulo 13 de *Cómo entender la salvación*, sobre la glorificación). Y todos los cristianos tampoco dejarían de estar de acuerdo en que nuestra plena y completa posesión de todos los beneficios que Cristo ganó para nosotros no vendrán hasta su regreso: solo «cuando él venga» (1 Co 15:23) es que recibiremos nuestros cuerpos resucitados perfectos. Así es con la sanidad física y la redención de las enfermedades físicas que resultaron de la maldición de Génesis 3: nuestra completa posesión de la redención de las enfermedades físicas no será nuestra hasta que Cristo regrese y recibamos cuerpos resucitados.[25]

Para la cuestión que enfrentamos con respecto al don de sanidad es si Dios nos concederá de vez en cuando un adelanto o un anticipo de la sanidad física que en el futuro nos otorgará a plenitud.[26] Los milagros de sanidad de Jesús ciertamente demuestran que en ocasiones Dios está dispuesto a conceder un anticipo parcial de la salud perfecta que será nuestra por la eternidad. Y el ministerio de sanidad que se observa en la vida de los apóstoles y otros en la iglesia primitiva también indica que esto fue parte del ministerio de la era del nuevo pacto. Como tal, se ajusta al mayor patrón de bendiciones del nuevo pacto, muchas de las cuales ofrecen anticipos parciales de las bendiciones que nos pertenecerán cuando Cristo regrese. «Ya» poseemos algunas de las bendiciones del reino, pero esas bendiciones «todavía» no son nuestras del todo.

2. El propósito de la sanidad. Como con otros dones espirituales, la sanidad tiene varios propósitos. Ciertamente funciona como «señal» para confirmar el mensaje del evangelio, y mostrar que ha llegado el reino de Dios. Entonces también la sanidad trae consuelo y salud a aquellos que están enfermos, y con ello demuestra la misericordia como atributo de Dios hacia aquellos que están en aflicción. Tercero, la sanidad prepara a las personas para el servicio, al tiempo que quita los impedimentos para el ministerio. Cuarto, la sanidad provee la oportunidad para que Dios sea glorificado cuando las personas ven pruebas físicas de su benevolencia, amor, poder, sabiduría y presencia.

3. ¿Qué acerca del uso de la medicina? ¿Cuál es la relación entre orar por sanidad y el uso de la medicina y las habilidades de un médico? Ciertamente debemos utilizar la

---

[25]Cuando las personas dicen que en «la expiación» hay sanidad perfecta, afirmación es verdadera en sentido amplio, pero en realidad no nos dice da sobre cuándo recibiremos «completa sanidad» (o cualquier parte de a).

[26]Para dos tratamientos muy útiles de este asunto, y del don de sanar fermos en general, vea John Wimber, con Kevin Springer, *Power Healing*, y Ken Blue, *Authority to Heal* (InterVarsity Press, Downers Grove, Ill., 1987). Vea también la excelente discusión de Jack Deere, *Surprised by the Power of the Holy Spirit* (Zondervan, Grand Rapids, 1993). Puede encontrar varias defensas académicas de que exista un ministerio de sanidad hoy en Gary Greig y Kevin Springer, eds., *The Kingdom and the Power* (Gospel Light, Ventura, Calif., 1993).

medicina si está disponible, porque Dios también creó sustancias en la tierra que se pueden convertir en medicina con propiedades curativas. De esa manera, las medicinas deben ser consideradas parte del conjunto de la creación, el cual estimó Dios que era «muy bueno» (Gn 1:31). Debemos usar de buen grado la medicina con gratitud hacia el Señor, pues: «Del Señor es la tierra y todo cuanto en ella hay» (Sal 24:1). De hecho, cuando hay medicina disponible y rehusamos utilizarla (en casos que nos pondrían a nosotros o a otros en peligro), parece como si estuviéramos poniendo a prueba al Señor nuestro Dios (cf. Lc 4:12): esto es similar al caso de Satanás tentando a Jesús a que se tirara del templo *en lugar de* bajar por las escaleras. Cuando hay medios ordinarios para bajar del templo (las escaleras), es «poner a prueba» a Dios tirarse y así demandar que realice un milagro en ese preciso momento. Rehusar el uso de una medicina efectiva, insistiendo en que Dios lleve a cabo un milagro de sanidad en lugar de una cura a través de la medicina, es muy similar a esto.

Por supuesto, es equivocado confiarse en doctores o en medicina en lugar de confiar en el Señor, un error que trágicamente cometió el rey Asá:

> En el año treinta y nueve de su reinado, Asá se enfermó de los pies; y aunque su enfermedad era grave, no buscó al Señor, sino que recurrió a los médicos. En el año cuarenta y uno de su reinado, Asá murió y fue sepultado con sus antepasados. (2 Cr 16:12-13)

Pero si se utiliza la medicina en conexión con la oración, entonces debemos esperar que Dios bendiga y a menudo multiplique la efectividad de la medicina.[27] Aun cuando Isaías había recibido una promesa de sanidad del Señor para Ezequias, le dijo a los criados de este que trajeran una gran pasta de higos y la aplicaran (como un remedio) a una llaga de la que Ezequias padecía: «E Isaías dijo "Preparen una pasta de higos". Así lo hicieron; luego se la aplicaron al rey en la llaga, y se recuperó» (2 R 20:7).

No obstante, a veces no hay una medicina apropiada disponible, o la medicina no trabaja. Ciertamente debemos recordar que Dios puede curar cuando los doctores y las medicinas no pueden (y debe asombrarnos con qué frecuencia los doctores no pueden curar, aun en los países más avanzados en el terreno de la medicina). Por otra parte, puede que haya momentos cuando una enfermedad no nos coloca a nosotros o a otros en un peligro inmediato, y decidimos pedir a Dios que cure nuestra enfermedad sin el uso de la medicina, simplemente porque anhelamos otra oportunidad de ejercitar nuestra fe y darle a él gloria, y quizá porque deseamos obviar el gasto de tiempo y dinero utilizando medios médicos, o queremos evitar los efectos secundarios que tienen algunas medicinas. En todos estos casos, es simplemente una cuestión de gusto personal y no parece ser un «poner a prueba» a Dios. (Sin embargo, la decisión de no utilizar medicinas en estos casos debe ser una decisión personal y no una impuesta por otros.)

Vemos a Jesús sanando abiertamente donde los medios médicos han fallado, cuando «una mujer que hacía doce años padecía de hemorragias, *sin que nadie pudiera curarla*. Ella

---

[27]Note la recomendación de Pablo para el uso del vino con propósitos medicinales en 1 Ti 5:23: «No sigas bebiendo sólo agua; toma también un poco de vino a causa de tu mal de estómago y tus frecuentes enfermedades».

se le acercó por detrás y le tocó el borde del manto, y al instante cesó su hemorragia» (Lc 8:43-44). Sin duda había mucha gente privada de la ayuda de médicos que venían dondequiera que Jesús enseñaba y sanaba, pero leemos que «todos los que tenían enfermos de diversas enfermedades los traían a él; y él, poniendo las manos sobre cada uno de ellos, los sanaba» (Lc 4:40). No había enfermedad que Jesús no fuera capaz de sanar.

4. ¿Muestra el Nuevo Testamento métodos comunes utilizados en las curaciones? Los métodos utilizados por Jesús y los discípulos para traer sanidad varían de caso en caso, pero la mayoría de las veces incluían la imposición de manos.[28] En el versículo acabado de citar, sin duda Jesús pudo haber pronunciado un poderoso mandato y curado a todos en una gran multitud al instante, pero, en lugar de eso, «*él puso las manos sobre cada uno de ellos y los sanó*» (Lc 4:40). La imposición de manos parece haber sido el método principal utilizado por Jesús para sanar, porque cuando se acercaban las personas y le solicitaban sanidad no pedían simplemente oraciones sino decían, por ejemplo: «Ven y pon tu mano sobre ella, y vivirá» (Mt 9:18).[29]

Otro símbolo físico del poder del Espíritu Santo que viene a sanar era el ungimiento con aceite. Los discípulos de Jesús «sanaban a muchos enfermos, *ungiéndolos con aceite*» Y Santiago instruye a los ancianos de la iglesia para que ungieran al enfermo con aceite cuando oraran: «¿Está enfermo alguno de ustedes? Haga llamar a los ancianos de la iglesia para que oren por él *y lo unjan con aceite* en nombre del Señor. La oración de fe sanará al enfermo y el Señor lo levantará. Y si ha pecado, su pecado se le perdonará» (Stg 5:14-15).[30]

El Nuevo Testamento a menudo enfatiza el papel de la fe en el proceso de sanidad, algunas veces la fe de una persona enferma (Lc 8:48; 17:19), pero en otros momentos es la fe de otros la que trae sanidad al enfermo. En Santiago 5:15 son los ancianos los que oran, y Santiago dice que es «la oración de fe» la que salva al enfermo, ella debe ser la fe de los ancianos que oran,[31] no la fe del que está enfermo. Cuando los cuatro hombres hicieron descender un paralítico a través de una abertura en el techo donde Jesús predicaba, leemos: «Al ver Jesús la fe de ellos...» (Mr 2:5). En otros momentos Jesús menciona la fe de la mujer cananea respecto a la curación de su hija (Mt 15:28), o del centurión por la curación de su criado (Mt 8:10, 13).[32]

5. ¿Cómo entonces debemos orar por sanidad? ¿Cómo entonces debemos orar en relación con las enfermedades físicas? Ciertamente es correcto pedir sanidad a Dios, pues

---

[28]Vea la discusión sobre la imposición de manos en el capítulo 6, pp. 139-41.

[29]Vea también Lc 5:13; 13:13; Hch 28:8; también Mr 6:2, y varios otros versículos en los evangelios que mencionan la imposición de manos. Sin embargo, Jesús no sanó siempre de esta manera.

[30]El ungimiento con aceite en Santiago 5:14 debe ser entendido como un símbolo del poder del Espíritu Santo, no simplemente como algo medicinal, pues no sería apropiado utilizar el aceite como una medicina para todas las enfermedades. Por otra parte, si su uso fuera solo medicinal, es difícil vislumbrar por qué los ancianos debían aplicarlo. El aceite frecuentemente es un símbolo del Espíritu Santo en el Antiguo Testamento (vea Éx 29:7; 1 S 16:13; cf. Sal 45: 7), y aquí parece ser también el caso (Vea la extensa discusión de Douglas J. Moo, *The Letter of James*, pp. 177-81).

[31]Podemos preguntarnos por qué son los ancianos los llamados a venir y orar para sanar enfermos en Santiago 5:14-15. Aunque Santiago no lo explica, debe ser porque tenían responsabilidades de cuidado pastoral, la madurez y sabiduría para el manejo del posible pecado implicado (vea vv. 15-16), y cierta medida de autoridad espiritual que formaba parte de su oficio. De desarrolo, ellos ciertamente serían capaces de traer a otros con dones de sanidad. Además, Santiago amplía sus recomendaciones para incluir a todos los cristianos en el v. 16: «Confiésense unos a otros sus pecados, *y oren unos por otros, para que sean sanados*».

[32]Por contraste, podemos notar que los discípulos no podían expulsar demonios; Jesús dice que ello se debía a que tenían muy «poca fe» (Mt 17:20).

Jesús nos enseña que oremos: «Líbranos del maligno» (Mt 6;13), y el apóstol Juan escribe a Gayo: «Oro para que te vaya bien en todos tus asuntos, *y goces de buena salud*» (3 Jn 2). Por otro lado, Jesús sanó frecuentemente a *todos* los que le traían, y nunca despidió a las personas, ¡diciéndoles que sería recomendable que permanecieran enfermos durante más tiempo! Además de esto, cuando quiera que tomemos algún tipo de medicina o busquemos cualquier ayuda médica para una enfermedad, *por medio de estas acciones admitimos que pensamos que es la voluntad de Dios que busquemos estar saludables*. Si pensamos que Dios quisiera que continuáramos enfermos, ¡nunca buscaríamos medios médicos para curarnos! Así, cuando oramos, parece correcto que nuestra primera presunción, a menos que tengamos razones para pensar de otra manera, debe ser que a Dios le agradaría sanar a la persona por la que oramos, en la medida que podemos enunciar de la Escritura, esto es la voluntad revelada de Dios.[33]

Ken Blue tiene aquí una observación útil. Argumenta que si queremos comprender la actitud de Dios hacia la sanidad física debemos observar la vida y el ministerio de Jesús, Blue dice: «Si Jesús nos revela verdaderamente el carácter de Dios, entonces debemos dejar de especular y discutir sobre la voluntad de Dios en relación con la enfermedad y la sanidad. Jesús sanaba a las personas porque las amaba. Muy simple, tenía compasión por ellas; estaba de su parte; quería resolver sus problemas».[34] Este es un argumento poderoso, especialmente cuando se conjuga con la toma de conciencia de que Jesús vino a inaugurar la presencia del reino de Dios entre nosotros y así mostrarnos a qué se parecería el reino de Dios.

¿Cómo debemos entonces orar? Ciertamente está bien pedirle a Dios sanidad, y debemos ir ante él con el simple pedido de que dé sanidad física en momentos de necesidad. Santiago nos advierte que una simple incredulidad puede conducir a abandonar la oración y a dejar de recibir respuestas de Dios: «No tienen porque no piden» (Stg 4:2). Pero cuando oramos por sanidad debemos recordar que debemos orar para que Dios sea glorificado en la situación, decida él sanar o no. Y también debemos orar impulsados por la misma compasión del corazón que Jesús sintió por aquellos a quienes sanó. Cuando oramos de esta manera, la voluntad de Dios concede a veces —y quizá a menudo— respuestas a nuestras oraciones.

Alguien puede objetar en este punto que, desde una perspectiva pastoral, se hace mucho daño cuando se anima a las personas a creer que ocurrirá un milagro de sanidad y entonces no sucede nada; el resultado puede ser desilusión con la iglesia y cólera hacia Dios. Aquellos que oran a favor de la sanidad de las personas hoy necesitan escuchar esta objeción y utilizar sabiduría en lo que le dicen a las personas enfermas.

(1) *Desistir de orar implorando sanidad* no es la solución correcta, pues ello supone desobediencia según Santiago 5. (2) Decirle a la gente que *Dios raramente sana hoy en día* y que no deben esperar que algo suceda tampoco es una solución correcta, porque ello no provee una atmósfera que conduzca a la fe y es consistente con la norma que vemos en el ministerio de Jesús ni en la iglesia primitiva del Nuevo Testamento.

---

[33]Vea la discusión en *Quién es Dios*, pp. 105-108, sobre la voluntad *secreta* y revelada de Dios. Por supuesto comprendemos que la voluntad secreta de Dios, desconocida para nosotros en los detalles específicos, es que no todos seremos sanados, justo como su secreta voluntad es que no todos seremos salvados. Pero en ambas situaciones debemos orar por lo que vemos en la Escritura que es la voluntad revelada de Dios: salvar los pecadores y sanar a aquellos que están enfermos.

[34]*Authority to Heal*, pp. 72, 78.

CAPÍTULO 11 · DONES DEL ESPÍRITU SANTO (2)

(3) Decirle a la gente que *Dios siempre sana hoy en día* si tenemos suficiente fe es una enseñanza cruel que no encuentra sustento en la Escritura (vea la sección 6 debajo).

La solución pastoralmente sabia parece que descansa entre las anteriores (2) y (3). Podemos decirle a las personas que Dios sana frecuentemente hoy (si creemos que ello es cierto), y que es muy posible que sean sanadas,[35] pero que vivimos en una era en que el reino de Dios *ya* está aquí pero *aún no* está aquí completamente. Por lo tanto, los cristianos en esta vida experimentarán sanidad (y muchas otras respuestas a la oración), pero también seguirán sufriendo enfermedades y eventualmente la muerte. En cada caso individual es la soberana voluntad de Dios la que decide el desenlace, y nuestro papel es simplemente pedirle y esperar que él conteste (ya sea «sí» o «no» o «sigue orando y espera»).

Quienes poseen los «*dones de sanidad*» (una traducción literal del plural en 1 Co 12:9, 28) serán aquellas personas que descubren que les contestan sus oraciones por sanidad con más frecuencia y más completamente que a otros. Cuando eso se hace evidente, una iglesia actuaría con sabiduría al alentarlos en este ministerio y darles más oportunidades de orar por otros que están enfermos. También deberíamos darnos cuenta de que los dones de sanidad pueden incluir un ministerio no solo en términos de sanidad física, sino también en términos de sanidad emocional. Y en ocasiones puede incluir la habilidad de liberar a las personas de ataques demoníacos, porque a esto también se le llama a veces «sanidad» en las Escrituras (vea Lc 6:18; Hch 10:38). Quizás los dones de ser capaces de orar efectivamente en diferentes tipos de situaciones y por distintos tipos de necesidades eran aquellos a los que Pablo se refería cuando utilizó la expresión plural «dones de sanidad».

6. ¿Pero qué si Dios no sana? Aun así, debemos darnos cuenta de que no todas las oraciones por sanidad serán contestadas en esta era. A veces Dios no concederá la «fe» especial (Stg 5:15) de que tendrá lugar una sanidad, y a veces Dios decidirá no curar, debido a sus propios propósitos soberanos. En estos casos debemos recordar que Romanos 8:28 todavía es válido: aunque experimentamos «sufrimientos en el tiempo presente» y aunque «gemimos interiormente mientras aguardamos [...] la redención de nuestro cuerpo» (Ro 8:18, 23), no obstante, «sabemos que Dios dispone todas las cosas para bien de quienes lo aman, los que han sido llamados de acuerdo con su propósito» (Ro 8:28). Esto incluye el obrar en nuestras circunstancias de sufrimiento y enfermedad también.

Cualquier cosa que fuera la «espina en el cuerpo» de Pablo (y siglos de trabajo de intérpretes que creen en la Biblia no han ofrecido una respuesta definitiva), este se dio cuenta de que Dios permitió que lo acompañara «para evitar que me volviera presumido» (2 Co 12:7), esto es, para mantener a Pablo humilde ante el Señor.[36] Así que el

---

[35]A veces Dios puede conceder una certeza de fe subjetiva, algo como lo que Santiago llama «la oración de fe» (Stg 5:15), y Hebreos 11:1 llama «la garantía de lo que se espera», y Marcos 11:24 llama creer que «ya han recibido todo lo que estén pidiendo en oración». En esos casos la persona que ora puede decir confiada que es probable o aun posible que alguien será sanado. Pero no creo que Dios le dé garantías a nadie para que prometa o «garantice» sanidad en esta era, pues su Palabra escrita no da tales garantías, y nuestro sentido subjetivo de su voluntad está siempre sujeto a cierto grado de incertidumbre y alguna medida de error en esta vida.

[36]Tras algún estudio de 2 Corintios 12:7, mi propia conclusión en este punto es que no existe suficiente información en el texto para decidir lo que era la espina en la carne de Pablo. Se pueden dar razones en apoyo de las tres principales posibilidades: (1) algún tipo de enfermedad física; (2) un demonio que lo atormentaba; o (3) las persecuciones judías. Sin embargo, el hecho de que somos incapaces de llegar a alguna conclusión definitiva tiene algunos beneficios: Significa que podemos aplicar este texto a los tres tipos de situaciones en nuestras propias vidas, cuando el Señor en su sabiduría soberana decide no librarnos de ellas.

Señor le dijo: «Te basta con mi gracia, pues mi poder se perfecciona en la debilidad» (2 Co 12:9). Hay indicios de que en la iglesia primitiva aun en presencia de los apóstoles no todas las personas se sanaban. Pablo reconoce que «por fuera nos vamos desgastando» (2 Co 4:16), y a veces los males y enfermedades no se curarán. Cuando Epafrodito llegó a visitar a Pablo tenía una enfermedad que lo puso «al borde de la muerte» (Fil 2:27). Pablo indica en el relato de Filipenses 2 que parecía que Epafrodito iba a morir, que Dios no lo sanó inmediatamente cuando enfermó. Pero eventualmente Dios sí lo sanó (Fil 2:27) en respuesta a la oración. Pablo le dijo a Timoteo que bebiera un poco de vino «a causa de tu mal de estómago y tus frecuentes enfermedades» (1 Ti 5:23). Dijo: «A Trófimo lo dejé enfermo en Mileto» (2 Ti 4:20). Y tanto Pedro (1 P 1:6-7; 4:19) como Santiago (Stg 1:2-4) tienen palabras de aliento y consejo para aquellos que sufren pruebas de varias clases:[37]

> Hermanos míos, considérense muy dichosos cuando tengan que enfrentarse con diversas pruebas, pues ya saben que la prueba de su fe produce constancia. Y la constancia debe llevar a feliz término la obra, para que sean perfectos e íntegros, sin que les falte nada. (Stg 1:2-4)

Cuando Dios decide no sanar, aun cuando se lo pidamos, entonces está bien que demos «gracias en toda situación» (1 Ts 5:18) y que tomemos conciencia que Dios puede usar la enfermedad para acercarnos a él y aumentar en nosotros la obediencia a su voluntad. De manera que el salmista puede decir: «*Me hizo bien haber sido afligido*, porque así llegué a conocer tus decretos» (Sal 119:71), y: «Antes de sufrir estuve descarriado, pero ahora obedezco tu palabra» (Sal 119:67).

Dios puede traernos una creciente santificación a través de la enfermedad y el sufrimiento, exactamente como puede traer santificación y crecimiento en la fe a través de las curaciones milagrosas. Pero el énfasis del Nuevo Testamento, tanto en el ministerio de Jesús como en el ministerio de los discípulos en Hechos, parece ser uno que nos aliente en la mayoría de los casos a pedirle sanidad a Dios ávida y seriamente, y entonces continuar confiando en él para sacar beneficio de la situación, ya sea que conceda sanidad física o no. El punto es que en todo caso Dios debe recibir gloria y nuestro gozo y confianza en él deben crecer.

---

[37]Algunos han intentado establecer una diferencia entre la enfermedad y otros tipos de sufrimiento, y decir que los pasajes de la Escritura que indican a los cristianos que deben esperar sufrimiento tienen que ver con otros tipos de sufrimiento, tales como la persecución, pero que no incluyen la enfermedad física.

Este argumento no me parece convincente por dos razones: primero, la Escritura habla sobre «diversas pruebas» (1 P 1:6; Stg 1:2), y la intención de los autores en ambos casos parece ser hablar de todos los tipos de pruebas que experimentamos en esta vida, incluyendo las enfermedades físicas y la aflicción. ¿No querían Santiago y Pedro que los cristianos que estaban enfermos aplicaran estos pasajes a sus propias situaciones? Esto es altamente improbable. (Estas dos son epístolas generales escritas para miles de cristianos.)

Segundo, a menos que el Señor regrese, todos experimentaremos el progresivo envejecimiento y deterioro de nuestros cuerpos físicos, y con el tiempo moriremos. Pablo dice: «por fuera nos vamos desgastando» (2 Co 4:16). Casi inevitablemente este proceso de envejecimiento incluye varias enfermedades físicas.

Parece mejor concluir que los sufrimientos que Dios espera que experimentemos de tiempo en tiempo en esta vida pueden a veces incluir enfermedades físicas, que Dios en su soberana sabiduría decide no sanar. De hecho puede haber muchos casos en los que, por varios motivos, no nos sentimos libres de pedirle sanidad a Dios en fe. Pero aun en estos casos el corazón de fe tomará la Palabra de Dios como verdadera y creerá que esto también ha llegado a nuestras vidas «para bien» (Ro 8:28), y que Dios nos hará un bien con esto.

CAPÍTULO 11 · DONES DEL ESPÍRITU SANTO (2)

E. Lenguas e interpretación

Para comenzar debe decirse que la palabra griega *glossa*, traducida «lengua», se usa no solo para indicar la lengua física en la boca de una persona, sino también para indicar «lenguaje». En los pasajes del Nuevo Testamento donde se discute el hablar en lenguas, se alude ciertamente al «lenguaje». Por lo tanto, es algo infortunado que los traductores de la Biblia hayan continuado utilizando la frase «hablar en lenguas», que es una expresión que se usa en el idioma ordinario y que da la impresión de que se trata de una experiencia extraña, algo completamente ajeno a la vida humana común. Pero si los traductores utilizaran la expresión «hablar en lenguajes», ello no parecería tan extraño, y le daría al lector un sentido mucho más cercano a lo que los lectores griegos del primer siglo hubieran oído al leer la frase en Hechos o 1 Corintios.[38] Sin embargo, como el actual uso de la frase «hablar en lenguas» está tan ampliamente establecido, continuaremos utilizándola en esta discusión.

1. Las lenguas en la historia de la redención. El fenómeno de hablar en lenguas es único en la era del nuevo pacto. Antes que Adán y Eva cayeran en pecado, no había necesidad de hablar en otros lenguajes, porque ellos hablaban *la misma lengua* y estaban *unidos en el servicio de Dios* y el compañerismo con él. Tras la caída, las personas hablaban el mismo idioma pero eventualmente se *unieron en la oposición a Dios*, y «la maldad del ser humano en la tierra era muy grande» y «todos sus pensamientos tendían siempre hacia el mal» (Gn 6:5). Este lenguaje unificado utilizado en la rebelión contra Dios culminó en la construcción de la torre de Babel en un tiempo cuando «se hablaba un solo idioma en toda la tierra» (Gn 11:1). A fin de detener esta rebelión unificada contra él, en Babel Dios «confundió el idioma de toda la gente de la tierra» y «los dispersó por todo el mundo» (Gn 11:9).

Cuando Dios llamó a Abraham (Gn 12:1), le prometió hacer de él una «gran nación» (Gn 12:2), y la nación de Israel que surgió de ese llamado tenía un idioma que Dios quería que utilizaran en su servicio. Pero el resto de las naciones del mundo no hablaban este idioma, y se mantuvieron fuera del alcance del plan redentor de Dios. Así que la situación mejoró algo, pues *un idioma entre todos los idiomas del mundo se usaba para el servicio de Dios*, en tanto que en Génesis 11 no se alababa a Dios en ningún idioma.

Ahora, si pasamos a la era de la iglesia del Nuevo Testamento y miramos al futuro eterno, vemos que una vez más será restaurada la unidad del idioma, pero esta vez todo el mundo hablará de nuevo *el mismo idioma en el servicio de Dios*, y en la alabanza a él (Ap 7:9-12; cf. Sof 3:9; 1 Co 13:8; quizá Is 19:18).

En la iglesia del Nuevo Testamento hay un cierto anticipo de la unidad del idioma que existirá en el cielo, pero solo se concede en algunas ocasiones, y solo de manera parcial. En Pentecostés, que sería el momento cuando el evangelio comenzó a incursionar en otras naciones, fue apropiado que los discípulos reunidos en Jerusalén «comenzaron a hablar en diferentes lenguas, según el Espíritu les concedía expresarse» (Hch 2:4).[39]

---

[38]La NVI traduce «diferentes lenguas» o «en lenguas» (Hch 2:4; 10:46) y a través de 1 Co12–14. La traducción preferibles «lenguajes», por razones mencionadas arriba.

[39]Este versículo muestra que el milagro se refería a hablar, no a escuchar. Los discípulos «comenzaron a hablar en diferentes lenguas (o idiomas)».

El resultado fue que los visitantes judíos de varias naciones que estaban en Jerusalén oyeron todos en sus propias lenguas una proclamación de «las maravillas de Dios» (Hch 2:11). Este fue un símbolo notable del hecho de que el mensaje del evangelio iba a ir adelante hacia todas las naciones del mundo.[40] Una acción simbólica como esa hubiera sido inapropiada en el Antiguo Testamento, porque allí el mensaje evangelístico invitaba a las personas de otras naciones a venir y unirse al pueblo hebreo y volverse judíos, y de ese modo adorar a Dios. Pero aquí el mensaje consiste en ir a cada nación en su propio idioma, invitando a las personas de cada lugar a volverse a Cristo y ser salvos.[41]

Por otra parte, dentro del contexto del culto de adoración de la iglesia, hablar en lenguas más interpretación ofrece una indicación adicional de la promesa que un día las diferencias de lenguajes que se originaron en Babel serán superadas. Si este don está obrando en la iglesia, no importa qué idioma o palabra de oración o alabanza ofrezca, una vez que haya una interpretación, todos pueden entenderlo. Esto es, por supuesto, un proceso en dos pasos que es «imperfecto», como son todos los dones en esta era (1 Co 13:9), pero aun constituye una situación mejor que desde Babel al Pentecostés cuando no había una provisión que facultara a las personas a comprender el mensaje en un idioma que no conocían.

Por último, orar en lenguas en un escenario reservado es otra forma de orar a Dios. Pablo dice: «Porque si yo oro en lenguas, mi espíritu ora, pero mi entendimiento no se beneficia en nada» (1 Co 14:14). En el amplio contexto de la historia de la redención, esto también debe verse como otra solución parcial a los resultados de la caída, por la cual fuimos apartados del compañerismo de Dios. Por supuesto, esto no significa que los espíritus de las personas *solo* pueden tener compañerismo con Dios cuando hablan en lenguas; Pablo afirma que él ora y canta tanto en lenguas como en su propio idioma (1 Co 14:15). Sin embargo, Pabló sí ve el hablar en lenguas como otra vía de compañerismo directo con Dios en la oración y la adoración. Una vez más, este aspecto del don de lenguas no funcionaba, hasta donde sepamos, antes de la era del nuevo pacto.

2. ¿Qué es hablar en lenguas? Debemos definir este don como sigue: *hablar en lenguas es orar o adorar en sílabas no comprensibles por el que habla.*

a. Palabras de oración o alabanza dirigidas a Dios. Esta definición indica que hablar en lenguas es fundamentalmente una conversación dirigida a Dios (esto es, una oración o una alabanza). Por lo tanto es distinto al don de profecía, que consiste frecuentemente en mensajes de Dios dirigidos a las personas de la iglesia. Pablo dice: «Porque el que habla en lenguas no habla a los demás sino a Dios» (1 Co 14:2), y si no hay un intérprete presente en el culto de la iglesia, dice Pablo que alguien que tiene un don de hablar en lenguas debe guardar «silencio en la iglesia y cada uno hable para sí mismo y *para Dios*» (1 Co 14:28).

---

[40] El hablar en lenguas en Pentecostés fue poco común porque estuvo acompañado de «lenguas como de fuego que se repartieron y se posaron sobre cada uno de ellos» (Hch 2:3). Como el fuego en la Escritura a menudo es símbolo de juicio purificador, la presencia de fuego aquí puede ser un símbolo del hecho de que Dios purificaba el idioma que se usaba en su servicio.

[41] Es verdad que los primeros que escucharon este mensaje aún eran los judíos de Jerusalén (Hch 2:5), no los gentiles, pero el simbolismo del evangelio proclamado en muchos idiomas sí da un indicio del esfuerzo evangelístico mundial que pronto se produciría.

CAPITULO 11 · DONES DEL ESPIRITU SANTO (2)

¿Qué tipo de conversación es esta que se dirige a Dios? Pablo dice: «Si yo oro en lenguas, *mi espíritu ora*, pero mi entendimiento no se beneficia en nada» (1 Co 14:14; cf. vv. 14-17 y v. 28), donde Pablo cataloga el hablar en lenguas como oración y acción de gracias. Por lo tanto, hablar en lenguas es aparentemente una oración o alabanza dirigida a Dios, y esta viene del «espíritu» de la persona que habla. Esto no es incongruente con la narración de Hechos 2, pues la multitud dijo: «¡Todos por igual los oímos proclamar en nuestra propia lengua las maravillas del reino de Dios!» (Hch 2:11), una descripción que ciertamente puede indicar que todos los discípulos glorificaban a Dios y proclamaban sus maravillosas obras al adorar, y la multitud comenzó a escuchar esto como si ello tuviera lugar en varios idiomas.

De hecho, no hay indicios de que los propios discípulos hablaran a la multitud hasta Hechos 2:14, cuando Pedro se pone en pie y entonces se dirige directamente a la multitud, probablemente en griego.[42]

b. No comprendidas por el que habla. Pablo dice que «el que habla en lenguas no habla a los demás sino a Dios. En realidad, *nadie le entiende* lo que dice, pues habla misterios por el Espíritu» (1 Co 14:2). De igual manera, dice que si se habla en lenguas sin interpretación no se comunica ningún significado: «seré como un extranjero para el que me habla, y él lo será para mí» (1 Co 14:11). Por otro lado, todo el párrafo de 1 Corintios 14:13-19 da por hecho que hablar en lenguas en la congregación, cuando ello no va acompañado de interpretación, no es comprensible para aquellos que escuchan:

> Por esta razón, el que habla en lenguas pida en oración el don de interpretar lo que diga. Porque si yo oro en lenguas, mi espíritu ora, pero mi entendimiento no se beneficia en nada. ¿Qué debo hacer entonces» Pues orar con el espíritu, pero también con el entendimiento; cantar con el espíritu, pero también con el entendimiento. De otra manera, si alabas a Dios con el espíritu, ¿cómo puede quien no es instruido decir «amén» a tu acción de gracias, puesto que no entiende lo que dices? En ese caso tu acción de gracias es admirable, pero no edifica al otro. Doy gracias a Dios porque hablo en lenguas más que todos ustedes. Sin embargo, en la iglesia prefiero emplear cinco palabras comprensibles *y que sirvan para instruir a los demás*, que diez mil palabras en lenguas.

Ahora, en Pentecostés hablar en lenguas era en idiomas conocidos que los que escuchaban entendían: «cada uno los escuchaba hablar en su propio idioma» (Hch 2:6). Pero los oradores no entendieron lo que hablaban, lo que causó asombro fue que los galileos hablaban todos estos diferentes idiomas (v. 7). Por lo tanto, parece que *a veces* hablar en lenguas puede implicar hablar en idiomas humanos actuales, en ocasiones aun

---

[42] En Hechos 10:46, las personas en casa de Cornelio comenzaron «a hablar en lenguas y alabar a Dios». Otra vez, eso significa tanto que el discurso consistía en alabanzas a Dios o que estaba íntimamente relacionado con esto; gramaticalmente no se puede decir sobre la base del texto en sí.

No quiero excluir la posibilidad de que el hablar en lenguas pudo a veces incluir un discurso dirigido a la gente, no a Dios, pues es muy posible que la declaración de Pablo en 1 Corintios 14:2 sea una generalización no dirigida a aplicarse en todos los casos, y la cuestión principal del versículo en ningún caso es que solo Dios puede *comprender* las lenguas no interpretadas, ni que solo a Dios puede dirigirse un discurso en lenguas. De hecho, puede que lo que tenga lugar en Hechos 2 sea un discurso dirigido a los hombres. Pese a todo, la evidencia que sí tenemos en 1 Co 14 indica un discurso dirigido a Dios, y parece seguro decir que ello es en general lo que será el hablar en lenguas.

en idiomas que los que escuchan entienden. Pero otras veces —y Pablo asume que por lo regular esto será el caso— lo que se habla será en un idioma que «nadie» entiende (1 Co 14;2).

Algunos han objetado que hablar en lenguas debe siempre consistir en hablar en idiomas humanos *conocidos*, pues ello fue lo que sucedió en Pentecostés. Pero el hecho de que hablar en lenguas en idiomas humanos conocidos ocurrió *una vez* en la Escritura no requiere que esto ocurra *siempre* en idiomas conocidos, especialmente cuando otra descripción de hablar en lenguas (1 Co 14) indica exactamente lo opuesto. Pablo no dice que los visitantes extranjeros en Corinto entenderían al que habla, sino dice que si alguien habla en lenguas «nadie» entendería, y el no instruido no sabrá lo que la persona dice (1 Co 14: 2, 16).[43] De hecho, Pablo dice explícitamente que en la conducción ordinaria de la vida de la iglesia ocurrirá algo muy distinto al fenómeno de Pentecostés: «si todos hablan en lenguas y entran algunos que no entienden o no creen, lejos de entender el mensaje, estos dirán que «ustedes están locos» (1 Co 14:23). Por otra parte, debemos darnos cuenta de que 1 Corintios 14 es una instrucción general de Pablo basada en una amplia experiencia del hablar en lenguas en muchas iglesias diferentes, en tanto que Hechos 2 simplemente describe un acontecimiento único en un momento decisivo en la historia de la redención (Hch 2 es una narración histórica, mientras que 1 Co 14 es una instrucción doctrinal). Por consiguiente parecería apropiado tomar 1 Corintios 14 como el pasaje que describe más de cerca la experiencia ordinaria de las iglesias del Nuevo Testamento, y tomar las instrucciones de Pablo ahí como la norma por medio de la cual Dios intenta que las iglesias regulen el uso de este don.[44]

¿Son entonces las lenguas idiomas humanos conocidos? A veces este don puede dar lugar a hablar en un idioma humano que el que habla no ha aprendido, pero comúnmente parece que implicará el habla en un idioma que nadie entiende, ya sea este un idioma humano o no.[45]

c. Orar con el espíritu, no con la mente. Pablo dice: «Porque si yo oro en lenguas, mi espíritu ora, pero mi entendimiento no se beneficia en nada. ¿Qué debo hacer entonces?

---

[43]Robertson y Plummer notan que 1 Co 14:18: «Doy gracias a Dios porque hablo en lenguas más que todos ustedes», es «una sólida prueba de que las Lenguas no son idiomas foráneos» (A. Robertson y A. Plumier, *A Critical and Exegetical Commentary on the First Epistle of St. Paul to the Corinthians*, ICC [Edinburgh: T. & T. Clark, 1914], p. 314). Si hubiera idiomas foráneos que los extranjeros pudieran comprender, como en el Pentecostés, ¿por qué Pablo hablaría más que todos los corintios en privado, donde nadie entendería, en lugar de en la iglesia donde los visitantes extranjeros podrían entender?

[44]Note que en Pentecostés este hablar en lenguas tenía otra característica que no formó parte de ningún hablar en lenguas posterior: hubo lenguas de fuego que aparecieron sobre las cabezas de aquellos que hablaban (Hch 2:3). Pero esto no es un paradigma para todas las experiencias posteriores del hablar en lenguas, ni aun para las que se encuentran después en Hechos.

[45]Pablo sí dice: «Si hablo en lenguas humanas *y angélicas*» (1 Co 13:1), sugiriendo que ve la posibilidad de que hablar en lenguas puede incluir más que un discurso meramente humano. Es difícil decir si piensa que esto es una posibilidad hipotética o una real, pero ciertamente no podemos excluir la idea de que idiomas angélicos estuvieran incluidos también en estas palabras.

Algunos han objetado que como *glossa* en griego (fuera del Nuevo Testamento) siempre se refiere a idiomas humanos conocidos, debe referirse también a idiomas conocidos en el Nuevo Testamento. Pero esta objeción no es convincente, pues no había ninguna otra palabra en griego que viniera mejor para aludir a este fenómeno, aun si supone hablar a Dios en idiomas que no eran idiomas humanos o idiomas de algún tipo no completamente desarrollados, siempre que el discurso trasmitiera algún contenido o información.

No argumento aquí que el hablar en lenguas de Hechos 2 fuera un fenómeno diferente al hablar en lenguas que Pablo discute en 1 Corintios 14. Simplemente digo que la frase «hablar en lenguas» en Hechos 2 y 1 Corintios 14 se refiere a un hablar en sílabas no comprendido por quien habla pero comprendido por Dios, a quien se dirige este discurso. En Hechos 2 esto tuvo lugar como un discurso en idiomas humanos conocidos que no habían sido aprendidos por quienes hablaban, mientras que en 1 Corintios 14 el discurso puede haber consistido en idiomas humanos desconocidos, o en lenguas angélicas, o en un tipo de lenguaje más especializado dado por el Espíritu Santo a los distintos oradores individualmente. La expresión es lo suficientemente amplia como para incluir una amplia variedad de fenómenos.

Pues orar con el espíritu, pero también con el entendimiento, cantar con el espíritu, pero también con el entendimiento» (1 Co 14:14-15).

Pablo no está diciendo aquí que el Espíritu Santo ora a través nuestro. El contraste entre «mi espíritu» y «mi entendimiento» en el versículo 14 indica que es de su propio espíritu del que habla, del lado no material del ser. Al utilizar este don, su espíritu habla directamente a Dios, aunque su mente no tenga que formular palabras u oraciones y decidir sobre qué orar.[46] Pablo ve este tipo de oración como una actividad que tiene lugar en el ámbito espiritual, por medio de la cual nuestros espíritus hablan directamente a Dios pero nuestras mentes de alguna manera se dejan de lado, y no comprende lo que oramos.

Podríamos preguntarnos por qué Dios le daría a la iglesia un don que obra en el ámbito espiritual e invisible y que nuestras mentes no comprenden. Un motivo puede ser para mantenernos humildes, y ayudar a prevenir el orgullo intelectual. Otro motivo puede ser recordarnos que Dios está por encima de nuestra comprensión y de que él obra en formas que sobrepasan nuestro entendimiento. Por último, es una característica de que mucho de lo que Dios hace en la era del nuevo pacto se hace en el ámbito espiritual e invisible: la regeneración, la oración genuina, adorar «en espíritu y en verdad», las bendiciones espirituales que vienen a través de la Cena del Señor, la guerra espiritual, poner nuestros tesoros en el cielo, poner nuestras mentes en las cosas de arriba, donde está Cristo, estos elementos de la vida cristiana y muchos más implican actividades que ocurren en el ámbito espiritual e invisible, actividades que no vemos o comprendemos completamente. A la luz de esto, hablar en lenguas es simplemente otra actividad que ocurre en el ámbito espiritual e invisible, una actividad que creemos efectiva porque la Escritura nos dice que lo es, no porque la podamos comprender con nuestras mentes (cf. 1 Co 14:5).

d. No en éxtasis sino con dominio propio. La Nueva Biblia Inglesa traduce la frase «hablar en lenguas» como «hablar en éxtasis», dando con esto un respaldo adicional a la idea de que aquellos que hablan en lenguas pierden la conciencia de lo que los rodea o pierden el dominio propio o se ven forzados a hablar contra su voluntad. Por otra parte, algunos elementos extremistas del movimiento pentecostal han permitido una conducta frenética y desordenada en los cultos de adoración, y esto ha perpetuado, en la mente de algunos, la noción de que hablar en lenguas es un tipo de hablar en éxtasis.

Pero esta no es la imagen que se ofrece en el Nuevo Testamento. Aun cuando el Espíritu Santo vino como un poder abrumador en Pentecostés, los discípulos fueron capaces de dejar de hablar en lenguas de manera que Pedro pudiera pronunciar su sermón ante la multitud reunida. Más explícitamente, Pablo dice:

---

[46]La frase «orando en el Espíritu Santo» de Judas 20 no es la misma expresión, ya que se designa específicamente al Espíritu Santo Judas dice simplemente que los cristianos deben orar en conformidad con el carácter y la dirección del Espíritu Santo, y esto puede ciertamente incluir orar en lenguas, pero puede incluir también cualquier otro tipo de oración en un idioma comprensible. Asimismo, «Oren en el Espíritu en todo momento, con peticiones y ruegos» (Ef 6:18) es específicamente una declaración que pretende abarcar toda oración hecha en todo momento. Se refiere a orar en conformidad con el carácter del Espíritu Santo y de forma sensible a la dirección del Espíritu Santo, pero no se debe reducir al hablar en lenguas. De nuevo, esto puede incluir hablar en lenguas, pero debe incluir también otros tipos de oraciones (Vea la discusión de actividades llevadas a cabo «en el Espíritu Santo» en *Cristo y Espíritu*, pp. 147-52.).

> Si se habla en lenguas, que hablen dos —o cuando más tres—, cada uno por turno; y que alguien interprete. Si no hay intérprete, que guarden silencio en la iglesia y cada uno hable para sí mismo y para Dios. (1 Co 14:27-28)

Aquí Pablo pide que aquellos que hablan en lenguas lo hagan por turno, y limita el número a tres, indicando claramente que los que hablaban en lenguas estaban conscientes de lo que ocurría a su alrededor, y eran capaces de controlarse a sí mismos, de manera que hablaran solo cuando les tocara su turno, y cuando no estuviera hablando algún otro. Si no había alguien que interpretara, fácilmente podían mantener silencio y no hablar. Todos estos factores indican un alto grado de autocontrol y no respaldan la idea de que Pablo consideraba las lenguas como algún tipo de hablar en estado de éxtasis.

e. Lenguas sin interpretación. Si no estuviera presente en la asamblea alguien que se supiera posee el don de interpretación, el pasaje que acaba de citarse indica que se debe hablar en lenguas en privado. No debe darse en el culto de la iglesia ningún hablar en lenguas sin interpretación.[47]

Pablo habla de orar en lenguas y cantar en lenguas cuando dice: «Debo [...] orar con el espíritu, pero también con el entendimiento; cantar con el espíritu, pero también con el entendimiento» (1 Co: 14:15). Esto ofrece una confirmación adicional a la definición dada arriba en la que vimos las lenguas como algo dirigido fundamentalmente a Dios en la oración y la alabanza. Esto también da legitimidad a la práctica de cantar en lenguas, ya sea en público o en privado. Pero las mismas normas se aplican al cantar como al hablar: si no hay intérprete, solo debe hacerse en privado.[48]

En 1 Corintios 14:20-25 Pablo dice que si los creyentes hablan en lenguas en la iglesia sin interpretación, actuarían y pensarían «como niños» (1 Co 14:20). Primero cita una profecía de juicio tomada de Isaías 28:11-12: «En la ley está escrito: "Por medio de gente de lengua extraña y por boca de extranjeros hablaré a este pueblo, pero ni aun así me escucharán", dice el Señor». (1 Co 14:21).

En el contexto de Isaías 28, Dios advierte al pueblo rebelde de Israel que las próximas palabras que escuchen de él serían palabras de extranjeros que no podrían entender; el ejército asirio vendría sobre ellos como agente del juicio de Dios. Ahora Pablo está a punto de postular esto como un principio general: cuando Dios habla al pueblo en un lenguaje que no pueden entender, ello es una señal harto evidente del juicio de Dios.

---

[47]Es preocupante que en algunas iglesias de hoy donde se permite hablar en lenguas, aquellos que no dan un mensaje público (quizá porque en el servicio no es el momento apropiado o quizá porque no saben si alguien interpretará) a pesar de eso hablarán en lenguas no de forma «silente» sino que cuatro o cinco personas cercanas pueden oír su hablar en lenguas. Esto es simplemente desobediencia a las instrucciones de Pablo, y es no actuar en amor hacia otros en la iglesia. Pablo dice que «mantengan silencio en la iglesia» si alguno no da un mensaje público en lenguas. (Muchos que han hablado hoy en lenguas dicen que esto puede hacerse fácilmente en un susurro inaudible, de manera que ningún otro escuche, y las instrucciones de Pablo se obedecerán.)

[48]Sin embargo, muchas iglesias practican hoy lo que a veces se llama «cantar en el espíritu», muchos en la congregación cantan simultáneamente en lenguas, improvisando individualmente sus melodías alrededor de un acorde musical dominante. Mientras muchos asegurarían que hay un bello poder espiritual en tales circunstancias, una vez más debemos objetar que esto es directamente contrario a las instrucciones de Pablo en 1 Co 14:27-28, donde aquellos que hablan en lenguas deben hacerlo por turno, y que debe haber un máximo de tres en un culto de adoración, y la interpretación debe seguir. Aunque esta práctica puede sonar hermosa para quienes están familiarizados con ella, y aunque Dios en su gracia puede a veces utilizarla como un medio de ganar a un incrédulo, Pablo dice explícitamente que el resultado probable será que los incrédulos dirán "que ustedes están locos" (1 Co 14:23). Una alternativa a esta práctica, una consistente con la Escritura y que seguirá la senda del amor hacia los extraños, sería que todos cantaran de esta manera, no en lenguas, sino en un lenguaje comprensible (ya sea inglés o cualquier idioma que comprendan por lo común en el área donde se reúne la iglesia).

CAPITULO 11 · DONES DEL ESPIRITU SANTO (2)

Pablo aplica correctamente eso a la situación del hablar en lenguas sin interpretación en el culto de la iglesia. Lo llama una señal (esto es, una señal de juicio) sobre los creyentes:

> De modo que el hablar en lenguas es una señal, no para los creyentes sino para los incrédulos, en cambio, la profecía no es señal para los incrédulos sino para los creyentes. Así que, si toda la iglesia se reúne y todos hablan en lenguas, y entran algunos que no entienden o no creen, ¿no dirán que ustedes están locos? (1 Co 14:22-23)

Aquí Pablo utiliza la palabra «señal» en el sentido de *señal de la actitud de Dios* (ya sea positiva o *negativa*). Las lenguas que no entienden los extraños son ciertamente una señal negativa, una señal de juicio. Por lo tanto, Pablo advierte a los corintios que no den esa señal a los extraños que entran. Les dice que si un extraño viene y escucha solo un hablar ininteligible, ciertamente no será salvado, sino que concluirá que los corintios están locos, y las lenguas no interpretadas funcionarán en este caso como una señal del juicio de Dios.

Por contraste, Pablo dice que la profecía es también una señal de la actitud de Dios, pero aquí es una señal *positiva* de la bendición de Dios. Por esto puede decir que la profecía es una señal «para los creyentes» (v. 22). Y es por ello que concluye su sección diciendo: «Pero si uno que no cree o uno que no entiende entra cuando todos están profetizando, se sentirá reprendido y juzgado por todos, y los secretos de su corazón quedarán al descubierto. Así que se postrará ante Dios y lo adorará, exclamando: "¡Realmente Dios está entre ustedes!"» (vv. 24-25). Cuando esto sucede, los creyentes ciertamente se darán cuenta de que Dios está activo entre ellos para traer bendición, y la profecía normalmente funcionará como una señal *para los creyentes* de la actitud positiva de Dios hacia ellos.[49]

No obstante, con todo lo que Pablo advierte contra el uso de las lenguas sin interpretación *en la iglesia*, ciertamente las ve positivamente y alienta su uso *en privado*. Dice: «El que habla en lenguas *se edifica a sí mismo*; en cambio, el que profetiza edifica a la iglesia» (1 Co 14:4). ¿Cuál es la conclusión? Esta no es (como argumentarían algunos) que los cristianos deben decidir no utilizar el don o decidir que este no tiene valor para ellos cuando se usa en privado. En su lugar dice: «¿Qué debo hacer entonces? Pues orar con el espíritu, pero también con el entendimiento» (v. 15). Y dice: «Doy gracias a Dios porque hablo en lenguas más que todos ustedes» (v. 18), y «Yo *quisiera que todos ustedes hablaran en lenguas*, pero mucho más que profetizaran» (v. 5), y «ambicionen el don de profetizar, y no prohíban que se hable en lenguas» (v. 39). Si es correcta nuestra anterior concepción las lenguas como oración ó alabanza a Dios, entonces ciertamente esperaríamos que la edificación fuera el resultado, aunque la mente de quien habla no comprenda lo que se dice, pero su espíritu humano se está comunicando directamente con Dios. Justo como la oración y la adoración en general nos edifican al ponerlas en práctica, así este tipo de oración y adoración nos edifican también, de acuerdo con Pablo.

---

[49]Para una discusión ulterior de este pasaje, vea Wayne Grudem, «1 Corinthians 14:20-24: Prophecy and Tongues as Signs of God's Arritude», *WTJ* 31:2 (primavera 1979), pp. 381-96.

f. Lenguas con interpretación: edificación para la iglesia. Pablo dice: «El que profetiza aventaja al que habla en lenguas, *a menos que éste también interprete*, para que la iglesia reciba edificación» (1 Co 14:5). Una vez interpretado, todos pueden entender un mensaje en lenguas. En este caso, Pablo dice que el mensaje en lenguas es tan valioso para la iglesia como la profecía. Debemos notar que no dice que ambos cumplen las mismas funciones (pues otros pasajes indican que la profecía es una comunicación de Dios hacia los seres humanos, mientras las lenguas es por lo general una comunicación de los seres humanos hacia Dios). Pero Pablo afirma claramente que tienen igual valor en la edificación de la iglesia. Podríamos definir el don de interpretación como *informar a la iglesia el significado general de algo que se habla en lenguas*.

g. No todos hablan en lenguas. Así como no todos los cristianos son apóstoles, y no todos los profetas son maestros, y no todos poseen dones de sanidad, tampoco todos hablan en lenguas. Pablo alude claramente a esto cuando hace una serie de preguntas, todas las cuales esperan un «no» como respuesta, e incluye la pregunta: «¿Hablan todos en lenguas?» (1 Co 12:30). La respuesta implícita es no.[50] Algunos han argumentado que aquí Pablo solamente indica que no todos hablan en lenguas *públicamente*, pero que quizá habría admitido que todos pueden hablar en lenguas en privado. Pero esta distinción parece no convincente y ajena al contexto. Pablo no especifica que no todos hablan en lenguas *públicamente o en la iglesia*, sino simplemente dice que no todos hablan en lenguas. Su pregunta siguiente es: «¿Acaso interpretan todos?» (v. 30). Sus dos preguntas anteriores fueron: «¿Hacen todos milagros? ¿Tienen todos dones para sanar enfermos?» (vv. 29-30). ¿Estaríamos dispuestos a formular los mismos argumentos sobre estos dones: que no todos interpretan lenguas *públicamente*, pero que todos los cristianos son capaces de hacerlo *en privado*? ¿O que no todos hacen milagros públicamente, pero que todos son capaces de hacerlos en privado? Esa distinción parece injustificada según el contexto en cada caso.

En la actualidad, el deseo de decir que todo cristiano puede hablar en lenguas (aun cuando Pablo dice que no todos hablan en lenguas) está probablemente motivado en la mayoría de los casos por una previa interpretación doctrinal que ve el bautismo en el Espíritu Santo como una experiencia que sigue a la conversión,[51] y considera el hablar en lenguas como una señal inicial de haber recibido el bautismo en el Espíritu Santo.[52] Pero hay serios cuestionamientos que se mantienen sobre esta posición doctrinal (como se explicó en el capitulo 10 de *Cómo entender la salvación*). Parece mejor considerar que 1 Corintios 12:30 quiere decir lo que dice: no todos hablan en lenguas. El don de lenguas —exactamente como cualquier otro don— no lo da el Espíritu Santo a todo cristiano que lo busca. Los reparte «a cada uno según él lo determina» (1 Co 12:11).

Sin embargo, no hay nada en la Escritura que diga que solo unos pocos recibirán el don de hablar en lenguas, y como se trata de un don que Pablo considera que es útil y edifica en la oración y la adoración (a nivel personal, si bien no en la iglesia), no sería sorprendente si el Espíritu Santo llevó a cabo una amplia distribución de este don y muchos cristianos de hecho lo recibieron.[53]

---

[50]La partícula griega *me* que precede esta pregunta espera del lector la respuesta «no».

[51]Vea el capítulo 10 de *Salvación* para una discusión sobre el bautismo en el Espíritu Santo.

[52]Por ejemplo, esta es la posición oficial de las Asambleas de Dios.

[53]Marcos 16:17 se usa a veces para reclamar que todos los cristianos

CAPITULO 11 · DONES DEL ESPIRITU SANTO (2)

h. ¿Qué acerca del peligro de una falsificación demoníaca? A veces los cristianos han tenido temor de hablar en lenguas, preguntándose si hablar algo que no comprenden puede llevarlos a hablar blasfemias contra Dios o a decir algo inspirado por un demonio en vez del Espíritu Santo.

Primero, debe decirse que esto no preocupa a Pablo, aun en la ciudad de Corinto donde muchos antes adoraban en un templo pagano, y donde Pablo había dicho claramente que «cuando ellos hacen sacrificios, lo hacen para los demonios, no para Dios» (1 Co 10:20). Pese a ello, Pablo dice: «Yo quisiera que todos ustedes hablaran en lenguas» (1 Co 14:5). Él no hace advertencia alguna de que deben cuidarse de una falsificación demoníaca o aun pensar que esto sería una posibilidad cuando utilizaran este don.

La razón teológica que subyace a la recomendación de Pablo en este punto es el hecho que el Espíritu Santo está obrando poderosamente en la vida de los creyentes. Pablo dice: «Por eso les advierto que nadie que esté hablando por el Espíritu de Dios puede maldecir a Jesús; ni nadie puede decir: "Jesús es el Señor", sino el Espíritu Santo» (1 Co 12:3). Aquí Pablo le asegura a los corintios que si hablan por el poder del Espíritu Santo que obra dentro de ellos, no dirán: «¡Maldito sea Jesús!»[54] Al presentarse como lo hace el principio de la discusión de los dones espirituales, 1 Corintios 12:3 intentaba funcionar como una confirmación a los corintios que podrían haber sospechado de algunos cristianos que procedían de un trasfondo de adoración a los demonios en los templos de Corinto. ¿Podría esta influencia demoníaca todavía afectar su uso de un don espiritual? Pablo sienta la norma básica de que aquellos que profesan genuinamente la fe de que «Jesús es el Señor» lo hacen por el Espíritu Santo que obra en ellos, y que ninguno que habla por el poder del Espíritu Santo proferirá nunca una blasfemia o una maldición contra Jesús.[55] Este temor, entonces, no es uno que parecía preocupar a Pablo. Él simplemente anima a los creyentes a orar en lenguas y dice que si lo hicieran estarían edificándose a sí mismos.[56]

---

pueden hablar en lenguas: «Estas señales acompañarán a los que crean: en mi nombre expulsarán demonios; hablarán en nuevas lenguas». Pero en respuesta a este versículo debe notarse (1) que el versículo probablemente no formaba parte originalmente del evangelio de Marcos, ya que muchos manuscritos tempranos y muy confiables no incluyen Marcos 16:9-20, y su estatus dudoso significa que es una base precaria sobre la cual fundar una doctrina (vea *Quién es Dios*, p. 246); (2) que aun cuando no sea parte de la Escritura, por supuesto da testimonio de una muy temprana tradición en la historia de la iglesia, pero aun en este caso no afirma que todos los creyentes hablarán en lenguas. La frase que sigue inmediatamente dice: «tomarán en sus manos serpientes» (v. 18), algo que ningún intérprete responsable diría que debe aplicarse a todo cristiano; y (3) que en este pasaje no establece ninguna conexión entre hablar en lenguas y el bautismo en el Espíritu Santo.

[54]En este punto se puede objetar que hablar en lenguas no es un discurso facultado por el Espíritu Santo, sino un discurso que viene del propio espíritu humano del que habla. Pero Pablo claramente considera todos estos dones espirituales como facultados en general por el Espíritu Santo, aun aquellos en los que se manifiesta plenamente la personalidad humana. Esto sería así en el caso de maestros y administradores, así como de aquellos que hablan en lenguas. En cada uno de estos casos el agente activo en la realización de la actividad es el cristiano que tiene el don particular y lo utiliza, pero aun así todos estos son facultados por el Espíritu en su funcionamiento, y ello sería cierto también para el don de lenguas.

[55]También relevante en este punto es la seguridad que Juan da a sus lectores, en el contexto de los espíritus demoníacos esparcidos por el mundo: «El que está en ustedes es más poderoso que el que está en el mundo» (1 Jn 4:4).

[56]Algunos populares libros han ofrecido anécdotas de cristianos que dicen que hablaron en lenguas durante un tiempo y entonces encontraron que había un demonio dentro de ellos que facultaba este discurso, y el demonio fue expulsado. (Vea, por ejemplo, C. Fred Dickason, *Demon Posession and the Christian* [Westchester, Ill.: Crossway, 1987], pp. 126-27; 188-91; 193-97.) Pero esto es justo otro ejemplo de un caso en que la experiencia debe estar sujeta a la Escritura y probada por ella, y la enseñanza de la Escritura no debe estar sujeta a la experiencia. Debemos tener cuidado de no dejar que tales reportes de experiencias nos hagan adoptar una posición diferente sobre este punto al de la propia Escritura. Específicamente, si 1 Corintios 12–14 ve las lenguas como un buen don del Espíritu Santo valioso para edificación y el bien de la iglesia, y si Pablo dice: «Yo quisiera que todos ustedes hablaran en lenguas» (1 Co 14:5), entonces las interpretaciones de experiencias contemporáneas que, en efecto, dicen: «Quiero que todos ustedes tengan temor de las lenguas», contradicen el énfasis del Nuevo Testamento. (Note la cita de Dickason de Kurt Koch: «Buscar este don para nosotros mismos puede ser una experiencia muy peligrosa» [p. 127]). Esta no es exactamente la perspectiva de Pablo en el Nuevo Testamento.

Estoy consciente que Dickason sustenta un punto de vista cesacionista con respecto a hablar en lenguas hoy (vea p. 189: «Le dije que dudaba hubiera hoy algunas genuinas lenguas de Dios en el sentido del Nuevo Testamento»). Por lo tanto, desde esta perspectiva, no sujeta la Escritura a la experiencia, pero ve estas experiencias como que confirman su comprensión de la Escritura. (He discutido la posición cesacionista en el capítulo 10, pp. 211-226.)

i. *¿Está Romanos 8:26-27 relacionado con el hablar en lenguas?* Pablo escribe en Romanos 8:26-27:

> Así mismo, en nuestra debilidad el Espíritu acude a ayudarnos. No sabemos qué pedir, pero el Espíritu mismo intercede por nosotros con gemidos que no pueden expresarse con palabras. Y Dios, que examina los corazones, sabe cuál es la intención del Espíritu, porque el Espíritu intercede por los creyentes conforme a la voluntad de Dios.

Pablo no menciona aquí explícitamente el hablar en lenguas, y la declaración concierne en general a la vida de todos los cristianos, así que no parece correcto decir que Pablo se refiere aquí al hablar en lenguas. Se refiere a una experiencia más general que ocurre en la vida de oración de cada cristiano.

¿Pero de qué habla exactamente? Algunos han pensado que se refiere a una actividad intercesora completamente imperceptible para nosotros, en la que el Espíritu Santo intercede por nosotros con suspiros y gemidos dirigidos al Padre. De acuerdo con este punto de vista, ese trabajo intercesor del Espíritu sigue continuamente, pero no tenemos idea de que ello sucede (excepto por el hecho de que la Escritura nos lo dice). De esa manera, esto sería similar a la obra intercesora de Cristo mencionada en Romanos 8:34 y Hebreos 7:25.

Pero esto no parece una explicación satisfactoria del pasaje, por varias razones:

(1) No parece probable que Pablo diría que la obra intercesora del Espíritu Santo, que es el Dios infinito, omnipotente y omnisciente sería realizada con «gemidos indecibles» (traducción literal de *stenagmois alaletois* en Ro 8:26), especialmente cuando nos damos cuenta de que «gemidos» se refiere a intensos suspiros de fatiga propios de criaturas desalentadas y abrumadas en un mundo caído.[57] (2) Dentro del contexto más amplio los gemidos en cuestión parecen ser aquellos debido a la carga de vivir en la malvada era presente (vea vv. 17, 18, 23). (3) El verbo «ayudar» en Romanos 8:26 («en nuestra

---

Existe la posibilidad de una falsificación demoníaca de todo don *en la vida de los incrédulos* (vea Mt 7:22; también *Quién es Dios*, pp. 259-60, sobre los falsos milagros). Por lo tanto, el hecho de que haya algún tipo de «hablar en lenguas» en las religiones paganas no debe sorprendernos o llevarnos a pensar que todo hablar en lenguas es falso. Pero *en la vida de los creyentes*, especialmente cuando hay un fruto positivo en sus vidas y frutos positivos de sus dones, 1 Co 12:3, 1 Jn 4:4; y Mt 7:16-20 nos dicen que no hay dones falsos sino dones verdaderos de Dios. Debemos recordar que Satanás y los demonios no hacen el bien; ellos hacen el mal; y no traen bendiciones, traen destrucción. (Vea también la promesa de Jesús en Lc 11:11-13.)

(Neil T. Anderson, en *The Bondage Breaker* [Eugene, Oreg.: Harvest House, 1990], pp. 159-60, relata la historia de un hombre que era aparentemente un cristiano y que tenía un falso don de lenguas. Pero Anderson anota que el don fue conferido al hombre «por falsos maestros» [p. 159] y que este «don» trajo obvias consecuencias destructivas en la vida del hombre. Estos factores, y no exactamente las palabras de un demonio como la única prueba, dieron un claro indicio de la falsa naturaleza de ese supuesto «don». A diferencia de Dickason, Anderson afirma que él no se opone al hablar en lenguas; vea p. 160.)

Una explicación alternativa a estas historias ofrecidas por Dickason es decir que los demonios que *dijeron* ser «espíritus de lenguas», y que vinieron cuando algunos carismáticos impusieron las manos sobre los cristianos en cuestión, mentían. Satanás «es un mentiroso [...] el padre de la mentira» (Jn 8:44), y le gustaría que los cristianos sintieran temor de tantos dones del Espíritu Santo como fuera posible.

[57]La palabra «gemidos» (*stenagmos*) se usa en el Nuevo Testamento solamente en Hch 7:34, acerca de los gemidos de Israel bajo la opresión de Egipto. Pero el verbo asociado *stenazo* se utiliza varias veces, siempre en relación con criaturas finitas que gimen bajo el peso de esta creación caída. En el contexto inmediatamente anterior *stenazo* se refiere a nuestro gemir debido a que nuestra redención está incompleta (Ro 8:23); una palabra compuesta relacionada se usa en el v. 22 acerca de la propia creación). El verbo también se utiliza en relación con criaturas finitas que gimen bajo el peso de esta creación en Mr 7:34 (Jesús como hombre); 2 Co 5:2, 4 (creyentes que tienen un cuerpo terrenal corruptible); Heb 13:17 (líderes eclesiásticos que pueden estar tentados a gemir bajo el peso del liderazgo de la iglesia); y Stg 5:9 (una advertencia a los cristianos de no quejarse unos de otros). Aunque el verbo se utilizó una vez acerca de Jesús, quien se quejó mientras estaba bajo las limitaciones de su existencia humana, no parece un término apropiado para usarlo en relación con la actividad del Espíritu Santo, que no experimenta una debilidad semejante, pues nunca asumió una naturaleza humana.

debilidad el Espíritu acude a ayudarnos») no se refiere a algo que el Espíritu Santo hace *independientemente de nosotros y a nuestro favor*, sino más bien algo que el Espíritu Santo hace *en cooperación con nosotros*. El verbo que Pablo utiliza aquí (*sunantilambanomai*) también se usa en Lucas 10:40, donde Marta quiere que Jesús le diga a María que la «ayude»; ciertamente ella no quiere que prepare la comida *en su lugar*, sino más bien que venga y participe con ella en su confección.[58] Por lo tanto Pablo no habla de algo que el Espíritu Santo hace con completa independencia de nuestra participación, sino que el Espíritu Santo hace conjuntamente con nosotros.

Estas razones se combinan para indicar que Pablo no habla sobre una obra que el Espíritu Santo realiza aparte de nosotros y sin nuestro conocimiento, sino sobre los suspiros y gemidos inarticulados que nosotros mismos proferimos en la oración, los que entonces el Espíritu Santo convierte en intercesión efectiva ante el trono de Dios. Podríamos parafrasear: «El Espíritu Santo acude en ayuda de nuestras oraciones cuando intercede (por nosotros) al tomar nuestros gemidos mudos y convertirlos en una oración efectiva».[59]

¿Cuál es la relación de esto y el hablar en lenguas? Ahí hay cierta similitud porque una oración efectiva es la que *oramos* aun cuando no comprendamos completamente lo que estamos orando. Pero hay algunas diferencias en el sentido de que los suspiros y gemidos que emitimos en la oración se relacionan a menudo con situaciones o dificultades de las que estamos muy conscientes en nuestras mentes mientras oramos, así que sabemos sobre qué oramos. Pero Pablo dice que no sabemos cómo orar por estas situaciones tal cual debemos orar. En consecuencia, el Espíritu Santo nos ayuda e intercede en estas situaciones «conforme a la voluntad de Dios» (Ro 8:27). No hay una mención explícita a nuestro espíritu orando (aun cuando de hecho eso puede ser cierto también), ni hay una mención a nuestra mente como no fecunda o carente de entendimiento (aunque eso puede ser en ocasiones cierto, por lo menos en parte). Tampoco estos suspiros o gemidos se presentan como algo que podemos llamar «otras lenguas» u «otros idiomas». Así que hay varias diferencias, aun cuando Romanos 8:26-27 habla sobre una intercesión que hacemos con sonidos que no comprendemos completamente, y por lo tanto es un fenómeno que tiene algunas similitudes con el hablar en lenguas.

F. Palabra de sabiduría y palabra de conocimiento

Pablo escribe: «A unos Dios les da por el Espíritu palabra de sabiduría; a otros, por el mismo Espíritu, palabra de conocimiento» (1 Co 12:8). Al comenzar esta discusión se debe entender que estos dos dones no se mencionan en ningún otro lugar de la Escritura,[60] y tampoco se ha encontrado en ninguna otra literatura cristiana temprana fuera de la Biblia el uso de estas frases sobre algún don espiritual. Esto significa que la *única* información que tenemos sobre estos dones está contenida en este versículo: tenemos las palabras utilizadas para describir estos dos dones, y el contexto en que estas frases

---

[58]Aunque la palabra no se usa en otros lugares del Nuevo Testamento, su sentido también se transparenta por el prefijo *sun* («con») que Pablo añade a una palabra de uso común para «ayuda».

[59]Un punto de vista alternativo se halla en la útil discusión de Douglas Moo, *Romans* 1–8, pp. 559-63, quien (de forma indecisa) entiende que los gemidos no son nuestros sino del Espíritu Santo.

[60]Por lo menos ningún otro lugar de la Escritura llama a algo una «palabra de sabiduría» o «palabra de conocimiento» o usa esas frases de alguna otra manera.

aparecen. Ningún intérprete en ninguna otra parte tiene información adicional aparte de esta con la cual trabajar. Esto nos advierte que nuestras conclusiones probablemente serán hasta cierto punto tentativas en cualquier caso.

Las más importantes alternativas para comprender estos dos dones son: (1) comúnmente se piensa que estos dos dones deben referirse a la capacidad para recibir una revelación especial del Espíritu Santo y, sobre esa base, proferir palabras que dan sabiduría en una situación determinada u ofrecen un conocimiento específico sobre una situación en la vida de alguien presente en la congregación. Según esta interpretación estos dones serían más «milagrosos», en el sentido que provocarían la admiración y el asombro entre las personas presentes, ya que no estarían basados en información ordinariamente disponible a la persona que utiliza el don.

(2) La otra interpretación de estos dones los vería más como «menos milagrosos» u ordinarios: la «palabra de sabiduría» simplemente significa la capacidad de ofrecer una palabra sabia en distintas situaciones, y la «palabra de conocimiento» es la capacidad de hablar con conocimiento acerca de una situación. En ambos casos el conocimiento y la sabiduría no estarían basados en una revelación especial dada espontáneamente por el Espíritu Santo sino basada en sabiduría adquirida en el curso ordinario de la vida, el conocimiento y la sabiduría que caracterizaría, por ejemplo, a los maestros de la Biblia o a los ancianos y otros cristianos maduros en la iglesia. Estas serían potenciadas por el Espíritu Santo y consecuentemente hechas efectivas cuando se las pronunció. En este sentido, ejemplos de «palabras de sabiduría» podrían hallarse en Hechos 6:1-6 (el nombramiento de los primeros «diáconos» o asistentes de los apóstoles); Hechos 6:10 (la sabiduría de Esteban al proclamar el evangelio); Hechos 15:19-29 (la decisión del concilio de Jerusalén); y aun en la declaración de Salomón: «Partan en dos al niño que está vivo, y denle una mitad a ésta y la otra mitad a aquélla» (1 R 3:25; vea también 1 Co 6:5-6).

Se puede argüir a favor de la primera interpretación que todos los otros siete dones relacionados en 1 Corintios 12:8-10 están en la categoría de «milagrosos», y por lo tanto esos dos dones deben comprenderse de esa forma también.

No obstante, hay algunas consideraciones de peso contra este punto de vista: (1) Los términos que Pablo utiliza para «palabra» (*logos*, «sabiduría» (*sophia*), y «conocimiento» (*gnosis*) no son vocablos especiales o técnicos, sino palabras de uso común en el Nuevo Testamento griego. Son simplemente los vocablos que ordinariamente se usan para «palabra» y «sabiduría» y «conocimiento». Por otra parte, no se utilizan por lo común para denotar acontecimientos milagrosos (como en el caso, por ejemplo, de las palabras *revelación* y *profecía*, sino simplemente son vocablos utilizados para designar la sabiduría y el conocimiento humanos. Así que del significado de las propias palabras no parece desprenderse ninguna alusión a un don milagroso.

(2) En el contexto de 1 Corintios 12:8, el propósito de Pablo en el argumento parece inclinarse en contra de considerarlas como milagrosas. El principal objetivo de Pablo en los versículos 8-10 es demostrar que *no importa qué tipo de don tenga una persona,* él o ella pueden tener la seguridad de que ese don ha sido concedido por el Espíritu Santo. Pablo comienza la sección diciendo: «A cada uno se le da una manifestación del Espíritu para el bien de los demás», e inmediatamente continúa esta sección diciendo: «Todo esto lo hace un mismo y único Espíritu, quien reparte a cada uno según él lo determina» (vv. 7, 11).

CAPITULO 11 · DONES DEL ESPIRITU SANTO (2)

Pero si el propósito de Pablo en esta sección es mostrar que *todo don del cristiano* lo da el Espíritu Santo, entonces ese propósito no sería bien servido *solo* dando ejemplos de dones milagrosos. Si hizo eso, los que tienen dones *que no son milagrosos* se sentirían excluidos del argumento y no se les persuadiría de que sus dones estaban incluidos en el argumento de Pablo. Lo que aún es más importante, aquellos que tienen dones milagrosos podrían mirar esta lista y concluir que solo aquellos con dones milagros tenían realmente al Espíritu Santo obrando en su interior a fin de potenciar esos dones. Esto podría conducir a cierto tipo de elitismo en la congregación. Por consiguiente, parece necesario que Pablo incluyera *algunos* dones que no son milagrosos en su lista de 1 Corintios 12:8-10.

¿Pero cuáles son los dones que no son milagrosos en esta lista?

Palabra de sabiduría
Palabra de conocimiento
Fe
Dones para sanar enfermos
Milagros
Profecía
Discernir entre espíritus
Lenguas
Interpretación de lenguas

Todos los demás dones parecen caer en la categoría de más «milagrosos» (con las posibles excepciones de hablar en lenguas y quizá la fe). Pero ello haría casi imprescindible que palabra de sabiduría y palabra de conocimiento no fueran milagrosos a fin de garantizar que haya algunos dones que no son milagrosos en la lista. Esto demostraría la sabiduría pastoral de Pablo al seleccionar ejemplos de diferentes tipos de dones que se ejercitan en la congregación existente. Así que debe de haber algunos dones que no son milagrosos en la lista; y si hay algunos, estos son muy buenos candidatos.[61]

(3) Probablemente la consideración más decisiva es el hecho de que el Nuevo Testamento ya tiene un término para describir la acción de recibir una revelación especial del Espíritu Santo y comunicarla a la congregación. Pablo llama a esto «profecía». Como discute la profecía con bastante extensión, la describe y la regula, ahora podemos saber con claridad lo que era la profecía. Pero decir que estos otros dones funcionaban exactamente de la misma manera (difiriendo quizá solo en el contenido) no parece justificado por nada en el texto que no sea la noción preconcebida de lo que deben ser estos dones.[62]

---

[61] Aun si consideramos la fe y las lenguas como no milagrosas, tenemos una lista que es una mezcla de dones milagrosos y no milagrosos, y entonces no hay motivo para que palabra de sabiduría y palabra de conocimiento no puedan ser consideradas también no milagrosas, especialmente sobre la base del hecho de que las palabras utilizadas para describirlas no denotan ordinariamente eventos milagrosos.

[62] De hecho, todo lo que los modernos pentecostales y carismáticos llaman «palabras de conocimiento» y «palabras de sabiduría» se ajustaría exactamente a la definición de profecía dada por Pablo, y debe ser de hecho puesto bajo el paraguas general de profecía. Esto tendría la notable ventaja de hacer que el uso de este don esté sujeto a las normas de Pablo para comprender y regular la profecía en la iglesia.

¿Sobrevendría algún daño de mantener la medianamente común práctica de considerar las palabras de sabiduría y las palabras de conocimiento como dones milagrosos que dependen de una revelación especial de Dios? Un peligro inmediato podría ser que, en tanto lo que actualmente ocurre fuera llamado «profecía» por Pablo en algunos casos se le llama ahora como algo diferente, y esto tiende a distanciarlo de las regulaciones que da Pablo para la profecía en el Nuevo Testamento. Si eso podría llevar a un uso equivocado del don en algún momento futuro es imposible de predecir. Pero más bien sí parece ser algo anómalo tener un don milagroso que se utiliza muy ampliamente y que solo se menciona pero nunca se discute ni se regula en todo el Nuevo Testamento.

Por lo tanto parecería preferible considerar estos como una modalidad «no-milagrosa», simplemente como la capacidad de hablar con sabiduría o con conocimiento en distintas situaciones. Lo que mucha gente hoy llama «palabra de sabiduría» y «palabra de conocimiento» en los círculos carismáticos, sería mejor referirse a ello como «profecía».[63]

G. Distinguir entre espíritus y la guerra espiritual

El don de distinguir entre espíritus es un don que se menciona una sola vez en el Nuevo Testamento (en la lista de 1 Co 12:10), pero la naturaleza de este don lo vincula con cierto número de otros pasajes que describen la guerra espiritual que tiene lugar entre los cristianos y los espíritus demoníacos. Podemos definir el don de distinguir entre espíritus como sigue: *distinguir entre espíritus es la capacidad especial de reconocer la influencia del Espíritu Santo o de espíritus demoníacos en una persona.*

En la perspectiva de la historia de la redención, este don también ofrece un anticipo de la era por venir en la medida en que es un anticipo de la capacidad para reconocer a Satanás y su influencia, capacidad que se nos perfeccionará en el cielo, cuando todo lo que está encubierto o escondido será revelado y puesto a la luz (Mt 10:26; cf. Ap 20:11-15). Esta capacidad posiblemente es más fuerte que la poseída por la mayoría de los creyentes en el viejo pacto, donde las menciones de la actividad demoníaca son poco frecuentes, y donde los ataques demoníacos contra el pueblo de Dios incluían más frecuentemente ataques militares de naciones incrédulas contra el pueblo de Israel, o abiertas tentaciones para ir y servir a deidades paganas. Por consiguiente la actividad demoníaca se percibía fundamentalmente a través de la observación de acontecimientos físicos exteriores y circunstancias en las que Satanás llevaba a cabo sus propósitos, y que podían distinguirse con claridad.

Este don del Nuevo Testamento de distinguir entre espíritus incluye la capacidad de diferenciar la presencia de espíritus malignos de la presencia de la obra del Espíritu Santo en la vida de una persona. Pablo sabe que antes los corintios «se dejaban arrastrar hacia ídolos mudos» (1 Co 12:2), y Juan se da cuenta asimismo que los cristianos necesitan someter los espíritus «a prueba pera ver si es de Dios, porque han salido por el mundo muchos falsos profetas» (1 Jn 4:1).

Más allá de esto, también es posible que el don incluya distinguir entre varios tipos de espíritus malignos, tales como un espíritu de enfermedad (Lc 13:11), un espíritu de adivinación (Hch 16:16), un espíritu sordo y mudo (Mr 9:15, 29), y un espíritu de engaño (1 Jn 4:6). Desde un punto de vista léxico y gramatical no hay nada que nos impida entender que el don de «distinguir entre espíritus» incluye también este tipo de capacidad.[64]

Por supuesto, en cierto grado la presencia de actividad demoníaca es externamente evidente, a veces a partir de la manifestación abierta de falsas declaraciones doctrinales (vea 1 Co 12:2-3; 1 Jn 4:1-6), y a veces mediante violentas y extrañas acciones físicas, especialmente en presencia de la predicación cristiana (vea Mr 1:24; 9:20; Mt 8:29; etc.). La influencia de Satanás tiene características destructivas, y la persona influenciada por un

---

[63] Para una ulterior discusión de estos dones, vea Wayne Grudem, «What is the Real Meaning of a "Word of Wisdom" and a "Word of Knowledge'?"» en *Ministries Today* (enero-febrero 1993), pp. 60-65.

[64] Para un muy extenso análisis gramatical y lingüístico de esta frase, vea Wayne Grudem, «A Response to Gerhard Dautzenberg on 1 Cor. 12:10», en *Biblische Zeitschrift*, N.F., 22:2 (1978), pp. 253-70.

CAPITULO 11 · DONES DEL ESPIRITU SANTO (2)

demonio tendrá una influencia destructiva sobre la iglesia y otros a su alrededor, y también una influencia autodestructiva que daña la vida del propio individuo perturbado.

Pero además de estos indicios externos de la influencia demoníaca, probablemente hay también una percepción más subjetiva que tiene lugar a nivel espiritual y emocional, por medio de la cual se hace evidente la presencia de la actividad demoníaca. Cuando esta está más desarrollada y es capaz de funcionar para beneficio de la iglesia como un todo, entonces Pablo no duda en llamarla un don de distinguir entre espíritus.[65]

En relación con el don de distinguir entre espíritus, la discusión de la guerra espiritual sostenida arriba en el capítulo 13 de *Cómo entender quién es Dios* (sobre Satanás y los demonios) también es relevante.

PREGUNTAS PARA APLICACIÓN PERSONAL

1. ¿Ha experimentado usted alguna vez un don de profecía tal como se define en este capítulo? ¿Cómo lo ha llamado? Ha funcionado este don (o algo parecido) en su iglesia? Si así fuera, ¿cuáles han sido los beneficios y los peligros? Si no, ¿piensa que este don podría ser útil para su iglesia? (¿Por qué sí o por qué no?)

2. ¿Funciona con efectividad el don de la enseñanza en su iglesia? ¿Quién utiliza este don además del pastor o los ancianos? ¿Piensa usted que su iglesia aprecia adecuadamente una sólida enseñanza de la Biblia? En qué áreas (si alguna) piensa usted que su iglesia necesita crecer en su conocimiento y amor por las enseñanzas de la Escritura?

3. ¿De los otros dones que se discuten en este capítulo, ¿ha utilizado usted mismo alguno de ellos? ¿Hay alguno que piensa su iglesia necesita pero que en este momento no posee? ¿Qué piensa sería lo mejor que puede hacer en respuesta a esta necesidad?

TÉRMINOS ESPECIALES

apóstol
cesacionista
curar enfermos
distinguir entre espíritus
dones del Espíritu Santo
dones milagrosos
dones no milagrosos

enseñanza
hablar en lenguas
interpretación de lenguas
milagros
oficio
palabra de conocimiento
palabra de sabiduría profecía

---

[65] Por supuesto, ningún don es perfecto en ningún cristiano en esta era (1 Co 13:9-10), y no debemos esperar que este don sea perfecto, o que aquellos que lo poseen nunca cometan errores. Vea *Quién es Dios*, pp. 383-84, sobre el hecho de que los dones espirituales pueden variar en fuerza.

BIBLIOGRAFÍA

Baker, J. O. «Gifts of the Spirit». En *NDT*, pp. 269-71.

Bennett, Dennis y Rita. *The Holy Spirit and You*. Logos, Plainfield, NJ, 1971.

Blue, Ken. *Authority to Heal*. InterVarsity Press, Downers Grove, IL, 1987.

Bridge, Donald. *Signs and Wonders Today*. InterVarsity Press, Leicester, 1985. (Carismática)

——————, y David Phypers, *Spiritual Gifts and the Church*. InterVarsity Press, Downers Grove, Ill., 1973. (Cesacionista)

Carson, D. A. *Showing the Spirit: A Theological Exposition of 1 Corinthians 12—14*. Baker, Grand Rapids, 1987.

Chantry, Walter J. *Signs of the Apostles 2da. Ed. Banner of Truth*, Edinburgh and Carlisle, PA, 1976. (Cesacionista)

Clements, Roy. *Word and Spirit: The Bible and the Gift of Prophecy Today*. UCCF Booklets, Leicester, 1986.

Deere, Jack. *Surprised by the Power of the Holy Spirit: A Former Dallas Seminary Professor Discovers That God Still Speaks and Heals Today*. Zondervan, Grand Rapids, 1993. (Esta es la argumentación más balanceada y convincente que he leído contra la posición cesacionista.)

Edgar, Thomas. «The Cessation of the Sign Gifts». En *BibSac* 145:180 (octubre-diciembre 1988), pp. 371-86. (Cesacionista)

Ellis, E. E. «Prophecy, Theology of», En *NDT*, pp. 537-38.

Farnell F. David. «The Current Debate About New Testament Prophecy». En *BibSac* 149:595 (julio-septiembre 1992), pp. 277-303.

——————. «Does the New Testament Teach Two Prophetic Gifts?» En *BibSac* 150 (enero-marzo, 1993), pp. 62-88.

——————. «Falible New Testament Prophecy/Prophets? A Critique of Wayne Grudem's Hypothesis». En *The Master's Seminary Journal* 2:2 (otoño 1991), pp. 157-80.

——————. «The Gift of Prophecy in the Old and New Testaments». En *BibSac* 149:596 (octubre-diciembre., 1992), pp. 387-410.

——————. «When Will the Gift of Prophecy Cease?» En *BibSac* 150 (abril-junio 1993), pp. 171-202.

Gaffin, Richard B. *Perspectives on Pentecost: Studies in New Testament Teaching on the Gifts of the Holy Spirit*. Presbyterian and Reformed, Phillipsburg, NJ, 1979. (Cesacionista)

Gee, Donald, *Concerning Spiritual Gifts*. Gospel Publishing House, Springfield, MO, 1972 (revised edition). (Pentecostal tradicional)

——————. *Spiritual Gifts in the Work of Ministry Today*. Gospel Publishing House, Springfield, MO, 1963. (Pentecostal tradicional)

Gentry, Kenneth L. *The Charismatic Gift of Prophecy: A Reformed Response to Wayne Grudem*. 2da. Ed. Footstool Publications, Memphis, TN, 1989. (Cesacionista)

Green, Michael. *I Believe in the Holy Spirit*. Hodder and Stoughton, London, y Eerdmans, Grand Rapids, 1975.

CAPITULO 11 · DONES DEL ESPIRITU SANTO (2)

Graig, Gary y Kevin Springer, eds. *The Kingdom and the Prayer: Are Healing and the Spiritual Gifts Used by Jesus and the Early Church Meant for the Church Today?* Regal Books, Ventura, CA, 1993.

Gromacki, Robert G. *The Modern Tongues Movement.* Rev. ed. Presbyterian and Reformed, Phillipsburg, NJ, 1972. (Cesacionista)

Grudem, Wayne. «Does God Still Give Revelation Today?». En *Charisma* (septiembre 1992), pp. 38-42.

———. *The Gift of Prophecy in 1 Corinthians.* University Press of America, Lanham, MD, 1982.

———. *The Gift of Prophecy in the New Testament and Today.* Crossway, Westchester, IL, 1988.

———. *Power and Truth: A Response to the Critiques of Vineyard Teaching and Practice by D. A. Carson, James Montgomery Boice, and John H. Armstrong in Power Religion.* Association of Vineyard Churches, Anaheim, CA, 1993.

———. «What Is the Real Meaning of a 'Word of Wisdom' and a 'Word of Knowledge'?». En *Ministries Today* (enero-febrero 1993), pp. 60-65.

———. «What Should Be the Relationship Between Prophet and Pastor?», en *Equipping the Saints* (otoño 1990), pp. 7-9, 21-22.

Hayford, Jack W. *The Beauty of Spiritual Language.* Waco, Irvine, TX, 1993.

Horton, Michael Scott, ed. *Power Religion: The Selling Out of the Evangelical Church?* Moody Press, Chicago, 1992.

Houston, Graham. *Prophecy: A Gift For Today?* Leicester and InterVarsity Press, Downers Grove, IL, 1989.

Hummel, Charles E. *Fire in the Fireplace: Charismatic Renewal in the Nineties.* Inter-Varsity Press, Downers Grove, Ill., 1993.

MacArthur, John F., Jr. *Charismatic Chaos.* Zondervan, Grand Rapids, 1992. (Cesacionista).

———. *The Charismatics: A Doctrinal Perspective.* Zondervan, Grand Rapids, 1978. (Cesacionista)

Mallone, George. *Those Controversial Gifts.* InterVarsity Press, Downers Grove, IL, 1983.

Moo, Douglas, «Divine Healing in the Health and Wealth Gospel». En *TrinJ*, Vol 9 N.S., No. 2 (otoño 1988), pp.191-209).

Nathan, Richard. A *Response to Charismatic Chaos. Association of Vineyard Churches*, Anaheim, CA, 1993. (Una extensa respuesta al libro de John MacArthur de 1992)

Osborne, Grant. «Tongues, Speaking in». En *EDT*, pp. 1100-1103.

Poythress, Vern. «Linguistic and Sociological Analyses of Modern Tongues Speaking: Their Contributions and Limitations». En *WTJ* 42 (1979): 367-98.

Pytches, David. *Spiritual Gifts in the Local Church.* Publicado originalmente como *Come, Holy Spirit.* Bethany, Minneapolis, 1985. (Carismático)

Reymond, Robert L. *What About Continuing Revelations and Miracles in the Presbyterian Church Today?* Presbyterian and Reformed, Phillipsburg, NJ, 1977. (Cesacionista)

Ruthven, Jon. *On the Cessation of the Charismata: The Protestant Polemic on Post-Biblical Mirables.* Sheffield University Academic Press, Sheffield, 1993. (Carismatico; una revisión y expansión de la tesis de doctorado del autor, en la que este responde a los argumentos de los cesacionistas desde Warfield hasta el presente)

Saucy, Robert. «Prophecy Today? An Initial Response». En *Sundoulos* (Talbot Seminary; Spring 1990), pp. 1-5. (Cesacionista)

Schatzmann, Siegfried. *A Pauline Theology of Charismata*. Hendrickson, Peabody, MA, 1987.

Stephanou, Eusebius A. «The Charismata in the Early Church Fathers», *The Greek Orthodox Theological Review* 21:2 (verano 1976), pp. 125-46.

Storms, C. Samuel, *Healing and Holiness: A Biblical Response to the Faith-Healing Phenomenon*. Presbyterian and Reformed, Phillipsburg, NJ, 1990.

Thomas, Robert L. «Prophecy Rediscovered? A Review of The Gift of Prophecy in the New Testament and Today». En *BibSac* 149:593 (enero-marzo 1992), pp. 83-96. (Cesacionista)

Thompson, J. G. S. S. y Walter A/ Elwell. «Spiritual Gifts». En *EDT*, pp. 1042-46.

Turner, M. M. B. «Spiritual Gifts Then and Now». En *Vox Evangelica* 15 (1985), pp. 7-64.

Warfield, Benjamin B. *Counterfeit Miracles*, Banner of Truth, London, 1972 (primera publicación en 1918).

White, John. *When the Spirit Comes with Power*. InterVarsity Press, Downers Grove, IL, 1988.

White, R. Fowler. «Gaffin and Grudem on Ephesian 2:20: In Defense of Gaffin's Cessacionist Exegesis». En *WTJ* 54 (otoño 1993), pp. 303-20. (Cesacionista)

———. «Richard Gaffin and Wayne Grudem on 1 Corinthians 13:10: A Comparison of Cessacionist and Noncessacionist Argumentation». En *JETS* 35:2 (junio 1992), pp. 173-82. (Cesacionista)

Wilkinson, J. «Healing». En *NDT*, pp. 287-88.

Wimber, John, con Kevin Springer. *Evangelización poderosa*. Grupo Nelson, Nashville, 1997.

———. *Power Healing*. Harper and Row, San Francisco, 1987.

PASAJE BÍBLICO PARA MEMORIZAR

1 Corintios 12:7-11: *A cada uno se le da una manifestación especial del Espíritu para el bien de los demás. A unos Dios les da por el Espíritu palabra de sabiduría; a otros, por el mismo Espíritu, palabra de conocimiento; a otros, fe por medio del mismo Espíritu; a otros, y por ese mismo Espíritu, dones para sanar enfermos; a otros, poderes milagrosos; a otros profecía; a otros, el discernir espíritus; a otros, el hablar en lenguas; y a otros, el interpretar lenguas. Todo esto lo hace un mismo y único Espíritu, quien reparte a cada uno según él lo determina.*

HIMNO

«Himno al Espíritu Santo»

1. Santo Espíritu, excelsa paloma, inmutable ser de trino Dios,
Mensajero de paz que procedes del Padre, consuélanos con suave voz.
Tu fragancia y llenura anhelamos; embalsama tu templo, tu altar;
Y la sombra feliz de tus alas de gracia nos cobije, ¡oh Amigo sin par!

CAPITULO 11 · DONES DEL ESPIRITU SANTO (2)

2. Santo Espíritu, fuego celeste, en el día de Pentecostés
Cual la nube de gloria, bajaste a la iglesia como al templo de Sion otra vez.
Para el nuevo cristiano eres sello; cada uno de ti tiene un don;
Todo hijo de Dios elegido es y goza ya las arras de tu salvación.

3. Santo Espíritu, aceite bendito, cual producto del verde olivar;
 luminaria y calor en la tienda sagrada donde Aarón se acercaba a adorar;
Agua viva y regeneradora santifícanos contra el mal;
Somos uno en Jesús los creyentes del mundo por tu santa labor bautismal.

4. Santo Espíritu, viento potente, fuente y fuerza de paz y amor;
 Paracleto veraz que consuelo nos brindas y abogas a nuestro favor;
Sénos luz que ilumine la Biblia, nuestros pies dirigiendo al andar;
Hoy rendimos a ti nuestras almas ansiosas; sólo ungidos podremos triunfar.

AUTOR: BASADA EN LOS SÍMBOLOS BÍBLICOS DEL ESPÍRITU SANTO, FELIPE BLYCKER
(TOMADO DE CELEBREMOS SU GLORIA #249)

Nos agradaría recibir noticias suyas.
Por favor, envíe sus comentarios sobre este libro
a la dirección que aparece a continuación.
Muchas gracias.

Editorial Vida
Vida@zondervan.com
www.editorialvida.com

www.ingramcontent.com/pod-product-compliance
Lightning Source LLC
Chambersburg PA
CBHW050747100426
42744CB00012BA/1925